Die Verarbeitung von Daten Drittbetroffener in vernetzten und automatisierten Kraftfahrzeugen

Europäische Hochschulschriften Recht

European University Studies in Law

Publications Universitaires Européennes de Droit

Band/Volume 6741

Pia Stoffels

Die Verarbeitung von Daten Drittbetroffener in vernetzten und automatisierten Kraftfahrzeugen

Eine Bewertung des technologieneutralen Ansatzes der Europäischen Datenschutzgrundverordnung

PETER LANG

Lausanne - Berlin - Bruxelles – Chennai New York - Oxford

Bibliografische Information der Deutschen Nationalbibliothek
Die Deutsche Nationalbibliothek verzeichnet diese Publikation in der Deutschen Nationalbibliografie; detaillierte bibliografische Daten sind im Internet über http://dnb.d-nb.de abrufbar.

Zugl.: Bonn, Univ., Diss., 2022

D 5
ISSN 0531-7312
ISBN 978-3-631-90128-1
E-ISBN 978-3-631-90399-5
E-ISBN 978-3-631-90400-8
DOI 10.3726/b20944

Verlegt durch:
Peter Lang GmbH, Berlin, Deutschland

info@peterlang.com http://www.peterlang.com/

Diese Publikation wurde begutachtet.

Inhaltsübersicht

Inhaltsverzeichnis

Abkürzungsverzeichnis

a.A.	andere(r) Ansicht
ABIDA	Assessing Big Data (Forschungsprojekt)
Abs.	Absatz
ADAC	Allgemeiner Deutscher Automobil-Club
a.F.	alte Fassung
Art.	Artikel
BayLDA	Bayrisches Landesamt für Datenschutzaufsicht
BB	Betriebs Berater (Zeitschrift)
BDSG	Bundesdatenschutzgesetz
BeckOK	Beck'scher Onlinekommentar
BGB	Bürgerliches Gesetzbuch
BGH	Bundesgerichtshof
BT-Drs.	Bundestagsdrucksache
BVerfG	Bundesverfassungsgericht
BVerwG	Bundesverwaltungsgericht
C-ITS	Cooperative Intelligent Transport Systems
CJEU	Court of Justice of the European Union
CNIL	Commission nationale de l'informatique et des libertés (französische Datenschutzaufsichtsbehörde)
CR	Computer und Recht (Zeitschrift)
CRi	Computer Law Review International (Zeitschrift)
DANA	Datenschutznachrichten (Zeitschrift)
DAR	Deutsches Autorecht (Zeitschrift)
ders.	derselbe
DGRI	Deutsche Gesellschaft für Recht und Informatik
dies.	dieselbe(n)
Diss.	Dissertation
DSB	Datenschutz-Berater (Zeitschrift)
DSGVO	Europäische Datenschutzgrundverordnung
DSK	Datenschutzkonferenz
DSRITB	Deutsche Stiftung für Recht und Informatik Tagungsband (Zeitschrift)
DuD	Datenschutz und Datensicherheit (Zeitschrift)

ECLI	European Case Law Identifier
Ed.	Edition
EDSA	Europäischer Datenschutzausschuss
EL	Ergänzungslieferung
EuGH	Gerichtshof der Europäischen Union
EuZW	Zeitschrift für Europäisches Wirtschaftsrecht (Zeitschrift)
FIN	Fahrzeugidentifikationsnummer
FeV	Fahrerlaubnisverordnung
Fn.	Fußnote
Fraunhofer SIT	Fraunhofer-Institut für Sichere Informationstechnologie
GA	Generalanwalt
GG	Grundgesetz
GrCh	Charta der Grundrechte der Europäischen Union
GRUR	Gewerblicher Rechtsschutz und Urheberrecht (Zeitschrift)
GRUR - Int.	Gewerblicher Rechtsschutz und Urheberrecht International (Zeitschrift)
h.M.	herrschende Meinung
Hrsg.	Herausgeber
i.E.	im Ergebnis
InTer	Zeitschrift zum Innovations- und Technikrecht (Zeitschrift)
ITRB	Der IT-Rechtsberater (Zeitschrift)
JZ	JuristenZeitung (Zeitschrift)
Kfz	Kraftfahrzeug
K&R	Kommunikation und Recht (Zeitschrift)
LG	Landgericht
lit.	littera (Buchstabe)
m. Anm.	mit Anmerkungen
m.w.N.	mit weiteren Nachweisen
MMR	Multimedia und Recht (Zeitschrift)
MMR-Aktuell	Multimedia und Recht - Aktuell (Online-Zeitschrift)
NJW	Neue Juristische Wochenschrift (Zeitschrift)
NVwZ	Neue Zeitschrift für Verwaltungsrecht (Zeitschrift)
NZV	Neue Zeitschrift für Verkehrsrecht (Zeitschrift)
OLG	Oberlandesgericht
OVG	Oberverwaltungsgericht
RAW	Recht Automobil Wirtschaft (Zeitschrift)
RDV	Recht der Datenverarbeitung (Zeitschrift)

Rn.	Randnummer
SeDaFa	Selbstdatenschutz im vernetzten Fahrzeug (Projekt von Fraunhofer SIT)
StVG	Straßenverkehrsgesetz
StVO	Straßenverkehrsordnung
SVR	Straßenverkehrsrecht (Zeitschrift)
TKG	Telekommunikationsgesetz
TMG	Telemediengesetz
TTDSG	Telemedien-Telekommunikations-Datenschutz Gesetz
Urt.	Urteil
VG	Verwaltungsgericht
VGT	Verkehrsgerichtstag
WP	Workingpaper
ZD	Zeitschrift für Datenschutz (Zeitschrift)
ZD-Aktuell	Zeitschrift für Datenschutz-Aktuell (Online-Zeitschrift)
zit.	zitiert

Kapitel 1 Einleitung

Des Deutschen liebstes Kind – das Automobil – entwickelt sich weiter. Und zwar rasant. Waren lange das Antiblockiersystem (ABS) und das elektronische Stabilitätsprogramm (ESP) die einzigen Assistenzsysteme, die dem Fahrer zur Seite standen, so sind moderne Fahrzeuge heute mit etlichen Sicherheits- und Assistenzfunktionen ausgestattet. Aber nicht nur die Sicherheit der Fahrzeuge wird ausgebaut, sondern auch deren Vernetzung. Das Fahrzeug als „großes Smartphone auf Rädern"[1] ist keine Zukunftsmusik mehr, sondern Realität. Dass die „Lieblingskinder" hierzu erhebliche Datenmengen erfassen, verarbeiten und womöglich auch mit Dritten teilen, ist längst kein Geheimnis mehr. Ebenso wenig überrascht es, dass durch die Daten Rückschlüsse auf das Verhalten des Fahrers und anderer Personen im Umfeld solcher Fahrzeuge möglich sind. Hierzu bedarf es noch nicht einmal offenkundig auf eine bestimmte Person oder ein bestimmtes Fahrzeug beziehbarer Daten, wie zum Beispiel des Standortes. Durch Untersuchungen am Fraunhofer SIT wurde festgestellt, dass schon die Kenntnis der Geschwindigkeitsdaten sowie des Startpunktes unter zu Hilfenahme einer Karte ausreichen, um Bewegungsprofile zu erstellen.[2] Sogar verschiedene Fahrer lassen sich anhand der Motorendrehzahl unterscheiden.[3] Bereits aus bloßen „Betriebsdaten" lassen sich Rückschlüsse auf das Fahrverhalten sowie die aufgesuchten Orte ziehen. Diese Daten können auch kommerziell verwertet werden, da sich durch sie zum Beispiel leicht herausfinden lässt, welche Geschäfte oder Restaurants von dem Fahrer häufig besucht werden. Ihm könnten dann entsprechende Angebote zugesandt oder zielgenaue Werbung ausgespielt werden.[4] Das Beratungsunternehmen McKinsey hat hierzu bereits 2016 mehrere Anwendungsfälle definiert, welche von dem Verkauf maßgeschneiderter Produkte und Dienstleistungen (z.B. Parkplatzservice, On-Board-Delivery, Reparaturservice) bis hin zum Verkauf der Daten an Dritte zu Werbezwecken reichen.[5] Bis 2030 könnten aus ihnen Einnahmen in Höhe von 450 – 750 Milliarden US Dollar generiert

---

1 *Weichert*, SVR 2014, 201 (201).

2 *Krauß/Waidner*, DuD 2015, 383 (386).

3 *Krauß/Waidner*, DuD 2015, 383 (386).

4 Siehe hierzu auch: *Hornung*, in: Roßnagel/Hornung (Hrsg.), Grundrechtsschutz im Smart Car, S. 109 (110, 115).

5 *McKinsey:* Monetizing Car Data (September 2016), S. 24 ff., abrufbar unter: *www.mckinsey.com/industries/automotive-and-assembly/our-insights/monetizing-car-data* (zuletzt abgerufen am 04.12.2022).

werden.[6] Die im und durch das Fahrzeug generierten Daten haben daher auch einen hohen monetären Wert, wenn sie entsprechend kommerzialisiert werden.

Solche Kommerzialisierungsinteressen rufen immer dann das Datenschutzrecht auf den Plan, wenn personenbezogene Daten involviert sind. Schon aus diesem Grund rücken datengenerierende Fahrzeuge immer mehr in den Fokus von Datenschützern.[7] Vor allen Dingen in Deutschland wird aus verschiedenen Grundrechten, wie dem Recht auf informationelle Selbstbestimmung, dem Recht am eigenen Bild oder Wort und dem Telekommunikationsgeheimnis, ein Anspruch auf „spurenfreie Mobilität" hergeleitet.[8]

Es verwundert daher nicht, dass sich die juristische Literatur seit dem Jahr 2014 immer mehr mit diesem Thema in juristischen Aufsätzen befasst.[9] Im Jahr 2019 wurde von *Roßnagel/Hornung* ein Sammelband mit Beiträgen rund um das Thema Datenschutz in Smart Cars herausgegeben.[10] Daneben wurden auch Dissertationen zu diesem Thema bzw. zu Teilthemen verfasst. *Kumpf* hat im Jahr 2017 vernetzte und automatisierte Kfz anhand des BDSG a.F. untersucht.[11] Teilaspekte wurden von *Raith*[12] in Bezug auf die Verwertung von Daten aus vernetzten Kfz für die Beweisführung, von *Karikari*[13] in Bezug auf Big Data Anwendungen, von

---

6 Siehe Fn. 5, S. 11.

7 Siehe hierzu: EDSA, Guidelines 01/2020 on processing personal data in the context of connected vehicles and mobility related applications; Entschließung der 88. Konferenz der Datenschutzbeauftragten des Bundes und der Länder am 08. und 09.10.2014 in Hamburg: Datenschutz im Kraftfahrzeug-Automobilindustrie ist gefordert, abrufbar unter: *www.bfdi.bund.de/SharedDocs/Publikationen/Entschliessungssammlung/DSBundLaender/88DSK_DatenschutzImKfz.pdf;jsessionid=D19DFD68556AD7C81C0288D1AFD04E54.2_cid319?__blob=publicationFile&v=5* (zuletzt abgerufen am 04.12.2022); International Working Group on Data Protection in Telecommunications, Connected Vehicles, 63. Sitzung, Budapest, 9.-10.4.2018, S. 6 ff., abrufbar unter: *www.datenschutz-berlin.de/fileadmin/user_upload/pdf/publikationen/working-paper/2018/2018-IWGDPT-Working_Paper_Connected_Vehicles.pdf* (zuletzt abgerufen am 04.12.2022).

8 *Weichert*, DANA 01/2015, 10 (11).

9 Dies mag vor allen Dingen an dem 52. Verkehrsgerichtstag im Januar 2014 liegen, der sich mit der Frage „Wem gehören die Fahrzeugdaten?" befasste, siehe hierzu auch die chronologische Zusammenfassung von *Weichert*, DANA 01/2015, 10 (11 f).

10 *Roßnagel/Hornung (Hrsg.)*: Grundrechtsschutz im Smart Car. Kommunikation, Sicherheit und Datenschutz im vernetzten Fahrzeug (2019).

11 *Kumpf*: Smart Cars. Eine Datenschutzrechtliche Analyse (2017).

12 *Raith*: Das Vernetzte Automobil - Im Konflikt zwischen Datenschutz und Beweisführung (2019).

13 *Karikari*: Data in der Automobilindustrie. Die Erhebung von Fahrzeugfunktionsdaten als Rechtsproblem (2018).

Frinken[14] in Bezug auf die Verwendung von Daten aus vernetzten Kfz durch den Arbeitgeber und von *Zurlutter*[15] in Bezug auf das Spannungsverhältnis zwischen Datenschutz und Auskunfts- und Aufklärungsobliegenheit über Kfz-Daten in der Kfz-Haftpflichtversicherung untersucht.

Datenverarbeitende Fahrzeuge sind aus datenschutzrechtlicher Sicht aber auch deshalb interessant, da sie typischerweise nicht immer nur von einem Fahrer genutzt werden. Innerhalb der Familie nutzen verschiedene Mitglieder das Fahrzeug oder es wird an Freunde verliehen. Zudem entwickeln sich moderne Mobilitätskonzepte dahin, dass ein Fahrzeug nicht mehr „besessen", sondern nur noch nach Bedarf genutzt wird (sogenanntes Car Sharing).[16] Und das von vielen verschiedenen Personen, die sich nicht kennen, und zwischen denen keine vertraglichen Verbindungen bestehen. Darüber hinaus erfordert die voranschreitende Automatisierung von Fahrzeugen, dass die Umwelt detailliert erfasst wird, damit die Systeme die Steuerung übernehmen können. Hierbei werden zwangsläufig Personen, die sich im öffentlichen Raum bewegen, in die Datenverarbeitung einbezogen, ohne dass ihnen dies bewusst wäre. Schließlich halten immer mehr Connectivity Dienste Einzug in das Fahrzeug, was insbesondere zur Verknüpfung von Fahrzeug und Smartphone und der darauf gespeicherten Daten führt. Es stehen also nicht nur Daten, die bei Nutzung des Fahrzeugs selbst entstehen, sondern auch Daten, die von Nutzern in das Fahrzeug eingebracht werden, zur Debatte.

An diesem Punkt setzt die vorliegende Arbeit an. Der Fokus soll vor allem auf Verarbeitungen liegen, die sich nicht auf offensichtlich betroffene Personen, wie den Fahrer, der gleichzeitig auch Eigentümer oder Halter ist, beziehen. Denn die Vielzahl verschiedener möglicherweise betroffener Personen bringt einen weiteren, sehr komplexen Aspekt in die datenschutzrechtliche Bewertung ein, der in der bisherigen juristischen Betrachtung nicht ausreichend untersucht wurde.[17]

Wie das Datenschutzrecht mit dieser personellen Diversität umgeht, ist Gegenstand dieser Untersuchung. Hierbei wird die These vertreten, dass die Europäische Datenschutzgrundverordnung den Umgang mit Drittbetroffenendaten

---

14 *Frinken*: Die Verwendung von Daten aus vernetzten Fahrzeugen unter besonderer Berücksichtigung des Umgangs mit solchen Daten durch den Arbeitgeber (2017).

15 *Zurlutter*: Datenschutzrechtliche Aspekte der Auskunfts- und Aufklärungsobliegenheit über Kfz-Daten in der Kfz-Haftpflichtversicherung. Am Beispiel von Unfalldatenspeicher und Telematikdaten (2016).

16 Siehe hierzu ausführlich: *Lenz/Fraedrich*, in: Maurer/Gerdes/Lenz/Winner: Autonomes Fahren, S. 176 – 195.

17 So auch: *Grigorian/Tribess*, InTer 2020, 214 (218).

unzureichend regelt bzw. die allgemeinen Regelungen nicht zu erfüllende Anforderungen an die Verarbeitung von Drittbetroffenendaten im Zusammenhang mit vernetzten und automatisierten Fahrzeugen stellen. Gegenstand der Untersuchung sind ausdrücklich nicht Regelungen zur Datensicherheit, die Verwertung von Daten zur Strafverfolgung sowie die Verwendung solcher Daten im Arbeitsverhältnis. Auch auf den Bereich der intelligenten Verkehrsinfrastruktur sowie der Kommunikation von Fahrzeugen mit anderen Fahrzeugen und Verkehrsanlagen (Car-to-X-Kommunikation) wird nicht weiter eingegangen, diese nur der Vollständigkeit halber in Kapitel 2 kurz beschrieben. Schließlich werden auch nicht solche datenverarbeitenden Funktionen und Systeme weiter betrachtet, die nachträglich nachgerüstet werden, wie etwa Dash Cams oder eigene GPS-Sender zur Funktionsüberwachung im Rahmen von Car Sharing Fahrzeugen[18] oder Mietwagen.

Zur Untersuchung der These gliedert sich die Arbeit in drei aufeinander aufbauende Komplexe: Zunächst wird in Kapitel 2 der technische Hintergrund mit den verschiedenen zu untersuchenden datenverarbeitenden Systemen im Sinne einer Phänomenalisierung dargestellt. Da die Funktionen und Systeme von Hersteller zu Hersteller variieren, wurden vier Komplexe herausgesucht, die die Datenverarbeitung in vernetzten und automatisierten Kfz prägen. In Kapitel 3 werden diese Phänomene in Hinblick auf die verschiedenen Gruppen von Drittbetroffenen anhand der relevanten datenschutzrechtlichen Vorgaben untersucht. Hierbei werden vier Gruppen von Drittbetroffenen betrachtet: Fahrer, die nicht Eigentümer oder Halter sind; Mitfahrer; Dritte, deren Daten von einem (Mit)Fahrer in das Kfz übertragen werden und Dritte, die sich außerhalb des Kfz befinden und beim Betrieb des Kfz erfasst werden. Kapitel 4 stellt anschließend verschiedene Lösungsansätze für die in Kapitel 3 gefunden Probleme sowie einen eigenen Lösungsvorschlag vor.

Rechtsprechung und Neuerscheinungen in der Literatur wurden bis November 2022 berücksichtigt.

18 Siehe: *Schulze*, BB 2013, 195 (199).

Kapitel 2 Technischer Hintergrund und Untersuchungsgegenstände

Die Datenverarbeitung in einem Fahrzeug ist heute schon äußerst komplex. Bis zu 80 Steuergeräte[19] verarbeiten Sensordaten wie Reifendruck, Geschwindigkeit, Beschleunigung, aber auch z.B. die Sitzplatzbelegung[20]. Hinzu kommen umfangreiche Infotainment Systeme, welche vor allem persönliche Daten wie Kalender- und Adressbucheinträge, Zugangsdaten zu Plattformen oder Informationen über präferierte Musiksender verwalten. Schätzungen zufolge werden pro Stunde in einem nach heutigem Standard vernetzten und automatisierten Fahrzeug 25 Gigabyte Daten produziert.[21] Je mehr Assistenzsysteme hinzutreten und je mehr das Fahrzeug mit seiner Umwelt vernetzt wird, desto größer wird die Menge an erzeugten und verarbeiteten Daten.

Da die Systeme von Hersteller zu Hersteller unterschiedlich sind, werden als Untersuchungsgegenstände verschiedene Phänomene im Zusammenhang mit vernetzten und automatisierten Fahrzeugen (im Folgenden auch VAF genannt) beschrieben. Hierzu werden zunächst die derzeit auf dem Markt erhältlichen Assistenzsysteme zur Automatisierung des Fahrzeugs (unter Abschnitt A) und Connectivity Dienste zur Vernetzung des Fahrzeugs (unter Abschnitt B) dargestellt, um einen Einblick in den Stand der Technik zu geben. Anschließend werden in Abschnitt C die hier zur Untersuchung gestellten Phänomene vorgestellt und deren datenschutzrechtlichen Risiken beschrieben.

A. Automatisierung des Fahrzeugs

Laut EU Kommission sollten ab 2020 die ersten selbstfahrenden Fahrzeuge im gewerblichen Bereich und ab 2030 auch im privaten Bereich über die Straßen rollen.[22] Auch andere Experten gehen davon aus, dass sich die Entwicklung zum

---

19 *Asaj*, DuD 2011, 558 (559); *Bönninger*, in: Beiträge zum 52. VGT 2014, 229 (235). *Brink*, DANA 01/2015, 4 (5).

20 *Frinken*, Die Verwendung von Daten aus vernetzten Fahrzeugen, S. 16.

21 *Abrufbar* unter: *https://de.statista.com/infografik/8007/datenerzeugung-von-connected-cars-im-vergleich/* (zuletzt abgerufen am 04.12.2022).

22 Mitteilung der Kommission an das Europäische Parlament, den Rat, den Europäischen Wirtschafts- und Sozialausschuss und den Ausschuss der Regionen, Auf dem Weg zur automatisierten Mobilität: eine EU-Strategie für die Mobilität der Zukunft vom 17.05.2018, COM (2018) 283, S. 2.

autonomen Fahrzeug innerhalb der nächsten zehn Jahre vollziehen könnte.[23] BMW will mit dem „Personal CoPilot“ und Mercedes-Benz mit dem „Drive Pilot“ in naher Zukunft ein hochautomatisiertes Fahrerassistenzsystem der Stufe 3 (zu den Einteilungen sogleich mehr) auf den Markt bringen.[24] Im Audi A8 sind bereits hochautomatisierte Assistenzsysteme verbaut.[25]

Die Vorteile werden vor allem in der Vermeidung von Verkehrsunfällen sowie der Erhöhung der Verkehrssicherheit gesehen.[26] Aber auch „Spill-Over-Effekte“ wie die Entwicklung der Mobilität hin zu einer Dienstleistung oder die Reduzierung von benötigtem Parkraum spielen eine Rolle.[27] Es wird ein weltweiter Bruttonutzen von 3,5 Billionen US-Doller bis zum Jahr 2040 durch die Reduzierung von Unfällen, der Umweltverschmutzung sowie durch Steigerung der Produktivität prognostiziert.[28]

Zur Automatisierung des Automobils ist der Einsatz von Assistenz- und Sicherheitssystemen notwendig. Zunächst werden unter I. die verschiedenen Stufen der Automatisierung vorgestellt um anschließend unter II. einen Einblick in die nach heutigem Stand der Technik verfügbaren Assistenz- und Sicherheitssysteme zu geben.

I. Stufen der Automatisierung

Der Grad der Automatisierung wird in fünf Stufen (Level) eingeteilt, wobei nur bei der letzten Stufe von einem autonomen System gesprochen werden kann. In allen anderen Stufen ist ein Fahrzeug lediglich „automatisiert“, da der Fahrtvorgang nicht vollständig eigenständig und ohne die Kontrolle des Fahrers durchgeführt wird.

Auf der ersten Stufe (Level 1), auch Vorstufe genannt, spricht man vom *Assistierten Fahren*. Hierbei wird die Längs- oder Querführung durch ein

---

23 *Joachim*, ZD-Aktuell 2016, 04171.

24 Abrufbar unter *https://www.bmw.lu/de/topics/fascination-bmw/bmw-autonomes-fahren.html* (zuletzt abgerufen am 04.12.2022).

25 Abrufbar unter *https://www.audi-mediacenter.com/de/pressemitteilungen/geschaerftes-design-und-innovative-technologien-fuer-das-flaggschiff-der-aufgewertete-audi-a8-14358* (zuletzt abgerufen am 04.12.2022).

26 Siehe: Fn. 23, S. 1.

27 Siehe: Fn. 23, S. 1.

28 *Franke*, DAR 2016, 61 (61).

Assistenzsystem übernommen, wobei der Fahrer das System überwachen und jederzeit in der Lage sein muss, die Führung zu übernehmen.[29]

Ab der zweiten Stufe (Level 2) wird vom *Teilautomatisierten Fahren* gesprochen. Hierbei übernimmt das System die Längs- und die Querführung für eine bestimmte Zeit oder für bestimmte Situationen.[30] Auch hier muss der Fahrer das System überwachen und jederzeit in der Lage sein, die Führung zu übernehmen. Die meisten heute auf dem Markt verfügbaren Assistenzsysteme sind solche des Levels 2.[31]

Auf der dritten Stufe (Level 3) folgt das *Hochautomatisierte Fahren*. Das System übernimmt die Längs- und Querführung für eine bestimmte Situation. Im Unterschied zur zweiten Stufe muss der Fahrer das System nicht dauerhaft überwachen, aber jederzeit in der Lage sein, die Führung nach Aufforderung unter Berücksichtigung einer angemessenen Zeitreserve zu übernehmen.[32]

In der vierten Stufe (Level 4), dem *Vollautomatisierten Fahren*, übernimmt das System die Fahrfunktion für bestimmte Situationen vollständig.[33] Der Fahrer muss in der Lage sein, die Führung nach Aufforderung unter Berücksichtigung einer angemessenen Zeitreserve zu übernehmen.

Schließlich wird auf der fünften Stufe (Level 5), dem *Autonomen Fahren*, der Fahrtvorgang von Start bis Ziel vollständig von dem System übernommen.[34]

II. Assistenzsysteme

Welche Assistenzsysteme in einem Fahrzeug verbaut sind, unterscheidet sich von Hersteller zu Hersteller sowie nach dem jeweiligen Ausstattungspaket bzw. Fahrzeugmodell. Im Folgend sollen daher im Sinne eines Überblicks verschieden Assistenzsysteme vorgestellt werden.

---

29 Bundesministerium für Verkehr und digitale Infrastruktur: Strategie automatisiertes und vernetztes Fahren (September 2015), Seite 5, abrufbar unter: *www.bmvi.de/SharedDocs/DE/Publikationen/DG/broschuere-strategie-automatisiertes-vernetztes-fahren.pdf?__blob=publicationFile* (zuletzt abgerufen am 04.12.2022).

30 Siehe: Fn. 30, S. 5.

31 Nur vereinzelt werden derzeit Systeme des Levels 3 in Kfz der höchsten Ausstattungsklassen angeboten, siehe hierzu weiter unten.

32 Siehe: Fn. 30, S. 5.

33 Siehe: Fn. 30, S. 5.

34 Bundesministerium für Verkehr und digitale Infrastruktur: Strategie automatisiertes und vernetztes Fahren (September 2015), Seite 6, abrufbar unter: *www.bmvi.de/SharedDocs/DE/Publikationen/DG/broschuere-strategie-automatisiertes-vernetztes-fahren.pdf?__blob=publicationFile* (zuletzt abgerufen am 04.12.2022).

1. *Antiblockiersystem (ABS) und Elektronisches Stabilitätsprogramm (ESP)*

ABS und ESP waren die ersten Assistenzsysteme, die Einzug in Fahrzeuge gehalten haben. Beim ABS werden seit den 70er Jahren die Raddrehzahl sowie die Bremsbetätigung durch den Fahrer ermittelt und auf Grundlage dieser Daten geprüft, ob die Raddrehzahl einzelner Räder auf nahezu Null abfällt, das Rad also blockiert.[35]

Das in den 90er Jahren eingeführte ESP bremst in Gefahrensituationen einzelne Radbremsen ab – unabhängig von der Bedienung durch den Fahrer.[36] Moderne Systeme nutzen die Sensoren des ESP, um hierüber laufend Daten über die Straßenverhältnisse zu erfassen und die Fahrdynamik aktiv durch Bremseingriffe anzupassen und so das Fahrerlebnis zu optimieren.[37]

2. *Adaptive Abstands- und Geschwindigkeitsregelung*

Zahlreiche Fahrzeugmodelle sind heute mit adaptiven Abstands- und Geschwindigkeitsregelungen ausgestattet. Über Radarsensoren im Bug des Fahrzeugs und Bilder einer Kamera im Bereich des Innenspiegels sowie im Zusammenspiel mit Daten aus den weiteren Steuergeräten wird der Abstand zu vorausfahrenden Fahrzeugen ermittelt und so sowohl Geschwindigkeit wie auch Abstand durch das System selbsttätig durch Bremsen und Beschleunigen reguliert.[38] Dies kann auch mit einer Stopp-and-Go Funktion z.B. in Stausituationen verbunden sein,

---

35 *Bönninger*, in: Beiträge zum 52. VGT 2014, 229 (231); siehe hierzu auch *Raith*, Das Vernetzte Automobil, S. 18.

36 *Bönninger*, in: Beiträge zum 52. VGT 2014, 229 (231).

37 So z.B. die „Torque Vectoring Control“ von Ford, abrufbar unter *www.ford.de/kaufberatung/informieren/technologien/fahrerlebnis/torque-vectoring-control* (zuletzt abgerufen am 04.12.2022).

38 So z.B. die „Adaptive Cruise Control“ von Audi, abrufbar unter: *www.audi-technology-portal.de/de/elektrik-elektronik/fahrerassistenzsysteme/adaptive-cruise-control-mit-stop-go-funktion* (zuletzt abgerufen am 04.12.2022); die „Adaptive Geschwindigkeitsregelanlage“ von Ford, abrufbar unter: *www.ford.de/kaufberatung/informieren/technologien/fahrerlebnis/adaptive-geschwindigkeitsregelanlage* (zuletzt abgerufen am 04.12.2022); oder der „Aktive Abstands-Assistent DISTRONIC“ von Mercedes-Benz, abrufbar unter: *www.mercedes-benz.de/passengercars/find-buy/driving-aids.pi.html/find-buy/driving-aids/supportingequipment/distronic* (zuletzt abgerufen am 04.12.2022).

wobei das Fahrzeug bis zum Stillstand abbremst und auch wieder (innerhalb eines bestimmten Zeitfensters) selbsttätig anfährt.

3. *Kollisionswarnung- und -verhinderung*

Ebenfalls in vielen Modellen sind Systeme zur Kollisionswarnung und Kollisionsverhinderung mit anderen Verkehrsteilnehmern enthalten. Dies gilt sowohl für den vorausfahrenden als auch für den rückwärtigen oder seitlichen Verkehr (Totwinkel-Assistenten). Hierbei können auch Personen auf der Fahrbahn erkannt werden,[39] beim Nachtsichtassistenten von Audi sogar dank Ferninfrarotkamera bei Dunkelheit[40]. Zur Erkennung werden Radarsensoren und/oder Kamerabilder genutzt. Es erfolgt zunächst im Kfz eine Warnung durch akustische oder visuelle Anzeigen bzw. Signale. Droht eine Kollision, bremst das System selbsttätig ab.[41]

Bei einem stillstehenden Kfz helfen Ausstiegsassistenten, Unfälle durch Öffnen der Türen zu verhindern. Hierzu erkennen Heckradarsensoren sich rückwärtig nähernde Fahrzeuge oder Fahrräder und warnen die Personen durch visuelle Warnsignale im Inneren des Kfz.[42]

4. *Spurhaltung und Spurwechsel*

Spurhalteassistenten erkennen aufgrund einer hochauflösenden Kamera im Bereich des Innenspiegels (50 m Erfassungsweite) die Fahrbahnmarkierung und warnen den Fahrer bei unbeabsichtigtem Verlassen der Spur.[43] Teilweise

---

39 *Frinken*, Die Verwendung von Daten aus vernetzten Fahrzeugen, S. 23.

40 Abrufbar unter: *www.audi-technology-portal.de/de/elektrik-elektronik/fahrerassistenzsysteme/nachtsichtassistent* (zuletzt abgerufen am 04.12.2022).

41 So z.B. Audi „pre sense city", abrufbar unter *www.audi-technology-portal.de/de/elektrik-elektronik/fahrerassistenzsysteme/audi-q7-pre-sense-city* (zuletzt abgerufen am 04.12.2022); „City-Notbremsfunktion" von Volkswagen, abrufbar unter *www.volkswagen-newsroom.com/de/city-notbremsfunktion-3667* (zuletzt abgerufen am 04.12.2022).

42 So z.B. der Ausstiegswarnung von Audi, abrufbar unter *www.audi-technology-portal.de/de/elektrik-elektronik/fahrerassistenzsysteme/audi-q7-ausstiegswarnung* (zuletzt abgerufen am 04.12.2022).

43 So z.B. Audi „active lane assist", abrufbar unter: *www.audi-technology-portal.de/de/elektrik-elektronik/fahrerassistenzsysteme/audi-active-lane-assist* (zuletzt abgerufen am 04.12.2022).

bremsen die Systeme auch selbsttätig einseitig und bringen somit das Fahrzeug wieder zurück in die Spur.[44]

Bei einem beabsichtigten Spurwechsel prüft das System durch Radarsensoren im Heck des Fahrzeugs, ob ein Wechsel kollisionsfrei möglich ist und unterstützt den Fahrer beim Spurwechsel.[45]

5. *Parken*

Ebenfalls weit etabliert sind Assistenten für den Parkvorgang. Einfache Systeme informieren den Fahrer akustisch und/oder visuell über den Abstand zu Objekten (sog. Park Distance Control).[46] Auch eine Überwachung und Warnung beim rückwärtigen Ausparken (z.B. über eine Rückfahrkamera, deren Bild dem Fahrer im Kfz angezeigt wird) ist weit verbreitet.[47] Komplexere Systeme erkennen passende Parklücken und sind in der Lage, die Lenkfunktion beim Quer- wie auch beim Längsparken zu übernehmen. Mehrere Ultraschallsensoren hinter den Stoßfängern bzw. im Heckbereich liefern das Datenmaterial hierfür.[48]

Darüber hinaus bieten einige Hersteller in höherklassigen Modellen Remote-Park-Assistenten an, welche es erlauben, dass Fahrzeug von außen über das Smartphone in enge Parklücken zu manövrieren.[49] Hierbei muss der Fahrer während des gesamten Vorgangs anwesend sein und das Smartphone durch Drücken einer Taste bedienen.

Die nächste Stufe der Park-Assistenten wird das fahrerlose Parken in Parkhäusern sein. Hierzu stellt der Fahrer das Fahrzeug in einer „Drop-off" Zone

---

44 So z.B. der aktive Spurhalteassistent von Mercedes-Benz, abrufbar unter: *https://www.mercedes-benz.de/vans/de/sprinter/tourer/optional-equipment-highlights-1/teaser-group-2/active-lane-keeping-assist* (abgerufen am 04.12.2022).

45 So z.B. der Spurwechselassistent von Volkswagen, abrufbar unter: *www.volkswagen-newsroom.com/de/spurwechselassistent-side-assist-3678* (zuletzt abgerufen am 04.12.2022).

46 *Frinken*, Die Verwendung von Daten aus vernetzten Fahrzeugen, S. 23.

47 So z.B. die Rückfahrkamera von Ford, abrufbar unter *www.ford.de/kaufberatung/informieren/technologien/fahrerlebnis/rueckfahrkamera* (zuletzt abgerufen am 04.12.2022).

48 So z.B. der Parkassistent von Audi, abrufbar unter *www.audi-technology-portal.de/de/elektrik-elektronik/fahrerassistenzsysteme/audi-a4-parkassistent-de* (zuletzt abgerufen am 04.12.2022).

49 So z.B. der Audi „AI Remote Park- und Garagenpilot", abrufbar unter *https://www.audi-technology-portal.de/de/elektrik-elektronik/fahrerassistenzsysteme/audi-a7-sportback-park-garagenpilot-und-manoevrierassistent* (zuletzt abgerufen am 04.12.2022).

ab.[50] Über das Smartphone mit entsprechend installierter App kann der Fahrer das Fahrzeug zum Parken schicken. Das Fahrzeug manövriert dann, gesteuert über Sensoren im Parkhaus, fahrerlos zu einem Parkplatz. Zum Abholen des Fahrzeuges fordert der Fahrer dieses über die App an. Das Fahrzeug wird dann wiederum zu einer „Pick-up“ Zone manövriert. Da bei diesem gesamten Vorgang ein Fahrer, welcher das System übernehmen kann, nicht vorgesehen ist, handelt es sich hierbei bereits um einen vollautomatisierten Fahrvorgang (Level 4), wenn auch auf eine spezifische Situation beschränkt. Erfolgreich getestet werden diese Systeme bereits durch Daimler und Bosch (sog. Automated Valet Parking).[51]

6. *Übernahme der Fahrfunktion in spezifischen Situationen*

Eine kurzzeitige Übernahme der Fahrfunktion im Sinne des teilautomatisierten Fahrens (Level 2) wird insbesondere für Stausituationen angeboten. Hierbei fährt das System selbsttätig bei Stopps bis zu 30 Sekunden wieder an und folgt dem vorausfahrenden Verkehr oder übernimmt kurzzeitig die Lenkarbeit[52]. Als Datenquellen dienen Radar- und Ultraschallsensoren sowie eine Kamera im Bereich des Innenspiegels.

Zukünftig denkbar ist, dass ein „Autobahn-Chauffeur“ in einem bestimmten Geschwindigkeitsbereich die Fahrfunktion auf der Autobahn übernimmt, bis der Fahrer wieder zur Übernahme aufgefordert wird (Level 4).[53]

7. *Unterstützung im Notfall*

Als Konsequenz der teilautomatisierten Fahrfunktionen, bei welchen der Fahrer jederzeit in der Lage sein muss, die Führung des Fahrzeugs zu übernehmen, bestehen sogenannte Nothalte-Assistenten. Diese bringen das Fahrzeug zu

---

50 Siehe zum „Autonomen Valet-Parken“ *Wachenfeld/Winner/Gerdes/Lenz/Maurer/Beiker/Fraedrich/Winkle*, in: Maurer/Gerdes/Lenz/Winner (Hrsg.): Autonomes Fahren, S. 10 (14 f.).

51 Abrufbar unter *media.daimler.com/marsMediaSite/ko/de/43968944* (zuletzt abgerufen am 04.12.2022).

52 So z.B. Audi Stauassistent, abrufbar unter *www.audi-technology-portal.de/de/elektrik-elektronik/fahrerassistenzsysteme/audi-q2-stauassistent* (zuletzt abgerufen am 04.12.2022).

53 *Wachenfeld/Winner/Gerdes/Lenz/Maurer/Beiker/Fraedrich/Winkle*, in: Maurer/Gerdes/Lenz/Winner (Hrsg.): Autonomes Fahren, S. 10 (12 f.); *Bönninger*, in: Beiträge zum 52. VGT 2014, 229 (233).

einem kontrollierten Stillstand, wenn der Fahrer trotz Aufforderung die Führung nicht übernimmt oder über einen bestimmten Zeitraum inaktiv ist.[54]

Volkswagen bietet ein „Proaktives Insassenschutzsystem“ an. Bei einer drohenden Kollision werden die Sitzgurte gestrafft, die Seiten- und das Schiebefenster geschlossen und die Warnblinkanlage zur Warnung des rückwärtigen Verkehrs eingeschaltet.[55]

8. *Erhöhung von Komfort und Effizienz*

Einige Assistenzsysteme haben weniger die Verkehrssicherheit im Blick, sondern dienen dem Komfort beim Fahren oder der Effizienzsteuerung.

Hierunter fallen die in vielen Modellen vorhandenen Umgebungsdarstellungen auf das Display mittels teilweise hochauflösender Kameras im Front- und Heckbereich. Besonders verbreitet ist die Rückfahrkamera, welche ein Echtzeitbild des rückwärtigen Bereichs liefert, wenn der Rückwärtsgang eingelegt ist. Aber auch die bessere Übersicht des Frontbereichs durch ein Weitwinkelbild macht das Fahren in engen Einmündungen komfortabler.[56]

Zur Erhöhung des Komforts tragen auch die Verkehrszeichenerkennung und Tempolimitanzeige bei. Die Kamera im Frontbereich erkennt Verkehrsschilder, wie z.B. Geschwindigkeitsbegrenzungen und Überholverbote und zeigt diese dem Fahrer über das Display an.[57] Hierbei kann auch ein Abgleich mit Navigations- und Fahrzeugdaten stattfinden.

Effizienzassistenten passen die vorgewählte Geschwindigkeit selbsttätig an Topografie, Geschwindigkeitsbeschränkungen und vorausfahrende Fahrzeuge an. Hierbei werden Daten aus der adaptiven Geschwindigkeits- und

---

54 So z.B. Audi Notfallassistent, abrufbar unter *www.audi-technology-portal.de/de/elektrik-elektronik/fahrerassistenzsysteme/audi-q2-notfallassistent* (zuletzt abgerufen am 04.12.2022).

55 Abrufbar unter *www.volkswagen-newsroom.com/de/leading-the-way-der-neue-touareg-2405/fahrerassistenzsysteme-fusion-neuester-technologien-2429* (zuletzt abgerufen am 04.12.2022).

56 So z.B. Frontkamera mit Split View von Ford, abrufbar unter *www.ford.de/kaufberatung/informieren/technologien/fahrerlebnis/frontkamera-mit-split-view-technologie* (zuletzt abgerufen am 04.12.2022).

57 So z.B. bei der Audi Verkehrszeichenerkennung, abrufbar unter *www.audi-mediacenter.com/de/technik-lexikon-7180/fahrerassistenzsysteme-7184#verkehrszeichenerkennung* (zuletzt abgerufen am 04.12.2022).

Abstandsregelung, der Verkehrszeichenerkennung sowie dem Navigationssystem verwendet.[58]

Komfortsteigernd wirkt auch die Überwachung von nicht regelmäßig kontrollierten Teilen oder Funktionen. Hierzu zählt z.B. die Anzeige des Reifendrucks über spezielle Sensoren im Reifen (aktives System) oder durch indirekt messende Systeme. Dem Fahrer kann so angezeigt werden, ob die Teile bzw. Funktionen ordnungsgemäß funktionieren oder ob Reparaturbedarf besteht.[59]

Schließlich erlaubt die Sprachsteuerung dem Fahrer, die immer weiter anwachsende Zahl an angebotenen Connectivity Diensten auch während des Fahrens nutzen bzw. aktivieren oder deaktivieren zu können. Über Sprachbefehle können Kontakte angerufen, Nachrichten diktiert oder Ziele in das Navigationssystem eingegeben werden.[60]

9. *Fahrerüberwachung*

Nur vereinzelt werden heute schon Systeme zur Fahrerüberwachung angeboten. Hierbei soll der Fahrer vor einer Fahruntüchtigkeit oder eingeschränkten Fahrtüchtigkeit gewarnt werden.[61] Dies kann durch eine visuelle Überwachung des Fahrers durch Innenraumkameras geschehen, wobei bestimmte Verhaltensweisen vom System als Müdigkeit oder Alkoholkonsum interpretiert werden, durch im Lenkrad oder Sitz verbaute Sensoren oder durch externe Geräte.

Volvo bietet die Möglichkeit, eine externe Alkoholsperre anzuschließen und so den Fahrer ggf. am Starten des Motors zu hindern.[62]

Volkswagen bietet den „Müdigkeitsassistenten“ an.[63] Dieser leitet über das Lenkverhalten des Fahrers ab, ob dieser müde ist. Hierbei liegt die Annahme

---

58 So z.B. beim Prädiktive Effizienzassistent von Audi, abrufbar unter *www.audi-technology-portal.de/de/elektrik-elektronik/fahrerassistenzsysteme/audi-a4-praediktiver-effizienzassistent-de* (zuletzt abgerufen am 04.12.2022).

59 So z.B. bei der Reifendruckkontrolle von Audi, abrufbar unter *www.audi-technology-portal.de/de/fahrwerk/bremsen-raeder/reifendruckkontrolle* (zuletzt abgerufen am 04.12.2022).

60 So z.B. bei der Sprachsteuerung von Audi, abrufbar unter *www.audi-mediacenter.com/de/technik-lexikon-7180/bedienung-und-anzeigen-7182* (zuletzt abgerufen am 04.12.2022).

61 *Frinken*, Die Verwendung von Daten aus vernetzten Fahrzeugen, S. 22.

62 Abrufbar unter *www.volvocars.com/de/support/manuals/xc60-twin-engine/2019w46/anlassen-und-fahren/alkoholsperre/alkoholschloss* (zuletzt abgerufen am 04.12.2022).

63 Abrufbar unter *www.volkswagen-newsroom.com/de/muedigkeitserkennung*-3932 (zuletzt abgerufen am 04.12.2022).

zugrunde, dass ein müder Fahrer das Lenkrad starr hält und dann zur Korrektur starke Lenkbewegungen durchführt, während ein wacher Fahrer die Fahrtrichtung kontinuierlich durch leichte Lenkbewegungen korrigiert. Stellt das System Müdigkeit fest, wird der Fahrer zum Einlegen einer Pause über das Display aufgefordert.

Ford hat bereits 2013 mit der Studie „Ford S-Max Concept“ die Überwachung der Herzfrequenz des Fahrers über einen EKG-Sitz vorgestellt.[64] Die in dem Sitz eingebauten Sensoren sollen dauerhaft den Herzschlag des Fahrers überwachen und sogar Anomalien erkennen können. Liegt ein lebensbedrohliches Szenario vor, soll automatisch ein Notruf abgesetzt werden. Zudem sollen die Sicherheitssysteme aktiviert werden, um einen Unfall zu verhindern.

Jaguar Land Rover erforscht Techniken, um die Gemütslage des Fahrers zu beobachten und auszuwerten.[65] Hierbei geht es weniger um Sicherheitsaspekte als um die Anpassung des Innenraumambientes an die Stimmungslage. Dies soll in erster Linie der Stressreduzierung dienen. Hierzu werden Kamerabilder und biometrische Sensorik verwendet und diese über ein selbstlernendes KI-System ausgewertet.

Die Überwachung des Fahrers ist zudem die logische Konsequenz aus der voranschreitenden Automatisierung des Fahrvorgangs. Denn das System muss wissen, ob der Fahrer in der Lage ist, die Führung wieder zu übernehmen oder ob entsprechende Maßnahmen, z.B. zur Verhinderung einer Kollision bei einem schlafenden Fahrer, eingeleitet werden müssen. Die Automatisierung wird daher zwangsläufig auch mit einer Überwachung des Fahrers einhergehen.

Aber auch die Erfassung und Überwachung des gesamten Fahrzeuginnenraums wird diskutiert.[66] Hierbei sollen 3D-Kameras ständig die Größe, Sitzposition, Körperhaltung und Blickrichtung der Passagiere beobachten und auswerten, um in einer Gefahrensituation Gurtstraffer und Sitze entsprechend anzupassen. Denn bei einem Unfall können Sicherheitssysteme, wie der Airbag, ihre volle Wirkung nur dann entfalten, wenn die Passagiere ordnungsgemäß sitzen.

---

64 Abrufbar unter: *https://www.presseportal.de/pm/6955/2544042* (abgerufen am 04.12.2022).

65 Abrufbar unter *media.jaguarlandrover.com/de-de/news/2019/07/auto-reagiert-auf-gemuetslage-des-fahrers-jaguar-land-rover-entwickelte-neue-anti* (zuletzt abgerufen am 04.12.2022).

66 Kfz-Betrieb: Innenraumsensoren. Neue Sinne für das Auto (21.01.2019), abrufbar unter *www.kfz-betrieb.vogel.de/innenraumsensoren-neue-sinne-fuer-das-auto-a-791917/* (zuletzt abgerufen am 04.12.2022).

B. Vernetzung des Fahrzeugs

Neben der Übernahme und Unterstützung von immer mehr Fahrfunktionen durch das Fahrzeug ist die Vernetzung moderner Fahrzeuge mit dem Internet, Serviceeinheiten der Hersteller oder mit anderen Fahrzeugen bzw. ganzer Verkehrsinfrastrukturen der nächste große technologische Schritt. Zum einen soll durch die Vernetzung der Komfort erhöht werden, z.B. durch aktuelle Verkehrsinformationen und intelligente Routensteuerung. Zum anderen ist die Vernetzung des Fahrzeugs die logische Konsequenz aus der Automatisierung des Fahrens: von der Fahraufgabe befreit, kann sich der Fahrer anderen Dingen widmen.

Sowohl die Nutzung von Diensten, die vom Hersteller selbst betrieben werden, als auch die Nutzung von Diensten Dritter ist möglich.

Daten werden im Fahrzeug, auf externen Servern der Hersteller (Backend) oder auch auf den Systemen der Dienstanbieter gespeichert. Insbesondere Telematik-Daten, also Informationen über den Fahrzeugzustand oder Fehlerereignisse, werden an das Backend der Hersteller übertragen und dort gespeichert.[67] Wie lange Daten gespeichert werden, hängt von dem Dienst bzw. der Funktion ab. Je nach Dienst können Daten auch an Dritte übermittelt werden.

I. Fahrzeugstatus und Fahrzeug(fern)steuerung

Informationen über den Zustand des Fahrzeuges, wie z.B. Tankfüllung bzw. Ladestatus, Ölwechsel, Ölfüllstand, Wartungsintervall, werden heute schon standardmäßig im Fahrzeug angezeigt. Durch die Vernetzung des Fahrzeugs kann der Fahrer bzw. Nutzer diese Informationen aber auch über sein Smartphone via App oder im Kundenportal jederzeit einsehen.[68] Auch kann er sich eine aktuelle Fahrstatistik über Verbrauch, Strecke, Fahrtdauer und Geschwindigkeit anzeigen lassen. Zudem können dynamische Fahrzeugdaten wie technische Messwerte und Fehlerspeichereinträge auch zum Instandhaltungsmanagement verwendet werden, um auf Reparaturbedarf hinzuweisen und Daten vorab an

---

67 So z.B. bei BMW bzgl. „CarData", abrufbar unter: *https://www.bmwgroup.com/de/innovation/innovationen-und-mobilitaet/cardata.html* (zuletzt abgerufen am 04.12.2022).

68 So z.B. über „Fahrzeugstatusbericht" von Audi, Ziffer 7.10 der Datenschutzhinweise myAudi, abrufbar unter: *www.audi.de/de/brand/de/tools/navigation/myaudi/de/privacy-policy.html* (zuletzt abgerufen am 04.12.2022).

Partnerwerkstätten zu senden.[69] Solche Daten können gegebenenfalls für die gesamte Lebensdauer des Kfz aufbewahrt werden.

Darüber hinaus lässt sich auch jederzeit durch eingebaute GPS-Sender der Standort des Kfz bestimmen. Diese Funktion wird wiederum für Dienste genutzt, die es ermöglichen, das Kfz zu orten (zum Beispiel im Fall eines Diebstahls) oder einen Geofence zu definieren, wobei der Nutzer über das mit dem Kfz verbundene Smartphone informiert wird, wenn das Kfz den definierten Bereich verlässt.[70]

Darüber hinaus kann das Kfz auch mithilfe des Smartphones ferngesteuert werden. Es lassen sich zum Beispiel die Standheizung einstellen, die Türen ver- oder entriegeln oder die Hupe betätigen.[71] Hierzu werden Daten zur Einstellung dieser Funktionen zusammen mit Zeitstempel bzw. Timer, der ID des verwendeten Endgerätes, der Fahrzeugidentifikationsnummer (FIN) sowie des Standortes über das Backend des Herstellers geleitet und dort gespeichert. Die Dauer der Speicherung variiert je nach Funktion. Die Daten im Rahmen der Funktion Remote Ver- und Entriegeln von Audi werden zum Beispiel für fünf Jahre gespeichert.

II. Informationsdienste

Über das Display oder „Mensch-Maschine-Interface“ (MMI), der zentralen Schnittstelle für die Interaktion des Menschen mit dem Fahrzeug, kann der Fahrer nützliche Informationen abrufen, wie z.B. über die aktuelle Wetterlage, Fahrtinformationen über öffentliche Verkehrsmittel, Fluginformationen, Kraftstoffpreise, Landesinformationen oder auch Nachrichten.[72] Die hierbei erzeugten Inhaltsdaten werden im Backend des Herstellers gespeichert und können auch an Dritte übermittelt werden, soweit der Dienst dies erfordert. Zudem wird

---

69 So z.B. bei der „Intelligenten Instandhaltung“ von BMW, S. 63 der Hinweise zum Datenschutz (Stand September 2021), abrufbar unter: *https://www.bmw.de/content/dam/bmw/marketDE/bmw_de/new-vehicles/pdf/BMW_ConnectedDrive_Datenschutz.pdf* (zuletzt abgerufen am 04.12.2022).

70 So z.B. die Dienste „CarFinder“ und „Geo Fence“ von Audi, wie Fn. 70, Ziffer 7.15 und 7.18.

71 So z.B. die Remote-Dienste von Audi, wie Fn. 70, Ziffer 7.2 – 7.4.

72 So z.B. bei „BMW Online“, S. 70 f. der Hinweise zum Datenschutz (Stand September 2021), abrufbar unter: *https://www.bmw.de/content/dam/bmw/marketDE/bmw_de/new-vehicles/pdf/BMW_ConnectedDrive_Datenschutz.pdf* (zuletzt abgerufen am 04.12.2022).

auch auf den Standort des Fahrzeugs zugegriffen, um ortsrelevante Informationen anzeigen zu können.

III. Kommunikationsdienste

Über Kommunikationsdienste ist der Abruf vom SMS, Sprachnachrichten oder E-Mails im Fahrzeug möglich. Teilweise kann auch auf ein vorhandenes Microsoft Office Konto zugegriffen werden.[73] Hierbei werden die Office-Daten im Kfz über das Backend des Herstellers mit Microsoft synchronisiert.

Kalendereinträge können über das MMI angezeigt und hierüber eine Navigation zu dem Ort des Termins gestartet oder der Terminpartner angerufen werden.[74] Aber auch die Integration von Social Media Diensten wie Twitter, Facebook o.Ä. ist möglich.[75] Um den Fahrer hierbei so wenig wie möglich von dem Fahrgeschehen abzulenken, können einige Systeme auch über eine Sprachsteuerung bedient werden.

IV. Entertainmentangebote

Ab dem hochautomatisierten Fahren (Level 3) ist eine dauerhafte Überwachung der Fahrfunktion nicht mehr notwendig. Dieser Umstand bietet dem Fahrer die Möglichkeit, Filme zu schauen, auf Plattformen (z.B. YouTube) zu verweilen oder im Internet einzukaufen. Dies wird über entsprechende Apps oder die Einbindung von Streaming-Diensten (z.B. Netflix) erfolgen. Hierfür ist meist ein Kundenkonto notwendig, in welchem persönliche Daten hinterlegt sind.

Derzeit beschränken sich die Entertainment Angebote aber - da auf Level 1 und Level 2 weiterhin eine ständige Überwachung der Fahrsysteme notwendig ist - auf Internetradio, Musik- Streamingdienste oder Entertainmentangebote, die von den Mitfahrern genutzt werden.[76] Entweder werden die Dienste über einen bestehenden Account des Nutzers oder ein Fahrzeugkonto des Herstellers

---

73 So z.B. bei BMW, wie Fn. 74, S. 31 f.

74 So z.B. bei „Meine Info“ von BMW, wie Fn. 74, S. 32 f.

75 So z.B. bei Audi, Ziffer 20. Besondere Informationen - Twitter der Datenschutzhinweise myAudi, abrufbar unter: *https://www.audi.de/de/brand/de/myaudi-lp.html#layer=/de/brand/de/tools/navigation/layer/rechtliches/audi-connect-datenschutz.html* (zuletzt abgerufen am 04.12.2022).

76 So z.B. „Connected Music“ und „BMW Music“ von BMW, S. 17 f. der Hinweise zum Datenschutz (Stand September 2021), abrufbar unter: *https://www.bmw.de/content/dam/bmw/marketDE/bmw_de/new-vehicles/pdf/BMW_ConnectedDrive_Datenschutz.pdf* (zuletzt abgerufen am 04.12.2022).

genutzt. Anmeldedaten sowie leitungsrelevante Daten (zum Beispiel Wiedergabelisten) werden im Kfz gespeichert sowie über das Backend des Herstellers an den Anbieter weitergeleitet.

V. Navigationsdienste und Verkehrsinformation

Moderne Navigationssysteme sind dank Real Time Traffic Information (RTTI) in der Lage, die Routenführung automatisch anzupassen und so Unfälle, Gefahrensituationen oder einen Stau zu umfahren.[77] RTTI wertet anonymisierte Bewegungs- und Positionsdaten von anderen Fahrzeugen aus und verknüpft diese mit Umgebungsinformationen und Polizeimeldungen, um entsprechende Warnungen an das System senden zu können. Der Navigationsdienst erhebt laufend die aktuelle Position des Fahrzeugs. Die Routenplanung kann dabei auch über einen Drittanbieter, wie z.B. Google Maps erfolgen.

Auch für die Parkplatzsuche bieten diese Dienste Lösungen an. Hierzu werden Bewegungsdaten von Smartphones und anderen Fahrzeugen ausgewertet und eine Prognose erstellt, wann ein Parkplatz in einem bestimmten Gebiet frei wird.[78] Diese können dann über das MMI im Kfz oder die App angezeigt werden.

Die nächste Stufe dieser Vernetzung von Fahrzeugen und anderen Endgeräten heißt „Car-2-Car-Kommunikation".[79] Hierbei tauschen Fahrzeuge direkt untereinander verkehrsrelevante Informationen aus.[80] Erkennt also ein vorausfahrendes Fahrzeug über Sensoren Glatteis oder wird ein Unfall registriert, wird diese Information an die Fahrzeuge in der Umgebung weitergegeben. So kann sich der Fahrer auf Gefahrensituationen besser einstellen. Denkbar wäre auch, dass das Fahrzeug automatisch die Geschwindigkeit reduziert oder anderweitig die Fahrweise an die erkannte Situation anpasst.

---

77 So z.B. „Real Time Traffic Information und Gefahrenvorschau" von BMW, wie Fn. 78 S. 46 f.

78 So z.B. „On-Street Parking Information" von BMW, wie Fn. 80, S. 17.

79 Hierzu sind derzeit z.B. schon die E-Klasse und S-Klasse von Mercedes Benz in der Lage, abrufbar unter *www.daimler.com/innovation/case/connectivity/car-to-x.html* (zuletzt abgerufen am 04.12.2022).

80 *Eul*: 10.2 Connected Cars, in: Leupold /Wieb/Glosser (Hrsg.), IT-Recht, Rn. 20.

VI. Notfalldienste

Alle ab dem 31.03.2018 neu hergestellten Fahrzeuge müssen gemäß Art. 4 EU VO 2015/758[81] (im Folgenden eCall-VO) mit dem sogenannten eCall System ausgestattet sein. Hintergrund ist, dass die EU seit Jahren die Zahl der Todesopfer durch Verkehrsunfälle verringern will. Über das eCall System wird im Falle eines Unfalls über den europaeinheitlichen 112-Notrufdienst eine Telefonverbindung zu der zuständigen Rettungsleitstelle aufgebaut und diese alarmiert. Das eCall System kann durch nicht obligatorische Zusatzdienste erweitert werden. Es bietet damit auch eine offene Plattform für verschiedene Dienstleister.

Daneben gab es bei verschiedenen Herstellern und je nach Modell auch schon vor dem 31.03.2018 Notrufsysteme, welche eine Telefonverbindung zu einem Call Center des Herstellers aufbauen.[82] Auch im Fall einer Panne können diese Systeme genutzt werden. Wenn durch den Kunden ein Werkstattpartner des Herstellers im System hinterlegt wurde, wird dieser bei Bedarf informiert und es kann direkt ein Werkstatttermin vereinbart werden.

Im Falle eines Notfalls werden Daten über die Anzahl der Insassen, Farbe und Modell des Fahrzeugs und der aktuelle Standort übermittelt. In Hinblick auf das gesetzlich vorgeschriebene eCall System ist in Art. 6 Abs. 8 eCall VO geregelt, welche Daten übermittelt werden. Darunter befindet sich auch die Fahrzeugidentifikationsnummer (FIN).

VII. Servicedienste

Über die Telefoneinheit lässt sich einfach eine Verbindung zur Kundenhotline des Herstellers aufbauen. Hierüber können dann z.B. Servicetermine in einer Werkstatt vereinbart werden. Hat der Kunde im System einen bestimmten Werkstattpartner des Herstellers hinterlegt, kann direkt mit diesem ein Termin vereinbart werden. Hierbei können auch Fahrzeugdaten, z.B. Fehleranzeigen, vorab an den Partner zur Vorbereitung des Termins übermittelt werden.[83]

---

81 Verordnung (EU) 2015/758 des Europäischen Parlaments und des Rates vom 29. April 2015 über Anforderungen für die Typgenehmigung zur Einführung des auf dem 112-Notruf basierenden bordeigenen eCall-Systems in Fahrzeugen und zur Änderung der Richtlinie 2007/46/EG.

82 So z.B. der „Intelligente Notruf" von BMW, S. 32 der Hinweise zum Datenschutz (Stand September 2021), abrufbar unter: *https://www.bmw.de/content/dam/bmw/marketDE/bmw_de/new-vehicles/pdf/BMW_ConnectedDrive_Datenschutz.pdf* (zuletzt abgerufen am 04.12.2022).

83 So z.B. bei der Kundenhotline von BMW, wie Fn. 85, S. 20.

Im Premiumsegment werden Concierge Services angeboten.[84] Der Fahrer kann aus dem Fahrzeug heraus z.B. Flüge oder Hotels buchen lassen. Hierbei werden die hierfür erforderlichen persönlichen Daten (Name, Zahlungsinformationen, Reisedaten) durch Mitarbeiter des Herstellers oder einem von dem Hersteller beauftragten Dritten verwendet, um die gewünschte Dienstleistung zu buchen.

Auch das Bezahlen z.B. von Parkgebühren oder Tankstellenrechnungen aus dem Fahrzeug heraus (in-car-payment) ist durch die Vernetzung mit entsprechender Infrastruktur möglich. Die Abwicklung der Zahlung erfolgt dabei meist über einen Drittanbieter.[85]

VIII. Synchronisierung mit dem Smartphone und Integration von Drittsystemen

Schließlich ist es auch möglich, das Smartphone oder anderen mobile Endgeräte mit dem Fahrzeug zu synchronisieren. So können z.B. die auf einem mobilen Endgerät befindlichen Kontakte und Terminkalendereinträge auf das Fahrzeug übertragen und dort gespeichert werden.[86]

Auch die Integration von Drittdiensten, z.B. von sprachgesteuerten Assistenten ist möglich.[87] Hierbei werden Sprachinformationen vom Backend des Herstellers verarbeitet, bis das Schlüsselwort zur Aktivierung des Sprachassistenten erkannt wurde. Sobald das Schlüsselwort erkannt wurde, werden die Audiodatei mit dem Befehl sowie der Standort an den Anbieter übertragen.

C. Phänomenalisierung und Untersuchungsgegenstand

Aus den oben dargestellten Systemen und Diensten lassen sich verschiedene Phänomene ableiten, die im nachfolgenden Kapitel 3 untersucht werden und

84 So z.B. von BMW, wie Fn. 85, S. 14.

85 So bietet die Tankstellenkette Shell in Großbritannien zusammen mit den Fahrzeughersteller Jaguar die Möglichkeit, den Betrag für die Tankfüllung im Fahrzeug zu bezahlen, die Abwicklung erfolgt über PayPal oder ApplePay, abrufbar unter *www.shell.co.uk/media/2017-media-releases/jaguar-and-shell-launch-worlds-first-in-car-payment-system.html* (zuletzt abgerufen am 04.12.2022).

86 *Frinken*, Die Verwendung von Daten aus vernetzten Fahrzeugen, S. 26.

87 So z.B. bei BMW, S. 35 der Hinweise zum Datenschutz (Stand September 2021), abrufbar unter: *https://www.bmw.de/content/dam/bmw/marketDE/bmw_de/new-vehicles/pdf/BMW_ConnectedDrive_Datenschutz.pdf* (zuletzt abgerufen am 04.12.2022). ausführlich zur Funktionsweise *EDSA*, Guidelines 02/2021 on virtual voice assistants.

dazu zunächst hier näher beschrieben werden sollen. Die verschiedenen Phänomene existieren bereits in unterschiedlichen Ausführungen und werden von den Automobilherstellern angeboten. Zudem sollen aber auch Funktionen beschrieben und untersucht werden, von denen nach jetzigem Stand ausgegangen wird, dass sie kurzfristig umgesetzt werden und serienmäßig verfügbar sind.

Soweit technisch verschiedene Gestaltungsmöglichkeiten bestehen, werden diese erwähnt, insbesondere auch die datenschutzfreundlichere Alternative. Ob diese in der Realität tatsächlich gewählt wird, ist schwierig zu beantworten. Zu bedenken ist, dass Automobilhersteller ein großes Interesse daran haben, so viele Daten wie möglich für verschiedene Zwecke zu verwerten. Dies gilt vor allem für die Produktbeobachtung, denn die Frage, ob ein Unfall auf einem technischen oder menschlichen Versagen beruht, wird für die zukünftige Schadensregulierung entscheidend sein. Im Vordergrund stehen insoweit die Interessen der Hersteller an einem Schutz vor Imageschäden, wenn ein Fahrzeug in einen Unfall gerät, sowie an einer fortlaufenden Verbesserung der Technik.[88] Soweit also verschiedene technische Ausgestaltungsmöglichkeiten bestehen, muss hierbei auch immer der Konflikt zwischen Datensparsamkeit und der Tendenz, möglichst viele Daten zu verschiedenen, gegebenenfalls auch kommerziellen Zwecken zu sammeln und zu verwenden, berücksichtigt werden.

Zunächst wird unter I. kurz die Systemarchitektur mit allen relevanten Akteuren innerhalb des „Ökosystems" vernetzter und automatisierter Fahrzeuge dargestellt. Anschließend werden dann die verschiedenen, für die Untersuchung relevanten Phänomene näher beschrieben: Sicherheits- und Assistenzfunktionen (unter II.), Connectivity Dienste (unter III.), Komfort- und Überwachungsfunktionen (unter IV.) sowie Unfalldatenspeicher und eCall (unter V).

---

88 Antwort der Bundesregierung auf die kleine Anfrage der Abgeordneten Thomas Lutze, Ingrid Remmers, Jörg Cezanne, weiterer Abgeordneter der Fraktion die Linke - Drucksache 19/8525, BT-Drs. 19/9544; siehe auch die Beschreibung der Auswertung von Sensordaten zur Produktentwicklung bei BMW, S. 14 der Hinweise zum Datenschutz (Stand September 2021), abrufbar unter: *https://www.bmw.de/content/dam/bmw/marketDE/bmw_de/new-vehicles/pdf/BMW_ConnectedDrive_Datenschutz.pdf* (zuletzt abgerufen am 04.12.2022).

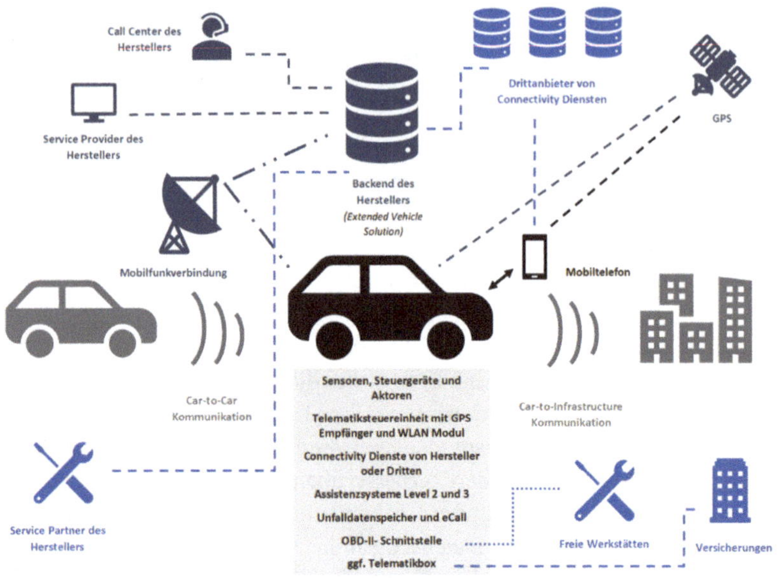

Abbildung 1: Systemarchitektur und Akteure im Ökosystem des VAF

I. Systemarchitektur

Eine Zusammenfassung der Systemarchitektur sowie der denkbaren Akteure ist in Abbildung 1 dargestellt.[89] In den folgenden Abschnitten werden die für die Untersuchung relevanten Funktionen näher erläutert.

1. Das Fahrzeug

Im Zentrum der Systemarchitektur steht das Fahrzeug. Dieses verfügt über eine Vielzahl an Sensoren, welche fortlaufend Informationen wie Geschwindigkeit, Beschleunigung, Bremsverhalten, Fahrtrichtung, Lenkradeinschlag,

89 Andere Referenzarchitekturen, die aber im Ergebnis nicht von der hier dargestellten abweichen: *Krauß*, in: Roßnagel/Hornung, Grundrechtsschutz im Smart Car, S. 227 (231); *Simo/Waidern/Geminn*, in: Roßnagel/Hornung, Grundrechtsschutz im Smart Car, S. 311 (316); British Columbia Freedom of Information and Privacy Association, The connected car: Who is in the driver's seat?, S. 26; *Asaj*, DuD 2011, S. 558 (561).

Raddrehzahl und weitere steuerungsrelevante Parameter erfassen.[90] Darüber hinaus bestehen weitere Komponenten wie Kameras, Sensoren zur Erfassung der Außenwelt (Radar etc.)[91], Infotainment Systeme (Radio, CD-Player, Freisprecheinrichtung)[92] und eine Vielzahl an Modulen im Rahmen der Board Elektronik (Tür Modul, Lichtsteuerung, etc.).[93]

Steuergeräte verarbeiten diese Sensordaten und senden Signale an Aktoren, welche wiederum den Befehl ausführen.[94] In einem Fahrzeug gibt es nicht nur ein Steuergerät, sondern für jede Funktion ist ein anderes Steuergerät zuständig.[95] Steuergeräte sind über Kommunikationskanäle verbunden.[96] Sensoren, Steuergeräte und Aktoren tauschen permanent Daten aus und sorgen so dafür, dass vor allem die zahlreichen Assistenz- und Sicherheitssysteme funktionieren.[97]

Sensordaten wie Motortemperatur, Reifenluftdruck, Geschwindigkeit oder Lebensdauer des Motoröls werden meist nur flüchtig gespeichert und fortlaufend überschrieben (z.B. beim nächsten Starten des Motors).[98] Manche dieser Daten können aber auch länger gespeichert werden, z.B. wenn sie für die nächste Wartung relevant sind.[99] Sie werden dann gegebenenfalls erst nach dem Auslesen gelöscht.[100] Gleiches gilt für Fehler- und Wartungsdaten (z.B. überhöhte

---

90 *Conrad*, in: Auer-Reinsdorff/Conrad, Handbuch IT- und Datenschutzrecht, § 34 Rn. *876; Lüdemann*, ZD 2015, 247 (247); *Kremer*, RDV 2014, 240 (241).

91 *Kremer*, RDV 2014, 240 (241).

92 *Kremer*, RDV 2014, 240 (241).

93 *Simo/Waidern/Geminn*, in: Roßnagel/Hornung, Grundrechtsschutz im Smart Car, S. 311 (315 f.).

94 *Eul*: 10.2 Connected Cars, in: Leupold /Wieb/Glosser (Hrsg.), IT-Recht, Rn. 4; *Frinken*, Die Verwendung von Daten aus vernetzten Fahrzeugen, S. 7; *British Columbia Freedom of Information and Privacy Association*, The connected car: Who is in the driver's seat?, S. 22.

95 *British Columbia Freedom of Information and Privacy Association*, The connected car: Who is in the driver's seat?, S. 22.

96 *Simo/Waidern/Geminn*, in: Roßnagel/Hornung, Grundrechtsschutz im Smart Car, S. 311 (316).

97 *Krauß*, in: Roßnagel/Hornung, Grundrechtsschutz im Smart Car, S. 227 (231); *Geber*, NZV 2021, 14 (14); *Lüdemann*, ZD 2015, 247 (248); *British Columbia Freedom of Information and Privacy Association*, The connected car: Who is in the driver's seat?, S. 22.

98 *Eul*: 10.2 Connected Cars, in: Leupold/Wieb/Glosser (Hrsg.), IT-Recht, Rn. 5; *Schwartmann/Jacquemain*, RDV 2018, 247 (247); *Krauß/Waidner*, DuD 2015, 383 (385); *Bönninger*, in: Beiträge zum 52. VGT 2014, 229 (235).

99 *Schwartmann/Jacquemain*, RDV 2018, 247 (247).

100 *Krauß/Waidner*, DuD 2015, 383 (385).

Motorendrehzahl).[101]

Für eine Vielzahl von Diensten, zum Beispiel für Navigationsfunktionen oder Notfalldienste, ist die Erhebung des Standortes erforderlich. Das Fahrzeug verfügt daher über ein GPS Modul, über welches der Standort jederzeit ermittelt werden kann.[102]

Daten können über die On-Board-Diagnostic (OBD) Schnittstelle ausgelesen werden.[103] Die OBD Schnittstelle ist eine standardisierte Schnittstelle, welche gesetzlich geregelt ist und es auch Freien Werkstätten und anderen Dritten ermöglicht, unabhängig vom Hersteller auf die Daten zuzugreifen.[104] Da es sich hierbei um eine physikalische Schnittstelle handelt, erfolgt das Auslesen manuell, zum Beispiel in der Werkstatt.[105]

Darüber hinaus gibt es auch drahtlose Schnittstellen in Form von Mobilfunkverbindungen und WLAN.[106] Diese werden insbesondere für die Kommunikation mit dem Backend des Herstellers[107] sowie für die Kommunikation mit anderen Fahrzeugen (Car-to-Car) oder intelligenter Verkehrsinfrastruktur (Car-to-Infrastructure) verwendet.[108]

Schließlich ist es möglich, über Adapter eine Datenübertragung nach außen herzustellen.[109] Hierzu wird ein entsprechend kommunikationsfähiges Modul im Fahrzeug nachträglich angeschlossen. Dieses wird derzeit insbesondere von Versicherungen für die Erhebung von Daten sogenannter Pay-as-you-drive

---

101 *Eul*: 10.2 Connected Cars, in: Leupold /Wieb/Glosser (Hrsg.), IT-Recht, Rn. 6; *Mielchen*, in: Beiträge zum 52. VGT 2014, 241 (244).

102 *Krauß/Waidner*, DuD 2015, 383 (384); *British Columbia Freedom of Information and Privacy Association*, The connected car: Who is in the driver's seat?, S. 22.

103 *British Columbia Freedom of Information and Privacy Association*, The connected car: Who is in the driver's seat?, S. 22 f.; *Simo/Waidern/Geminn*, in: Roßnagel/Hornung, Grundrechtsschutz im Smart Car, S. 311 (316); *Reiter*, DAR 2022, 123 (125); *Hinrichs/Becker*, ITRB 2015, 164 (165).

104 *Raith*, Das Vernetzte Automobil, S. 12.

105 Siehe hierzu auch: *Raith*, Das Vernetzte Automobil, S. 11.

106 *Krauß*, in: Roßnagel/Hornung, Grundrechtsschutz im Smart Car, S. 227 (232); *Simo/Waidern/Geminn*, in: Roßnagel/Hornung, Grundrechtsschutz im Smart Car, S. 311 (316).

107 *Eul*: 10.2 Connected Cars, in: Leupold /Wieb/Glosser (Hrsg.), IT-Recht, Rn. 12.

108 *Krauß*, in: Roßnagel/Hornung, Grundrechtsschutz im Smart Car, S. 227 (232); *Conrad*, in: Auer-Reinsdorff/Conrad, Handbuch IT- und Datenschutzrecht, § 34 Rn. 875.

109 *Krauß*, in: Roßnagel/Hornung, Grundrechtsschutz im Smart Car, S. 227 (231).

Versicherungstarife verwendet, die im Rahmen dieser Untersuchung aber nicht näher betrachtet werden.[110]

2. Das Backend des Herstellers

Zur Erbringung bestimmter Dienste sowie im Fall komplexerer Rechenleistungen ist es notwendig, Daten an einen außerhalb des Fahrzeugs befindlichen Server zu übermitteln bzw. von dort auch Daten zu empfangen.[111] Eine derartige zentrale Datenverarbeitungseinrichtung kann auch dazu genutzt werden, weitere Daten zu speichern und diese für andere Zwecke, zum Beispiel die Produktbeobachtung, zu verwenden.[112] Der direkte Zugriff auf Fahrzeug- und Fahrerdaten hat für verschiedene Akteure einen wirtschaftlichen Wert, sodass die Frage, wer den zentralen Server betreibt und die Zugriffshoheit darauf hat, intensiv diskutiert wird.[113] Je nachdem welche Interessen die Akteure vertreten, werden im Wesentlichen drei Varianten diskutiert.

Zum einen die sogenannte *On-Board Application Platform*, bei welcher die gesamte Datenverarbeitung im Fahrzeug selbst erfolgt und über eine im Fahrzeug integrierte Plattform die verschiedenen Dienste ausschließlich bedient werden.[114] Bei der zweiten Variante, dem *In-Vehicle Interface*, erfolgt die Datenverarbeitung ebenfalls im Fahrzeug und die Übermittlung über eine physikalische Schnittstelle.[115] Diese beiden Varianten ermöglichen dem Nutzer eine größtmögliche Verfügung über die Daten und werden daher insbesondere von Verbraucherverbänden favorisiert.[116]

---

110 *Lüdemann/Sengstacken/Vogelpohl*, RDV 2014, 302 (302).

111 *Eul*: 10.2 Connected Cars, in: Leupold /Wieb/Glosser (Hrsg.), IT-Recht, Rn. 4; *Ernstahler/Gollrad*: Rechtsgrundlagen des automatisierten Fahrens, S. 163.

112 Hierzu auch: *Karikari*, Big Data in der Automobilindustrie, S. 33; *Ernstahler/Gollrad*: Rechtsgrundlagen des automatisierten Fahrens, S. 164; *Conrad*, in: Auer-Reinsdorff/Conrad, Handbuch IT- und Datenschutzrecht, § 34 Rn. 873; *Reiter*, DAR 2022, 123 ff

113 Siehe hierzu: C-ITS Platform, Final Report (Januar 2016), S. 88.

114 *Specht/Kerber*, Data Property diesseits und jenseits des Atlantiks, S. 149.

115 Europäische Kommission, wie Fn. 117, Seite 42 ff; *Specht/Kerber*, Data Property diesseits und jenseits des Atlantiks, S. 149.

116 FIA Region I, Policy Position on Car Connectivity (2016), S. 6 f., abrufbar unter: *https://www.fiaregion1.com/policy-position-on-car-connectivity/* (zuletzt abgerufen am 04.12.2022).

Die Realität sieht aber derzeit anders aus, und wird durch die dritte Variante abgebildet.[117] Diese besteht darin, dass Automobilhersteller Server betreiben, an welche relevante Daten übermittelt, verarbeitet, mit Informationen aus anderen Quellen angereichert und dann entweder an das Fahrzeuge, das Smartphone des Nutzers oder andere Dienstleister weitergegeben werden (sogenannte *Extended Vehicle Solution*)[118].

Die Übermittlung erfolgt zu verschiedenen Zwecken, meistens aber zu den folgenden zwei: Zum einen können Daten übermittelt werden, wenn dies zur Erbringung des jeweiligen, vom Nutzer gewählten Dienstes erforderlich ist. Darüber hinaus können Daten auch zur Beobachtung des Fahrzeugstatus an das Backend gesendet werden.[119] Dadurch können dem Kfz-Nutzer weitere Services angeboten werden, zum Beispiel zur Planung von Wartungsterminen, oder Hersteller verwenden die Daten zu eigenen Zwecken, wie der Produktverbesserung oder der Klärung von Haftungsfragen bei hochautomatisierten Fahrfunktionen.[120] In Zukunft ist davon auszugehen, dass sich die Datenübertragung und –nutzung drastisch erweitern wird und nahezu alle Daten aus dem Kfz auch Dritten unter bestimmten Umständen zur Verfügung gestellt werden.[121]

Daten, die in das Backend gelangen, können von dort aus auch an weitere Akteure verteilt werden.[122] Von dem Backend des Herstellers ausgehend kann eine Verbindung zwischen Call Center und Fahrzeug hergestellt werden,[123] z.B. für Pannenhilfe oder Concierge Services.

---

117 Siehe hierzu z.B. die Untersuchungen des ADAC: *Paulsen*, ADACmotorwelt 6/2016 und der Stiftung Warentest, Connected Cars: Die Apps der Autohersteller sind Datenschnüffler (26.09.2017), abrufbar unter: *www.test.de/Connected-Cars-Die-Apps-der-Autohersteller-sind-Datenschnueffler-5231839-0/* (abgerufen am 04.12.2022; *Reiter*, DAR 2022, 123 (124).

118 *British Columbia Freedom of Information and Privacy Association*, The connected car: Who is in the driver's seat?, S. 27; *Specht/Kerber*, Data Property diesseits und jenseits des Atlantiks, S. 149.

119 *Paulsen*, ADACmotorwelt 6/2016, 40 f.; Siehe hierzu unter Kap. 2 B.I.

120 *Krauß/Waidner*, DuD 2015, 383 (384).

121 Siehe hierzu das ADAXO-Konzept der Deutschen Automobilindustrie, worüber Daten diskriminierungsfrei auch anderen Akteuren zugänglich gemacht werden sollen: *https://www.vda.de/de/aktuelles/artikel/eine-schnittstelle-fuer-unzaehlige-informationen* (zuletzt abgerufen am 04.12.2022).

122 *Krauß*, in: Roßnagel/Hornung, Grundrechtsschutz im Smart Car, S. 227 (232).

123 *British Columbia Freedom of Information and Privacy Association*, The connected car: Who is in the driver's seat?, S. 25.

Darüber hinaus ist davon auszugehen, dass Daten an verschiedene Dienstleister übermittelt werden, um die entsprechenden Dienste anbieten zu können.[124] Hierbei kann es ich um Unterauftragnehmer, die eine Teilkomponente des Dienstes erbringen oder Zusatzinformationen zur Verfügung stellen, mit welchen die Daten angereichert werden (z.B. Anbieter von Kartenmaterial im Rahmen von Navigationsdiensten), handeln. Welche Daten übermittelt und wie diese durch den Dienstleister verarbeitet werden, bestimmt sich nach dem Inhalt des jeweiligen Dienstes.

Schließlich können auch Drittanbieter von Connectivity Diensten Daten über das Backend des Herstellers (z.B. Musikstreaming oder Social Media Dienste) erhalten.[125] Art und Umfang der Datenverarbeitung richtet sich nach den zwischen dem Nutzer und dem Drittanbieter vereinbarten Regelungen. Ist zur Nutzung des Dienstes eine Authentifizierung erforderlich, können Anmeldeinformationen im Backend des Herstellers gespeichert und von dort zum Anbieter weitergeleitet werden. Für eine automatische Anmeldung können die Anmeldeinformationen zudem auch im Fahrzeug gespeichert werden.

Wie die Daten genau übertragen und im Backend verarbeitet werden, bestimmt jeder Hersteller selbst. Datenschutzfreundliche Ausgestaltungen würden zumindest personenbezogenen Daten nur dann an das Backend übertragen, soweit dies für die Bereitstellung des jeweiligen Dienstes oder für andere, festgelegte Zwecke (zum Beispiel die Produktüberwachung) erforderlich ist. Auch eine Pseudonymisierung oder Anonymisierung[126] sowie eine verschlüsselte Übertragung[127] wären rudimentäre Maßnahmen für eine datenschutzfreundliche Gestaltung.

3. *Die Einbindung des Smartphones*

Als letzter Punkt in der Systemarchitektur steht das Smartphone, dass in das Ökosystem VAF eingebunden werden kann. Zum einen können Daten, die sich auf dem Smartphone befinden, auf das Fahrzeug übertragen werden. Diese Funktion wird insbesondere für Kontaktdaten, Telefonnummern und Termine genutzt, die dann über das MMI im Fahrzeug angezeigt werden können.[128]

124 *British Columbia Freedom of Information and Privacy Association*, The connected car: Who is in the driver's seat?, S. 25; *Reiter*, DAR 2022, 123 (123).

125 *Simo/Waidern/Geminn*, in: Roßnagel/Hornung, Grundrechtsschutz im Smart Car, S. 311 (317).

126 *Rieß/Greß*, DuD 2015, 391 (394).

127 *Rieß/Greß*, DuD 2015, 391 (393).

128 Siehe auch: *Raith*, Das Vernetzte Automobil, S. 15.

Daneben können aber auch Dienste bzw. Apps, die sich auf dem Smartphone befinden, über Schnittstellen (Apple Car Play und Google Android Auto) direkt im Fahrzeug genutzt werden.[129]

Es können aber nicht nur Daten vom Smartphone auf das Fahrzeug übertragen werden, sondern auch umgekehrt Daten des Fahrzeugs, wie z.B. Füllstand, Reifendruck oder den Status von Türen und Fenstern, auf dem Smartphone über eine entsprechende App angezeigt werden.[130]

Schließlich kann das Smartphone als Fernsteuerung verwendet werden, um von außen zum Beispiel die Heizung oder das Licht zu bedienen.[131]

II. Sicherheits- und Assistenzfunktionen

Sicherheits- und Assistenzfunktionen umfassen insbesondere alle Systeme zur Erkennung anderer Kfz oder Verkehrsteilnehmer, zur Vermeidung von Gefahrensituationen und gegebenenfalls zur Gegensteuerung als auch zur Hilfe nach einem Unfall. Hierbei werden vor allem die von Sensoren erhobenen Daten in den Steuergeräten verarbeitet, um diese Systeme zu speisen und ihre ordnungsgemäße Funktion sicherzustellen.

1. Erfassung der Außenwelt rund um das Fahrzeug

Wie bereits beschrieben, verfügen moderne Fahrzeuge über teil- und hochautomatisierte Assistenzsysteme (Level 2 und 3), die den Fahrer in bestimmten Fahrsituationen unterstützen oder das Fahrzeug kurzfristig steuern.[132] Hierzu ist die Erfassung der Außenwelt über entsprechende Sensoren erforderlich.[133] Der Fahrer muss lediglich nach Aufforderung durch das System die Steuerung wieder übernehmen. Bei hochautomatisierten Funktionen muss gemäß § 63a Abs. 1 StVG der Standort und die Zeit des Wechsels der Fahrzeugsteuerung zwischen Fahrer und dem System gespeichert werden. Die für die übrigen Sicherheitsfunktionen notwendigen Daten können hingegen auch flüchtig gespeichert

---

129 *Kremer*, RDV 2014, 240 (242).

130 Siehe hierzu unter Kap. 2 B.I.

131 Siehe hierzu unter Kap. 2 B.I.

132 Siehe hierzu unter Kap. 2 A. II.

133 *Ernstahler/Gollrad*: Rechtsgrundlagen des automatisierten Fahrens, S. 157; *Kleinschmidt/Wagner*, in: Oppermann/Stender-Vorwachs (Hrsg.): Autonomes Fahren, Kap. 1.1, Rn. 25; *Rannenberg*, in: Maurer/Gerdes, Christian/Lenz/Winner (Hrsg.): Autonomes Fahren, S. 515 (518).

werden.[134] Eine Übermittlung an das Backend des Herstellers und eine dortige längere Speicherung kann aber dennoch, wie im vorangegangenen Abschnitt dargestellt, erfolgen.

Zur Erfassung der Umwelt werden verschiedene Techniken verwendet, die im Folgenden kurz dargestellt werden.

a. Wellenausbreitungssensoren

Die Assistenzsysteme sind auf eine Fahrzeugrundumsicht angewiesen. Hierzu werden Ultraschall, Radar und LiDAR (light detection and ranging, „Lichtradar“) eingesetzt.[135] Im Wesentlichen handelt es sich hierbei um eine Messung der Entfernung durch Laufzeitmessung eines ausgesendeten, reflektierten und anschließend wieder empfangenen Signals.[136] Die Unterschiede zwischen den verschiedenen Techniken liegen in der Art des ausgesendeten Signals sowie dessen Reichweite. Aus den empfangenen Signalen wird eine zwei- oder dreidimensionale Punktewolke berechnet, die die Position und Entfernung des Fahrzeugs zu anderen Objekten im Raum darstellt.[137]

Ultraschallsensoren können den Abstand zu Objekten in einem Erkennungsbereich von 2,5 m erfassen und werden insbesondere für die Parkassistenzsysteme eingesetzt.[138] Radarsensoren können Abstand und Relativgeschwindigkeit bis zu einer Entfernung von 200 m messen und werden z.B. im Rahmen der adaptiven Geschwindigkeitsregelung eingesetzt.[139] LiDAR-Sensoren haben eine geringere Reichweite als Radar und werden derzeit nur vereinzelt eingesetzt, da die Technik noch relativ teuer ist.[140]

---

134 *Krauß/Waidner*, DuD 2015, 383 (385).

135 *Frinken*, Die Verwendung von Daten aus vernetzten Fahrzeugen, S. 21; *Ernstahler/Gollrad*: Rechtsgrundlagen des automatisierten Fahrens, S. 157 f.

136 *Kleinschmidt/Wagner*, in: Oppermann/Stender-Vorwachs (Hrsg.): Autonomes Fahren, Kap. 1.1, Rn. 26.

137 *Kleinschmidt/Wagner*, in: Oppermann/Stender-Vorwachs (Hrsg.): Autonomes Fahren, Kap. 1.1, Rn. 26.

138 *Reif*, Sensoren im Kraftfahrzeug, S. 50; *Kleinschmidt/Wagner*, in: Oppermann/Stender-Vorwachs (Hrsg.): Autonomes Fahren, Kap. 1.1, Rn. 26.

139 *Reif*, Sensoren im Kraftfahrzeug, S. 51; *Kleinschmidt/Wagner*, in: Oppermann/Stender-Vorwachs (Hrsg.): Autonomes Fahren, Kap. 1.1, Rn. 26.

140 *Kleinschmidt/Wagner*, in: Oppermann/Stender-Vorwachs (Hrsg.): Autonomes Fahren, Kap. 1.1, Rn. 26.

b. *Kameratechnik*

Zudem werden Kameras eingesetzt, die das Umfeld beobachten. So erkennt zum Beispiel der Bremsassistent im dichten Stadtverkehr querende Fußgänger oder Radfahrer und bremst bei Kollisionsgefahr automatisch ab. Die hierfür notwendigen Kamerabilder können direkt nach Erhebung in eine sogenannte Stixel-Grafik umgewandelt werden. Dabei wird das Bild im Kameramodul in Objekte und deren Größe, Entfernung und Bewegungsrichtung umgerechnet und das eigentliche Bild sofort verworfen.[141] Es verbleibt ein Bild, das die Objekte als unterschiedliche Balken darstellt, woraus wiederum die relevanten Parameter vom System entnommen werden können.

Anders ist dies bei Assistenzsystemen wie Rückfahrkamera, Weitwinkel Frontkamera oder der automatischen Verkehrszeichenerkennung.[142] Hier kommt es gerade auf eine hochauflösende Darstellung der Umgebung an. Aufzeichnung und Speicherung sind aber für die Funktion an sich nicht erforderlich, sodass eine Anzeige auf dem Display in Echtzeit ausreichend ist. Auch die automatische Verkehrszeichenerkennung ist zum Auslesen der Verkehrszeichen auf ein hochauflösendes Bild angewiesen. Das Bild kann mit Sensordaten sowie Kartenmaterial zusammengeführt werden, um den Fahrer zum Beispiel die aktuell zulässige Höchstgeschwindigkeit anzuzeigen und gegebenenfalls die Geschwindigkeit selbsttätig anzupassen.

c. *Datenschutzrechtliche Risiken*

Durch die für die Sicherheitssysteme erforderliche Erfassung der Außenwelt kommt es also auch zwangsläufig zu einer Beobachtung von Verkehrsteilnehmern und gegebenenfalls auch zu einer Speicherung von Daten, die eine Identifizierung von Verkehrsteilnehmern ermöglichen können. Darüber hinaus erfolgt dies, ohne dass die Betroffenen es überhaupt bemerken. Fahrzeugen sieht man von außen nicht an, ob und wie die Umgebung erfasst wird. Betroffene haben daher auch keine Chance, sich der Beobachtung zu entziehen. Dies stellt einen Eingriff in die durch Artikel 7 und 8 GrCh geschützten Rechtspositionen dar und ist entsprechend datenschutzrechtlich zu würdigen.

---

141 *Rieß/Greß*, DuD 2015, 391 (393).

142 *Kleinschmidt/Wagner*, in: Oppermann/Stender-Vorwachs (Hrsg.): Autonomes Fahren, Kap. 1.1, Rn. 26.

2. *Erfassung der Passagiere im Innenraum des Kraftfahrzeugs*

Auch im Innenraum des Fahrzeugs werden Betroffene beobachtet. Zum einen ist eine Überprüfung des Fahrers auf dessen Ablenkung im Rahmen des teil- und hochautomatisierten Fahrens erforderlich, damit das System erkennen kann, ob der Fahrer zur Übernahme der Fahrfunktion jederzeit bereit ist oder ob Notfallmaßnahmen ergriffen werden müssen.[143] Zum anderen kann aber auch die Sicherheit dadurch erhöht werden, dass das System zum Beispiel im Falle einer Kollision Sitzeinstellungen der Passagiere anpasst, um einen möglichst hohen Aufprallschutz zu gewährleisten. Schließlich kann eine optische Erfassung des Fahrers auch dazu genutzt werden, diesen zu erkennen und vorher individuell gespeicherte Einstellungen der Sitze, der Spiegel, der Klimatisierung oder der Entertainmentfunktionen automatisch beim Einsteigen abzurufen („Smart Cabin").[144]

a. *Fahrerüberwachung*

Gemäß Art. 6 der Verordnung (EU) 2019/2144[145] müssen Fahrzeuge bei Zulassung ab dem 07.07.2024 über eine alkoholempfindliche Wegfahrsperre sowie Warnsysteme bei Müdigkeit oder nachlassender Konzentration des Fahrers verfügen.[146]

---

143 *Rannenberg*, in: Maurer/Gerdes, Christian/Lenz/Winner (Hrsg.): Autonomes Fahren, S. 515 (519).

144 Zum Beispiel die Smart Cabin Technologie von Yanfeng Automotive, abrufbar unter: *https://www.yanfeng.com/en/xim21* (zuletzt abgerufen am 04.12.2022); *Ernstahler/Gollrad*: Rechtsgrundlagen des automatisierten Fahrens, S. 158.

145 Verordnung (EU) 2019/2144 des Europäischen Parlaments und des Rates vom 27. November 2019 über die Typgenehmigung von Kraftfahrzeugen und Kraftfahrzeuganhängern sowie von Systemen, Bauteilen und selbstständigen technischen Einheiten für diese Fahrzeuge im Hinblick auf ihre allgemeine Sicherheit und den Schutz der Fahrzeuginsassen und von ungeschützten Verkehrsteilnehmern, zur Änderung der Verordnung (EU) 2018/858 des Europäischen Parlaments und des Rates und zur Aufhebung der Verordnungen (EG) Nr. 78/2009, (EG) Nr. 79/2009 und (EG) Nr. 661/2009 des Europäischen Parlaments und des Rates sowie der Verordnungen (EG) Nr. 631/2009, (EU) Nr. 406/2010, (EU) Nr. 672/2010, (EU) Nr. 1003/2010, (EU) Nr. 1005/2010, (EU) Nr. 1008/2010, (EU) Nr. 1009/2010, (EU) Nr. 19/2011, (EU) Nr. 109/2011, (EU) Nr. 458/2011, (EU) Nr. 65/2012, (EU) Nr. 130/2012, (EU) Nr. 347/2012, (EU) Nr. 351/2012, (EU) Nr. 1230/2012 und (EU) 2015/166 der Kommission (im Folgenden EU VO 2019/2144).

146 *Lüdemann/Knollmann*, ZD 2020, 403 (404 f.).

Die Überwachung des Fahrers kann zum Beispiel durch Innenraumkameras erfolgen.[147] Hierzu befindet sich eine Kamera im oberen Bereich der Instrumententafel. Sie analysiert verschiedene Kriterien wie etwa Position und Bewegung des Kopfes sowie den Lidschlag.[148] Die von der Bildbewertungssoftware generierten Daten können zum Vergleich für den Zeitraum der Fahrt gespeichert und beim Öffnen der Türe gelöscht werden.[149] Wird die Fahruntüchtigkeit im Fahrbetrieb erkannt, warnt das System den Fahrer durch akustische und visuelle Signale. Reagiert dieser nicht hierauf, wird das Fahrzeug zu einem kontrollierten Stillstand gebracht. Solche Ereignisse können mit einem Zeitstempel im Fahrzeug selbst gespeichert sowie an das Backend des Herstellers übermittelt werden (zum Beispiel zur Verwendung in einem Haftungsprozess).

Eine alkoholempfindliche Wegfahrsperre kann zum Beispiel über den Einbau eines Atemalkoholmessgerätes erfolgen.[150] Vor Fahrtbeginn hat der Fahrer den Test durchzuführen. Wird der jeweils zulässige Messwert überschritten, ist das Starten des Fahrzeugs nicht möglich.

Darüber hinaus könnten auch Systeme verbaut werden, die eine Überwachung der Vitaldaten ermöglicht, zum Beispiel durch den Einsatz von EKG-Messgeräten in Sitzen oder dem Lenkrad[151] oder die Analyse des Stresslevels, um dieses dann durch entsprechende Komforteinstellungen zur reduzieren[152].

b. Passagierschutz

Über 3D-Kameras im Innenraum können zudem alle Passagiere fortlaufend beobachtet und deren Sitzposition, Größe, Körperhaltung und Blickrichtung analysiert werden. Im Falle eines Unfalls können so Airbag und Sicherheitsgurte optimal eingestellt werden.[153]

---

147 *Ernstahler/Gollrad*: Rechtsgrundlagen des automatisierten Fahrens, S. 158; *Lüdemann/Knollmann*, ZD 2020, 403 (405).

148 *Frinken*, Die Verwendung von Daten aus vernetzten Fahrzeugen, S. 15; *Lüdemann*, ZD 2015, 247 (248); *Kremer*, RDV 2014, 240 (241).

149 *Rieß/Greß*, DuD 2015, 391 (394).

150 Siehe Fn. 63; *Lüdemann*, ZD 2015, 247 (248); *Kremer*, RDV 2014, 240 (241).

151 Siehe Fn. 65; Schlanstein, NZV 2016, 201 (203); *Lüdemann*, ZD 2015, 247 (248); *Kremer*, RDV 2014, 240 (241).

152 Siehe Fn. 66.

153 Siehe hierzu: *www.kfz-betrieb.vogel.de/innenraumsensoren-neue-sinne-fuer-das-auto-a-791917/* (zuletzt abgerufen am 04.12.2022).

Bereits heute als Standard sind Drucksensoren in den Sitzen verbaut, die erkennen, ob ein Sitz belegt und der Sicherheitsgurt angelegt ist.[154] Falls bei einer Belegung der Sicherheitsgurt nicht angelegt ist, ertönt ein akustisches Warnsignal.

c. Datenschutzrechtliche Risiken

Durch die Beobachtung des Innenraums lassen sich direkte Rückschlüsse auf das Verhalten des Fahrers sowie der Passagiere ziehen.[155] Die hierzu erhobenen Daten können zudem sensibler Natur sein. Dies zeigt sich zum Beispiel an der Funktion der Alkoholwegfahrsperre. Aus dem Umstand, dass das Fahrzeug aufgrund Überschreitens des Wertes bei demselben Fahrer häufig nicht startet, kann Rückschluss auf den generellen Alkoholkonsum des Betroffenen geben. Solche Informationen möchte sicherlich niemand gerne teilen, schon gar nicht mit dem Hersteller seines Fahrzeugs oder anderen Fahrern. Auch der Umstand, ob die Sicherheitsgurte angelegt waren, kann bei einem Unfall mit Personenschäden eine wichtige Information sein, an der vor allem auch der Unfallgegner und dessen Versicherung Interesse haben können.

III. Connectivity Dienste

Durch die Einbindung von Mobilfunknetz- und Internetverbindung wird das Fahrzeug mit der Außenwelt vernetzt. Hierdurch können verschiedene Internetdienste auch im Fahrzeug genutzt werden. Hierbei handelt es sich zumeist um Informationsdienste (Wetter, Navigation, Nachrichten) und Entertainmentangebote (Musik- oder Filmstreaming). Aber auch die Nutzung des Fahrzeugs als Smartphone ist möglich, indem Kontakte und Kalendereinträge in die Systeme des Kfz übertragen oder Apps direkt im Kfz genutzt werden.

Hierzu ist eine Mobilfunknetz- und Internetverbindung notwendig. Die Verbindung des Fahrzeugs erfolgt über eine SIM-Karte. Diese kann im Fahrzeug integriert sein, oder der Nutzer bringt seine eigene SIM-Karte in das Fahrzeug ein.[156] Zudem werden für viele Dienste, wie z.B. Navigationsdienste oder Dienste zur Parkplatzsuche, Standortdaten benötigt. Diese werden mittels GPS erfasst.

---

154 *Kremer*, RDV 2014, 240 (241).

155 So auch *Frinken*, Die Verwendung von Daten aus vernetzten Fahrzeugen, S. 17.

156 *Eul*: 10.2 Connected Cars, in: Leupold /Wieb/Glosser (Hrsg.), IT-Recht, Rn. 12; *Krauß/ Waidner*, DuD 2015, 383 (384); *British Columbia Freedom of Information and Privacy Association*, The connected car: Who is in the driver's seat?, S. 25.

Die Dienste werden entweder über eine App, in einem Kundenportal oder direkt über das Mensch-Maschine-Interface (MMI) zur Verfügung gestellt. Das MMI besteht in der Regel aus einem Bildschirm, der in der Mitte der Konsole platziert ist und über welchen sich die verschiedenen Funktionen durch den Menschen bedienen lassen. Bei der Nutzung von Apps bzw. dem Kundenportal ist regelmäßig eine Registrierung unter Eingabe von persönlichen Daten (Name, Anschrift, Kommunikationsdaten) und, wenn es sich um kostenpflichtige Zusatzdienste handelt, von Zahlungsdaten notwendig.[157] Zudem kann die Angabe der Fahrzeugidentifikationsnummer (FIN), über welche der Halter ermittelt werden kann, für die Erbringung bestimmter Dienste erforderlich sein.[158]

Ein spezielles Steuergerät, die Telematik-Steuereinheit, dient der Bereitstellung und Steuerung von Diensten. Anders als die übrigen Steuergeräte verfügt die Telematik-Steuereinheit über einen GPS-Empfänger sowie ein Funkschnittstellenmodul zur Kommunikation mit den Servern (Backend) des Herstellers oder Servern von anderen Anbietern.[159] Die Telematik-Steuereinheit speichert bestimmte Daten (z.B. Kontakte, Telefonnummern, in das Navigationssystem eingegebene Strecken) um die verschiedenen Dienste ausführen zu können. Zudem werden in den verschiedenen Steuergeräten die durch den Fahrer und die übrigen Insassen konfigurierten Einstellungen der Sitze oder der Klimaanlage gespeichert, bis sie manuell gelöscht werden.[160]

Sowohl Dienste der Fahrzeughersteller als auch Dienste von Dritten können genutzt werden.

1. *Herstellereigene Dienste*

Fahrzeughersteller selbst bieten ein umfangreiches Dienstpaket bestehend aus Informations-, Navigations-, Kommunikations- und Servicediensten sowie Entertainmentangeboten an.[161] Die Dienste können im Fahrzeug über das MMI

157 Siehe hierzu z.B. bei BMW, S. 1 Hinweise zum Datenschutz (Stand September 2021), abrufbar unter: *https://www.bmw.de/content/dam/bmw/marketDE/bmw_de/new-vehicles/pdf/BMW_ConnectedDrive_Datenschutz.pdf* (zuletzt abgerufen am 04.12.2022).

158 So z.B. bei zahlreichen Diensten von BMW, siehe hierzu die Hinweise zum Datenschutz (Stand September 2021), abrufbar unter: *https://www.bmw.de/content/dam/bmw/marketDE/bmw_de/new-vehicles/pdf/BMW_ConnectedDrive_Datenschutz.pdf* (zuletzt abgerufen am 04.12.2022).

159 *Krauß/Waidner*, DuD 2015, 383 (384).

160 *Krauß/Waidner*, DuD 2015, 383 (385).

161 Siehe hierzu unter Kap. 2 B.II – V und VII.

oder auch in einer App genutzt werden. Zur Nutzung ist eine Registrierung beim Hersteller unter Angabe von persönlichen Daten, Zahlungsinformationen und der FIN erforderlich. In einem Store können zudem weitere Dienste hinzugebucht werden. Diese sind teilweise kostenpflichtig.[162]

2. *Dienste von Drittanbietern*

Auch Dienste von Drittanbietern können im Fahrzeug genutzt werden. Dies ist möglich, wenn der Hersteller eine entsprechende Kooperation mit den Drittanbieter hat und den Dienst in sein Fahrzeug integriert oder wenn das Smartphone über entsprechende Schnittstellen mit dem Kfz verbunden wird und darüber die auf dem Smartphone vorhandenen Dienste genutzt werden.[163]

Werden Drittdienste von Kooperationspartner genutzt, werden im Fahrzeug die erforderlichen Anmeldedaten gespeichert. Der Hersteller speichert Konto- und Fahrzeuginformationen in seinen Systemen. Zudem leitet er über seine Systeme Benutzerkontoinformationen des Drittanbieters an diesen weiter.[164]

3. *Einbindung des Smartphones*

Wie zuvor dargestellt, kann das Smartphone mit dem Fahrzeug verbunden werden. Durch die Synchronisierung können Kontakte, Telefonnummern und Termine im Fahrzeug gespeichert und über das MMI angezeigt werden. Durch Verbindung des Smartphones mit dem Fahrzeug ist es zudem möglich, zu telefonieren oder Nachrichten zu schreiben.

4. *Datenschutzrechtliche Risiken*

Die dargestellten Möglichkeiten zeigen, dass es durchaus möglich ist, dass Auto zum „Smartphone auf Rädern" zu machen und mit diesem viele persönliche Dinge wie Termine, Kontakte und Präferenzen in Bezug auf Musikgeschmack oder Nachrichten zu teilen. Ungefragt - und für den Betroffenen unkontrollierbar

---

162 Zu den verschiedenen Vertragsgestaltungsmöglichkeiten zwischen Hersteller und Nutzer ausführlich *Gennen*, RDV 2015, 74 (77 ff.).

163 Z.B. „CarPlay" von Apple oder „Android Auto" von Google, *Kremer*, RDV 2014, 240 (242).

164 So z.B. BMW siehe hierzu S. 3 der Hinweise zum Datenschutz (Stand September 2021), abrufbar unter: *https://www.bmw.de/content/dam/bmw/marketDE/bmw_de/new-vehicles/pdf/BMW_ConnectedDrive_Datenschutz.pdf* (zuletzt abgerufen am 04.12.2022).

- halten damit auch zum Beispiel Kontaktinformationen von Dritten Einzug in das Fahrzeug. Aber was geschieht mit Ihnen, wenn der Fahrer wechselt bzw. es verschiedene Fahrer gibt? Sollen auch diese solche Informationen von Dritten abrufen können? Im familiären Kontext ist dies zumeist kein großes Problem, aber eine andere Dimension hat diese Frage zum Beispiel bei der Verwendung von Car Sharing Fahrzeugen, die von einer großen Vielzahl von Personen genutzt werden. Ebenso bei Verkauf des Fahrzeugs können sich ähnliche Fragestellungen ergeben. Auch hier ist es Aufgabe des Datenschutzrechts, den Verantwortlichen Vorgaben für den Umgang mit solchen Situationen zu machen.

Darüber hinaus verwenden einige Dienste auch Standortdaten, insbesondere solche zur Navigation und Parkplatzsuche. Durch die Ortung des Fahrzeugs ist es grundsätzlich möglich, Bewegungsprofile zu erstellen und detaillierte Aussagen über den Tagesablauf eines Menschen zu treffen. Hier ist ebenfalls das Datenschutzrecht gefragt, um den Schutz solcher Informationen zu gewährleisten.

IV. Komfort- und Überwachungsfunktionen

Vermehrt halten auch Funktionen, die dem reinen Komfort oder der Überwachung des Kfz dienen, Einzug in moderne Autos. Diese Funktionen werden für den Zweck dieser Untersuchung von Sicherheits- und Assistenzfunktionen abgegrenzt, da sie keinen im öffentlichen Interesse liegenden Zweck erfüllen, sondern einzig der individuellen Annehmlichkeit dienen. Komfort- und Überwachungsfunktionen greifen aber auf ähnliche oder gar dieselben Daten zurück, wie Sicherheits- und Assistenzfunktionen, sodass technologisch kein Unterschied besteht.

1. Smart Cabin Technologie

Die optische Erfassung des Fahrers durch Kameras im Innenraum für die Zwecke der Fahrerüberwachung kann auch dazu genutzt werden, den Fahrer zu erkennen und ihm ein entsprechendes, vorher gespeichertes Profil zuzuordnen, welches zum Beispiel die Sitzeinstellungen oder präferierte Musiksender beinhaltet und den Innenraum sowie die Funktionen automatisch einstellt.[165]

Hierzu ist es notwendig, initial ein Bild des Fahrers aufzunehmen und dieses einem Profil zuzuordnen. Zudem muss beim Einsteigen des Fahrers wiederum jedes Mal ein Bild aufgenommen werden, welches den Fahrer durch eine

---

165 Siehe auch: *Ernstahler/Gollrad*: Rechtsgrundlagen des automatisierten Fahrens, S. 158.

entsprechende Software erkennt und dem richtigen Profil zuweist.[166] Grundsätzlich denkbar ist dies auch für alle übrigen Passagiere.

2. *Überwachung des Kfz*

Im Rahmen von Remotefunktionen kann das Smartphone zur Fernsteuerung des Fahrzeugs verwendet werden.[167] Nach Verbindung des Smartphones mit dem Fahrzeug lassen sich hierüber z.B. die Klimaanlage/Heizung, die Hupe oder das Standlicht bedienen. Hierzu werden im Fahrzeug verschieden Daten wie Standort, FIN, und Status der einzelnen Komponenten (z.B. Tür unverschlossen) gespeichert. Diese Daten können fortlaufen an das Backend des Herstellers übermittelt und dort zusammen mit weiteren Informationen, zum Beispiel über ausgelöste Alarme, gespeichert werden.[168]

Über mobile Endgeräte ist auch der Abruf des Fahrzeugstatus sowie die Fahrzeugortung möglich, wenn eine entsprechende App des Herstellers installiert wurde oder das Fahrzeug über ein Online-Kundenkonto verknüpft ist (Überwachungsfunktionen).[169] Zur Anmeldung sind persönliche Daten des Nutzers wie Name und Anschrift sowie die Fahrzeugidentifikationsnummer notwendig. Der Nutzer kann sich so die gefahrene Strecke, Geschwindigkeit, Status der Türen und Fenster, den Tankfüllstand bzw. Ladestand, den Reifendruck aber auch die aktuelle Position des Fahrzeugs anzeigen lassen. Die Daten können hierzu über das Backend des Herstellers verarbeitet und dort für eine zur Bereitstellung des Abrufs erforderliche Zeit gespeichert werden.[170]

Datenschutzrechtlich problematisch ist in diesen Zusammenhang vor allem die Möglichkeit, den Fahrzeugstatus über eine App abrufen zu können und damit Standort- und Fahrdaten einzusehen.[171] Der angezeigte Füllstand des Tanks liefert eine Aussage darüber, wie weit der Fahrer gefahren ist, die Information über den Status von Türen und Fenstern, ob er nachlässig ist und diese nicht verriegelt. Wird das Fahrzeug nur von einem Fahrer genutzt und nur dieser hat

---

166 Die Funktionsweise ist der Autorin aus ihrer eigenen Arbeit bei ihrem Arbeitgeber (Automobilzulieferer) bekannt.

167 *Eul*: 10.2 Connected Cars, in: Leupold /Wieb/Glosser (Hrsg.), IT-Recht, Rn.15.

168 Siehe hierzu unter Kap. 2 B.I.

169 *Eul*: 10.2 Connected Cars, in: Leupold /Wieb/Glosser (Hrsg.), IT-Recht, Rn. 15; *von Bodungen*, in: Specht/Mantz (Hrsg.): Handbuch Europäisches und deutsches Datenschutzrecht, § 16 Rn. 8.

170 Siehe hierzu unter Kap. 2 B.I.

171 *Hinrichs/Becker*, ITRB 2015, 164 (166).

Zugriff auf die Überwachungsfunktion, ist dieser Umstand unkritisch. Wie die Erfahrung aber zeigt, wird das Automobil selten nur von einer Person genutzt. So kann der zugriffsberechtigte Nutzer leicht abweichende Fahrer überwachen, was wiederum datenschutzrechtlich entsprechend zu würdigen ist.

V. Unfalldatenspeicher und eCall

Der standardmäßige Einbau von Unfalldatenspeichern[172], die relevante Parameter im Falle eines Unfalls speichern, ist, anders als zum Beispiel in den USA,[173] bislang in der EU noch nicht verpflichtend.[174]

Dies wird sich in Zukunft durch die Verordnung EU 2019/2144 ändern. Gemäß Art. 6 Abs. 1 lit. g) EU VO 2019/2144 müssen Fahrzeuge, die ab dem 07.07.2024 zugelassen werden sollen, über Systeme zur ereignisbezogenen Datenaufzeichnung verfügen. Gemeint ist hiermit ein Unfalldatenspeicher, der für ein bestimmtes Zeitfenster vor, während und nach einem Zusammenstoß Geschwindigkeit, Zustand und Grad der Aktivierung der Sicherheitssysteme, Anzahl der angelegten Sitzgurte sowie sonstige relevante Parameter aufzeichnet.[175] Die Daten sollen den nationalen Behörden zur Unfalldatenanalyse in anonymisierter Form über eine standardisierte Schnittstelle zu Verfügung gestellt werden.[176] Eine Zuordnung zu einem bestimmten Fahrzeug, einem Halter oder Eigentümer soll nach der Verordnung ausdrücklich nicht möglich sein[177], sodass die Datenaufzeichnung wohl nicht dem Zweck dienen soll, Haftungsfragen zwischen Unfallbeteiligten zu klären.

Daneben sieht auch das deutsche Recht die Einrichtung von Datenaufzeichnungen für automatisierte Kfz vor. § 63a StVG bestimmt, dass bei hoch- und vollautomatisierten Fahrzeugen die Positions- und Zeitangaben gespeichert werden, wenn ein Wechsel der Fahrzeugsteuerung zwischen Fahrzeugführer und dem hoch- oder vollautomatisierten System erfolgt oder wenn der Fahrzeugführer durch das System aufgefordert wird, die Fahrzeugsteuerung zu übernehmen

172 Zur Funktionsweise ausführlich: *Zurlutter*, Datenschutzrechtliche Aspekte der Auskunfts- und Aufklärungsobliegenheit über Kfz-Daten in der Kfz-Haftpflichtversicherung, S. 8 ff und *Fothen/Böhm/Paula*, NZV 2020, 284 (284 f.).

173 *Nugel*, ZD 2019, 341 (342).

174 Etwas anderes gilt z.T. für Testfahrten mit automatisierten Kfz, siehe hierzu: *Klink-Straub/Keber*, NZV 2020, 113 (114 ff.).

175 *Lüdemann/Knollmann*, ZD 2020, 403 (404).

176 *Lüdemann/Knollmann*, ZD 2020, 403 (404).

177 *Lüdemann/Knollmann*, ZD 2020, 403 (404).

oder eine technische Störung des Systems auftritt. Diese Daten sollen auch übermittelt werden müssen, wenn dies für die Klärung von zivilrechtlichen Ansprüchen aus einem Verkehrsunfall erforderlich ist.

Zudem sieht der durch das Gesetz zur Änderung des Straßenverkehrsgesetzes und des Pflichtversicherungsgesetzes - Gesetz zum autonomen Fahren im Juli 2021 in das StVG neu eingeführte § 1g vor, dass Daten wie zum Beispiel Positionsdaten, Anzahl und Zeiten der Nutzung sowie der Aktivierung und Deaktivierung der autonomen Fahrfunktionen, Geschwindigkeit und Beschleunigung in bestimmten Situationen, wie einem Unfall, aufgezeichnet werden müssen.[178] Damit sind Unfalldatenspeicher zukünftig in Deutschland für autonome Kfz verpflichtend.

Daneben sind Neufahrzeuge heute schon verpflichtend mit einem bordeigenen System zum Aufbau einer Telefonverbindung mit der Notfallleitstelle im Falle eines Unfalls ausgestattet (eCall).[179] Gemäß Art. 6 Abs. 8 eCall VO wird im Rahmen des gesetzlich vorgeschriebenen eCall der Mindestdatensatz bestehend aus Zeitpunkt des Unfalls, Auslöseart, Fahrzeugidentifikationsnummer (FIN), Antriebsart und Fahrzeugklasse, Fahrzeugposition, die letzten zwei Fahrzeugpositionen, Fahrtrichtung des Fahrzeugs und Anzahl der Insassen an die eCall-Notrufabfragestelle übermittelt.[180] Zudem wird eine Tonverbindung zwischen dem Fahrzeug und der Notrufabfragestelle hergestellt, damit Rettungskräfte direkt mit den verunfallten Personen sprechen können.

Die im Rahmen von Unfällen übermittelten und aufgezeichneten Daten sind von großem Interesse für die Unfallbeteiligten und deren Haftpflichtversicherungen, wenn es um die spätere zivilrechtliche Auseinandersetzung und um Haftungsfragen geht.[181] Zudem können aber auch Strafverfolgungsbehörden ein Interesse an der Auswertung der Daten haben, um das Verschulden festzustellen.[182] Da im Falle eines Unfalls der Fahrer oder Halter unschwer zu ermitteln ist, müssen auch die durch Unfalldatenspeicher gespeicherten bzw. im Rahmen des eCall verarbeiteten Daten unter datenschutzrechtlichen Gesichtspunkten betrachtet werden.[183]

---

178 *Steinrötter*, ZD 2021, 513 (514).

179 Seit März 2018 muss jedes Fahrzeug in der EU aufgrund der eCall VO mit dem eCall System ausgestattet sein: *Eul*: 10.2 Connected Cars, in: Leupold /Wieb/Glosser (Hrsg.), IT-Recht, Rn. 13.

180 Siehe hierzu auch: *Raith*, Das Vernetzte Automobil, S. 15 f.

181 Siehe hierzu ausführlich: *Zurlutter*, Datenschutzrechtliche Aspekte der Auskunfts- und Aufklärungsobliegenheit über Kfz-Daten in der Kfz-Haftpflichtversicherung, S. 13 ff.

182 Siehe hierzu: *Fothen/Böhm/Paula*, NZV 2020, 284.

183 So auch: *Fothen/Böhm/Paula*, NZV 2020, 284 (286).

Kapitel 3 Rechtmäßigkeit der Datenverarbeitung von Drittbetroffenendaten de lege lata

Im Kontext der Datenverarbeitung durch vernetze und automatisierte Fahrzeuge manifestiert sich das grundsätzliche Problem, wie Verantwortliche mit Daten umgehen dürfen, die nicht von dem Hauptbetroffenen stammen, sondern von allen Personen, die sich im und um das Fahrzeug aufhalten und deren Daten beim Betrieb ebenfalls (mit)erfasst werden. Grund hierfür ist, dass Fahrzeuge typischerweise nicht nur von einer Person genutzt werden. Verstärkt wird das Problem durch die voranschreitende Automatisierung und Vernetzung des Fahrzeugs, wodurch Daten von am eigentlichen Fahrtvorgang unbeteiligten Dritten zwangsläufig erfasst und verarbeitet werden.

In diesem Kapitel soll nun untersucht werden, wie mit dieser personellen Diversität datenschutzrechtlich umzugehen ist und ob das Datenschutzrecht de lege lata, insbesondere die EU-Datenschutzgrundverordnung, hierauf Antworten bereithält oder ob die Anforderungen in der Praxis zu einem Scheitern solch datengetriebener Fahrzeuge führt. Für die Zwecke dieser Untersuchung wird zwischen folgenden Szenarien unterschieden, in welchen die in Kapitel 2.C. dargestellten Phänomene (Sicherheits- und Assistenzfunktionen, Connectivity Dienste, Komfort- und Überwachungsfunktionen, Unfalldatenspeicher und eCall) überprüft werden:

Nutzung des VAF durch einen vom Halter oder Eigentümer abweichenden Fahrer (unter Abschnitt A.): Der abweichende Fahrer kann hierbei das VAF ausschließlich oder überwiegend nutzen, zum Beispiel bei einer dauerhaften Nutzungsüberlassung. Es kann sich aber auch um Gelegenheitsfahrer handeln, zum Beispiel wenn das Fahrzeug im Freundes- oder Familienkreis kurzfristig verliehen oder im Rahmen von Car Sharing Angeboten genutzt wird. Der Sonderfall der Überlassung eines Dienstwagens zur beruflichen und privaten Nutzung im Rahmen von Arbeitsverhältnissen wir im Rahmen dieser Arbeit nicht untersucht.

Erfassung von Daten des Mitfahrers sowie anderer Passagiere (unter Abschnitt B.): Im Rahmen der Innenraumüberwachung werden verschiedenen Daten von Mitfahrern erfasst und ggf. auch weiterverarbeitet. Dies kann zum Beispiel über die Sitzplatzbelegung oder auch die optische Erfassung der Mitfahrer und ihrer Sitzposition geschehen.

Nutzung von Daten Dritter, die in das Fahrzeug eingebracht werden (unter Abschnitt C): Im Rahmen der Vernetzung des Fahrzeugs ist es möglich, Kontaktdaten von Dritten im VAF zu speichern. Auch bei Speicherung von Kalendereinträgen werden Daten Dritter erfasst, wenn diese zum Beispiel bei der Terminbenennung namentlich genannt werden.

Erfassung von Daten Dritter, die sich außerhalb des Fahrzeugs aufhalten (unter Abschnitt D.): Die Assistenzsysteme sind notwendigerweise auf eine genaue Erfassung der Umwelt angewiesen. Hierbei werden daher auch andere Fahrer, Fußgänger oder Radfahrer erfasst.

Für jedes in den folgenden Abschnitten untersuchte Szenario werden das anwendbare Recht bzw. die Frage nach dem Personenbezug der in Rede stehenden Daten, die datenschutzrechtlich Verantwortlichen, die Rechtsgrundlagen der jeweiligen Datenverarbeitungen sowie die Einhaltung der Grundsätze rechtmäßiger Datenverarbeitung und die Erfüllung der Betroffenenrechte begutachtet. Im Abschnitt A wird jedem dieser Punkte eine Darstellung der allgemeinen Anforderungen vorangestellt, um diese nachfolgend im Rahmen jedes Szenarios subsumieren zu können.

A. Verarbeitung personenbezogener Daten des vom Halter bzw. Eigentümer abweichenden Fahrers

In diesem ersten Szenario sind alle Personen datenschutzrechtlich betroffen, die das Fahrzeug entweder gelegentlich oder regelmäßig als Fahrer nutzen und weder Eigentümer noch Halter sind, also weder über einen Kaufvertrag noch über sonstige Verträge (zum Beispiel über Connectivity Dienste) mit dem Verantwortlichen verbunden sind. Auf der anderen Seite können Nutzungsüberlassungsverträge mit dem Eigentümer bzw. Halter bestehen. Hierbei kann es sich um Privatpersonen oder kommerzielle Anbieter, zum Beispiel Mietwagen oder Car Sharing, handeln.

Als zu untersuchende Phänomen und Datenverarbeitungsvorgänge kommen einige in Betracht. Fahrtdaten sind relevante Fahrerdaten, wenn diese personenbezogen sind und zum Beispiel Rückschlüsse auf das Fahrverhalten zulassen. Diese werden bei Nutzung der Sicherheits- und Überwachungsfunktionen, bei Aufzeichnung durch Unfalldatenspeicher oder im Falle eines Notfalls über den eCall verarbeitet. Darüber hinaus spielt die Fahrerüberwachung durch Erfassung von Daten aus dem Innenraum eine Rolle. Schließlich werden auch bei Nutzung von Connectivity Diensten Daten des Fahrers verarbeitet, wie zum Beispiel der Standort bei Navigationsdiensten, Telekommunikationsdaten bei Kommunikationsdiensten sowie Inhaltsdaten bei Informations- und Unterhaltungsdiensten.

Unter I. wird untersucht, welche Gesetze anwendbar sind, um anschließend unter II. die im datenschutzrechtlichen Sinn verantwortlichen Akteure zu identifizieren. Sodann wird unter III. untersucht, welche Fahrerdaten einen Personenbezug aufweisen. Unter IV. werden die Rechtsgrundlagen evaluiert, auf welche die oben beschriebenen Verarbeitungsvorgänge gestützt werden können. Abschließend werden unter V. die relevanten sonstigen datenschutzrechtlichen Vorgaben erörtert, die im Rahmen der Verarbeitung einzuhalten sind. Zu jedem dieser Punkte erfolgt zunächst eine Darstellung der allgemeinen Anforderungen, bevor die szenariospezifischen Probleme untersucht werden.

I. Anwendbares Recht

Aufgrund der komplexen Verarbeitung von Daten im VAF sind verschiedene Normen anwendbar, über welche nachfolgend ein Überblick gegeben wird.

Neben den Hauptgesetzen des Datenschutzrechts, der EU-Datenschutzgrundverordnung sowie des Bundesdatenschutzgesetzes, bestehen spezifische datenschutzrechtliche Normen für Telemedien und Telekommunikation sowie für den eCall.

1. EU-Datenschutzgrundverordnung und Bundesdatenschutzgesetz

Seit dem 25.05.2018 ist die Europäische Datenschutzgrundverordnung (DSGVO) in allen Mitgliedstaaten direkt anwendbar und regelt in ihrem Anwendungsbereich umfassend und abschließend die Verarbeitung personenbezogener Daten. Sie ersetzt damit die Richtlinie 95/46 EG[184]. Anspruch war dabei stets, ein zukunftsfähiges und technologieneutrales Regelwerk zu schaffen.[185] Durch möglichst allgemeine Regeln sollen alle denkbaren Technologien und zukünftigen Entwicklungen abgedeckt werden. Ob die DSGVO diesem Anspruch für VAF gerecht wird, soll im Folgenden untersucht werden. In der Literatur werden bereits spezifische Regelungen für den Bereich der vernetzten Kraftfahrzeuge gefordert, da die allgemeinen Regelungen der DSGVO als nicht ausreichend erachtet werden.[186]

Neben der DSGVO bestehen weiterhin auf Ebene der Mitgliedstaaten verschieden datenschutzrechtliche Regelungen. Aufgrund des Anwendungsvorrangs von

---

184 Richtlinie 95/46/EG des Europäischen Parlaments und des Rates vom 24. Oktober 1995 zum Schutz natürlicher Personen bei der Verarbeitung personenbezogener Daten und zum freien Datenverkehr (im Folgende „Datenschutzrichtlinie“).

185 Siehe EG 15 DSGVO.

186 So z.B. *Roßnagel/Hornung*, in: Roßnagel/Hornung (Hrsg.), Grundrechtsschutz im Smart Car, S. 469 (473).

EU-Verordnungen ist das Bundesdatenschutzgesetz (BDSG) allerdings nur im Rahmen der Öffnungsklauseln anwendbar.[187] Das BDSG spielt daher für die vorliegende Untersuchung nur eine untergeordnete Rolle, vor allem da eine Prüfung der datenschutzrechtlichen Zulässigkeit vernetzter und automatisierter Kfz auf nationaler Ebene aufgrund der grenzüberschreitenden Nutzung von Kfz nicht zielführend wäre.

Inhaltlich regelt die DSGVO Grundsätze für eine rechtmäßige Datenverarbeitung, Rechtsgrundlagen, Rechte der Betroffenen, Pflichten der Verantwortlichen, sowie entsprechende Sanktionen. Adressat der Regelungen sind Verantwortliche sowie Personen und Unternehmen, die im Auftrag eines Verantwortlichen personenbezogene Daten verarbeiten (Auftragsverarbeiter).

a. Räumlicher Anwendungsbereich

Der räumliche Anwendungsbereich folgt dem Niederlassungs- sowie dem Marktortprinzip. Nach Art. 3 Abs. 1 DSGVO haben Verantwortliche und Auftragsverarbeiter die Vorschriften der DSGVO zu beachten, wenn diese eine Niederlassung innerhalb der Union haben, ungeachtet dessen ob sich die betroffenen Personen, deren Daten verarbeitet werden, ebenfalls in der Union befinden.[188] Gemäß des Marktortprinzips nach Art. 3 Abs. 2 DSGVO findet die DSGVO zudem auf Datenverarbeitungen durch nicht in der Union niedergelassene Verantwortliche und deren Auftragsverarbeiter Anwendung, wenn sich die betroffene Person in der Union befindet und die Datenverarbeitung in Zusammenhang mit dem Anbieten von Waren und Dienstleistungen in der Union oder der Beobachtung des Verhaltens der betroffenen Person in der Union steht.[189] Die relevanten Akteure der Automobilbranche, also insbesondere Hersteller und Zulieferer, als auch die Anbieter von Connectivity Diensten sind überwiegend global tätig und haben auch in der EU Niederlassungen, sodass schon aus diesem Grund die DSGVO bei der Verarbeitung von Daten aus Fahrzeugen zur

---

187 *Schantz*, in: Brink/Wolff, BeckOK DatenschutzR, 41. Ed. 1.11.2021, DS-GVO, Art. 1 Rn. 8; *Gola/Reif*, in: Gola/Heckmann, DSGVO/BDSG, BDSG § 1 Rn. 19.

188 *Pabst*, in: Schwartmann/Jaspers/Thüsing/Kugelmann, DS-GVO/BDSG, Art. 3 Rn. 16; *Hornung*, in: Simitis/Hornung/Spiecker, gen. Döhmann, DSGVO mit BDSG, Art. 3 Rn. 18-20; *Ernst*, in: Paal/Pauly, DS-GVO BDSG, Art. 3 Rn. 5-12; *Plath*, in: Plath, DGVO/BDSG, Art. 3 Rn. 5.

189 *Pabst*, in: Schwartmann/Jaspers/Thüsing/Kugelmann, DS-GVO/BDSG, Art. 3 Rn. 25; *Hornung*, in: Simitis/Hornung/Spiecker, gen. Döhmann, DSGVO mit BDSG, Rn. 40-43; *Ernst*, in: Paal/Pauly, DS-GVO BDSG, Rn. 14; *Plath*, in: Plath, DGVO/BDSG, Art. 2 Rn. 11.

Anwendung kommt. Aber selbst dann, wenn ein Akteur in einem Land außerhalb der Union niedergelassen ist, muss er die Vorschriften der DSGVO beachten, wenn er Fahrzeuge und Dienste Personen innerhalb der Union anbietet oder durch bestimmte Funktionen im Kfz das Verhalten von Personen innerhalb der EU beobachtet.[190] So oder so werden die hier wesentlichen Akteure nicht um die Einhaltung des europäischen Datenschutzrechts herumkommen, für sie ist der räumliche Anwendungsbereich eröffnet.

b. Sachlicher Anwendungsbereich

Sachlich anwendbar ist die DSGVO für die automatisierte sowie die nichtautomatisierte Verarbeitung von personenbezogenen Daten, die in einem Dateisystem gespeichert sind.[191] Ausgenommen gemäß Art. 2 Abs. 2 lit. c) DSGVO ist die Verarbeitung durch natürliche Personen zur Ausübung ausschließlich privater oder familiärer Tätigkeiten (sog. Haushaltsausnahme).[192] Dies kann zum Beispiel bei einer Nutzungsüberlassung im Freundes- oder Familienkreis relevant sein. Erfolgt diese zu rein privaten oder familiären Zwecken, finden die Vorschriften der DSGVO auf eine Datenverarbeitung durch private Verantwortliche keine Anwendung. Vermischen sich hingegen die Nutzung zu privaten und geschäftlichen Zwecken („Dual Use"), ist die Ausnahme nicht anwendbar.[193]

Der Anwendungsbereich der DSGVO sowie des BDSG ist nur dann eröffnet, wenn es sich um personenbezogene Daten handelt.[194] Abzugrenzen sind personenbezogene Daten von anonymen Daten. Auf diese ist die DSGVO nicht

---

190 *Kumpf*, Smart Cars, S. 121 f.

191 *Pabst*, in: Schwartmann/Jaspers/Thüsing/Kugelmann, DS-GVO/BDSG, Art. 2 Rn. 24; *Bäcker*, in: Brink/Wolff, BeckOK DatenschutzR, 41. Ed. 1.11.2021, DS-GVO, Art. 2 Rn. 2-4; *Ernst*, in: Paal/Pauly, DS-GVO BDSG, Rn. 2; *Plath*, in: Plath, DGVO/BDSG, Art. 2 Rn. 6.

192 *Pabst*, in: Schwartmann/Jaspers/Thüsing/Kugelmann, DS-GVO/BDSG, Art. 2 Rn. 37; *Bäcker*, in: Brink/Wolff, BeckOK DatenschutzR, 41. Ed. 1.11.2021, DS-GVO, Art. 2 Rn. 12; *Ernst*, in: Paal/Pauly, DS-GVO BDSG, Rn. 13; *Plath*, in: Plath, DGVO/BDSG, Art. 2 Rn. 21.

193 *Pabst*, in: Schwartmann/Jaspers/Thüsing/Kugelmann, DS-GVO/BDSG, Art. 2 Rn. 42; Ernst, in: Paal/Pauly, DS-GVO BDSG, Art. 2 Rn. 19; *Plath*, in: Plath, DGVO/BDSG, Art. 2 Rn. 27.

194 *Schwartmann/Mühlenbeck*, in: Schwartmann/Jaspers/Thüsing/Kugelmann, DS-GVO/BDSG, Art. 4 Rn. 9; *Bäcker*, in: Brink/Wolff, BeckOK DatenschutzR, 41. Ed. 1.11.2021, DS-GVO, Art. 2 Rn.1; *Ernst*, in: Paal/Pauly, DS-GVO BDSG, Art. 2 Rn. 3; *Plath*, in: Plath, DGVO/BDSG, Art. 2 Rn. 5.

anwendbar, da es sich bei ihnen nicht (mehr) um personenbezogene Daten handelt.[195] Die Abgrenzung ist in der Praxis nicht einfach. Welche Daten personenbezogen sind, ist auch immer eine Frage des Einzelfalls und für jede Datenkategorie gesondert zu prüfen. Daher werden in den folgenden Unterabschnitten zunächst unter aa. die allgemeinen Kriterien des Personenbezugs dargestellt bevor diese unter bb. auf Drittbetroffenendaten übertragen werden.

aa. Personenbezogene Daten

Grundlage des Datenschutzrechts in Deutschland ist das Allgemeine Persönlichkeitsrecht in der Ausprägung des seit dem Volkszählungsurteil des Bundesverfassungsgerichts[196] anerkannten Rechts auf informationelle Selbstbestimmung, Art. 2 Abs. 1, 1 Abs. 1 GG. Auf europäischer Ebene ist das Recht auf Schutz personenbezogener Daten in Art. 8 GrCh verankert und wird durch die DSGVO konkretisiert.[197]

Geschützt werden ausschließlich personenbezogene Daten. Der Personenbezug dient als Abgrenzungskriterium zu anderen Gesetzen, die sich mit dem Schutz von Daten befassen. Das Abgrenzungsmerkmal des Personenbezugs und insbesondere die Frage, für wen die betroffene Person bestimmbar sein muss, wurden schon unter Geltung der Datenschutzrichtlinie und deren Umsetzung im BDSG a.F. in Literatur und Rechtsprechung kontrovers diskutiert. Über den Streitstand wird nachfolgend ein Überblick gegeben (unter (1)), bevor unter (2) untersucht wird, inwieweit die DSGVO die Frage nach der Reichweite des Personenbezugs beantwortet hat. Abschließend wird dargestellt, welche Art von Daten datenschutzrechtlich relevant sind (unter (3)), wie Sachdaten und flüchtige Daten (unter (4)) sowie anonyme Daten (unter (5)) zu behandeln sind.

(1) Streit um die Perspektive der Identifizierbarkeit unter Geltung der Datenschutzrichtlinie

§ 3 Abs. 1 BDSG a.F. definierte personenbezogene Daten als „Einzelangaben über persönliche oder sachliche Verhältnisse einer bestimmten oder bestimmbaren

---

195 Siehe EG 26 Satz 6 DSGVO; *Schwartmann/Mühlenbeck*, in: Schwartmann/Jaspers/Thüsing/Kugelmann, DS-GVO/BDSG, Art. 4 Rn. 12; *Schild*, in: Brink/Wolff, BeckOK DatenschutzR, 41. Ed. 1.5.2022, DS-GVO, Art. 4 Rn. 15; *Ernst*, in: Paal/Pauly, DS-GVO BDSG, Art. 4 Rn. 49.

196 BVerfG, Urt. v. 15.10.1983 - 1 BvR 209/83, 1 BvR 269/83, 1 BvR 362/83, 1 BvR 420/83, 1 BvR 440/83, 1 BvR 484/83, = NJW 1984, 419.

197 *Pabst*, in: Schwartmann/Jaspers/Thüsing/Kugelmann, DS-GVO/BDSG, Art. 2 Rn. 18.

natürlichen Person (Betroffener)" und setzte damit Art. 2 lit. a) Datenschutzrichtlinie um.[198] Unter welchen Voraussetzungen eine Person bestimmbar war, regelte das BDSG a.F. nicht, allerdings fand sich in Art. 2 lit. a) Datenschutzrichtlinie der Hinweis, dass eine Person als bestimmbar angesehen wird, wenn sie direkt oder indirekt identifiziert werden kann, insbesondere durch Zuordnung zu einer Kennnummer oder zu einem oder mehrerer spezifischen Elementen, die Ausdruck ihrer physischen, physiologischen, psychischen, wirtschaftlichen, kulturellen oder sozialen Identität sind.[199] Dies beantwortete aber weiterhin nicht die Frage, wer diese Zuordnung vornehmen können muss (nur der Verantwortliche oder auch jeder Dritte), was zentraler Gegenstand der Streitfrage in Literatur und Rechtsprechung wurde.

(a) Relative vs. Absolute Theorie

In Deutschland bildeten sich im Wesentlichen zwei gegensätzliche Theorien aus:[200] Nach der relativen Theorie kommt es auf das Wissen der für die Datenverarbeitung verantwortlichen Stelle an. Entweder verfügt diese bereits über die Zuordnungsmerkmale, oder sie kann sich diese mit verhältnismäßigem Aufwand besorgen.[201] Diese Theorie wurde insbesondere in der datenschutzrechtlichen Literatur vertreten.[202]

Nach der absoluten Theorie hingegen kommt es lediglich darauf an, dass irgendein Dritter die betroffene Person identifizieren kann.[203] Dieser Ansatz wurde in verschiedene Ausprägungen vertreten, insbesondere, was den Grad der Wahrscheinlichkeit angeht, einen Personenbezug herstellen zu können.[204] Diesem schlossen sich mehrere deutsche Datenschutzbehörden an.[205]

---

198 *Brink/Eckhardt*, ZD 2015, 205 (205); *Schwartmann/Mühlenbeck*, in: Schwartmann/Jaspers/Thüsing/Kugelmann, DS-GVO/BDSG, Art. 4 Rn. 11.

199 *Plath*, in: Plath, DGVO/BDSG, Art. 4 Rn. 7.

200 *Brink/Eckhardt*, ZD 2015, 205 (205).

201 BGH, Beschluss v. 28.10.2014 - VI ZR 135/13 -, Rn. 25 m.w.N.; *Brink/Eckhardt*, ZD 2015, 205 (206) m.w.N. in Fn. 8, 9; *Bergt*, ZD 2015, 365 (366) m.w.N. in Fn. 8, 9; *Nink/Pohle*, MMR 2015, 563 (564), Fn. 3 m.w.N.

202 EuGH, ZD 2017, 24 (27), m. *Anm. Kühling/Klar*; zum Meinungsspektrum in Deutschland siehe auch m.w.N. *Keppeler*, CR 2016, 360 (361).

203 BGH, Beschluss v. 28.10.2014 - VI ZR 135/13 -, Rn. 24 m.w.N.; *Nink/Pohle*, MMR 2015, 563 (564), Fn. 2 m.w.N.

204 *Brink/Eckhardt*, ZD 2015, 205 (206); zu den verschiedenen vertretenen Ansätzen *Bergt*, ZD 2015, 365 (366 ff.).

205 EuGH, ZD 2017, 24 (27), m. *Anm. Kühling/Klar*; zum Meinungsspektrum in Deutschland siehe auch m.w.N. *Keppeler*, CR 2016, 360 (361).

Nach der relativen Theorie konnte die betroffene Person demnach für verschiedene Verantwortliche identifizierbar sein oder auch nicht. Auf der einen Seite trug dies nicht zur Rechtssicherheit bei und Kritiker sahen darin eine Schutzlücke.[206] Auf der anderen Seite ist zu bedenken, dass das Datenschutzrecht hohe Anforderungen an die Verarbeitung stellt, sobald es anwendbar ist. Aufgrund der großen Hürden, die das Datenschutzrecht dem Verantwortlichen bei der Verarbeitung personenbezogener Daten stellt, der Betroffene andererseits nicht schutzwürdig ist, wenn dessen Daten für den Verantwortlichen eben nicht personenbeziehbar sind, erschien die relative Theorie einen interessengerechten Ausgleich herstellen zu können.[207] Die absolute Theorie führt hingegen dazu, dass kaum ein Datum nicht personenbezogen ist und die Anwendung des Datenschutzrechts damit auch entgegen des Willens des Gesetzgebers ausufern würde.[208]

(b) Rechtsprechung des EuGHs

Der EuGH hat sich im Laufe der Zeit mit verschiedenen Teilaspekten der Definition des personenbezogenen Datums nach Art. 2 li. a) Datenschutzrichtlinie beschäftigt.[209] Das Problem der Bestimmbarkeit hat er in der Rechtssache Breyer[210] behandelt. Konkret ging es um die Frage, ob dynamische IP-Adressen personenbezogene Daten für den Webseitenbetreiber, der diese bei einem Aufruf seiner Website speichert, darstellen, wenn nur ein Dritter, nämlich der Internetzugangsanbieter, über das für die Identifizierung des Anschlussinhabers erforderliche Zusatzwissen verfügt.[211]

Der EuGH beantwortet die Frage dahingehend, dass es nicht nur auf das Wissen des Verantwortlichen ankommt, sondern diesem auch das Wissen Dritter zugerechnet werden muss, mit welchem diese die betroffene Person identifizieren

---

206 *Brink/Eckhardt*, ZD 2015, 205 (206).

207 *Brink/Eckhardt*, ZD 2015, 205 (206).

208 *Brink/Eckhardt*, ZD 2015, 205 (206).

209 Aspekt „jede Information“ in der Rechtssache *Nowak* (C-434/16); Aspekt „auf eine Person beziehen“ in der verbundenen Rechtssache *YS u.a.* (C-141/12 und C-372/12) und Rechtssache *Nowak* (C-434/16); zusammenfassend *Karg*, in: Simitis/Hornung/Spiecker, gen. Döhmann, DSGVO mit BDSG, Art. 4 Rn. 66 ff.

210 EuGH, 2016, 3579 m. Anm. *Mantz/Spittka* und EuGH, ZD 2017, 24 m. Anm. *Kühling/Klar.*

211 EuGH, ZD 2017, 24 (28), m. Anm. *Kühling/Klar*; EuGH, NJW 2016, 3579 (3582), m. Anm. *Mantz/Spittka.*

können, wenn der Verantwortliche über rechtliche und legale Mittel verfügt, an die Zusatzinformation zu gelangen.[212]

Als Begründung verweist der EuGH auf EG 26 der Datenschutzrichtlinie. Dort heißt es, dass bei der Entscheidung, ob eine Person bestimmbar ist, alle Mittel berücksichtigt werden sollen, die vernünftigerweise entweder von dem Verantwortlichen für die Verarbeitung oder von einem Dritten eingesetzt werden könnten, um die betreffende Person zu bestimmen. Daraus folgert der EuGH, dass schon der Wortlaut von EG 26 indiziert, dass es für die Bestimmbarkeit „ […] nicht erforderlich ist, dass sich alle für die Identifizierung der betreffenden Person erforderlichen Informationen in den Händen einer Person befinden müssen".[213] Entscheidend sei alleine, ob der Zugriff auf das Zusatzwissen des Dritten ein Mittel darstelle, welches vernünftigerweise zur Bestimmung der betroffenen Person von dem Verantwortlichen eingesetzt werden könne, was dann zu verneinen sei, wenn die Identifizierung gesetzlich verboten oder praktisch nicht durchführbar wäre.[214]

Der EuGH hat sich damit für einen vermittelnden Ansatz, einer erweiterten relativen Theorie entschieden.[215] Im Ausgangspunkt kommt es auf das Wissen des jeweiligen Verantwortlichen an, was der relativen Theorie entspricht. Diese wird aber in Annäherung zum absoluten Ansatz derart erweitert, dass das Wissen Dritter dem Verantwortlichen dann zugerechnet wird, wenn dieser über rechtliche Mittel verfügt, eine Identifizierung durch den Dritten durchführen zu lassen.

(2) Reichweite der Identifizierbarkeit unter Geltung der DSGVO

Mit Anwendbarkeit der DSGVO seit dem 25.05.2018 stellt sich die Frage, wie das Kriterium der Identifizierbarkeit nunmehr zu bewerten ist und ob die Rechtsprechung des EuGHs in der Rechtssache Breyer, die noch unter Geltung der Datenschutzrichtlinie erging, weiterhin Bestand hat.[216]

---

212 EuGH, Urt. v. 19.10.2016 - C-528/14, ECLI:EU:C:2016:779, Rn. 49.

213 EuGH, Urt. v. 19.10.2016 - C-528/14, ECLI:EU:C:2016:779, Rn. 43

214 EuGH, Urt. v. 19.10.2016 - C-528/14, ECLI:EU:C:2016:779, Rn. 45 f.

215 EuGH, ZD 2017, 24 (28), m. Anm. *Kühling/Klar*; EuGH, NJW 2016, 3579 (3582), m. Anm. *Mantz/Spittka*.

216 EuGH, ZD 2017, 24 (28), m. Anm. *Kühling/Klar*.

Die DSGVO verwendet statt des Begriffs der „Bestimmbarkeit“ nun den Begriff der „Identifizierbarkeit“, womit an aber keine inhaltliche Änderung einhergeht.[217]

Die DSGVO hat einige Konkretisierungen an der Definition des personenbezogenen Datums vorgenommen, vermag aber nicht alle unter der Datenschutzrichtlinie bekannten Unsicherheiten zu beseitigen.[218]

Gemäß Art. 4 Nr. 1 DSGVO sind personenbezogene Daten alle Informationen, die sich auf eine identifizierte oder identifizierbare natürliche Person beziehen.[219] Als identifizierbar wird eine natürliche Person angesehen, die direkt oder indirekt, insbesondere mittels Zuordnung zu einer Kennung wie einem Namen, zu einer Kennnummer, zu Standortdaten, zu einer Online-Kennung oder zu einem oder mehrerer besonderer Merkmalen identifiziert werden kann, die Ausdruck der physischen, physiologischen, genetischen, psychischen, wirtschaftlichen, kulturellen oder sozialen Identität dieser natürlichen Person sind.[220]

Um festzustellen, ob eine natürliche Person identifizierbar ist, sollen nach EG 26 Satz 3 DSGVO alle Mittel berücksichtigt werden, die von dem Verantwortlichen oder einer anderen Person nach allgemeinem Ermessen wahrscheinlich genutzt werden, um die natürliche Person direkt oder indirekt zu identifizieren, wie beispielsweise das Aussondern.[221] Die DSGVO geht damit davon aus, dass auch die Mittel, die ein Dritter zur Identifizierung einsetzen kann, zu berücksichtigen sind.[222] Bei der Beurteilung, ob Mittel nach allgemeinem Ermessen wahrscheinlich genutzt werden, sollen nach EG 26 Satz 4 DSGVO alle objektiven

---

217 *Krügel*, ZD 2017, 455 (455); *Eßer*, in: Auernhammer, DSGVO/BDSG, Art. 4 Rn. 16; *Klar/Kühling*, in: Kühling/Buchner, DS-GVO/BDSG Art. 4 Nr. 1 Rn. 2; *Karg*, in: Simitis/Hornung/Spiecker, gen. Döhmann, DSGVO mit BDSG, Art. 4 Rn. 6; *Ernst*, in: Paal/Pauly, DS-GVO BDSG, Art. 4 Rn. 3; *Plath*, in: Plath, DGVO/BDSG, Art. 4 Rn. 6; a.A. *Klabunde*, in: Ehmann/Selmayr, DS-GVO, Art. 4 Rn. 15, der in „identifizierbar“ eine Präzisierung zu „bestimmbar“ sieht.

218 So auch: *Klar/Kühling*, in: Kühling/Buchner, DSGVO/BDSG, Art. 4 Nr. 1 Rn. 26; *Raith*, Das vernetzte Automobil, S. 84.

219 *Ernst*, in: Paal/Pauly, DS-GVO BDSG, Art. 4 Rn. 3; *Schwartmann/Mühlenbeck*, in: Schwartmann/Jaspers/Thüsing/Kugelmann, DS-GVO/BDSG, Art. 4 Rn. 31.

220 *Ernst*, in: Paal/Pauly, DS-GVO BDSG, Art. 4 Rn. 3; *Schild*, in: Brink/Wolff, BeckOK DatenschutzR, 41. Ed. 1.5.2022, DS-GVO, Art. 4 Rn. 14; *Schwartmann/Mühlenbeck*, in: Schwartmann/Jaspers/Thüsing/Kugelmann, DS-GVO/BDSG, Art. 4 Rn. 33.

221 *Ernst*, in: Paal/Pauly, DS-GVO BDSG, Art. 4 Rn. 10; *Schild*, in: Brink/Wolff, BeckOK DatenschutzR, 41. Ed. 1.5.2022, DS-GVO, Art. 4 Rn. 15; *Schwartmann/Mühlenbeck*, in: Schwartmann/Jaspers/Thüsing/Kugelmann, DS-GVO/BDSG, Art. 4 Rn. 34.

222 *Plath*, in: Plath, DGVO/BDSG, Art. 4 Rn. 8.

Faktoren, wie die Kosten der Identifizierung und der dafür erforderliche Zeitaufwand, herangezogen werden, wobei die zum Zeitpunkt der Verarbeitung verfügbare Technologie und technologische Entwicklungen zu berücksichtigen sind.[223]

Die DSGVO beantwortet aber allerdings weiterhin nicht die Frage, ob der Verantwortlichen auf das Wissen, das bei einem Dritten zur Identifizierung der betroffenen Person vorhanden ist, tatsächlich zugreifen oder zumindest zugreifen können muss, oder ob es ausreichend ist, wenn nur der Dritte die betroffene Person tatsächlich identifiziert oder identifizieren könnte, ohne das konkrete Möglichkeiten des Verantwortlichen bestehen, hierauf zugreifen zu können. Ist letzteres der Fall, schließt sich die Frage an, ob der Verantwortliche dann in irgendeiner Weise die Identifizierung veranlassen muss, oder ob er noch nicht einmal Kenntnis von der Möglichkeit einer Identifizierung durch einen Dritten haben muss.

Diese Frage wurde durch das Urteil des EuGH in der Rechtssache Breyer nicht geklärt, da dieser offen ließ, ob das vorhandene rechtliche Mittel zur Identifizierung als tatsächlicher und durchsetzbarer Anspruch bestehen muss oder ob ein abstrakt existierendes Mittel ausreicht.[224] Auch wenn nach dem anschließenden Urteil des BGH[225] eher von letzterem auszugehen ist,[226] ist dieses Ergebnis in Hinblick auf die Funktion des Personenbezugs zur Eingrenzung des Anwendungsbereiches der DSGVO nicht unproblematisch, da im Falle rein abstrakt existierender aber tatsächlich nicht einsetzbarer rechtlicher Mittel praktisch ein Personenbezug für den Verantwortlichen nicht herstellbar ist.

Insoweit handelt es sich bei dem Begriff der Identifizierbarkeit weiterhin um einen unbestimmten Rechtsbegriff, der der Auslegung bedarf.[227]

---

223 *Ernst*, in: Paal/Pauly, DS-GVO BDSG, Art. 4 Rn. 10; *Schild*, in: Brink/Wolff, BeckOK DatenschutzR, 41. Ed. 1.5.2022, DS-GVO, Art. 4 Rn. 15; *Schwartmann/Mühlenbeck*, in: Schwartmann/Jaspers/Thüsing/Kugelmann, DS-GVO/BDSG, Art. 4 Rn. 34.

224 So auch: EuGH, ZD 2017, 24 (28), m. Anm. *Kühling/Klar*; a.A. EuGH, NJW 2016, 3579 (3582) m. Anm. *Mantz/Spittka*, sowie OVG Münster, Urt. v. 19.10.2017 – 16 A 770/17, NVwZ 2018, 742, Rn. 42 sehen den Streit hingegen als durch den EuGH dahingehend als entschieden an, als dass rein abstrakte Mittel ausreichend seien.

225 BGH Urt. v. 16.05.2017 – VI ZR 135/13.

226 Siehe hierzu: BGH, Urt. v. 16.05.2017 – VI ZR 135/13, Rn. 26, bzgl. der Herleitung rechtlicher Mittel zur Identifizierung, die sich nur bei eingetretenen oder konkret zu befürchtenden Schädigungen durch den Nutzer ergeben sollen, nicht aber für den Normalfall eines sich rechtskonform verhaltenden Nutzers; kritisch hierzu auch EuGH, ZD 2019, 122 (122). m. Anm. *Hanloser*.

227 So auch: *Schwartmann/Mühlenbeck*, in: Schwartmann/Jaspers/Thüsing/Kugelmann, DS-GVO/BDSG, Art. 4 Rn. 36.

(a) Auslegungsmethoden von Unionsrecht

Die DSGVO ist als EU-Sekundärrecht entsprechend den Auslegungsmethoden für das Unionsrecht auszulegen, insbesondere autonom und einheitlich.[228] Dies bedeutet, dass sie nicht im Lichte mitgliedstaatlicher Rechtssetzung zu betrachten ist, sondern sich der Kern ihres Aussagegehaltes aus sich heraus ergeben muss.

Zudem muss Ziel der Auslegung die Ermittlung des Gesetzgeberwillens sein, insofern tritt die objektive Bedeutung der Norm in den Hintergrund.[229]

Darüber hinaus sind nach der Rechtsprechung des EuGH Erwägungsgründe bei der Auslegung von Unionsrecht zu berücksichtigten, soweit sie genauere Vorgaben enthalten.[230]

Auslegungsmethoden für das sekundäre Unionsrecht sind insbesondere die Wortlautauslegung, die systematische Auslegung, die teleologische Auslegung sowie die historische Auslegung.[231]

(b) Wortlautauslegung

Bei der Wortlautauslegung ist anhand des Gesetzeswortlautes der mögliche Wortsinn und der Bedeutungsinhalt der jeweiligen Norm zu filtrieren. Dabei sind die verwendeten Rechtsbegriffe nicht nach dem Verständnis der einzelnen Mitgliedstaaten auszulegen, sondern in einem unionsautonomen Sinne zu interpretieren.[232] Der EuGH geht bei der Wortlautauslegung so vor, dass er zunächst die einzelnen Sprachfassungen vergleicht, da jede Sprachfassung gemäß Art. 55 EUV verbindlich ist. Meist werden hierbei aber nur die englische, französische und deutsche Fassung berücksichtigt.[233] Ergeben sich Widersprüche zwischen den Sprachfassungen, gibt der EuGH keiner dieser Fassungen im Sinne eines

---

228 *Hofmann/Johannes*, ZD 2017, 221 (221), *Riesenhuber*, in: Riesenhuber, Europäische Methodenlehre, § 10 Rn. 6.

229 *Riesenhuber*, in: Riesenhuber, Europäische Methodenlehre, § 10 Rn. 11

230 EuGH, Urt. v. 11.03.2004 – C-240/02, ECLI:EU:C:2004:140, Rn. 22; *Riesenhuber*, in: Riesenhuber, Europäische Methodenlehre, § 10 Rn. 41, dort Fn. 130 m.w.N.

231 *Riesenhuber*, in: Riesenhuber, Europäische Methodenlehre, § 10 Rn. 12; *Pieper*, in: Dauses/Ludwigs, Handbuch des EU-Wirtschaftsrechts, 52. EL Februar 2021, B.I., Rn. 8.

232 *Riesenhuber*, in: Riesenhuber, Europäische Methodenlehre, § 10 Rn. 13; *Pieper*, in: Dauses/Ludwigs, Handbuch des EU-Wirtschaftsrechts, 52. EL Februar 2021, B.I., Rn. 11.

233 *Pechstein/Drechsler*, in: Riesenhuber, Europäische Methodenlehre, § 7 Rn. 21.

Mehrheitsprinzips Vorrang, sondern wendet ergänzend systematische und teleologische Methoden an, um den Wortsinn zu erforschen.[234]

Der Wortlaut von Art. 4 Nr. 1 DSGVO lässt zunächst offen, ob der Verantwortliche eine tatsächliche Zugriffsmöglichkeit auf die Zuordnungsmerkmale bei einem Dritten haben muss. Auch aus der englischen und der französischen Sprachfassung ergibt sich keine andere Bedeutung.

Es ist also näher der Wortlaut von EG 26 Satz 3 DSGVO zu betrachten. Danach sollen bei der Feststellung, ob eine Person identifizierbar ist, alle Mittel berücksichtigt werden, die von dem Verantwortlichen oder einem Dritten *nach allgemeinem Ermessen wahrscheinlich eingesetzt* werden, *um* die natürliche Person direkt oder indirekt zu identifizieren.

Hieraus ergeben sich zwei Punkte. Zum einen kann der Verantwortliche denklogisch nur solche Mittel zur Identifizierung wahrscheinlich nutzen, von denen er Kenntnis hat und sofern er in irgendeiner Weise am Identifizierungsprozess beteiligt ist.[235] Zum anderen ergibt sich aus dem Wort „um" im letzten Nebensatz, dass die eingesetzten und zu berücksichtigenden Mittel auf eine Identifizierung gerichtet sein müssen. Dies spricht dafür, dass das Wissen Dritter nur insoweit zu berücksichtigen ist, als sie für den Verantwortlichen zum Zwecke der Identifizierung tätig werden.[236]

Auch EG 26 Satz 4 DSGVO, wonach bei der Bestimmung, ob Mittel zur Identifizierung wahrscheinlich eingesetzt werden, objektive Faktoren zu berücksichtigen sind, legt diese Schlussfolgerung nahe. Hat der Verantwortliche keine Zugriffsmöglichkeit auf das Identifizierungswissen bei dem Dritten, entweder weil er nicht weiß, dass der Dritte die betroffene Person identifizieren kann, oder weil er weder rechtlich noch tatsächlich dazu in der Lage ist, hierauf zuzugreifen, stehen ihm objektiv gesehen keine Mittel zur Identifizierung zur Verfügung.

(c) Systematische Auslegung

Bei der systematischen Auslegung wird die zu untersuchende Norm im Kontext anderer Normen oder auch des gesamten Gesetzestextes auf ihren

---

234 *Riesenhuber*, in: Riesenhuber, Europäische Methodenlehre, § 10 Rn. 15; *Pieper*, in: Dauses/Ludwigs, Handbuch des EU-Wirtschaftsrechts, 52. EL Februar 2021, B.I., Rn. 15.

235 *Klar/Kühling*, in: Kühling/Buchner, DSGVO/BDSG, Art. 4 Nr. 1 Rn. 26; *Krügel*, ZD 2017, 455 (459).

236 So auch: *Nink/Pohle*, MMR 2015, 563 (564) zum inhaltlich gleichlautenden EG 26 Satz 2 der Datenschutzrichtlinie.

Rechtsgedanken hin untersucht.[237] Dabei sind der Stand der Norm und ihre Funktion im Kontext des Gesamtwerkes also auch einzelne Teilaspekte, wie zum Beispiel die Überschriften, unter welchen die Norm steht, zu berücksichtigten.[238]

Aus der reinen Stellung von Art. 4 Nr. 1 DSGVO lässt sich nichts Relevantes für die hier zu beantwortende Frage herleiten. Allerdings definiert Art. 4 Nr. 1 DSGVO als Begriffsbestimmungsnorm des Personenbezugs den Anwendungsbereich der DSGVO. Es ist daher naheliegend, die Norm in Abgrenzung zu anonymen Daten zu betrachten, auf die nach EG 26 Satz 6 DSGVO die DSGVO nicht anwendbar ist.[239]

Anonymisierung personenbezogener Daten setzt nach EG 26 Satz 5 DSGVO voraus, dass die betroffene Person nicht oder nicht mehr identifiziert werden kann.[240] Würde man davon ausgehen, dass es für den Personenbezug ausreicht, dass irgendein Dritter die Zuordnungsmerkmale kennt, wäre eine Anonymisierung von Daten für den Verantwortlichen praktisch unmöglich. Denn dann würde es nicht genügen, dass der Verantwortliche die bei sich vorhandenen Zuordnungsmerkmale unwiederbringlich entfernt, sondern er müsste dies auch bei allen Dritten tun bzw. diese dazu veranlassen. Unabhängig von der Frage, ob dies rechtlich bei den Dritten überhaupt zulässig wäre, kennt der Verantwortliche nicht immer alle Beteiligten, die gegebenenfalls Zuordnungsmerkmale der betroffenen Person besitzen.[241] Eine Anonymisierung wäre damit nie herstellbar und Erwägungsgrund 26 Satz 5 DSGVO würde im Ergebnis leerlaufen. Damit müssten fast alle Daten als personenbezogene Daten behandelt werden, was wiederum die in Art. 4 Nr. 1 DSGVO getroffene Abgrenzung obsolet machen würde.[242]

Daneben kennt die DSGVO auch das Instrument der Pseudonymisierung. Hierbei werden alle Merkmale, die die Zuordnung zu einer Person ermöglich, entfernt oder gesondert aufbewahrt.[243] Erst durch die Zusammenführung beider

---

237 *Pieper*, in: Dauses/Ludwigs, Handbuch des EU-Wirtschaftsrechts, 52. EL Februar 2021, B.I., Rn. 24.

238 *Riesenhuber*, in: Riesenhuber, Europäische Methodenlehre, § 10 Rn. 22 f.

239 *Schwartmann/Mühlenbeck*, in: Schwartmann/Jaspers/Thüsing/Kugelmann, DS-GVO/BDSG, Art. 4 Rn. 43; *Ernst*, in: Paal/Pauly, DS-GVO BDSG, Art. 4 Rn. 48.

240 *Schwartmann/Mühlenbeck*, in: Schwartmann/Jaspers/Thüsing/Kugelmann, DS-GVO/BDSG, Art. 4 Rn. 43; *Ernst*, in: Paal/Pauly, DS-GVO BDSG, Art. 4 Rn. 48.

241 So auch: *Raith*, Das vernetzte Automobil, S. 88.

242 So im Ergebnis auch: *Hofmann/Johannes*, ZD 2017, 221 (223) und für § 3 Abs. 1 BDSG a.F.: *Brink/Eckhardt*, ZD 2015, 205 (207).

243 *Plath*, in: Plath, DGVO/BDSG, Art. 4 Rn. 19.

Teile des Datensatzes kann (wieder) ein Personenbezug hergestellt werden. Da dies aber, anders als bei der Anonymisierung, jederzeit möglich ist, stellen pseudonymisierte Daten personenbezogene Daten dar.[244] Art. 4 Nr. 5 DSGVO verlangt für eine Pseudonymisierung, dass die zusätzlichen Informationen, die eine Identifizierung der betroffenen Person ermöglichen, gesondert aufbewahrt werden und technischen und organisatorischen Maßnahmen unterliegen, die gewährleisten, dass die Daten nicht einer Person zugewiesen werden können.[245] Dies kann unter anderem dadurch erfüllt werden, dass sich die Zuordnungsmerkmale bei einem Dritten (zum Beispiel Treuhänder) befinden.[246] Dann läge genau die hier untersuchte Ausgangssituation vor, dass sich das zur Identifizierung notwendige Wissen bei einem Dritten befindet. Weder ein tatsächlicher Zugriff noch ein rechtlich durchsetzbarer Anspruch des Verantwortlichen auf die Zuordnungsmerkmal wären erforderlich, um den Personenbezug zu bejahen, da es sich defacto um pseudonymisierte Daten handelt, die dennoch in den Anwendungsbereich der DSGVO fallen.

Anders ausgedrückt wäre die Konstellation, dass der Verantwortliche keinen (möglichen) Zugriff auf die Identifizierungsmerkmale hat, der in der DSGVO angelegte Normalfall der Pseudonymisierung. Damit bedürfte es weder eines tatsächlichen Zugriffs noch eines Anspruchs auf die Merkmale bei einem Dritten, um die Identifizierbarkeit zu bejahen.

Dieses Argument überzeugt aber nicht. Zum einen setzt die Pseudonymisierung voraus, dass der Verantwortliche zu einem Zeitpunkt in Besitz der Zuordnungsmerkmal war, sie dann aber entfernt und gesondert aufbewahrt hat oder er sich von Anfang an dazu entschieden hat, die Zuordnungsmerkmale gesondert aufzubewahren. Denn der Einsatz der Pseudonymisierungsverfahren ist im Vorfeld zu klären.[247] Dies ist aber denklogisch nur möglich, wenn der Verantwortliche zumindest den zuordnungsmerkmalhaltenden Dritten kennt. Zum anderen

---

244 Siehe EG 26 Satz 2 DSGVO; *Schild*, in: Brink/Wolff, BeckOK DatenschutzR, 41. Ed. 1.5.2022, DS-GVO, Art. 4 Rn. 78; *Schwartmann/Mühlenbeck*, in: Schwartmann/Jaspers/Thüsing/Kugelmann, DS-GVO/BDSG, Art. 4 Rn. 88; *Plath*, in: Plath, DGVO/BDSG, Art. 4 Rn. 20.

245 *Ernst*, in: Paal/Pauly, DS-GVO BDSG, Art. 4 Rn. 40; *Schwartmann/Mühlenbeck*, in: Schwartmann/Jaspers/Thüsing/Kugelmann, DS-GVO/BDSG, Art. 4 Rn. 79; *Plath*, in: Plath, DGVO/BDSG, Art. 4 Rn. 17.

246 *Ernst*, in: Paal/Pauly, DS-GVO BDSG, Art. 4 Rn. 42; *Schild*, in: Brink/Wolff, BeckOK DatenschutzR, 41. Ed. 1.5.2022, DS-GVO, Art. 4 Rn. 75; *Schwartmann/Mühlenbeck*, in: Schwartmann/Jaspers/Thüsing/Kugelmann, DS-GVO/BDSG, Art. 4 Rn. 89.

247 *Ernst*, in: Paal/Pauly, DS-GVO BDSG, Art. 4 Rn. 44.

ist gerade Sinn und Zweck der Pseudonymisierung, dass der Personenbezug wiederhergestellt werden kann, der pseudonyme Datensatz also mit den Zuordnungsmerkmalen zusammengeführt wird.[248] Wenn dies nicht erforderlich wäre, könnten die Daten auch anonymisiert werden. Zur Entpseudonymisierung muss der Verantwortliche aber wissen, wer die Zuordnungsmerkmale hat und er muss darauf auch tatsächlich zugreifen können bzw. zumindest einen durchsetzbaren Anspruch haben.[249]

Die systematische Auslegung ergibt demnach, dass der Verantwortliche um die Zuordnungsmerkmale bei dem Dritten wissen und er hierauf zumindest auch zugreifen können muss.

(d) Teleologische Auslegung

Durch die teleologische Auslegung ist der Gesetzeszweck der Norm zu ermitteln[250], indem die spezifischen Zwecke der einzelnen Normen präzise herausgearbeitet werden.[251] Neben den inhaltlichen Regelungszwecken sind auch formale Regelungszwecke wie die Rechtsangleichung einzubeziehen.[252] Schließlich ist der Grundsatz der praktischen Wirksamkeit (effet utile) zu beachten.[253] Danach ist eine Regelung zum einen so auszulegen, dass sie nicht sinnentleert wird und zum anderen so, dass das Regelungsziel so weit wie möglich oder bestmöglich erreicht wird.[254]

Zweck von Art. 4 Nr. 1 DSGVO und des dort definierten Merkmals des Personenbezuges ist es, den Anwendungsbereich der DSGVO auf Daten zu beschränken, die einer Person zugeordnet werden können und deren Verwendung tendenziell einen Eingriff in das Persönlichkeitsrecht darstellen kann.[255]

---

248 Die Pseudonymisierung dient nur der Senkung der Risiken für betroffene Personen: *Schild*, in: Brink/Wolff, BeckOK DatenschutzR, 41. Ed. 1.5.2022, DS-GVO, Art. 4 Rn. 69; *Schwartmann/Mühlenbeck*, in: Schwartmann/Jaspers/Thüsing/Kugelmann, DS-GVO/BDSG, Art. 4 Rn. 83; *Plath*, in: Plath, DGVO/BDSG, Art. 4 Rn. 18.

249 So i.E. auch: *Hofmann/Johannes*, ZD 2017, 221 (223).

250 Ri*esenhuber,* in: Riesenhuber, Europäische Methodenlehre, § 10 Rn. 41. *Pieper*, in: Dauses/Ludwigs, Handbuch des EU-Wirtschaftsrechts, 52. EL Februar 2021, B.I., Rn. 32.

251 Ri*esenhuber,* in: Riesenhuber, Europäische Methodenlehre, § 10 Rn. 42.

252 Ri*esenhuber,* in: Riesenhuber, Europäische Methodenlehre, § 10 Rn. 44.

253 *Pieper*, in: Dauses/Ludwigs, Handbuch des EU-Wirtschaftsrechts, 52. EL Februar 2021, B.I., Rn. 37.

254 Ri*esenhuber,* in: Riesenhuber, Europäische Methodenlehre, § 10 Rn. 45.

255 So i. E. auch für § 3 Abs. 1 BDSG a.F.: *Brink/Eckhardt*, ZD 2015, 205 (208).

Nur solche schutzwürdigen Daten sollen nach den strengen Vorschriften der DSGVO behandelt werden müssen, da hierdurch wiederum Beschränkungen für die datenverarbeitenden Personen und Unternehmen entstehen, was einen Eingriff in deren Rechte (Berufsausübung nach Art. 12 Abs. 1 GG, Art. 15 GrCh; unternehmerische Freiheit nach Art. 16 GrCh; Eigentumsnutzung nach Art. 14 Abs. 1 GG, 17 GrCh) darstellt.[256]

Andererseits soll gemäß Art. 1 DSGVO und EG 2 Satz 1 DSGVO ein möglichster umfassender Schutz personenbezogener Daten durch die DSGVO erreicht werden. Dieser Schutz wird aber nicht uneingeschränkt gewährleistet (siehe Art. 1 Abs. 3 und EG 4 Satz 2 DSGVO), sondern muss im Hinblick auf seine gesellschaftliche Funktion gesehen und unter Wahrung des Verhältnismäßigkeitsprinzips gegen andere Grundrechte abgewogen werden.[257]

Zweck von Art. 4 Nr. 1 DSGVO ist es daher, einen interessengerechten Ausgleich zwischen diesen Spannungspolen herzustellen, indem nur Daten, die einen Bezug zu einer Person aufweisen, unter den Schutz des Datenschutzrechtes gestellt werden.

Zur Erreichung dieses Ziels macht auch EG 26 Satz 3 DSGVO deutlich, dass es eben nicht ausreicht, wenn irgendein Dritter die betroffene Person Identifizieren kann und erteilt der rein objektiven Theorie damit eine Absage.[258] Der Gesetzgeber hat die für die Identifizierung zu berücksichtigenden Mittel sowohl bei Dritten als auch bei dem Verantwortlichen selbst auf jene beschränkt, die von diesen *nach allgemeinem Ermessen wahrscheinlich* genutzt werden. Würde man es als ausreichend erachten, dass ein Dritter die Zuordnungsmerkmalen kennt, auf die der Verantwortliche aber keinen Zugriff hat, würde diese Beschränkung wieder entfallen, da der Verantwortliche de facto keine Mittel nutzen kann, auf die er keinen Zugriff hat. Dies würde auch der ausdrücklich von dem Gesetzgeber gewollten Berücksichtigung der Verhältnismäßigkeit zuwiderlaufen, da Verantwortliche dann eine Vielzahl von Daten als personenbezogen behandeln müssten, obwohl sie selbst keine Möglichkeit haben, einen Personenbezug herzustellen. Der Anwendungsbereich würde gegen den Willen des Gesetzgebers

---

256 *Hofmann/Johannes*, ZD 2017, 221 (223); a.A. *Karg*, in: Simitis/Hornung/Spiecker, gen. Döhmann, DSGVO mit BDSG, Art. 4 Rn. 15 f., 37, der diesen Interessenkonflikt nicht über die Frage der Anwendbarkeit lösen möchte, sondern über die Rechtmäßigkeit der Verarbeitung nach Art. 5, 6 DSGVO.

257 So auch: *Raith*, Das vernetzte Automobil, S. 90.

258 *Schwartmann/Mühlenbeck*, in: Schwartmann/Jaspers/Thüsing/Kugelmann, DS-GVO/BDSG, Art. 4 Rn. 38; a.A. *Plath*, in: Plath, DGVO/BDSG, Art. 4 Rn. 20.

unverhältnismäßig ausgeweitet werden, was nicht dem Zweck von Art. 4 Nr. 1 DSGVO entsprechen würde.[259]

Auch nach der teleologischen Auslegung bedarf es daher einer tatsächlichen Zugriffsmöglichkeit des Verantwortlichen auf das bei einem Dritten vorhandene Wissen zur Identifizierung der betroffenen Person.

Eine Schutzlücke entsteht hierdurch nicht. Erhält der Verantwortliche die Zuordnungsmerkmale – aus welchem Grund auch immer – auf andere oder nicht legale Weise, liegen bei ihm ohnehin personenbezogene Daten vor, die dem Anwendungsbereich der DSGVO unterfallen.[260]

(e) Historische und genetische Auslegung

Im Rahmen der historisch-genetischen Auslegung sind insbesondere die Gesetzesmaterialen und Begründungen zu berücksichtigen.[261] „Vorbildrecht", also dort, wo der europäische Gesetzgeber nationales Recht zum Vorbild für eine Regelung genommen hat, kann aufgrund der Autonomie des Unionsrechts lediglich Anhaltspunkte für eine mögliche Auslegung liefern.[262] Andererseits können vorbestehende nationale Regelungen dann eine Rolle bei der Auslegung spielen, wenn der Unionsrechtsakt gerade auf eine Vereinheitlichung des Rechts ausgerichtet ist.[263]

Der von der Kommission eingebrachte Verordnungsvorschlag der DSGVO[264] enthielt zunächst keine Definition des personenbezogenen Datums, sondern in Art. 4 Abs. 1 eine Definition der betroffenen Person, die im Wesentlichen die Kriterien enthielt, die sich nun in EG 26 Satz 3 DSGVO finden.[265] Das Europäische Parlament ersetzte dann in erster Lesung[266] die Definition der betroffenen Person durch die jetzt in der DSGVO enthaltene Definition des personenbezogenen Datums. Zudem wurden in EG 23 die Punkte aufgenommen, die sich nun

259 So auch *Schwartmann/Mühlenbeck*, in: Schwartmann/Jaspers/Thüsing/Kugelmann, DS-GVO/BDSG, Art. 4 Rn. 38.

260 So wohl auch: *Raith*, Das vernetzte Automobil, S. 90; so auch für die Datenschutzrichtlinie: *Nink/Pohle*, MMR 2015, 563 (564).

261 *Riesenhuber*, in: Riesenhuber, Europäische Methodenlehre, § 10 Rn. 35.

262 *Riesenhuber*, in: Riesenhuber, Europäische Methodenlehre, § 10 Rn. 39.

263 *Riesenhuber*, in: Riesenhuber, Europäische Methodenlehre, § 10 Rn. 40.

264 Abrufbar unter: *https://eur-lex.europa.eu/legal-content/DE/TXT/?uri=celex:52012PC0011* (zuletzt abgerufen am 04.12.2022).

265 *Karg*, in: Simitis/Hornung/Spiecker, gen. Döhmann, DSGVO mit BDSG, Art. 4 Rn. 10.

266 Abrufbar unter: *https://eur-lex.europa.eu/legal-content/DE/TXT/?uri=celex:52014AP0212* (zuletzt abgerufen am 04.12.2022).

in EG 26 Satz 4 DSGVO befinden. Aus den Gesetzesmaterialen lassen sich damit keine relevanten Punkte für die Auslegung ableiten.[267]

Die DSGVO beruht zudem maßgeblich auf der Datenschutzrichtlinie. Nationale Regelungen taugen daher nur eingeschränkt als Vorbildrecht, da sich diese ebenfalls an der Datenschutzrichtlinie auszurichten hatten.

(f) Ergebnis

Die Auslegung ergibt damit folgende Reichweite für das Kriterium der Identifizierbarkeit:[268]

Entweder kann der Verantwortliche selbst die betroffene Person identifizieren, weil bei ihm entsprechendes Wissen vorhanden ist, oder das Wissen ist bei einem Dritten vorhanden und der Verantwortliche kann entweder tatsächlich oder mittels eines rechtlich durchsetzbaren Anspruchs hierauf zugreifen.[269] Hierbei sind, in Anlehnung des EuGH Urteils in der Rechtssache Breyer[270], nur rechtlich legale[271] und tatsächlich mögliche Mittel zu berücksichtigen. Ob die Einschränkung auf legale Mittel unter der DSGVO weiter Bestand hat, da das Merkmal der „vernünftigerweise eingesetzten Mittel" aus EG 26 Datenschutzrichtlinie nicht in die DSGVO übernommen wurde, wird sich noch zeigen

267 So auch: *Klar/Kühling*, in: Kühling/Buchner, DS-GVO/BDSG Art. 4 Nr. 1 Rn. 1.

268 A.A. *Kumpf*, Smart Cars, S. 47 – 62, der für § 3 BDSG a.F. zum Auslegungsergebnis eines objektiven Ansatzes kommt.

269 So auch: *Roßnagel*, ZD 2018, 243 (244), der eine praktisch realisierbare Möglichkeit der Kenntnisnahme verlangt; *Brink/Eckhardt*, ZD 2015, 205 (210), die darauf abstellen, ob mit einem Informationsfluss zwischen Verantwortlichem und Dritten zu rechnen ist; *Karg*, in: Simitis/Hornung/Spiecker, gen. Döhmann, DSGVO mit BDSG, Art. 4 Rn. 60, der von einer relativen Sicht mit starken Elementen der absoluten Theorie ausgeht; *Klar/Kühling*, in: Kühling/Buchner, DS-GVO/BDSG Art. 4 Nr. 1 Rn. 26, die eine wie auch immer geartete Beteiligung des Dritten am Identifizierungsprozess für erforderlich halten; *Eßer*, in: Auernhammer, DSGVO/BDSG, Art. 4 Rn. 26; *Gola*, in: Gola/Heckmann, DSGVO/BDSG, Art. 4 DS-GVO Rn. 21; a.A. wohl: *Klabunde*, in: Ehmann/Selmayr, DS-GVO, Art. 4 Rn. 17.

270 Siehe hierzu Kap. 3 A.I.1.a.bb. (1). (a). (bb).

271 So auch: *Raith*, Das vernetzte Automobil, S. 91 f.; a.A. *Klabunde*, in: Ehmann/Selmayr, DS-GVO, Art. 4 Rn. 17, der es auf die rechtliche Legalität nicht ankommen lassen will und *Ziebarth*, in: Sydow/Marsch, DSGVO/BDSG, Art. 4 Rn. 23, 37, der rechtswidriges Verhalten einbeziehen will, soweit damit zu rechnen ist.

müssen.[272] Jedenfalls entsteht hierdurch keine Schutzlücke, denn wenn der Verantwortliche tatsächlich die Zuordnungsmerkmale erhält, wenn auch durch illegale Mittel, besteht für ihn so oder so ein Personenbezug. Im Sinne eines möglichst umfassenden Schutzes liegt ein Personenbezug nicht erst dann vor, wenn die verantwortliche Stelle tatsächlich auf das Zusatzwissen bei einem Dritten zugreift. Dies muss nur nach den vorgenannten Kriterien rechtlich oder tatsächlich möglich sein.[273]

Dieses Ergebnis entspricht auch im Übrigen der Rechtsprechung des EuGH in der Rechtssache Breyer für den Anwendungsbereich der Datenschutzrichtlinie.[274] Hiernach liegt ein personenbezogenes Datum für den Verantwortlichen vor, wenn dieser über rechtliche Mittel verfügt, die es ihm erlauben, die betreffende Person anhand von Zusatzinformationen, über die ein Dritter verfügt, bestimmen zu lassen.[275] Das Zusatzwissen soll dem Verantwortlichen dann nicht zugerechnet werden, wenn die Identifizierung der Person gesetzlich verboten oder praktisch nicht durchführbar wäre.[276] Nach Auffassung des EuGH kommt es daher darauf an, ob der Verantwortliche über rechtliche Mittel verfügt, um an die Zusatzinformationen des Dritten, die eine Identifizierung der betroffenen Person ermöglichen, zu gelangen.[277] Da der EuGH aufgrund einer Auslegung von EG 26 Datenschutzrichtlinie zu diesem Ergebnis kommt, der insoweit dem Erwägungsgrund 26 der DSGVO entspricht, ist davon auszugehen, dass der EuGH auch unter Anwendung der DSGVO weiterhin diesem Maßstab folgen wird.

(3) Datenschutzrechtlich relevante Daten

Zudem fragt sich, welche Art von Daten grundsätzlich von der DSGVO geschützt sind. Gemäß Art. 4 Nr. 1 DSGVO sind personenbezogene Daten *alle Informationen*, die sich auf eine identifizierte oder identifizierbare natürliche Person beziehen. Hierunter fallen sowohl persönliche Angaben, die sich direkt auf die

---

272 Kritisch hierzu: *Krügel*, ZD 2017, 455 (459); *Karg*, in: Simitis/Hornung/Spiecker, gen. Döhmann, DSGVO mit BDSG, Art. 4 Rn. 64; *Klar/Kühling*, in: Kühling/Buchner, DS-GVO/BDSG Art. 4 Nr. 1 Rn. 29.

273 So auch: *Karg*, in: Simitis/Hornung/Spiecker, gen. Döhmann, DSGVO mit BDSG, Art. 4 Rn. 62.

274 *Karg*, in: Simitis/Hornung/Spiecker, gen. Döhmann, DSGVO mit BDSG, Art. 4 Rn. 62 f.

275 EuGH, Urt. v. 19.10.2016 - C-528/14, ECLI:EU:C:2016:779, Rn. 49.

276 EuGH, Urt. v. 19.10.2016 - C-528/14, ECLI:EU:C:2016:779, Rn. 46.

277 So auch: *Klar/Kühling*, in: Kühling/Buchner, DS-GVO/BDSG, Art. 4 Nr. 1 Rn. 28.

Person des Betroffenen beziehen, als auch sachliche Angaben, die seine Beziehung zur Umwelt beschreiben.[278] Nach herrschender Meinung geht die DSGVO damit von einem weiten Verständnis aus.[279] Irrelevant ist auch, ob die Informationen wahr sind oder nicht.[280] Aus diesen Gründen können zunächst alle im VAF erhobenen, verarbeiteten und vom Nutzer eingebrachten Daten datenschutzrechtlich relevant sein.

Die DSGVO schützt besonders sensible Daten, aus denen die rassische und ethnische Herkunft, politische Meinungen, religiöse oder weltanschauliche Überzeugungen oder die Gewerkschaftszugehörigkeit hervorgehen, sowie genetischen Daten, biometrischen Daten zur eindeutigen Identifizierung einer natürlichen Person, Gesundheitsdaten oder Daten zum Sexualleben oder der sexuellen Orientierung, dadurch, dass deren Verarbeitung gemäß Art. 9 Abs. 1 DSGVO grundsätzlich verboten ist, es sei denn, die betroffene Person hat der Verarbeitung zugestimmt oder es liegen die in Art. 9 Abs. 2 DSGVO beschriebenen Ausnahmefälle vor.[281] Im Rahmen von VAF können sensible Daten eine Rolle spielen, wenn biometrische Verfahren zur Identifizierung eingesetzt oder Gesundheitsdaten erhoben werden (zum Beispiel im Rahmen der Smart Cabin Technologie oder der Alkoholwegfahrsperre, hierzu mehr unter Kap. 3 A.III.8).

(4) Sachdaten und flüchtige Daten

Gemäß Art. 4 Nr. 1 DSGVO muss es sich bei personenbezogenen Daten um Informationen handeln, die sich auf eine identifizierte oder identifizierbare natürliche Person *beziehen*. Insofern sind sie zunächst von reinen Sachdaten abzugrenzen, denn auf diese ist die DSGVO nicht anwendbar.[282] Die Abgrenzung

---

278 *Ernst*, in: Paal/Pauly, DSGVO BDSG, 2. Aufl., Art. 4 Rn. 14

279 *Eßer*, in: Auernhammer, DSGVO/BDSG, Art. 4 Rn. 7; *Karg*, in: Simitis/Hornung/Spiecker, gen. Döhmann, DSGVO mit BDSG, Art. 4 Nr. 1 Rn. 3; *Klabunde*, in: Ehmann/Selmayr, DS-GVO, Art. 4 Rn. 7; *Klar/Kühling*, in: Kühling/Buchner, DS-GVO/BDSG Art. 4 Nr. 1 Rn. 8; *Schild*, in: Brink/Wolff, BeckOK DatenschutzR, 41. Ed.1.5.2022, Art. 4 Rn. 21a.

280 *Eßer*, in: Auernhammer, DSGVO/BDSG, Art. 4 Rn. 11; *Klabunde*, in: Ehmann/Selmayr, DS-GVO, Art. 4 Rn. 9.

281 *Frenzel*, in: Paal/Pauly, DGVO/BDSG, Art. 9 Rn. 1; *Plath*, in: Plath, DGVO/BDSG, Art. 9 Rn. 3; *Jaspers/Schwartmann/Mühlenbeck*, in: Schwartmann/Jaspers/Thüsing/Kugelmann, DS-GVO/BDSG, Art. 9 Rn. 26; *Wedde*, in: Däubler/Wedde/Weichert/Sommer, EU-DSGVO u. BDSG, art. 9 Rn. 2; *Schulz*, in: Gola/Heckmann, DSGVO/BDSG, Art. 9 DS-GVO Rn. 1.

282 *Schild*, in: Brink/Wolff, BeckOK DatenschutzR, 41. Ed. 1.5.2022, DS-GVO, Art. 4 Rn. 22; *Schwartmann/Mühlenbeck*, in: Schwartmann/Jaspers/Thüsing/Kugelmann,

ist für den zu untersuchenden Bereich des VAF relevant, da die durch die Sensoren generierten Daten (wie zum Beispiel Raddrehzahl, Beschleunigung, Füllstände) zunächst rein technischer Natur sind.[283] Sachdaten liegen nur dann vor, wenn sie ausschließlich eine Sache beschreiben und sich auf diese beziehen. Wenn aber in der Information über eine Sache der Bezug zu einer Person angelegt ist (zum Beispiel, weil auch individualisierende Merkmale vorliegen), liegt kein Sachdatum vor.[284]

Die Abgrenzung kann gemäß der Art. 29 Datenschutzgruppe anhand eines Zweck-, Inhalts-, oder Ergebniselements erfolgen.[285] Demnach liegen personenbezogene Daten vor, wenn es sich um Informationen *über* eine Person handelt, unabhängig von Zweck oder Auswirkung der Verarbeitung auf die Person (Inhaltselement), oder wenn die Information zu dem Zweck verwendet wird, die Person zu beurteilen, sie in einer bestimmten Weise zu behandeln oder sie zu beeinflussen (Zweckelement) oder wenn sich die Verarbeitung der Informationen auf die Rechte und Freiheiten der Person auswirken können (Inhaltselement).[286]

Technische Fahrzeugdaten, die im Rahmen der Nutzung der Assistenzsysteme oder Connectivity Dienste anfallen, können bei einer Verknüpfung zum Halter oder Fahrer nicht als reine Sachdaten qualifiziert werden, da sie in diesem Fall eine Aussage über das Nutzungsverhalten der betroffenen Person zulassen und somit Informationen über eine Person darstellen.[287] Auch zunächst als rein technisch erscheinende Daten können daher im Rahmen des VAF als personenbezogene Daten anzusehen sein.[288]

DS-GVO/BDSG, Art. 4 Rn. 30; *Eßer*, in: Auernhammer, DSGVO/BDSG, Art. 4 Rn. 9; *Klar/Kühling*, in: Kühling/Buchner, DS-GVO/BDSG Art. 4 Nr. 1 Rn. 12; *Karg*, in: Simitis/Hornung/Spiecker, gen. Döhmann, DSGVO mit BDSG, Art. 4 Nr. 1 Rn. 21;

283 *von Bodungen,* in: Specht/Mantz (Hrsg.): Handbuch Europäisches und deutsches Datenschutzrecht, § 16 Rn. 10.

284 *von Bodungen,* in: Specht/Mantz (Hrsg.): Handbuch Europäisches und deutsches Datenschutzrecht, § 16 Rn. 10; *Mantz/Spittka*: §6 Datenschutz und IT-Sicherheit, in: Sassenberg/Faber (Hrsg.): Rechtshandbuch Industrie 4.0 und Internet of Things, Rn. 17; *Klar/Kühling*, in: Kühling/Buchner, DS-GVO/BDSG Art. 4 Nr. 1 Rn. 13.

285 Art. 29 Datenschutzgruppe: Stellungnahme 4/2007 zum Begriff "personenbezogene Daten (26.06.2007); *Schwartmann/Mühlenbeck*, in: Schwartmann/Jaspers/Thüsing/Kugelmann, DS-GVO/BDSG, Art. 4 Rn. 30.

286 Art. 29 Datenschutzgruppe: Stellungnahme 4/2007 zum Begriff "personenbezogene Daten", S. 11 – 13.

287 So auch: *Raith,* Das vernetzte Automobil, S. 81.

288 So auch: *Kumpf*, Smart Cars, S. 44; *von Bodungen,* in: Specht/Mantz (Hrsg.): Handbuch Europäisches und deutsches Datenschutzrecht, § 16 Rn. 11; *Wendt*, ZD-aktuell

Technische Fahrzeugdaten sind zudem von personenbezogenen Daten abzugrenzen, wenn diese nur *flüchtig* gespeichert und nicht weiterverarbeitet werden. Flüchtige Speicherung bedeutet, dass Daten sofort nach ihrer Erhebung gelöscht werden, wenn ihre Information an die entsprechenden Aktoren zur Ausführung einer Aktion weitergegeben wurde und die Daten das Steuergerät auch nicht verlassen.[289] Es erfolgt eine fortlaufende Überschreibung der Daten, spätestens werden diese jedoch beim Ausschalten des Fahrzeugs gelöscht.[290] Wenn Daten erst nach dem Ablauf einer bestimmten (kurzen) Zeitspanne oder nach dem Eintritt eines Ereignisses (zum Beispiel Ausschalten des Fahrzeugs) gelöscht werden, spricht man auch von *semiflüchtigen* Daten.[291] Flüchtige Speicher werden vielfach im VAF eingesetzt, da Speicherkapazitäten weiterhin teuer sind und die Ressourcen daher möglichst effektiv genutzt werden müssen.[292]

Zumindest im Fall von flüchtigen Daten stellt sich die Frage, ob auf sie das Datenschutzrecht anwendbar ist, da sie bei sofortiger Löschung niemanden zur Verfügung stehen, der einen Personenbezug herstellen könnte und es sich insofern nicht um eine Verarbeitung im Sinne von Art. 4 Nr. 2 DSGVO handeln könnte.

Für die automatisierte Kraftfahrzeugkennzeichenkontrolle hat das Bundesverfassungsgericht im Jahr 2018 entschieden, dass dann kein Eingriff in das Recht auf informationelle Selbstbestimmung vorliegt, wenn Daten ungezielt und technikbedingt zunächst miterfasst, aber unmittelbar nach der Erfassung technisch wieder anonym, spurenlos und ohne Erkenntnisgewinn für Behörden ausgesondert werden.[293] Für das BVerfG kam es darauf an, ob sich das behördliche Interesse an den betroffenen Daten spezifisch verdichtet hat, was für den Fall des gezielten Datenabgleichs im Rahmen einer automatisierten Kennzeichenkontrolle bejaht wurde.[294]

Überträgt man diese Rechtsprechung auf die Datenverarbeitung in vernetzten und automatisierten Kfz, wird klar, dass flüchtige Sensordaten nicht „ungezielt miterfasst", sondern gezielt und zum Zwecke des Auslösens bestimmter Aktionen im Steuergerät erhoben werden. Wenn sie andererseits aber ohne

2018, 06034; *Kunnert*, CR 2016, 509 (510); *Roßnagel*, DuD 2015, 353 (355); *Kremer*, RDV 2014, 240 (243); *Weichert*, SVR 2014, 201 (204).

289 *Kremer*, RDV 2014, 240 (243).

290 *Krauß/Waidner*, DuD 2015, 383 (385).

291 *Hinrichs/Becker*, ITRB 2015, 164 (165); *Kremer*, RDV 2014, 240 (243).

292 *Bönninger*, in: Beiträge zum 52. VGT 2014, 229 (235).

293 BVerfG, Urt. v. 18.12.2018 - 1 BvR 142/15, Rn. 43.

294 BVerfG, Urt. v. 18.12.2018 - 1 BvR 142/15, Rn. 48 f.

Erkenntnisgewinn bzw. bevor eine spezifische Verdichtung des Interesses der verantwortlichen Stelle oder einer anderen Person möglich ist, gelöscht werden, besteht nach der Rechtsprechung des BVerfG kein Eingriff in das Recht auf informationelle Selbstbestimmung.

Sensordaten, die sofort nach der Erhebung und Weitergabe der Information an das Steuergerät gelöscht werden und nicht weiter übermittelt werden bzw. auf welche mangels längerer Speicherung auch nicht zugegriffen werden kann, können als datenschutzrechtlich nicht relevant angesehen werden und unterfallen damit nicht den Bestimmungen des Datenschutzrechts.[295] Semiflüchtige Daten hingegen sind von dem Anwendungsbereich nicht ausgenommen, da sie zumindest eine kurze Zeit gespeichert werden. Dadurch können sie zum Beispiel im Rahmen eines IT-Angriffs von außen abgegriffen und in den Erkenntnisbereich einer Person oder Stelle gelangen. In Hinblick auf den Schutzzweck des Datenschutzrechts können semiflüchtige Daten nicht als datenschutzrechtlich irrelevant qualifiziert werden.

(5) Anonymen Daten

Nicht vom Anwendungsbereich der DSGVO erfasst sind zudem gemäß EG 26 Satz 6 DSGVO anonyme oder anonymisierte Daten.[296] Anonymisierung personenbezogener Daten setzt nach Erwägungsgrund 26 Satz 5 DSGVO voraus, dass die betroffene Person nicht oder nicht mehr identifiziert werden kann.

Wie bereist dargestellt, findet die DSGVO hingegen auf pseudonymisierte Daten Anwendung.[297] Wesentlicher Unterschied zwischen Anonymisierung und Pseudonymisierung ist, dass ein Personenbezug bei anonymen Daten nicht mehr herstellbar ist, bei pseudonymen Daten durch Verknüpfung von Zuweisungsmerkmalen hingegen schon.[298]

---

295 So i.E. auch: *Kumpf*, Smart Cars, S. 66; *Kristl*, MMR 2021, 386 (386); *Metzger*, GRUR 2019, 129 (131); *Klink-Straub/Straub*, NJW 2018, 3201 (3202); *Buchner*, DuD 2015, 372 (374); *Hinrichs/Becker*, ITRB 2015, 164 (166); *Raith*, Das vernetzte Automobil, S. 95, hält diese Annahme in Bezug auf vernetzte Kfz für ungeeignet, da aufgrund der Vernetzung Daten potenziell jederzeit das Kfz verlassen könnten.

296 *Schwartmann/Mühlenbeck*, in: Schwartmann/Jaspers/Thüsing/Kugelmann, DS-GVO/BDSG, Art. 4 Rn. 12; *Schild*, in: Brink/Wolff, BeckOK DatenschutzR, 41. Ed. 1.5.2022, DS-GVO, Art. 4 Nr. 1 Rn. 15; *Ernst*, in: Paal/Pauly, DS-GVO BDSG, Art. 4 Rn. 49.

297 Siehe hierzu unter Kap. 3 A.I.1.b.aa. (2). (c).

298 *Ernst*, in: Paal/Pauly, DSGVO BDSG, Art. 4 Rn. 49; *Schwartmann/Mühlenbeck*, in: Schwartmann/Jaspers/Thüsing/Kugelmann, DS-GVO/BDSG, Art. 4 Rn. 94.

Anforderung an eine wirksame Anonymisierung ist, dass weder der Verantwortliche noch ein ihm zurechenbarer Dritter nach allgemeinem Ermessen Mittel einsetzen können, um die betroffene Person zu identifizieren. Dies folgt aus einem Umkehrschluss von EG 26 Satz 3 DSGVO.[299] Hierbei sind alle objektiven Faktoren, wie die Kosten der Identifizierung und der dafür erforderliche Zeitaufwand, heranzuziehen, wobei die zum Zeitpunkt der Verarbeitung verfügbare Technologie und technologische Entwicklungen zu berücksichtigen sind.[300] Die eingesetzten Anonymisierungsverfahren müssen damit dem aktuellen Stand der Technik entsprechen,[301] zeitgleich aber auch bereist zukünftige technologische Entwicklungen berücksichtigen, die eine De-Anonymisierung ermöglichen könnten.

Im Kontext des Internet of Things sowie der Big Data Analyse gestaltet sich eine wirksame Anonymisierung zusehends schwierig.[302] Denn je mehr Daten von verschiedenen Stellen verarbeitet werden, desto größer ist die Gefahr der Re-Identifikation durch erneute oder erstmalige Zusammenführung von Daten.[303] So sollen zur Identifikation von 61 bis 87% der amerikanischen Bevölkerung die Kombination von Geschlecht, Postleitzahl und Geburtsdatum genügen.[304] Aber auch die zeitliche Komponente muss berücksichtigt werden. Denn bei der Prognose, wie groß die Gefahr einer Re-Identifikation bei Anwendung von Anonymisierungstechniken ist, ist der gesamte Lebenszyklus der Verarbeitung der Daten zu betrachten.[305] Aus diesem Grund gibt es Stimmen, die einen Ausschluss der Gefahr der Re-Identifikation im Zusammenhang mit IoT und Big Data grundsätzlich nicht für möglich halten.[306]

Insofern muss bezweifelt werden, ob eine wirksame Anonymisierung von Daten im Kontext des VAF überhaupt möglich ist. Zum einen sind sehr viele verschiedene Akteure beteiligt, die verschiedene Teildaten erhalten und verarbeiten. Aus diesem Grund kann nicht ausgeschlossen werden, dass bei einzelnen

---

299 *Schwartmann/Mühlenbeck*, in: Schwartmann/Jaspers/Thüsing/Kugelmann, DS-GVO/BDSG, Art. 4 Rn. 93.

300 *Ernst*, in: Paal/Pauly, DSGVO BDSG, Art. 4 Rn. 50; *Plath*, in: Plath, DSGVO/BDSG, Art. 4 Rn. 21.

301 *Klar/Kühling*, in: Kühling/Buchner, DS-GVO/BDSG Art. 4 Nr. 1 Rn. 33

302 Ausführlich hierzu: *Roßnagel*, ZD 2013, 562.

303 Hierzu auch: *Brisch/Pieper*, CR 2015, 724 (727).

304 *Sweeney*, Simple Demographics Often Identify People Uniquely, S. 2

305 Roßnagel, ZD 2013, 562 (563).

306 Art. 29 Datenschutzgruppe: Opinion 8/2014 on the recent developments on the Internet of Things (16.09.2014), S. 11.

Akteuren eine Zusammenführung von anonym erscheinenden Daten und Identifikationsmerkmalen möglich ist. Zum anderen entwickelt sich die Technik des VAF sowie der Big Data Anwendungen rasant. Muss auch der Blick auf zukünftige Technologien gerichtet werden, so ist stellt sich die Frage, inwieweit überhaupt verlässliche Aussagen zu wirksamen Anonymisierungsverfahren möglich sind.

Die Verwendung anonymer Daten muss im Rahmen des VAF daher sehr kritisch betrachtet werden.

(6) Zwischenergebnis

Es lässt sich festhalten, dass personenbezogene Daten dann vorliegen können, wenn der Verantwortliche oder ein Dritter, auf dessen Wissen der Verantwortliche rechtlich zulässig oder tatsächlich zugreift, Informationen einer natürlichen Person zuordnen kann. Dies ist nur dann nicht der Fall, wenn es sich um Informationen handelt, die sich ausschließlich auf eine Sache beziehen, lediglich flüchtig gespeichert werden oder keinen Bezug zu einer natürlichen Person erlauben (anonyme Daten).

bb. Grundsätzliche Überlegungen zum Personenbezug von Drittbetroffenendaten

Die zuvor dargestellten allgemeinen Grundsätze sind nun auf Drittbetroffene zu übertragen. Denn die zu untersuchende Frage ist, inwieweit Daten von Fahrer, Mitfahrern und sonstigen Dritten als Drittbetroffene einen Personenbezug aufweisen bzw. über welche Zuordnungsmerkmale ein solcher hergestellt werden kann. Es kommt daher darauf an, ob die jeweiligen Daten durch den jeweiligen Verantwortlichen oder einen Dritten, auf dessen Wissen der Verantwortliche Zugriff hat, einem Drittbetroffenen zugeordnet werden können. Es müssen im Einzelfall entsprechende Verknüpfungsdaten bestehen, die eine Identifizierung des Drittbetroffenen ermöglichen.[307]

Als Drittbetroffene gelten Personen, die nicht in einem direkten Verhältnis zum Verantwortlichen stehen, aber deren Daten dennoch im Rahmen der verwendeten Technologie oder der angebotenen Dienste verarbeitet werden.[308] Im Kontext des VAF trifft dies insbesondere auf Fahrer, die von dem Halter oder Eigentümer abweichen, Mitfahrer und anderen Dritten zu, deren Daten meist unwissentlich in das Fahrzeug eingebracht werden. Eine Unterscheidung

---

307 *Weichert*, SVR 2014, 201 (204); *Kinast/Kühnl*, NJW 2014, 3057 (3058).

308 Zum Begriff der Drittbetroffenen: *Cebulla*, ZD 2015, 507 (508).

zwischen Betroffenen und Drittbetroffenen trifft das Gesetz nicht.[309] In Bezug auf sie gelten dieselben Pflichten und Vorgaben wie für Betroffene.

Für die Frage, inwieweit Drittbetroffene identifizierbar sind, ist auf die Definition von Art. 4 Nr. 1 DSGVO zurückzugreifen, wonach dies insbesondere mittels *Zuordnung zu einer Kennung* wie einem Namen, zu einer Kennnummer, zu *Standortdaten*, zu einer Online-Kennung oder zu einem oder mehreren *besonderen Merkmalen* geschehen kann, die Ausdruck der physischen, physiologischen, genetischen, psychischen, wirtschaftlichen, kulturellen oder sozialen Identität dieser natürlichen Person sind.

Dabei reicht es für eine Identifizierbarkeit auch aus, wenn die Person erst durch Kombination mehrerer Informationen oder durch weitere Verarbeitungsschritte identifiziert werden kann, wie sich aus dem Wort „indirekt" in Art. 4 Nr. 1 DSGVO ergibt.[310]

Zudem sind nicht nur die Identifizierungsmöglichkeiten des Verantwortlichen, sondern auch diejenigen von Dritten zu berücksichtigen, wenn der Verantwortliche hierauf eine Zugriffsmöglichkeit hat.[311]

Bei der Frage, ob Drittbetroffene identifizierbar sind, muss also beurteilt werden, ob dem Verantwortlichen gegebenenfalls unter Zuhilfenahme des Wissens eines Dritten, die Zuordnung der Drittbetroffenendaten zu einer Kennung (unter (1)), einem Standort (unter (2)) oder zu besonderen Merkmalen (unter (3)) möglich ist. Führt dies zu keinem Ergebnis, stellt sich die Frage, unter welchen Voraussetzungen von einer Identifizierbarkeit des Einzelnen bei Nutzergruppen ausgegangen werden kann (unter (4)).

(1) Identifizierbarkeit über Zuordnung zu einer Kennung

Als Kennungen im Bereich des Straßenverkehrs kommen die Fahrzeugidentifikationsnummer (FIN) sowie das Kfz-Kennzeichen in Betracht.[312]

Nach herrschender Meinung sind Daten des Fahrers, der zugleich Halter ist, personenbezogen, da über die FIN eine Verbindung zu diesem herstellbar ist.[313]

---

309 *Cebulla*, ZD 2015, 507 (508).

310 *Eßer*, in: Auernhammer, DSGVO/BDSG, Art. 4 Rn 19; *Karg*, in: Simitis/Hornung/Spiecker, gen. Döhmann, DSGVO mit BDSG, Art. 4 Nr. 1 Rn. 57; *Ziebarth*, in: Sydow/Marsch, DSGVO/BDSG, Art. 4 Rn. 17.

311 Siehe unter Kap. 3 A.I.1.a.bb. (1). (b). (ff).

312 *Ernstahler/Gollrad*: Rechtsgrundlagen des automatisierten Fahrens, S. 158.

313 LG Kassel, Urt. v. 25.5.2014 – 1 S 172/13, ZD 2014, 263 (364); *Reiter*, DAR 2022, 123 (123); *Metzger*, GRUR 2019, 129 (131); *Schwartmann/Jacquemain*, RDV 2018, 247 (248); *Klink*-Straub/*Straub*, ZD 2018, 459 (461); *Wendt*, ZD-aktuell 2018, 06034;

Begründet wird dies damit, dass zur Inanspruchnahme von vielen Funktionen und Services der Nutzer, Halter oder Eigentümer ein Kundenkonto erstellen und dieses mit der FIN verknüpfen muss. Im Fahrzeugregister wird gemäß § 33 Abs. 1 StVG i.V.m. § 6 Abs. 7 Nr. 3 FZV neben dem Namen und der Anschrift des Halters auch die FIN gespeichert. Die Übermittlung von Fahrzeug- und Halterdaten unter Angabe der FIN an Behörden oder Private ist gemäß §§ 35 ff. StVG in bestimmten Fällen möglich, womit der Halter zumindest für diese identifizierbar wäre. Ob hierdurch Daten für den jeweiligen Verantwortlichen personenbezogen sind, hängt nach der hier vertretenen Auffassung davon ab, ob der Verantwortliche wiederum entweder tatsächlich oder rechtlich zulässig auf das bei den nach §§ 35 ff. StVG auskunftsberechtigten Personen vorhandene Wissen zugreifen könnte.[314]

Diese Frage muss hier aber nicht beantwortet werden, da selbst bei unterstellter entsprechender Zugriffsmöglichkeit des Verantwortlichen, immer nur der Halter, nicht aber ein von ihm abweichender Fahrer – also eben ein Drittbetroffener – identifiziert werden könnte.[315] Auch die Identifikation von sonstigen Passagieren oder Dritten ist hierüber nicht möglich.

Auch über das Kfz-Kennzeichen und eine Auskunft bei der registerführenden Behörde ist die Identifizierung des Halters grundsätzlich möglich.[316] § 8 Abs. 1

Kunnert, CR 2016, 509 (510); *Alich*, RAW 2016, 90 (91); *Roßnagel*, DuD 2015, 353 (355); *Lüdemann/Sengstacken/Vogelpohl*, ZD 2015, 55 (58); *Brink*, DANA 01/2015, 4 (6); *v. Schönfeld*, DAR 2015, 617 (619); *Weichert*, SVR 2014, 201 (204) und NZV 2017, 507 (509); *Pohle/Zoch*, CR 2014, 409 (410); *Hinzpeter*, DSRITB 2014, 471 (473); die französische Aufsichtsbehörde CNIL geht ebenfalls von einem Personenbezug über die FIN aus, siehe hierzu *Reibach*, RAW 2018, 10 (11); *Brockmeyer*, in: Hoeren/Sieber/Holznagel (Hrsg.), Multimedia Recht, 56. EL Mai 2021, Teil 15.5 Rn. 23; *von Bodungen*, in: Specht/Mantz (Hrsg.), Handbuch Europäisches und deutsches Datenschutzrecht, § 16 Rn. 13; zum Personenbezug für Behörden siehe OVG Schleswig, Beschluss v. 29.09.2017 - 4 MB 60/17, ZD 2018, 550 (551); § 45 Satz 2 StVG geht ebenfalls davon aus, dass die FIN einen Bezug zu einer bestimmten Person ermöglicht.

314 Siehe hierzu ausführlich: *Raith*, Das vernetzte Automobil, S. 107 f.

315 So auch: *Alich*, RAW 2016, 90 (91 f.); a.A. wohl *Metzger*, GRUR 2019, 129 (131), der es ausreichen lässt, wenn die Identität des Fahrers über den Halter hergestellt werden kann, ohne zu erörtern, ob der Verantwortliche wiederum auf dieses Wissen beim Halter zugreifen kann und *Raith*, Das vernetzte Automobil, S. 106, die es für die Bejahung des Personenbezugs ausreichen lässt, dass der Halter ermittelbar ist.

316 BVerfG, Urt. v. 18.12.2018 - 1 BvR 142/15, Rn. 40; OVG Münster, Urt. v. 19.10.2017 – 16 A 770/17, NVwZ 2018, 742, Rn. 41; *Gola*, in: Gola/Heckmann, DSGVO/BDSG, Art. 4 Rn. 9; *Klar/Kühling*, in: Kühling/Buchner, DS-GVO/BDSG Art. 4 Nr. 1 Rn. 30; *Ziebarth*, in: Sydow/Marsch, DSGVO/BDSG, Art. 4 Rn. 18; *Schild*, in: Brink/Wolff,

Satz 1 FZV sieht ausdrücklich vor, dass die Zulassungsbehörde dem Fahrzeug ein Kennzeichen zuteilt, um eine Identifizierung des Halters zu ermöglichen. Wie bei der FIN beschränken sich auch hier die Identifikationsmöglichkeiten auf die Person des Halters, sodass auch das Kfz-Kennzeichen ungeeignet ist, Drittbetroffene näher zu bestimmen.

Kennungen werden aber auch bei der Nutzung von Dienstleistungen vergeben. Über eine Kennung können insbesondere drittbetroffene Fahrer dann identifizierbar sein, wenn der Hersteller oder der Anbieter von Connectivity Diensten solche Kennungen an einzelne Nutzer vergibt, weil eine Nutzung erst nach Anmeldung im Fahrzeug möglich ist. Regelmäßig wird hierzu im Vorfeld die Registrierung in einem Kundenportal unter Angabe zum Beispiel des Namens oder der E-Mail-Adresse notwendig sein, sodass die unter der Kennung verwendet Daten dann unproblematisch einer identifizierten Person zugeordnet werden können.[317]

(2) Identifizierbarkeit über Zuordnung zu einem Standort

Für eine Identifizierbarkeit soll es zudem nach Art. 4 Nr. 1 DSGVO ausreichen, wen Daten, die sich auf eine Person beziehen, einem Standort zugeordnet werden. Dies ist nicht selbstverständlich, da ein Standort, anders als eine Kennung, nicht per se eindeutig ist. Bei einer großen Menschenansammlung auf kleinem Raum muss die Angabe des Standortes schon fast zentimetergenau sein, um Personen unterscheiden zu können. Dass der Standort es als Zuordnungsmerkmal trotzdem in die DSGVO geschafft hat, liegt wohl daran, dass der Gesetzgeber die ausufernde Verwendung von GPS-Daten in allen möglichen Anwendungen sowie die voranschreitenden technischen Möglichkeiten zur Zuordnung von Personen über diese mit Argwohn betrachtet.[318]

Auch im VAF wird der Standort an verschiedenen Stellen erhoben und verarbeitet. So funktionieren Navigationssysteme sinnvollerweise nur, wenn der Standort des Kfz bekannt ist, und die Route entsprechend berechnet werden kann. Auch Notfallsysteme erfassen und senden den Standort an die Notrufleitstelle. Zur Anzeige von „Points-of-Interest“ muss das System ebenfalls wissen,

---

BeckOK DatenschutzR, 41. Ed., 1.5.2022, Art. 4 Rn. 21; *Brockmeyer*, in: Hoeren/Sieber/Holznagel (Hrsg.), Multimedia Recht, 56. EL Mai 2021, Teil 15.5 Rn. 23; *Metzger*, GRUR 2019, 129 (131); *Schwartmann/Jacquemain*, RDV 2018, 247 (248); *Alich*, RAW 2016, 90 (91).

317 So auch *Blum*, DSRITB 2021, 585 (588).

318 Zur Verwendung von Geodaten und deren Problemen: *Krügel*, ZD 2017, 455 (455).

wo sich das Fahrzeug gerade befindet. Der Standort ist daher eine Information, die vielen Akteuren bekannt ist.

Dennoch führt das Wissen des Standortes zunächst einmal nur dazu, dass Daten dem Fahrzeug, dessen Standort ermittelt wird, zugeordnet werden können.[319] Daraus ließe sich dann noch ableiten, dass die Daten der Person, die zu diesem Zeitpunkt an diesem Ort das Fahrzeug geführt hat, zuzuordnen sind. Wer aber der Fahrzeugführer zu diesem Zeitpunkt war, kann nur unter Hinzuziehung von weiteren Informationen ermittelt werden.[320]

Standortdaten eigenen sich demnach nur dazu, eine Person zu identifizieren, wenn sie mit weiterem Zusatzwissen einer Person zugeordnet werden, werden können oder zugeordnet werden sollen.[321]

(3) Identifizierbarkeit über Zuordnung zu besonderen Merkmalen

Eine Identifikation kann schließlich gemäß Art. 4 Nr. 1 DSGVO auch über besondere Merkmale erfolgen, die Ausdruck der physischen, physiologischen, genetischen, psychischen, wirtschaftlichen, kulturellen oder sozialen Identität einer Person sind. Gedanke dabei ist, dass eine Person über Eigenschaften oder einer Kombination von Eigenschaften, die nur wenige andere Personen besitzen, unterscheidbar und individualisierbar wird.[322]

Im Rahmen von VAF fallen eine große Anzahl von Nutzungsdaten an, aus denen sich sicherlich Bewegungsprofile oder Vorlieben der Nutzer ableiten lassen. Diese Merkmale entsprechen aber nicht den in der DSGVO explizit genannten Beispielen und sind mit ihnen auch nicht vergleichbar, da sie nicht die Qualität besitzen, um aus ihnen die erforderliche Individualisierung ableiten zu können. Dazu sind sie zu wenig „einzigartig". Eine Identifizierung über besondere Merkmale wird daher nur in Ausnahmefällen möglich sein.

---

319 So auch: *Frinken*, Die Verwendung von Daten aus vernetzten Fahrzeugen, S. 74.

320 So auch: VG Lüneburg, Teilurteil v. 10.03.2019 - 4 A 12/19, Rn. 26; *Schild*, in: Brink/Wolff, BeckOK DatenschutzR, 41. Ed., 1.5.2022, Art. 4 Rn. 21.

321 *Eßer*, in: Auernhammer, DSGVO/BDSG, Art. 4, Rn. 23; so wohl auch *Hansen*, DuD 2015, 353 (359), die Personenbezug bei Verkettung mehrerer ortsbezogener Daten annimmt; a.A. wohl *Metzger*, GRUR 2019, 129 (131), der allein die Verbindung mit einem Standort ausreichen lässt und *Raith*, Das vernetzte Automobil, S. 98.

322 *Ziebarth*, in: Sydow/Marsch, DSGVO/BDSG, Art. 4 Rn. 21.

(4) *Identifizierbarkeit von Einzelpersonen bei Gruppen*

Sofern die vorgenannten Kriterien nicht ausreichen, um eine Person zu identifizieren, stellen sich die Daten zunächst einmal als Daten einer Gruppe „Fahrer" oder „Mitfahrer" oder „Personen der Außenwelt" dar, je nachdem in welchen Systemen sie verarbeitet wurden. Die Frage ist, inwieweit die Daten solcher Gruppen dennoch als personenbezogene Daten zu behandeln sind.

Ankerpunkt dieses Problems ist das Tatbestandsmerkmal „Informationen, die sich auf eine identifizierbare Person *beziehen*" in Art. 4 Nr. 1 DSGVO. Es stellt sich zum einen die Frage, wie graduell einzelne Personen aus der Gruppe für den jeweiligen Verantwortlichen individualisierbar sein müssen, damit das Tatbestandsmerkmal bejaht werden kann. Zum anderen muss man fragen, ob sich die Information für den Verantwortlichen tatsächlich auf den Drittbetroffenen beziehen muss, oder ob es ausreicht, wenn der Verantwortliche davon ausgeht, dass alle Daten dem Halter bzw. derjenigen Person zuzuordnen sind, die er identifizieren kann. Mit anderen Worten ist es ausreichend, wenn der Verantwortliche Daten fälschlicherweise einer ihm bekannten Person zuordnet, obwohl diese nicht von ihr stammen.

Diese Problematik ist bislang ungeklärt.[323] Die nachfolgenden Überlegungen sollen sich der Lösung dieser Problematik nähern.

(a) *Vergleich mit der Nutzung von Internetanschlüssen und der Identifizierbarkeit von Nutzern über IP-Adressen*

Das zuvor beschriebene Problem beim VAF stellt sich ebenso bei der Verwendung von IP-Adressen.[324] Eine IP-Adresse ist eine Adresse in Computernetzen, die – wie das Internet – auf dem Internetprotokoll (IP) basiert. Sie wird Geräten zugewiesen, die an das Netz angebunden sind, und macht die Geräte so adressierbar und damit erreichbar.[325] Tatsächlich aber werden wegen der Knappheit der IP-Adressen unter dem derzeitigen Standard IPv4 einer Vielzahl von Anschlüssen dieselbe IP- Adresse zugewiesen.[326] Aber auch unter einem Anschluss (und damit unter einer IP-Adresse) können verschiedene Personen zum Beispiel einen Laptop nutzen, um damit ins Internet zu gehen. Auch hier kann der tatsächliche Nutzer über die IP-Adresse nicht ermittelt werden, sondern nur

---

323 *Klar/Kühling*, in: Kühling/Buchner, DS-GVO/BDSG Art. 4 Nr. 1 Rn. 35.

324 Siehe hierzu auch: *Kumpf*, Smart Cars, S. 40; *Kinast//Kühnl*, NJW 2014, 3057 (3058).

325 Wikipedia, abrufbar unter *https://de.wikipedia.org/wiki/IP-Adresse* (zuletzt abgerufen am 04.12.2022).

326 *Bergt*, ZD 2015, 365 (370).

der Anschlussinhaber.[327] Insofern stellt sich auch hier die Frage, wie ein Bezug zu den tatsächlichen Nutzern hergestellt werden kann.

Diese Problematik konnten der EuGH wie auch der BGH in der Rechtssache Breyer[328] ausblenden, da nicht streitig war, ob der Kläger als Anschlussinhaber auch tatsächlicher Nutzer war.[329] Die Möglichkeit, dass Nutzer und Anschlussinhaber nicht personenidentisch sind, wurde nicht erwähnt und dies für die Bejahung des Personenbezugs – da unstreitig - auch nicht zur Diskussion gestellt.

Auch im Übrigen wird dieser Punkt nur sehr selten von den Gerichten gesehen und dann auch nicht an der relevanten Stelle, nämlich der Frage des Personenbezugs, diskutiert. Das OVG NRW erwähnt diesen Aspekt in seiner Entscheidung zur rechtlichen Zulässigkeit von Bewertungsplattformen für Autofahrer nur am Rande und sieht in dem Problem der Personenverschiedenheit von Halter und Fahrer lediglich ein Argument für eine besondere Schwere der Persönlichkeitsrechtsverletzung.[330] Das OVG setzt sich hingegen nicht damit auseinander, ob der Personenbezug der Bewertungen generell in Frage gestellt werden muss, wenn lediglich der Halter über das Kfz-Kennzeichen identifiziert werden kann.

Damit liegen derzeit im Rahmen der Behandlung der Problematik von IP-Adressen keine Erkenntnisse vor, die für das hier zugrundeliegende Problem fruchtbar gemacht werden könnten.

(b) Daten von Personengruppen

Im Kern ist damit herauszuarbeiten, wann Daten einer Personengruppe gleichzeitig personenbezogene Daten eines Einzelnen darstellen.

Sammelangaben über Personengruppen stellen keine personenbezogenen Daten dar.[331] Etwas anderes gilt dann, wenn die Sammelangabe auch als eine Einzelangabe anzusehen ist, weil sie Rückschlüsse auf ein einzelnes Mitglied der Gruppe zulässt, die Information also auf das Mitglied durchschlägt.[332] Zudem ist

327 *Keppeler*, CR 2016, 360 (363); *Härting*, CR 2008, 743 (745).

328 Siehe Kap. 3 A.I.a.bb. (1). (a). (bb).

329 Siehe hierzu: BGH Urt. v. 16.05.2017 – VI ZR 135/13, Rn. 18.

330 OVG Münster, Urt. v. 19.10.2017 - 16 A 770/17, NVwZ 2018, 742 Rn. 73

331 *Gola*, in: Gola/Heckmann, DSGVO/BDSG, Art. 4 DS-GVO Rn. 8.

332 *Ernst*, in: Paal/Pauly, DS-GVO, Art. 4 Rn. 7; *Gola*, in: Gola/Heckmann, DSGVO/BDSG, Art. 4 DS-GVO Rn. 8; *Klar/Kühling*, in: Kühling/Buchner, DS-GVO/BDSG Art. 4 Nr. 1 Rn. 15; *Karg*, in: Simitis/Hornung/Spiecker, gen. Döhmann, DSGVO mit BDSG, Art. 4 Nr. 1 Rn. 37.

eine Angabe, die auf alle Personen einer Gruppe zutrifft, ein personenbezogenes Datum, da sie sich auf jede Person in der Gruppe bezieht.[333]

Bezogen auf die Untersuchung bedeutet dies: Es kann Daten geben, die sich auf verschiedene Gruppen von Betroffenen beziehen, zum Beispiel die Gruppe „Fahrer“, wenn es mehr als einen Fahrer gibt und die Gruppe „Mitfahrer“ für alle Personen, die neben dem Fahrer auch noch im Fahrzeug sitzen. Einzelne Personen in diesen Gruppen sind in der Regel zunächst nur für die Personen der Gruppen identifizierbar,[334] nicht aber für verantwortliche Stellen. Daten, die sich auf alle Personen innerhalb einer Gruppe beziehen, wird es im Rahmen von VAF eher selten geben, da die Vielfalt an erzeugten und verarbeiteten Daten bei einem Fahrtvorgang sehr groß ist. Allein bei dem Datum „Zielort“ besteht bei unterschiedlichen Fahrern eine sehr große Wahrscheinlichkeit, dass dieses nicht für alle Fahrer zutreffend ist, da einige Orte zum Beispiel nur von einem Fahrer, nicht aber auch von den übrigen Fahrern aufgesucht wurden.

Bei der Frage, wann eine Angabe über eine Gruppe auf eine Einzelperson durchschlägt, ist die Zweckbestimmung der Gruppeninformation zu betrachten.[335] Dies entspricht auch der Herangehensweise der Art. 29 Datenschutzgruppe, die es für die Bejahung eines personenbezogenen Datums ausreichen lässt, wenn Daten unter Berücksichtigung aller Begleitumstände mit dem Zweck verwendet werden bzw. verwendet werden könnten, eine Person zu beurteilen, in einer bestimmten Weise zu behandeln oder ihre Stellung oder ihr Verhalten zu beeinflussen (“Zweckelement”).[336] Die Information, dass an einem bestimmten Straßenabschnitt 75% der Fahrer zu schnell fahren, kann sich auf Einzelpersonen durchschlagen, wenn aufgrund dieser Erkenntnis Geschwindigkeitsüberwachungen installiert werden.[337]

Daten über Fahrer- oder Mitfahrergruppen sind demnach dann als personenbezogene Daten eines Fahrers zu qualifizieren, wenn die Gruppeninformation von dem jeweiligen Verantwortlichen dazu verwendet werden kann, eine Wirkung auf den einzelnen Fahrer zu erzeugen. Dies wird im Ergebnis auch vor

---

333 *Klar/Kühling*, in: Kühling/Buchner, DS-GVO/BDSG Art. 4 Nr. 1 Rn. 16; *Kumpf*, Smart Cars, S. 39.

334 Dies ist z.B. im Rahmen von Car Sharing anders zu bewerten, da sich die verschiedenen Fahrer untereinander nicht kennen.

335 *Gola*, in: Gola/Heckmann, DSGVO/BDSG, Art. 4 DS-GVO Rn. 12.

336 Art. 29 Datenschutzgruppe, Stellungnahme 4/2007 zum Begriff “personenbezogene Daten, S. 11.

337 Siehe zur Weitergabe aggregierter Verkehrsdaten an die niederländische Polizei durch den Navigationsdienst TomTom: *Weichert*, ZD 2013, 251 (257 f.).

allem von der Größe der Gruppe abhängen. Bei kleineren Gruppen mit wenigen Personen wird eine Individualisierung einzelner Personen eher möglich sein als bei großen Gruppen mit vielen verschiedenen und häufig wechselnden Personen.[338]

(c) Aussondern einer Person zur Identifikation

Schließlich kann es für den Personenbezug von Drittbetroffenendaten noch darauf ankommen, welche Anforderungen an die Identifizierbarkeit einzelner Personen gestellt werden. Im Rahmen von Gruppen kommt es darauf an, inwieweit einzelne Mitglieder individualisierbar sind.

Nach herrschender Meinung ist die Kenntnis des Namens nicht für eine Identifizierbarkeit erforderlich.[339] Dies ergibt sich auch aus Art. 4 Nr.1 DSGVO, der den Namen nur als eine Zuordnungsmöglichkeit nennt. Vielmehr kommt es also darauf an, ob eine Person vereinzelt werden kann, in dem Sinne, dass sie sich für den Verantwortlichen als Individuum darstellt und ihr daher Daten in Abgrenzung zu anderen Personen zugeordnet werden können oder die Person „wiedererkannt" wird.[340]

In EG 26 Satz 3 DSGVO wird das Aussondern ausdrücklich als Mittel zur Identifizierung genannt. Nach EG 26 Satz 4 DSGVO fallen hingegen Mittel, mit denen die Identifizierung praktisch nicht durchführbar wäre, weil sie mit einem unverhältnismäßigen Zeit- oder Kostenaufwand verbunden sind, aus der Betrachtung raus.[341]

Für die Frage des Personenbezugs von Drittbetroffenendaten im VAF kommt es daher darauf an, ob der jeweilige Verantwortliche, oder ein Dritter, dessen Wissen er sich zurechnen lassen muss, über solche Mittel verfügen, um einzelne Personen aus der Gruppe „Fahrer" oder „Mitfahrer" auszusondern. Bei Internetanwendungen wird in der Praxis zum Beispiel davon ausgegangen, dass eine Reihe von protokollierten Aktionen unter einer IP-Adresse einem Nutzer

---

338 So auch: *Kumpf*, Smart Cars, S. 40; *Reiter/Methner*, DSRITB 2014, 367 (373).

339 *Karg*, in: Simitis/Hornung/Spiecker, gen. Döhmann, DSGVO mit BDSG, Art. 4 Nr. 1 Rn. 49; *Schild*, Brink/Wolff, BeckOK DatenschutzR, 41. Ed. 1.5.2022, Art. 4 Rn. 17; *Ziebarth*, in: Sydow/Marsch, DSGVO/BDSG, Art. 4 Rn. 14; *Ernst*, in: Paal/Pauly, DSGVO, Art. 4 Rn. 8.

340 *Karg*, in: Simitis/Hornung/Spiecker, gen. Döhmann, DSGVO mit BDSG, Art. 4 Nr. 1 Rn. 49; *Schild*, in: Brink/Wolff, BeckOK DatenschutzR, 41. Ed. 1.5.2022, DS-GVO, Art. 4 Rn. 17; *Klabunde*, in: Ehmann/Selmayr, DS-GVO, Art. 4 Rn. 18.

341 *Klar/Kühling*, in: Kühling/Buchner, DS-GVO/BDSG Art. 4 Nr. 1 Rn. 22; *Schild*, in: Brink/Wolff, BeckOK DatenschutzR, 41. Ed. 1.5.2022, Art. 4 Rn. 18.

zuzuordnen ist.[342] Eine solche Vermutung dürfte aber nur dort gerechtfertigt sein, wo davon ausgegangen werden darf, dass das protokollierende Gerät tatsächlich typischerweise von demselben Nutzer verwendet wird. Für das Fahrzeug, das eben nicht typischerweise nur von einer Person verwendet wird (schon gar nicht beim Car Sharing), sollte diese Vermutung nicht generell angewendet werden.[343]

Grundsätzlich ist es in Anbetracht des technischen Fortschritts und in Hinblick auf Big Data-Anwendungen nicht auszuschließen, dass derzeit und in naher Zukunft Mittel zur Verfügung stehen, um Fahrer zu individualisieren.[344] Untersuchungen des Fraunhofer Instituts haben bereits gezeigt, dass es möglich ist, anhand der Motorendrehzahl verschiedene Fahrer zu unterscheiden.[345] Es bestehen auch heute schon Algorithmen, mit denen sich mit vergleichsweise geringen technischen Ressourcen alleine aus dem Geschwindigkeitsprofil vergangener Fahrten der Endpunkt einer Fahrt bestimmen lässt („elastic pathing").[346] Über häufig frequentierte Endpunkte könnten so einzelne Personen ausgesondert werden, insbesondere dann, wenn Zusatzwissen bei dem Verantwortlichen vorhanden ist (zum Beispiel Wohnadresse, Adresse des Arbeitgebers). Auch über die Zusammenführung von verschiedenen Daten, Fahrtdaten, Positionsdaten, Kontaktdaten, lässt sich grundsätzlich ein „Fingerprint" herstellen, über den verschiedene Betroffenen erkennbar gemacht werden können.[347]

Die Aussonderung von Drittbetroffenen stellt daher eine Möglichkeit dar, die zum Personenbezug von Daten führen kann. Dazu muss die Person von anderen Personen im Ergebnis mit einer gewissen Wahrscheinlichkeit unterschieden werden können.

---

342 *Klabunde*, in: Ehmann/Selmayr, DS-GVO, Art. 4 Rn. 18; *Karg*, ZD 2012, 255 (258) Fn. 35 m.w.N.; siehe zur Rspr. des BGH zur Täterschaft bei Urheberrechtsverletzungen, die über einen Internetanschluss begangen werden: *Spindler*, GRUR 2018, 16 (16) Fn. 7 m.w.N.

343 A.A. *Kumpf*, Smart Cars, S. 40.

344 So auch: *Eul*: 10.2 Connected Cars, in: Leupold /Wieb/Glosser (Hrsg.), IT-Recht, Rn. 30.

345 *Krauß/Waidner*, DuD 2015, 383 (386).

346 Gao/*Firner/Sugrim/Kaiser-Pendergrast/Yang/Lindqvist*, Elastic Pathing. Your speed is enough to track you, abrufbar unter: *http://jannelindqvist.com/publications/UbiComp14-elasticpathing.pdf* (zuletzt abgerufen am 04.12.2022).

347 *Ernstahler/Gollrad*: Rechtsgrundlagen des automatisierten Fahrens, S. 160; *Hansen*, in: Roßnagel/Hornung (Hrsg.), Grundrechtsschutz im Smart Car, S. 273 (277); *Brink*, DANA 01/2015, 4 (6); *Kinast/Kühnl*, NJW 2014, 3057 (3058).

(d) *Zwischenergebnis*

Es lässt sich festhalten, dass personenbezogene Daten bei Gruppeninformationen dann vorliegen, wenn die Gruppeninformation von dem jeweiligen Verantwortlichen dazu verwendet werden kann, eine Wirkung auf den einzelnen Fahrer zu erzeugen oder eine Aussonderung einzelner Fahrer aus der Gruppe im Sinne einer Individualisierung möglich ist.

(5) *Behandlung aller Daten als Daten der Person, die identifiziert werden kann?*

Die Anwendung der vorgenannten Kriterien wird sehr häufig dazu führen, dass zumindest eine beteiligte Person identifiziert werden kann. Entweder hat der Verantwortliche direkten Zugriff auf identifizierende Daten, weil er ein Vertragsverhältnis mit dem (Haupt)Nutzer hat (zum Beispiel bei Connectivity Diensten) oder er kann zumindest den Halter über die FIN oder das Kfz-Kennzeichen identifizieren oder er kennt den Standort und kann diesen zusammen mit anderen Daten einer Person zuordnen. Ob die Daten tatsächlich von der jeweils identifizierten Person stammen, wird er häufig hingegen nicht wissen. So ist es gerade beim Fahrzeug möglich, dass die Connectivity Dienste von allen Fahrern genutzt werden, und nicht nur von dem, mit welchem der Verantwortliche ein Vertragsverhältnis hat, oder dass der Halter eben nicht gefahren ist, und sich die Daten daher nicht auf ihn, sondern auf den tatsächlichen Fahrer beziehen, oder dass die Verknüpfungsdaten auf eine Person hinweisen, die sich eben nicht mit dem Fahrzeug an einem bestimmten Ort aufgehalten hat.

Man könnte argumentieren, dass ein Personenbezug nicht gegeben ist, wenn der Verantwortliche nicht die richtige Person, also diejenige, auf welche sich die Daten tatsächlich beziehen, identifizieren kann. Denn tut der Verantwortliche dies, so würde er bei Erfüllung der Betroffenenrechte Datenschutzverstöße begehen, da er zum Beispiel im Rahmen des Auskunftsanspruchs nach Art. 15 DSGVO Daten eines Dritten beauskunften würde.

Dieser Argumentation ist nicht zu folgen. Ordnet der Verantwortliche einer Person – auch wenn es die „falsche" sein sollte – Daten zu, so sind sie für ihn personenbezogen, denn sie beziehen sich auf eine Person.[348] Es handelt sich auch nicht um eine Information über eine Gruppe, da ja gerade die Zuordnung zu einer einzelnen Person möglich ist. Der Umgang mit inhaltlich falschen Daten

348 So auch: *von Bodungen*, in: Specht/Mantz (Hrsg.), Handbuch Europäisches und deutsches Datenschutzrecht, § 16 Rn. 13; BGH, Urt. v. 4.6.2013 - 1 StR 32/13 = ZD 2013, 502, Rn. 43 f. zur Zuordnung von GPS-Daten zum Fahrer.

ist vielmehr auf Ebene der Betroffenenrechte bzw. bei Beachtung des Grundsatzes der Datenrichtigkeit nach Art. 5 Abs. lit. d) DSGVO und nicht auf Ebene der Anwendbarkeit der DSGVO zu lösen.[349] Auf dieser Ebene muss der Verantwortliche dann auch prüfen, ob er die Daten der richtigen Person zugeordnet hat, wenn diese Betroffenenrechte geltend macht. Den Personenbezug aufgrund dieser Problematik zu verneinen, würde den Anwendungsbereich der DSGVO unangemessen verkürzen.

Dass die inhaltliche Zuordnung von Daten zu einer Person nicht immer richtig ist, lässt den Personenbezug daher nicht per se entfallen.[350] In der Praxis bedeutet dies, dass in den meisten Fällen der Fahrzeughalter bzw. Dienstnutzer über die FIN, das Kfz-Kennzeichen oder über bestehende Vertragsverhältnisse zum Verantwortlichen von diesen als betroffene Person ermittelt wird. Eine Zuordnung von Daten zu dem tatsächlichen Fahrer oder einem anderen Drittbetroffenen wird Verantwortlichen nur in besonderen Fällen möglich sein, was für die Bejahung des Personenbezugs aber unschädlich ist.[351]

cc. Ergebnis

Die Frage des Personenbezugs von Fahrzeugdaten wird in Literatur und Wirtschaft kontrovers diskutiert. Die Meinungen reichen von der insbesondere durch die Automobilwirtschaft vertretenen Auffassung, dass es sich bei im Fahrzeug verarbeiteten Daten überwiegend um rein technische Daten ohne Datenschutzrelevanz handele,[352] bis zu der Auffassung, dass es aufgrund von Big Data Techniken in der heutigen Zeit kein datenschutzrechtlich belangloses Datum gebe und daher auch alle Fahrzeugdaten entsprechend zu behandeln seien[353]. Eine interessengerechte Einordnung von Fahrzeugdaten unter das Datenschutzregime

---

349 So auch im Ergebnis: *Keber/Keppeler*, in: Schwartmann/Jaspers/Thüsing/Kugelmann, DS-GVO, BDSG, Art. 16 Rn. 12.

350 *Schulz/Roßnagel/David*, ZD 2012, 510 (512).

351 *Lüdemann/Knollmann*, ZD 2020, 403 (406); *Hornung*, in: Roßnagel/Hornung (Hrsg.), Grundrechtsschutz im Smart Car, 109 (116).

352 VDA, Datenschutz-Prinzipien für vernetzte Fahrzeuge (03.11.2014), S. 2, abrufbar unter: *www.vda.de/dam/vda/Medien/DE/Themen/Innovation-und-Technik/Vernetzung/Datenschutz-Prinzipien/VDA-Datenschutz-Prinzipien-2014/vda-datenschutzprinzipien-2014.pdf* (zuletzt abgerufen am 04.12.2022); ACEA, Principles of Data Protection in Relation to Connected Vehicles and Services (September 2015), S. 4, abrufbar unter: *www.acea.be/uploads/publications/ACEA_Principles_of_Data_Protection.pdf* (zuletzt abgerufen am 04.12.2022).

353 *Roßnagel*, SVR 2014, 281 (284); *Krügel*, ZD 2017, 455 (456 f.).

bedarf nach hier vertretener Auffassung einer differenzierten Betrachtung nach Maßgabe der folgenden Kriterien:

- Nach der hier vertretenen Auffassung liegen personenbezogene Daten von Drittbetroffenen dann vor, wenn der Verantwortliche oder ein Dritter, auf dessen Wissen der Verantwortliche tatsächlich oder rechtlich zulässig zugreifen könnte, Daten einer Person zuordnen kann aufgrund
- einer Kennung;
- eines Standortes in Verbindung mit Zusatzwissen, welches eine Person bestimmt;
- einer Aussonderung aus einer Gruppe, die eine Person individualisierbar macht.

Daten, die sich auf jedes Mitglied einer Gruppe beziehen sind zugleich personenbezogenen Daten des einzelnen Mitglieds.
Ordnet der Verantwortliche oder der Dritte Daten einer Person zu, auf die sich die Daten tatsächlich nicht beziehen, ist dies für die Anwendbarkeit der DSGVO unschädlich und auf der Ebene der Betroffenenrechte bzw. bei Beachtung des Grundsatzes der Datenrichtigkeit zu lösen.

Die Mittel zur Identifizierung einer Person müssen von dem Verantwortlichen oder dem Dritten mit verhältnismäßigem Aufwand unter Berücksichtigung der zum Zeitpunkt der Verarbeitung vorhandenen technischen Möglichkeiten sowie der technischen Entwicklungen genutzt werden können. Es ist hingegen nicht notwendig, dass der Verantwortliche die Mittel tatsächlich nutzt und eine Identifizierung herbeiführt. Hierzu muss die Identifizierung wahrscheinlich sein, was im Rahmen einer Kosten-Nutzen-Risiko-Relation zu bestimmen ist, eine rein hypothetische Möglichkeit reicht hingegen nicht aus.[354]

Sachdaten, flüchtig gespeicherte Daten sowie anonyme Daten unterfallen nicht dem Datenschutzrecht.

Die DSGVO ist damit sachlich auf nachfolgende Datenkategorien anwendbar.[355]

---

354 *Roßnagel*, ZD 2018, 243 (244).

355 Siehe zu anderen Einteilungen: *Karikari*, Big Data in der Automobilindustrie, S. 30 sowie dort Fn. 167 – 169 m.w.N; siehe hierzu auch: *Hornung*, in: Roßnagel/Hornung (Hrsg.), Grundrechtsschutz im Smart Car, S. 109 (112); *Asaj*, DuD 2011, S. 558 (559 f.).

(1) Reine Sensordaten

Da die DSGVO nur dann anwendbar ist, wenn eine Zuordnung der betreffenden Daten zu einer Person möglich ist, stellen jedenfalls reine Sensordaten, die nur den Zweck haben, eine Aktion auszulösen und sodann sofort, unwiederbringlich und ohne das VAF zu verlassen, gelöscht werden, keine personenbezogenen Daten dar.[356]

(2) Aggregierte Sensordaten

Bei aggregierten Sensordaten handelt es sich um technische Daten, die in einem Steuergerät verarbeitet und dort ggf. auch mit anderen Daten aus anderen Steuergeräten zusammengeführt werden.[357] Dies sind zum Beispiel Durchschnittsgeschwindigkeit oder Art und Anzahl von Fehlfunktionen.[358] Sie können unter anderem Aufschluss über die durchschnittliche Geschwindigkeit des Fahrers geben. Einige dieser Daten werden nicht nur flüchtig gespeichert, sondern müssen vor allem für Servicefunktionen längerfristig zur Verfügung stehen.[359] Die Daten können an das Backend des Herstellers zur Produktüberwachung und zur Benachrichtigung über notwendige Servicetermine oder Reparaturen übermittelt werden und sind grundsätzlich dahingehend personenbeziehbar, als eine Zuordnung zu Personen im Sinne einer Aussonderung (zum Beispiel über Profilbildung) oder über eine bekannte Kennung (zum Beispiel über ein vorhandenes Nutzerkonto) möglich ist.[360]

(3) Betriebsdaten

Unter den Begriff der Betriebsdaten fallen im Fahrzeug erzeugte und dem Fahrer angezeigten Betriebswerte des Fahrzeugs wie Kraftstofffüllstand, Verbrauch, Geschwindigkeit, Motorendrehzahl.[361] Diese Daten können für den Abruf des Fahrzeugstatus über das Smartphone (Überwachungsfunktionen) an das

---

356 Siehe zu „flüchtigen Daten“ Kap. 3 A.I.1.a.bb. (2); *Buchner*, DuD 2015, 372 (374); *Rieß/Greß*, DuD 2015, 391 (396).

357 *Asaj*, DuD 2011, 558 (559).

358 So auch: *Metzger*, GRUR 2019, 129 (131).

359 *Krauß/Waidner*, DuD 2015, 383 (385).

360 I.E. auch: *Metzger*, GRUR 2019, 129 (131); wohl a.A.: *Mielchen*, in: Beiträge zum 52. VGT 2014, 241 (246), die darauf abstellt, ob dem Hersteller die Person des Fahrers bekannt ist.

361 *Metzger*, GRUR 2019, 129 (131); *Krauß/Waidner*, DuD 2015, 383 (385).

Backend des Herstellers übermittelt und dort oder im Kfz selbst gespeichert werden.[362]

Die Betriebsdaten geben Auskunft über das Fahrverhalten einer bestimmten Person und erlauben hierüber eine Aussonderung der Person.[363]

(4) Standortdaten

Für zahlreiche Funktionen ist die Erfassung des Standortes erforderlich, z.B. für das Navigationssystem, die Parkplatzsuche oder die Fahrzeugortung. Dabei trifft der Standort an sich zunächst nur eine Aussage darüber, wo sich das Fahrzeug befindet. Er stellt daher ein Sachdatum dar.[364] Der Standort wird zu einer Information über eine Person, wenn er dieser zugeordnet werden kann.[365] Dies ist der Fall, wenn sie zusammen mit weiteren Daten zu einer Person verarbeitet werden, sie durch Zusatzwissen einer Person zugeordnet werden können oder der Verantwortliche sie zu dem Zweck erhebt, sie einer Person zuzuordnen.[366]

Wegen der grundsätzlichen Möglichkeit, den Halter zu ermitteln, wird ein Personenbezug von Standortdaten für diesen in der Literatur bejaht.[367] Für hiervon abweichende Fahrer kommt es darauf an, ob bei dem Verantwortlichen oder einem Dritten eine Zusammenführung des Standortes mit weiteren Daten des Fahrers oder weiterem Zusatzwissen erfolgt oder erfolgen soll.

Der Standort kann an das Backend des Herstellers und von dort für bestimmte Funktionen an dritte Anbieter übermittelt werden, die gegebenenfalls weitere Informationen über den Fahrer besitzen, oder Bewegungsprofil erstellen, aus denen wiederum einzelne Personen individualisierbar sind.[368]

Aufgrund der Möglichkeit der Erstellung von Bewegungsprofilen werden Standortdaten von Behörden und Verbänden auch als besonders sensible

---

362 *Krauß/Waidner*, DuD 2015, 383 (385).

363 So auch *Eul*: 10.2 Connected Cars, in: Leupold /Wieb/Glosser (Hrsg.), IT-Recht, Rn. 29; i.E. auch: *Metzger*, GRUR 2019, 129 (131); *Rieß/Greß*, DuD 2015, 391 (396).

364 *Eßer*, Auernhammer, DSGVO/BDSG, Art. 4 Rn. 22.

365 Siehe hierzu Kap. 3 A.I.1.a.bb. (4). (b).

366 *Krügel*, ZD 2017, 455 (458); *Eßer*, Auernhammer, DSGVO/BDSG, Art. 4 Rn 23.

367 *Roßnagel*, in: Beiträge zum 52. VGT 2014, S. 257 (265); International Working Group on Data Protection in Telecommunications, Connected Vehicles, 63. Sitzung, Budapest, 9.-10.4.2018, S. 4, abrufbar unter: *www.datenschutz-berlin.de/fileadmin/user_upload/pdf/publikationen/working-paper/2018/2018-IWGDPT-Working_Paper_Connected_Vehicles.pdf* (zuletzt abgerufen am 04.12.2022).

368 Zur Erstellung und Verwendung von Bewegungsprofilen auf Grundlage des Standortes: *Mantz*, K&R 2013, 7 (7 f.).

personenbezogene Daten eingestuft, deren Verarbeitung grundsätzlich mit einem hohen Risiko für die Rechte und Freiheiten der betroffenen Personen verbunden ist.[369] Standortdaten sind daher als personenbezogene Daten zu behandeln, sowohl in Hinblick auf den Halter als auch auf den Fahrer.[370]

(5) Telekommunikationsdaten

Im Rahmen von Concierge Services oder von eCall wird eine Telefonverbindung zum Service Provider des Herstellers bzw. zur zuständigen Notfallleitstelle aufgebaut. Der Inhalt des Telekommunikationsvorgangs sowie die Beteiligten des Telekommunikationsvorgangs werden über das Fernmeldegeheimnis nach § 88 TKG geschützt (hierzu gleich mehr in Abschnitt 3).[371]

Werden außerhalb des eigentlichen Telekommunikationsvorgangs Daten aufgezeichnet, z.B. bei der Entgegenahme eines Buchungsauftrags für ein Hotel durch einen Service Provider, sind diese in den aller meisten Fällen personenbezogen, da sie durch Angabe des Namens einer Person direkt zugeordnet werden können. Gleiches gilt, wenn die Notfallleitstelle Namen der Fahrzeuginsassen und Informationen über Verletzungen aufnimmt und weiterleitet. Bei Letzteren handelt es sich zudem um Gesundheitsdaten, welche über Art. 9 DSGVO besonders geschützt sind.

(6) Daten aus Umgebungsüberwachung

Die Assistenzsysteme sind auf die Erfassung der Umwelt durch verschiedene Sensoren angewiesen, um den Abstand zu vorausfahrenden oder kreuzenden

---

369 Die DSK hält die Durchführung einer Datenschutzfolgenabschätzung nach Art. 35 DSGVO vor Verarbeitung von Standortdaten im Rahmen von Car Sharing für erforderlich, siehe Liste der Verarbeitungstätigkeiten, für die eine DSFA durchzuführen ist vom 17.10.2018, Nr. 4, abrufbar unter: www.*datenschutzkonferenz-online.de/media/ah/20181017_ah_DSK_DSFA_Muss-Liste_Version_1.1_Deutsch.pdf* (zuletzt abgerufen am 04.12.2022); CNIL, Compliance Package. Connected Vehicles and personal data (Oktober 2017), S. 25, abrufbar unter: *www.cnil.fr/sites/default/files/atoms/files/cnil_pack_vehicules_connectes_gb.pdf (zuletzt abgerufen am* 04.12.2022); *International Working Group on Data Protection in Telecommunications*: Connected Vehicles, 63. Sitzung, Budapest, 9.-10.4.2018, Nr. 53, abrufbar unter: *www.datenschutz-berlin.de/fileadmin/user_upload/pdf/publikationen/working-paper/2018/2018-IWGDPT-Working_Paper_Connected_Vehicles.pdf* (zuletzt abgerufen am 04.12.2022).

370 So auch *Eul*: 10.2 Connected Cars, in: Leupold /Wieb/Glosser (Hrsg.), IT-Recht, Rn.31.

371 *Jenny*, in Plath: DSGVO/BDSG, § 88 TKG Rn. 4 und 8; *Alich*, RAW 2016, 90 (93).

Objekten und Personen berechnen und entsprechende Maßnahmen ergreifen zu können.

Wie bereits dargestellt, geschieht dies zum einen über Radar- und Ultraschallsensoren, die über die Rückstrahlintensität abstrakte Informationen über Umgebungsobjekte (Gebäude, Bäume, Fahrzeuge, Personen) und deren Größe und Position erzeugen.[372] Eine Identifizierung einzelner Personen oder Fahrzeuge ist hierbei nicht möglich, da die durch die Sensoren erzeugten Punktewolken eine solche aufgrund ihres hohen Abstrahierungsgrades nicht zulassen.[373] Informationen, die aus diesen Sensoren gewonnen werden, unterfallen daher nicht der DSGVO.[374]

Darüber hinaus werden aber auch Kamerabilder der Umwelt erhoben. Hierbei handelt es sich um personenbezogene Daten, soweit Personen erkennbar sind bzw. deren Identifikation ermöglicht wird oder sonstige Identifizierungsmerkmale erfasst werden (z.B. Kfz-Kennzeichen).[375] Wie bereits dargestellt, ist für einige Funktionen, wie zum Beispiel die Abstandskontrolle oder die Spurhaltung, die Verarbeitung des Bildes nicht erforderlich. Es ist möglich, dass Bild direkt in eine Stixel-Grafik umzuwandeln und im Übrigen sofort zu löschen. Werden die Daten sofort umgewandelt, kann das Bild keiner Person zugeordnet werden, sodass in diesem Fall kein Personenbezug vorliegt.[376]

Im Gegensatz dazu müssen Bilder für Funktionen wie die Rück- und Frontkamera sowie die Verkehrszeichenerkennung möglichst hochauflösend sein. Hierbei können unbeteiligte Verkehrsteilnehmer erfasst werden.

Es bietet sich an, weiter nach der Speicherdauer der Bilddaten zu unterscheiden, denn flüchtige Daten unterfallen nicht dem Anwendungsbereich der DSGVO.[377] Soweit Bilddaten lediglich in Echtzeit im Kfz angezeigt oder nur zum Auslösen einer Aktion verwendet und weder gespeichert noch nach außen

372 Siehe unter Kap. 2 C.II.1.a.

373 So auch: *Kumpf*, Smart Cars, S. 18.

374 A.A. *Fetzer/Hense*, DSB 2020, S. 144 – 147, zumindest wenn die Daten mit einem georeferenzierten Koordinatensystem zusammengeführt werden.

375 EuGH, Urt. v. 11.12.2014 – C-212/13 = EuZW 2015, 234; *Eßer*, in: Auernhammer, DSGVO/BDSG, Art. 4 Rn. 29; *Klar/Kühling*, in: Kühling/Buchner, DS-GVO/BDSG Art. 4 Nr. 1 Rn. 37; *Klink-Straub/Straub*, NJW 2018, 3201 (3202); Art. 29 Datenschutzgruppe, Stellungnahme 4/2007 zum Begriff "personenbezogene Daten", S. 9; EDSA: Guidelines 03/2019 on processing of personal data through video devices, Version 2.0 (29.01.2020), Rn. 7 f.

376 *Hansen*, DuD 2015, 367 (368).

377 Siehe hierzu Kap. 3 A.I.a.bb. (2).

übertragen werden, können sie als flüchtig und damit als datenschutzrechtlich nicht relevant angesehen werden. Ähnlich wie bei reinen Sensordaten können die Bilder mangels Reproduzierbarkeit keiner bestimmten Person zugeordnet werden. Hierunter kann die Verkehrszeichenerfassung fallen, wenn die Bilddaten nach Auslesen des Verkehrszeichens sofort gelöscht und nicht übertragen werden.[378] Anders ist dies wohl für die Rück- und Frontkameras zur besseren Sicht der Umgebung, zum Beispiel beim Parkvorgang, zu beurteilen.[379] Zwar wird in diesem Fall häufig keine Speicherung der Bilder erfolgen, da eine Übertragung in Echtzeit ausreichend ist, allerdings stellt die Videoüberwachung am Bildschirm auch ohne Aufzeichnung eine Verarbeitung im Sinne von Art. 4 Nr. 2 DSGVO dar.[380] Durch die Sichtbarkeit am Bildschirm ist eine Identifizierung von Personen, anders als bei flüchtigen Daten, zumindest theoretisch möglich, sodass diesbezüglich die DSGVO anwendbar ist.[381]

(7) Daten aus Innenraumüberwachung

Im Fall der Fahrerüberwachung durch Innenraumkameras liegt ein Fall der Videoüberwachung vor, unabhängig davon, ob die Daten auch gespeichert werden (siehe oben). In den Fahrerüberwachungssystemen werden Informationen über den aktuellen Zustand des Fahrers verarbeitet, womit diese grundsätzlich als personenbezogen zu behandeln sind.[382]

Für die Nutzung der Smart Cabin Technologie ist die Identifizierung des Fahrers durch Gesichtserkennung erforderlich. In diesem Fall kann ein Personenbezug leicht bejaht werden. Darüber hinaus können die Daten aus der Smart Cabin Anwendung auch mit Insassenüberwachungssystemen kombiniert werden, sodass auch für Daten aus diesen Systemen ein Personenbezug zu bejahen ist.

Darüber hinaus werden über Sensoren in den Sitzen die Sitzplatzbelegung, die Nutzung des Sicherheitsgurtes und die getroffenen Sitzeinstellungen erfasst. Die Daten geben Auskunft darüber, wie viele Personen im Fahrzeug sitzen und ob sie der Anschnallpflicht nach § 21a StVO nachgekommen sind. Sie können

---

378 So auch: *Schröder*, ZD 2021, 302 (304 f.).

379 So auch: *Klink-Straub/Straub*, NJW 2018, 3201 (3202).

380 BVerwG, Urt. v. 27.03.2019 - 6 C 2.18, Rn. 15, 17; *Schild*, in: Brink/Wolff, BeckOK DatenschutzR, 41. Ed. 1.5.2022, Art. 4 Rn. 37; DSK: Orientierungshilfe Videoüberwachung durch nicht-öffentliche Stellen, S. 5; a.A. *Schulz*, in: Gola/Heckmann, DSGVO/BDSG, Art. 6 DS-GVO Rn. 117, 150 und *Fuchs*, ZD 2015, 212 (213), zum Merkmal des Erhebens nach § 3 BDSG a.F.

381 A.A.: *Schröder*, ZD 2021, 302 (304).

382 *Lüdemann/Knollmann*, ZD 2020, 403 (406).

die Zuordnung zu einer Person im Wege der Aussonderung ermöglichen und sind als personenbezogenen Daten zu behandeln.

(8) Unfalldaten

Unfalldaten sind alle Daten, die im Falle eines Unfalls von Systemen aufgezeichnet oder verarbeitet werden. Dies betrifft insbesondere die nach Art. 6 Abs. 1 lit. g) EU VO 2019/2144 sowie die nach § 63a Abs. 1 StVG aufzuzeichnenden Daten und alle Daten, die beim Auslösen des eCalls im Mindestdatensatz gespeichert und über die Telefonverbindung vom Fahrer oder anderen Passagieren an die Notfallleitstelle weitergegeben werden.[383] Diese Informationen erlauben Rückschlüsse auf das Fahrverhalten des Fahrers und können daher personenbezogene Daten darstellen, soweit sie einer bestimmten Person zuordbar sind.[384]

Für die Informationen, die im Rahmen der ereignisbezogenen Datenaufzeichnung nach EU VO 2019/2144 gespeichert werden sollen, ist ausdrücklich in Art. 6 Abs. 5 vorgesehen, dass weder das einzelne Fahrzeug noch der Halter oder Eigentümer identifizierbar sein darf.[385] Insoweit sollen die Daten per Gesetz anonym verarbeitet werden, sodass die DSGVO auf diese nicht anwendbar ist.[386]

Bei den nach § 63a StVG aufzuzeichnenden Daten ist dies anders, da diese gerade zur Unfallrekonstruktion und -aufklärung gespeichert werden, und damit nicht anonymisiert werden können.[387] Auch die im Rahmen des eCall übermittelten Daten sind nicht anonym, da die Identifizierung des verunfallten Fahrzeugs sowie der Verletzten ja gerade ermöglicht werden soll.

Durch die Verknüpfung zum Fahrzeug ist eine Zuordnung zum Halter möglich, nicht aber direkt zum Fahrer.[388] Im Rahmen eines Unfalls werden aber zumindest zwischen den Unfallbeteiligten Namen, Kontakt- und Versicherungsdaten ausgetauscht, bei Hinzuziehung der Polizei gegebenenfalls auch noch weitere Daten (Hergang des Unfalls, Anzahl und Namen von Verletzten, etc.).[389]

---

383 Siehe hierzu Kap. 2 C.V.

384 *Forgó*, in: Oppermann/Stender-Vorwachs (Hrsg.): Autonomes Fahren, Kap. 3.5 Rn. 17; *Nugel*, ZD 2019, 341 (343).

385 *Lüdemann/Knollmann*, ZD 2020, 403 (406).

386 A.A. *Lüdemann/Knollmann*, ZD 2020, 403 (406), die die reine Anordnung des Gesetzgebers zur Anonymisierung für nicht ausreichend erachten, sondern zusätzlich gesetzliche Ausgestaltungsvorgaben hierfür verlangen.

387 *Krausen*, ZD-Aktuell 2019, 06679; *Schmid/Wessels, Ferdinand*, NZV 2017, 357 (358); *Spiegel*, DSRITB 2017, 691 (696), *Reibach*, DSRITB 2017, 161 (163).

388 So auch: *Reibach*, DSRITB 2017, 161 (163)

389 *Nugel*, ZD 2019, 341 (343); *Mielchen*, in: Beiträge zum 52. VGT 2014, 241 (246).

Beim eCall erhält zudem die Notfallleitstelle Informationen, die sie dem Fahrer zuordnen kann, wenn dieser über die Sprachverbindung weitere Angaben macht. Zumindest für bestimmte Personen und Stellen sind sowohl der Fahrer als auch weitere Passagiere zum Zeitpunkt des Unfalls identifizierbar.[390] Ob diese darüber hinaus für die relevanten Akteure im Ökosystem vernetzter und automatisierter Fahrzeuge identifizierbar sind, hängt davon ab, inwieweit tatsächliche oder rechtliche Zugriffsmöglichkeiten auf das Zusatzwissen bei den Dritten im Einzelfall bestehen.

(9) Vom Nutzer eingebrachte Daten

Der Nutzer des Fahrzeugs bringt eine Vielzahl von persönlichen Daten bei Nutzung der Informations- und Entertainment Dienste in das Fahrzeug ein. Hierunter fallen Anmelde- und Nutzungsdaten bei Drittangeboten, im Fahrzeug gespeicherte Kontakt- und Termindaten, im Fahrzeug erzeugte Kommunikationsinhalte bei Abruf bzw. Versand von E-Mails oder anderen Nachrichten sowie Informationen über Musikpräferenzen oder sonstige Interessen.[391] Aus vielen dieser Daten (zum Beispiel bei Kontaktdaten) ergibt sich der Personenbezug schon aus dem Datum selbst.[392]

Gleiches gilt für vom Nutzer des Fahrzeugs gewählte Einstellungen über Sitzhöhe und -position, Klimatisierung oder sonstige Komforteinstellungen.[393] Im Rahmen der Smart Cabin Technologie werden diese zudem als Benutzerprofil gespeichert und sind einer Person zuordenbar.

2. Telemediengesetz

Neben der Datenschutzgrundverordnung ist insbesondere auch das Telemediengesetz von Bedeutung, soweit es um die Verarbeitung von personenbezogenen Daten in Connectivity Diensten geht.

Das Telemediengesetz (TMG) enthält in §§ 11-15a TMG datenschutzrechtliche Bestimmungen für die Verarbeitung personenbezogener Daten der Nutzer von Telemedien durch Telemedienanbieter.[394] Dem sachlichen Anwendungsbereich

---

390 So auch: *Zurlutter*, Datenschutzrechtliche Aspekte der Auskunfts- und Aufklärungsobliegenheit über Kfz-Daten in der Kfz-Haftpflichtversicherung, S. 70.

391 *Krauß/Waidner:* DuD 2015, 383 (385); siehe hierzu auch: *Raith,* Das Vernetzte Automobil, S. 20.

392 So auch: *Rieß/Greß*, DuD 2015, 391 (396).

393 *Metzger*, GRUR 2019, 129 (131).

394 *Karikari*, Big Data in der Automobilindustrie, S. 109.

unterfallen alle elektronische Informations- und Kommunikationsdienste, die nicht Telekommunikationsdienste nach § 3 Nr. 24 TKG sind, die ganz in der Übertragung von Signalen über Telekommunikationsnetze bestehen, telekommunikationsgestützte Dienste nach § 3 Nr. 25 des Telekommunikationsgesetzes oder Rundfunk nach § 2 des Rundfunkstaatsvertrages sind.[395] Damit stellen viele der im vernetzten Fahrzeug angebotenen Connectivity Dienste wie Datendienste (Wetter, Verkehr) sowie Streamingdienste Telemedien dar,[396] für deren Datenverarbeitung das TMG anwendbar wäre.[397]

Allerdings genießt die DSGVO seit dem 25.05.2018 Vorrang vor den datenschutzrechtlichen Regelungen des TMG.[398] In Hinblick auf die Anwendung vorher erlassener Gesetze enthält die DSGVO in Art. 95 DSGVO eine Kollisionsregelung, die sich auf die Umsetzung der Richtlinie 2002/58/EG[399] bezieht. Nach dieser Regel ist die DSGVO nicht für elektronische Kommunikationsdienste anwendbar, soweit diese bereits durch die Umsetzung der ePrivacy-Richtlinie reguliert sind. Soweit also mit den §§ 11 – 15 TMG die Vorgaben der ePrivacy-Richtlinie umgesetzt worden wären, wären diese weiterhin neben der DSGVO anwendbar. Dies ist indes nicht der Fall[400]: Die §§ 12 und 15 TMG bestanden zum Zeitpunkt des Inkrafttretens der Richtlinie 2009/136/EG[401], durch welche

---

395 *Jenny*, in Plath DSGVO/BDSG, § 11 TMG Rn. 4; *Karikari*, Big Data in der Automobilindustrie, S. 109; *Herrmann*, RAW 2017, 19 (19); *Alich*, RAW 2016, 90 (94).

396 *Raith*, Das vernetzte Automobil, S. 122; *von Bodungen*, in: Specht/Mantz (Hrsg.), Handbuch Europäisches und deutsches Datenschutzrecht, § 16 Rn. 4; *Alich*, RAW 2016, 90 (94); *v. Schönfeld*, DAR 2015, 617 (618); *Kremer*, RDV 2014, 240 (247); zur Abgrenzung zwischen Telekommunikationsdiensten und Telemedien im VAF *Herrmann*, RAW 2017, 19 (24).

397 *Hinrichs/Becker*, ITRB 2015, 164 (166).

398 Ausführlich zu den einzelnen verdrängten Vorschriften des TMG: *Jenny*, in Plath: DSGVO/BDSG, § 11 TMG Rn. 2, § 12 TMG Rn. 2, § 13 TMG Rn. 3, § 14 TMG Rn. 2 § 15 Rn. 2 ff, § 15a TMG Rn. 2; *Buchner/Kühling*, in: Kühling/Buchner, DS-GVO/BDSG, Art. 7 Rn. 74.

399 Richtlinie 2002/58/EG des Europäischen Parlaments und des Rates vom 12. Juli 2002 über die Verarbeitung personenbezogener Daten und den Schutz der Privatsphäre in der elektronischen Kommunikation (Datenschutzrichtlinie für elektronische Kommunikation) (nachfolgend ePrivacy-Richtlinie).

400 So i.E. auch *Mantz/Spittka*: §6 Datenschutz und IT-Sicherheit, in: Sassenberg/Faber (Hrsg.): Rechtshandbuch Industrie 4.0 und Internet of Things, Rn. 13; *Eul*: 10.2 Connected Cars, in: Leupold /Wieb/Glosser (Hrsg.), IT-Recht, Rn. 28.

401 Richtlinie 2009/136/EG des Europäischen Parlaments und des Rates vom 25. November 2009 zur Änderung der Richtlinie 2002/22/EG über den Universaldienst und Nutzerrechte bei elektronischen Kommunikationsnetzen und -diensten, der Richtlinie

die ePrivacy-Richtlinie Im Jahr 2009 geändert wurde, bereits, sodass ein formeller Umsetzungsakt in das deutsche Recht nicht erfolgt ist[402]. Zudem wurde § 15 TMG weder mit Art. 5 Abs. 3 ePrivacy-Richtlinie[403] noch mit Art. 7 lit. f der Datenschutzrichtlinie[404] konform ausgestaltet. Auch Art. 13 Abs. 1 TMG wird von der DSGVO verdrängt, da dieser nicht die ePrivacy-Richtlinie, sondern die nunmehr aufgehobene Datenschutzrichtlinie umsetzte.[405] Aus diesen Gründen gehen auch die deutschen Datenschutzaufsichtsbehörden davon aus, dass die §§ 11-15 TMG seit dem 25.05.2018 nicht mehr anwendbar sind.[406] Konsequenterweise werden die §§ 11-15d TMG daher mit dem Gesetz zur Regelung des Datenschutzes und des Schutzes der Privatsphäre in der Telekommunikation und bei Telemedien zum 01.12.2021 aufgehoben.[407]

Spezialgesetzliche Regelungen für elektronische Kommunikationsdaten wird es erst durch die Anwendung der ePrivacy-Verordnung geben, welche weiterhin verhandelt wird. Am 10.02.2021 hat sich der Europäische Rat auf einen Entwurf geeinigt, der nun noch mit dem Europäischen Parlament ausgehandelt werden muss.[408]

3. *Telekommunikations-Telemedien-Datenschutz-Gesetz*

Ab dem 01.12.2021 ist in Deutschland zudem das Telekommunikations-Telemedien-Datenschutz-Gesetz (TTDSG) anwendbar, durch dessen § 25 zukünftig die Integrität von Endeinrichtungen gegen das unbefugte Speichern und Auslesen von Informationen geschützt wird. Hiermit wird Art. 5 Abs. 3

2002/58/EG über die Verarbeitung personenbezogener Daten und den Schutz der Privatsphäre in der elektronischen Kommunikation und der Verordnung (EG) Nr. 2006/2004 über die Zusammenarbeit im Verbraucherschutz.

402 *Jandt/Karg*, in: Jandt/Steidle (Hrsg.): Datenschutz im Internet. Rechtshandbuch zu DSGVO und BDSG, Kap. A. II., Rn. 108.

403 *Jandt*, ZD 2018, 405 (407); zur Rettung von § 15 Abs. 3 TMG durch richtlinienkonforme Auslegung siehe: BGH, Urt. v. 28.05.2020 – I ZR 7/16, Rn. 47 ff. (Planet 49).

404 EuGH, ZD 2017, 24 (29) m. Anm. *Kühling/Klar.*

405 OLG Stuttgart, Urt. v. 27.2.2020 – 2 U 257/19, GRUR-RR 2020, 442, Rn. 27.

406 DSK, Orientierungshilfe der Aufsichtsbehörden für Anbieter von Telemedien, Seite 2 ff.; so auch: *Raith*, Das vernetzte Automobil, S. 111 f.

407 Art. 3 Gesetz zur Regelung des Datenschutzes und des Schutzes der Privatsphäre in der Telekommunikation und bei Telemedien; *Hanloser*, ZD 2021, 399 (399).

408 Siehe hierzu unter: *www.consilium.europa.eu/de/press/press-releases/2021/02/10/confidentiality-of-electronic-communications-council-agrees-its-position-on-eprivacy-rules/.*

ePrivacy-Richtlinie umgesetzt, sodass § 25 TTDSG neben der DSGVO gemäß Art. 95 DSGVO anwendbar ist.[409]

Soweit man der Auffassung des EDSA folgt, wonach vernetzte Kfz als Endeinrichtung nach Art. 5 Abs. 3 der ePrivacy-Richtlinie zu qualifizieren sind,[410] wird man das Speichern und Auslesen von Informationen im und aus dem Kfz daher ab dem 01.12.2021 nach § 25 TTDSG beurteilen müssen. Jede über das Speichern und Auslesen hinausgehende Datenverarbeitung, wie z.B. das Nutzen von im Kfz gespeicherten oder generierten Daten zur Betreibung der verschiedenen Systeme sowie das Nutzen von ausgelesenen Daten zu anderen Zwecken unterfällt jedoch weiterhin der DSGVO.[411]

§ 25 Abs. 2 TTDSG erlaubt das Speichern und Auslesen von Informationen, wenn alleiniger Zweck die Übertragung einer Nachricht über ein öffentliches Telekommunikationsnetz ist oder wenn dies unbedingt erforderlich ist, damit der Anbieter eines Telemediendienstes einen vom Nutzer ausdrücklich gewünschten Telemediendienst zur Verfügung stellen kann.[412]

In allen anderen Fällen bedarf es nach § 25 Abs. 1 TTDSG der Einwilligung des Endnutzers,[413] sodass zukünftig mit einer erhöhten Anzahl an Einwilligungsaufforderungen zu Performance- oder Trackingzwecken (ähnlich wie bei der Verwendung von Cookies) im Kfz zu rechnen ist.[414]

4. *Telekommunikationsgesetz*

Relevant für die Datenverarbeitung im Kfz kann auch das Telekommunikationsgesetz (TKG) sein. Dies ist dann anwendbar, wenn Signale über Telekommunikationsnetze übertragen werden, § 3 Nr. 24 TKG.[415] Die §§ 91-107 TKG

---

409 *Blum*, DSRITB 2021, 585 (592); *Hanloser*, ZD 2021, 399 (399).

410 EDSA: Guidelines 01/2020 on processing personal data in the context of connected vehicles and mobility related applications, Rn. 10 ff.; *Hanloser*, ZD 2021, 399 (400); kritisch hierzu: *Kahl*, RAW 2021, 80 (82 f.); *Blum* sieht das Kfz nicht als Ganzes als Endeinrichtung an, sondern nur die Komponenten, die an das öffentliche Kommunikationsnetz angeschlossen und auf den Austausch von Informationen ausgelegt sind, DSRITB 2021, 585 (593).

411 *Hanloser*, ZD 2021, 399 (400).

412 *Hanloser*, ZD 2021, 399 (400 f.).

413 *Hanloser*, ZD 2021, 399 (402).

414 Zum grundsätzlichen Problem, den Endnutzer zu bestimmen, wenn Halter und Fahrer auseinanderfallen siehe *Blum*, DSRITB 2021, 585 (595 f.).

415 *Herrmann*, RAW 2017, 19 (19); *Alich*, RAW 2016, 90 (93).

enthalten Regelungen zum Datenschutz, welche – da sie die ePrivacy-Richtlinie umsetzen[416] - gemäß Art. 95 DSGVO weiterhin anwendbar sind.[417]

Die §§ 91 ff. TKG gelten für den Schutz personenbezogener Daten der Teilnehmer und Nutzer von Telekommunikation bei der Erhebung und Verwendung dieser Daten durch Unternehmen und Personen, die geschäftsmäßig Telekommunikationsdienste in Telekommunikationsnetzen erbringen oder an deren Erbringung mitwirken.[418] Abzugrenzen ist der Anwendungsbereich des TKG damit insbesondere zur DSGVO bzw. zum BDSG. Die §§ 91 ff. TKG sind auf die Daten im Rahmen der fernmeldetechnischen Nachrichtenübermittlung anwendbar, wohingegen die Inhaltsdaten der DSGVO bzw. dem BDSG unterfallen.[419] Damit unterfallen zum Beispiel die Kommunikationsdaten im Rahmens eines Notrufs über das eCall System dem TKG.[420] Gleiches gilt für Anrufe, die über das Fahrzeug gesteuert werden oder E-Mails, die über die ab Werk vorhandene Mobilfunkverbindung versendet werden.[421] Denn hierbei handelt es sich um die Übertragung von Signalen über Telekommunikationsnetze.[422] Auch die Kommunikation zwischen dem Kfz, dem Backend des Herstellers,[423] dem Smartphone oder anderer intelligenter Infrastruktur (M2M Kommunikation) kann unter das TKG fallen.[424] Im Rahmen dieser Systeme sind daher für

---

416 *Jenny*, in Plath: DSGVO/BDSG, § 91 TKG Rn. 3; *Jandt*, ZD 2018, 405 (405).

417 *Karikari*, Big Data in der Automobilindustrie, S. 109; *Jenny*, in Plath: DSGVO/BDSG, § 91 TKG Rn. 12; *Brockmeyer* hält hingegen § 98 I S. 2-7 TKG für nicht mehr anwendbar, da der deutsche Gesetzgeber damit den Umsetzungsspielraum der ePrivacy RiLi verlassen habe, in: Hoeren/Sieber/Holznagel MMR-HdB, 56. EL Mai 2021, Teil 15.5 Rn. 42.

418 *Jenny*, in Plath: DSGVO/BDSG, § 91 TKG Rn. 4.

419 *Jenny*, in Plath: DSGVO/BDSG, § 91 TKG Rn. 10.

420 *Steinrötter*, ZD 2021, 513 (514); hierzu ausführlich: *Raith*, Das vernetzte Automobil, S. 125 ff.

421 *Brockmeyer*, in: Hoeren/Sieber/Holznagel MMR-HdB, 56. EL Mai 2021, Teil 15.5 Rn. 12; *von Bodungen*, in: Specht/Mantz (Hrsg.), Handbuch Europäisches und deutsches Datenschutzrecht, § 16 Rn. 3.

422 *Jenny*, in Plath: DSGVO/BDSG, § 91 TKG Rn. 11; Zur Einordnung von Online-Diensten *Herrmann*, RAW 2017, 19 (22 ff.).

423 Hierzu ausführlich: *Raith*, Das vernetzte Automobil, S. 132 f.

424 Hierzu ausführlich: *Brockmeyer*, in: Hoeren/Sieber/Holznagel MMR-HdB, 56. EL Mai 2021, Teil 15.5 Rn. 13 f.; *Herrmann*, RAW 2017, 19; *Grünwald/Nüßing*, MMR 2015, 378; *Langer*, DSRITB 2015, 973.

die vorliegende Untersuchung lediglich die im Kfz oder an einem anderen Ort gespeicherten Daten von Interesse, da für diese die DSGVO anwendbar ist.[425]

Hier sollen daher lediglich die Vorschriften über das Fernmeldegeheimnis sowie über Standortdaten kurz erläutert werden. Letztere unterfallen gemäß § 3 Nr. 19 TKG dem TKG, wenn sie in einem Telekommunikationsnetz oder von einem Telekommunikationsdienst erhoben oder verwendet werden und die Daten den Standort des Endgeräts eines Endnutzers eines öffentlich zugänglichen Telekommunikationsdienstes angeben.[426] Eine Standortbestimmung über GPS oder WLAN fällt nicht hierunter,[427] wohl aber eine Ortung über ein mit dem Fahrzeug verbundenes Smartphone oder das Kommunikationsmodul des Fahrzeugs[428]. Im Rahmen von Diensten und Funktionen, die den Standort verwenden, darf dieser gemäß § 98 Abs. 1 Satz 1 TKG nur im zur Bereitstellung von Diensten mit Zusatznutzen erforderlichen Umfang und innerhalb des dafür erforderlichen Zeitraums verarbeitet werden, wenn er anonymisiert wurde oder wenn der Teilnehmer dem Anbieter des Dienstes mit Zusatznutzen seine Einwilligung erteilt hat.[429]

Das Fernmeldegeheimnis nach § 88 TKG schützt zudem den Inhalt einzelner Telekommunikationsvorgänge, solange bis die Informationen beim Teilnehmer angekommen sind und der Übertragungsvorgang beendet wurde.[430] Auf die bei verschiedenen Akteuren vorhandenen Daten nach diesem Zeitpunkt ist daher ebenfalls die DSGVO anwendbar.

5. *eCall Verordnung EU 2015/758*

Aufgrund der eCall-VO müssen seit dem 31.03.2018 alle neu hergestellten Fahrzeuge mit einem fest eingebauten, auf dem 112-Notruf basierenden bordeigenen eCall-System ausgerüstet sein. Hierbei handelt es sich um ein Notrufsystem, welches durch eine frühzeitige Alarmierung der Rettungskräfte zu einer schnelleren

425 Siehe auch: *Raith*, Das vernetzte Automobil, S. 132.

426 *Jenny*, in Plath: DSGVO/BDSG, § 98 TKG Rn. 2.

427 Hierzu ausführlich: *Raith*, Das vernetzte Automobil, S. 127 ff.; *Jenny*, in Plath: DSGVO/BDSG, § 98 TKG Rn. 10; *Johannes/Roßnagel*: Der Rechtsrahmen für einen Selbstschutz der Grundrechte in der digitalen Welt, S. 103; *Roßnagel*, in: Beiträge zum 52. VGT 2014, 257 (270); *Alich*, RAW 2016, 90 (94); *Brockmeyer*, in: Hoeren/Sieber/Holznagel MMR-HdB, 56. EL Mai 2021, Teil 15.5 Rn. 43.

428 *Buchner*, DuD 2015, 372 (375).

429 *Jenny*, in Plath: DSGVO/BDSG, § 98 TKG Rn. 7.

430 *Jenny*, in Plath: DSGVO/BDSG, § 88 TKG Rn. 4 und 8; *Alich*, RAW 2016, 90 (93).

Hilfe bei Unfällen beitragen soll. Die Einführung war seit 2003 eines der Hauptziele der Union auf dem Gebiet der Verkehrssicherheit.[431]

Technisch funktioniert der eCall so, dass das System bei einem Unfall automatisch eine Mobilfunkverbindung mit Sprach- und Datenübermittlung an die Notrufabfragestelle aufbaut.[432] Neben dem gesetzlichen eCall ist das System auch für andere Dienste offen (sogenannte Zusatzdienste), zum Beispiel herstellereigene Notrufdienste oder Pannendienste, um hierüber eine Plattform für verschiedene Anwendungen zu schaffen.[433]

Neben Regelungen zu den technischen Anforderungen des eCall-Systems enthält Art. 6 eCall-VO spezifische datenschutzrechtliche Vorgaben für den gesetzlichen eCall. Allerdings bleiben die Vorschriften der Datenschutzrichtlinie sowie der ePrivacy-Richtlinie gemäß Art. 6 Abs. 1 eCall-VO unberührt, sodass die Verarbeitung personenbezogener Daten seit dem 25.05.2018 in jedem Fall der DSGVO entsprechen muss. Die in Art. 6 eCall-VO enthaltenen Vorgaben sind daher als Konkretisierungen und zusätzliche Anforderungen zur DSGVO zu verstehen. Im Falle von Zusatzdiensten oder herstellereigenen Notfallsystemen sind diese nicht anwendbar.[434] Wenn im Folgenden der Begriff eCall verwendet wird, bezieht sich dies ausschließlich auf den gesetzlichen eCall, nicht auf herstellereigene Notrufdienste.

Insofern enthält Art. 6 eCall-VO folgende wesentlichen Vorgaben:

Zweckbestimmung, Abs. 2: Die im Rahmen des eCall verarbeiteten personenbezogenen Daten dürfen nur für die Handhabung der in Art. 5 Abs. 2 eCall-VO genannten Notfallsituation verarbeitet werden[435];

Löschung, Abs. 3, 5: Personenbezogenen Daten dürfen nicht länger als zur Handhabung der Notfallsituation erforderlich gespeichert werden[436]; die Hersteller müssen

431 Siehe hierzu: EG 3 eCall-VO.

432 *von Bodungen*, in: Specht/Mantz (Hrsg.), Handbuch Europäisches und deutsches Datenschutzrecht, § 16 Rn. 23; *Facius*, DANA 1/2015, 20 (20); *Lüdemann*, ZD 2015, 247 (248); *Pohle/Zoch*, CR 2014, 409 (412); *Lüdemann/Sengstacken*, RDV 2014, 177 (178).

433 *von Bodungen*, in: Specht/Mantz (Hrsg.), Handbuch Europäisches und deutsches Datenschutzrecht, § 16 Rn. 24.

434 *Lüdemann*, ZD 2015, 247 (251).

435 *von Bodungen*, in: Specht/Mantz (Hrsg.), Handbuch Europäisches und deutsches Datenschutzrecht, § 16 Rn. 27.

436 *von Bodungen*, in: Specht/Mantz (Hrsg.), Handbuch Europäisches und deutsches Datenschutzrecht, § 16 Rn. 27; *Facius*, DANA 1/2015, 20 (21).

sicherstellen, dass Daten im internen Speicher des eCall Systems kontinuierlich und automatisch gelöscht werden;[437]

Datenkategorien, Abs. 6: Der übermittelte Mindestdatensatz (MSD) darf nur die nach DIN EN 15722:2011 festgelegten Daten enthalten[438], insbesondere FIN, Zeitstempel, GPS-Koordinaten mit Fahrtrichtungsanzeige[439];

Informationserteilung, Abs. 9, 10: Die Hersteller müssen in der Betriebsanleitung näher bestimmte Informationen über die Verarbeitung von Daten im Rahmen des eCall zur Verfügung stellen[440], und zwar getrennt von Informationen zu herstellereigenen Notrufsystemen;

Privacy-by-Design, Abs. 4-7, 11: Das eCall System darf nicht rückverfolgbar sein und es darf keine dauerhafte Verfolgung stattfinden[441]; es dürfen nur die drei letzten Positionen des Fahrzeugs gespeichert werden, soweit dies zur Bestimmung der momentanen Position und Fahrtrichtung zum Zeitpunkt des Vorfalls erforderlich ist; vor Auslösung des eCall dürfen Daten für keine Einrichtung zugänglich sein[442]; es sind Technologien zur Stärkung des Datenschutzes wie zur Verhinderung von Überwachung und Missbrauch einzubetten[443]; zwischen dem eCall-System und herstellereigenen Notrufsystemen sowie Zusatzdiensten darf kein Datenaustausch möglich sein.

Verpflichtet zur Einhaltung dieser Vorgaben sind die Automobilhersteller, die dafür zu sorgen haben, dass Fahrzeuge den Vorgaben für die jeweilige Typengenehmigung entsprechen.[444]

Die meisten dieser Vorgaben beziehen sich nur auf den gesetzlich vorgeschriebenen eCall, wie sich bereits aus Art. 1 und 2 eCall-VO ergibt, die nur

---

437 *von Bodungen*, in: Specht/Mantz (Hrsg.), Handbuch Europäisches und deutsches Datenschutzrecht, § 16 Rn. 27; *Facius*, DANA 1/2015, 20 (21).

438 *von Bodungen*, in: Specht/Mantz (Hrsg.), Handbuch Europäisches und deutsches Datenschutzrecht, § 16 Rn. 27.

439 *von Bodungen*, in: Specht/Mantz (Hrsg.), Handbuch Europäisches und deutsches Datenschutzrecht, § 16 Rn. 25; *Facius*, DANA 1/2015, 20 (21); *Lüdemann/Sengstacken*, RDV 2014, 177 (178); *Kinast/Kühnl*, NJW 2014, 3057 (3057); *Pohle/Zoch*, CR 2014, 409 (412).

440 *von Bodungen*, in: Specht/Mantz (Hrsg.), Handbuch Europäisches und deutsches Datenschutzrecht, § 16 Rn. 27; *Facius*, DANA 1/2015, 20 (21).

441 *von Bodungen*, in: Specht/Mantz (Hrsg.), Handbuch Europäisches und deutsches Datenschutzrecht, § 16 Rn. 27.

442 *Facius*, DANA 1/2015, 20 (21).

443 *von Bodungen*, in: Specht/Mantz (Hrsg.), Handbuch Europäisches und deutsches Datenschutzrecht, § 16 Rn. 27.

444 *von Bodungen*, in: Specht/Mantz (Hrsg.), Handbuch Europäisches und deutsches Datenschutzrecht, § 16 Rn. 24.

auf diesen Bezug nehmen.[445] Für Zusatzdienste oder herstellereigene Notrufsysteme, welche ausdrücklich auch über das eCall-System möglich sein sollen[446], enthält die eCall-VO keine Regelungen. Für diese gilt allein die DSGVO.[447]

6. *Ergebnis*

Die Systeme und Funktionen vernetzter und automatisierter Kfz liegen im Schnittbereich verschiedener datenschutzrechtlicher Vorschriften. So fallen die Signalübertragung und die Kommunikation an sich vorrangig in den Anwendungsbereich des TKG. Soweit es um Inhaltsdaten geht, ist die DSGVO anwendbar, auf welche sich auch die vorliegende Untersuchung konzentriert. Für Telemedien wird zukünftig die ePrivacy-Verordnung zu berücksichtigen sein. Zudem beinhaltet die eCall-Verordnung einige Präzisierungen für die gesetzlich vorgeschriebenen Notrufsysteme.

Der Anwendungsbereich der DSGVO ist für Datenverarbeitungen in vernetzten und automatisierten Kfz grundsätzlich eröffnet, da es sich hierbei in dem meisten Fällen um personenbezogene Daten handelt.

II. Verantwortliche

Neben der Frage des Personenbezugs ist die Klärung des Verantwortlichen von zentraler Bedeutung, denn an diesen richten sich die in der DSGVO niedergelegten Pflichten. Gemäß Art. 4 Nr. 7 DSGVO ist Verantwortlicher jede natürliche oder juristische Person, Behörde, Einrichtung oder andere Stelle, die alleine oder gemeinsam mit anderen über die Zwecke und Mittel der Verarbeitung von personenbezogenen Daten entscheidet.[448] Nach Art. 24 DSGVO obliegt ihr im Rahmen des risikobasierten Ansatzes die Umsetzung von geeigneten technischen

---

445 So auch: *von Bodungen*, in: Specht/Mantz (Hrsg.), Handbuch Europäisches und deutsches Datenschutzrecht, § 16 Rn. 29.

446 Siehe hierzu: EG 14 f. eCall-VO.

447 So auch: *von Bodungen*, in: Specht/Mantz (Hrsg.), Handbuch Europäisches und deutsches Datenschutzrecht, § 16 Rn. 29.

448 *Schild*, in: Brink/Wolff, BeckOK DatenschutzR, 41. Ed. 1.5.2022, Art. 4 Rn. 87; *Ernst*, in: Paal/Pauly, DS-GVO, Art. 4 Rn. 55; *Schwartmann/Mühlenbeck*, in: Schwartmann/Jaspers/Thüsing/Kugelmann, DS-GVO/BDSG, Art. 4 Rn. 121; *Petri*, in Simitis/Hornung/Spiecker, gen. Döhmann, DSGVO mit BDSG, Art. 4 Rn. 1.

und organisatorischen Maßnahmen zur Sicherstellung und zum Nachweis der Einhaltung der Vorgaben der DSGVO.[449]

Schließen sich zwei oder mehr Verantwortliche bei der Verarbeitung personenbezogener Daten in der Weise zusammen, dass sie gemeinsam über die Zwecke und Mittel der Verarbeitung bestimmen, liegt eine gemeinsame Verantwortlichkeit nach Art. 26 DSGVO vor.[450] Liegt diese vor, haben die Verantwortlichen gemäß Art. 26 DSGVO in einer transparenten Vereinbarung festzulegen, wer von ihnen welche Verpflichtungen nach der DSGVO erfüllt.[451]

Abzugrenzen ist die Rolle des Verantwortlichen vom Auftragsverarbeiter. Verarbeitet ein Dritter personenbezogene Daten im Auftrag des Verantwortlichen, muss zwischen ihnen gemäß Art. 28 Abs. 3 DSGVO ein Vertrag geschlossen werden, der den Auftragsverarbeiter bindet und in welchen die Spezifikationen der übernommenen Verarbeitung geregelt sind.[452] Der Auftragsverarbeiter ist weisungsgebunden, darf Daten nur nach den Vorgaben des Verantwortlichen verarbeiten und muss von diesem entsprechend kontrolliert werden.[453]

In Bezug auf vernetzte und automatisierte Fahrzeuge kommen verschiedene Konstellationen von Verantwortlichkeit und/oder Auftragsverarbeitung in Betracht. Bevor die verschiedenen Akteure in Hinblick auf Fahrerdaten unter Abschnitt 2. eingeordnet werden, wird zunächst ein Überblick über die verschiedenen Arten datenschutzrechtlicher Verantwortlichkeit, deren Voraussetzungen und Grenzen gegeben.

1. Arten datenschutzrechtlicher Verantwortlichkeit

Im Wesentlichen kann zwischen der Alleinverantwortlichkeit und der Gemeinsamen Verantwortlichkeit unterschieden werden. Im Rahmen der Auftragsverarbeitung wird eine Verantwortlichkeit durch die Einschaltung eines Dienstleisters

---

449 *Schmid/Brink*, in: Brink/Wolff, BeckOK DatenschutzR, 41. Ed. 1.5.2022, Art. 24 Rn. 11; *Schwartmann/Mühlenbeck*, in: Schwartmann/Jaspers/Thüsing/Kugelmann, DS-GVO/BDSG, Art. 4 Rn. 129.

450 *Schild*, in: Brink/Wolff, BeckOK DatenschutzR, 41. Ed. 1.5.2022, Art. 4 Rn. 91; *Martini*, in: Paal/Pauly, DS-GVO, Art. 26 Rn. 19; *Kremer*, in: Schwartmann/Jaspers/Thüsing/Kugelmann, DS-GVO/BDSG, Art. 26 Rn. 18.

451 *Spoerr*, in: Brink/Wolff, BeckOK DatenschutzR, 41. Ed. 1.5.2022, Art. 26 Rn. 50; *Kremer*, in: Schwartmann/Jaspers/Thüsing/Kugelmann, DS-GVO/BDSG, Art. 26 Rn. 68.

452 *Ernst*, in: Paal/Pauly, DS-GVO, Art. 4 Rn. 56; *Kremer*, in: Schwartmann/Jaspers/Thüsing/Kugelmann, DS-GVO/BDSG, Art. 28 Rn. 93.

453 *Kremer*, in: Schwartmann/Jaspers/Thüsing/Kugelmann, DS-GVO/BDSG, Art. 28 Rn. 34.

nicht übertragen, vielmehr ergeben sich für die verantwortliche Stelle weitere Pflichten.

a. *Alleinverantwortlichkeit*

Für die Feststellung, ob eine datenverarbeitende Stelle Verantwortlicher ist, kommt es gemäß Art. 4 Nr. 7 DSGVO darauf an, ob die Stelle allein oder gemeinsam mit anderen über die Zwecke und Mittel der Verarbeitung von personenbezogenen Daten entscheidet. Im Fall der Alleinverantwortlichkeit entscheidet die Stelle ausschließlich allein über die Zwecke und Mittel der Verarbeitung.

Der Zweck wird als „erwartetes Ergebnis, das die geplante Aktion leitet" oder als Entscheidung über das „Ob" der Verarbeitung definiert.[454] Mittel sind die Art und Weise, wie ein Ergebnis erzielt wird, oder die Entscheidung über das „Wie" der Verarbeitung.[455] Der Verantwortliche muss hierbei kumulativ über die Zwecke sowie die Mittel entscheiden[456], wobei teilweise in Hinblick auf die Ausgestaltung der Mittel ein gewisser Entscheidungsspielraum auch anderen Stellen zugestanden wird.[457]

Irrelevant ist hierbei, ob die datenverarbeitende Stelle auf die Daten Zugriff hat oder die tatsächliche Herrschaft über sie ausübt.[458] Dies zeigt sich auch anhand der Auftragsverarbeitung, bei welcher die tatsächliche Verarbeitung von dem Dienstleister durchgeführt wird, während der Auftragsgeber weiterhin datenschutzrechtlich verantwortlich bleibt.[459] Es kommt allein darauf an, wer objektiv die Entscheidungsgewalt über die Mittel und Zwecke Der EuGH geht bei der Bestimmung

Der EuGH geht bei der Bestimmung des Begriffs der Verantwortlichkeit grundsätzlich von einer weiten Auslegung aus, um einen wirksamen und umfassenden

---

454 EDSA, Guidelines 07/2020 on the concept of controllers and processors in the GDPR, Rn. 33.

455 EDSA, Guidelines 07/2020 on the concept of controllers and processors in the GDPR, Rn. 33.

456 EDSA, Guidelines 07/2020 on the concept of controllers and processors in the GDPR, Rn. 36; *Kartheuser/Nabulsi*, MMR 2018, 717 (720).

457 So z.B. die Unterscheidung des EDSA in wesentliche und unwesentliche Mittelentscheidungen: Guidelines 07/2020 on the concept of controllers and processors in the GDPR, Rn. 39 ff.

458 *Weichert*, in: Däubler/Wedde/Weichert/Sommer, EU-DSGVO u. BDSG, Art. 4 Rn. 87; *Petri*, in: Simitis/Hornung/Spiecker, gen. Döhmann, DSGVO mit BDSG, Art. 24 Rn. 9; *Raschauer*, in: Sydow/Marsch, DSGVO/BDSG, Art. 4 Rn. 125.

459 So auch: *Raith*, Das vernetzte Automobil, S. 169.

Schutz betroffener Personen zu gewährleisten.[460] Daher können Betroffene unter bestimmten Umständen auch Verantwortliche sein, wenn sie Daten von Dritten für eigene Zwecke und Mittel verarbeiten.[461] Für die Verarbeitung von eigenen Daten können sie hingegen nicht gleichzeitig Verantwortliche sein.[462] In Bezug auf VAF kann dies vorkommen, wenn Halter oder Fahrer Zugriff auf Überwachungsfunktionen haben und sie dadurch Fahrten von anderen Fahrern nachvollziehen können und diese Daten zu eigenen Zwecken verwenden (zum Beispiel könnte der Arbeitgeber bei Überlassung eines Dienstwagens die Daten zur Mitarbeiterüberwachung verwenden). Handelt es sich bei dem in Betracht kommenden Verantwortlichen um eine Privatperson, ist die DSGVO nur anwendbar, wenn die konkrete Datenverarbeitung nicht zu ausschließlich privaten und familiären Zwecken erfolgt (siehe Art. 2 Abs. 2 lit. d) DSGVO).[463] Zudem ist zu prüfen, ob nicht auch eine gemeinsame Verantwortlichkeit vorliegt.

Ist eine Stelle Verantwortlicher nach Art. 4 Nr. 7 DSGVO, so obliegt ihr vollständig die Einhaltung aller Pflichten, die sich aus der DSGVO ergeben, insbesondere die Sicherstellung der rechtmäßigen Datenverarbeitung nach Art. 5 DSGVO sowie der sicheren Datenverarbeitung durch Implementierung entsprechender technischer und organisatorischer Maßnahmen nach Art. 24 DSGVO.[464] Zwar gilt Art. 24 DSGVO nicht für den Hersteller von Verarbeitungstechnologien[465], dies gilt aber nur soweit, als der Hersteller nicht gleichzeitig auch Verantwortlicher ist.

b. Gemeinsame Verantwortlichkeit

Neben der Alleinverantwortlichkeit können auch zwei oder mehr Stellen gemäß Art. 26 DSGVO gemeinsame Verantwortliche sein, wenn sie gemeinsam die Zwecke

---

460 EuGH, Urt. v. 13.05.2014 - C -131/12, ECLI:EU:C:2014:317, ZD 2014, 350, Rn. 34; *Schwartmann/Mühlenbeck*, in: Schwartmann/Jaspers/Thüsing/Kugelmann, DS-GVO/BDSG, Art. 4 Rn. 130.

461 *Weichert*, in: Däubler/Wedde/Weichert/Sommer, EU-DSGVO u. BDSG, Art. 4 Rn. 91.

462 *Raschauer*, in Sydow/Marsch, DSGVO/BDSG Art. 4 Rn. 119.

463 *Petri*, in: Simitis/Hornung/Spiecker, gen. Döhmann, DSGVO mit BDSG, Art. 4 Nr. 7 Rn. 14.

464 *Wedde*, in: Däubler/Wedde/Weichert/Sommer, EU-DSGVO u. BDSG, Art. 34 Rn. 7; *Bertermann*, in: Ehmann/Selmayr, DS-GVO, Art. 24 Rn. 1; *Kramer/Meints*, in: Auernhammer, DSGVO/BDSG, Art. 24 Rn. 2; *Martini*, in: Paal/Pauly, DS-GVO, Art. 24 Rn. 1; *Raschauer*, in Sydow/Marsch, DSGVO/BDSG Art. 4 Rn. 114.

465 *Schmidt/Brink*, in: Brink/Wolff, BeckOK DatenschutzR, 41. Ed. 1.5.2022, Art. 24 Rn. 8; *Martini*, in: Paal/Pauly, DS-GVO, Art. 24 Rn. 18; *Kremer*, in: Schwartmann/Jaspers/Thüsing/Kugelmann, DS-GVO/BDSG, Art. 24 Rn. 8.

und Mittel der Verarbeitung festlegen. Nicht ausreichend ist es, wenn zwei Verantwortliche gemeinsam nur die Mittel der Verarbeitung festlegen.[466]

Insbesondere bei komplexen Datenverarbeitungsprozessen, die eine globale Einbindung von Akteuren oder die Verwendung moderner Informationstechnologien beinhalten, arbeiten mehrere Stellen bei der Datenverarbeitung zusammen. Die Alleinverantwortlichkeit wird dabei immer mehr verdrängt, was auch durch die Entwicklung der Rechtsprechung verdeutlicht wird, die sich in den letzten Jahren vermehrt mit der gemeinsamen Verantwortlichkeit auseinandergesetzt hat. Zudem ist die Rechtsfigur der gemeinsamen Verantwortlichkeit relativ neu, denn sie war bislang weder in der Datenschutz-Richtlinie noch im deutschen Datenschutzrecht ausdrücklich geregelt.[467] Die Voraussetzungen, unter welchen eine gemeinsame Verantwortung bejaht werden kann, sowie deren Umfang und Grenzen sind daher bislang noch nicht abschließend geklärt und Gegenstand zahlreicher Diskussionen in Literatur und Rechtsprechung.

Der EuGH hat in den letzten Jahren drei maßgebliche Urteile zur gemeinsamen Verantwortlichkeit erlassen, die zwar noch zur Datenschutz-Richtlinie ergangen sind, aber uneingeschränkt auf die DSGVO übertragbar sind.[468] Aus diesen Urteilen lassen sich wesentliche Punkte für die Prüfung der gemeinsamen Verantwortlichkeit herleiten, die nachfolgend dargestellt werden.

aa. Keine gleichwertige Verantwortlichkeit erforderlich – Wirtschaftsakademie Schleswig-Holstein (Facebook Fanpages) und Zeugen Jehovas

In dem sog. Facebook-Fanpages-Urteil[469] befasste sich der EuGH mit der Frage, ob Facebook und der Betreiber einer Fanpage in dem sozialen Netzwerk gemeinsam für die Verarbeitung von Daten, die von den Besuchern der Fanpage mittels Cookies erhoben werden, verantwortlich sind (Wirtschaftsakademie Schleswig-Holstein). Obwohl der Betreiber der Fanpage keinen Einfluss auf die Datenerhebung sowie die Aufbereitung der Daten durch Facebook hat, bejaht der EuGH eine gemeinsame Verantwortlichkeit. Dies wird im Wesentlichen damit begründet, dass ein wirksamer Schutz betroffener Personen einen weiten Begriff des Verantwortlichen erfordere und daher für die Annahme einer gemeinsamen

---

466 *Gola*, in: Gola/Heckmann, DSGVO/BDSG, Art. 4 DS-GVO Rn. 67.

467 *Spoerr*, in: Brink/Wolff, BeckOK DatenschutzR, 41. Ed. 1.5.2022, Art. 26 Rn. 13.

468 EuGH, EuZW 2018, 897 (903) m. Anm. *Petri*; *Sattler*, GRUR 2019, 1023 (1023).

469 EuGH, Urt. v. 05.06.2018 - C-210/16, ECLI:EU:C:2018:388 (Wirtschaftsakademie Schleswig-Holstein).

Verantwortlichkeit nicht zwangsläufig eine gleichwertige Verantwortlichkeit der verschiedenen Akteure für dieselbe Datenverarbeitung erforderlich sei.[470] Dass die verschiedenen Akteure jeweils in unterschiedlichen Phasen der Verarbeitung und in einem unterschiedlichen Umfang eingebunden sein können, sei grundsätzlich unschädlich und unterliege einer genauen Betrachtung der jeweiligen Beteiligungen an der Datenverarbeitung im Einzelfall.[471] Für den konkreten Fall der Datenerhebung durch Facebook bei Besuch einer Fanpage lässt der EuGH es genügen, dass der Betreiber mit der Entscheidung, eine Fanpage auf Facebook zu unterhalten, Facebook die Möglichkeit eröffnet, Daten entsprechend zu erheben.[472] Darüber hinaus könne der Betreiber durch von Facebook zur Verfügung gestellter Filter die Auswertung der erhobenen Daten parametrieren und sei dadurch an der Bestimmung der Mittel und Zwecke der Verarbeitung beteiligt.[473]

Nach diesen Kriterien ist es für eine gemeinsame Verantwortlichkeit in Hinblick auf die Mittelentscheidung ausreichend, dass ein Akteur wissentlich die Möglichkeit der Datenverarbeitung für andere Akteure eröffnet, die dann im Wesentlichen die eigentliche Verarbeitung durchführen und steuern.[474] Diese Rechtsprechung hat der EuGH anschließend in seinem Urteil zur Verkündungstätigkeit der Mitglieder der Glaubensgemeinschaft der Zeugen Jehovas bestätigt.[475] Zudem wurde hier nochmal klargestellt, dass ein Zugang zu den betreffenden Daten nicht Voraussetzung für eine Verantwortlichkeit ist.[476]

bb. Tatsächliche gemeinschaftliche Einflussmöglichkeit erforderlich - Fashion ID

Im dritten Urteil zur gemeinsamen Verantwortlichkeit hatte der EuGH sich mit der Zulässigkeit des Einbindens des Facebook „Like Buttons“ in Webseiten außerhalb des sozialen Netzwerkes zu befassen.[477] Durch das Einbinden des Like

---

470 EuGH, Urt. v. 05.06.2018 - C-201/16, ECLI:EU:C:2018:388, Rn. 43; *Schwartmann/Mühlenbeck*, in: Schwartmann/Jaspers/Thüsing/Kugelmann, DS-GVO/BDSG, Art. 4 Rn. 141.

471 EuGH, Urt. v. 05.06.2018 - C-210/16, ECLI:EU:C:2018:388, Rn. 43.

472 EuGH, Urt. v. 05.06.2018 - C-210/16, ECLI:EU:C:2018:388, Rn. 35.

473 EuGH, Urt. v. 05.06.2018 - C-210/16, ECLI:EU:C:2018:388, Rn. 39.

474 EuGH, ZD 2019, 455 (459) m. Anm. *Hanloser.*

475 EuGH, EuZW 2018, 897 (903) m. Anm. *Petri.*

476 EuGH, Urt. v. 10.07.2018 - C 25/17, ECLI:EU:C:2018:551 (Jehovan todistajat) Rn. 67 u. 69.

477 EuGH, Urt. v. 29.07.2019 - C-40/1, ECLI:EU:C:2019:629 (Fashion ID).

Buttons werden personenbezogene Daten der Besucher der jeweiligen Website (unter anderem die IP-Adresse) bereits dann an Facebook übertragen, wenn diese sich nur auf der Website aufhalten, ohne den Like Button zu betätigen. Zudem wird hierbei nicht unterschieden, ob es sich bei den Besuchern um Mitglieder des sozialen Netzwerkes handelt oder nicht.

Ausgangspunkt des EuGHs für die Beantwortung der Frage, ob Websitebetreiber und Facebook für die Übertragung der Daten gemeinsame Verantwortliche sind, ist wieder der möglichst wirksame Schutz betroffener Personen und eine damit einhergehende weite Definition der gemeinsamen Verantwortlichkeit.[478] Im nächsten Schritt konkretisiert der EuGH seine bisherige Rechtsprechung und versucht damit dem Ausufern des Begriffs der gemeinsamen Verantwortlichkeit entgegenzuwirken. Danach ist ein Akteur nur für die Verarbeitungsvorgänge als gemeinsamer Verantwortlicher anzusehen, für die er tatsächlich zusammen mit anderen über die Zwecke und Mittel entscheidet.[479] Für vor- oder nachgelagerte Verarbeitungsvorgänge, für die der Akteur weder die Zwecke noch die Mittel festlegt, ist er hingegen nicht verantwortlich.[480] Im Ergebnis muss damit auf Seiten der gemeinsamen Zweckentscheidung für jeden Verantwortlichen noch eine gewisse Entscheidungshoheit über die Datenverwendung für eigene Interessen im Sinne einer wechselseitigen Förderungswirkung verbleiben.[481]

cc. Ergebnis

Einerseits ist eine gleichgewichtete Rolle bei der Entscheidung über die Mittel und Zwecke nicht erforderlich, um eine gemeinsame Verantwortlichkeit zu begründen. Hierfür reichen bereits das Eröffnen einer Verarbeitungsmöglichkeit und das Beeinflussen der Verarbeitungsmodalitäten im Sinne eines Kausalzusammenhangs aus.[482] Auch ein gemeinsamer Zugriff auf Daten ist nicht erforderlich.[483] Andererseits reicht die gemeinsame Verantwortlichkeit aber dann auch nur so weit, wie die beiden Verantwortlichen gemeinsam an der Entscheidung der Zwecke und Mittel der Verarbeitung beteiligt sind. Gemeinsame

---

478 EuGH, Urt. v. 29.07.2019 - C-40/17, ECLI:EU:C:2019:629, Rn. 66.

479 EuGH, Urt. v. 29.07.2019 - C-40/17, ECLI:EU:C:2019:629, Rn. 74.

480 EuGH, Urt. v. 29.07.2019 - C-40/17, Rn. 74; *Schwartmann/Mühlenbeck*, in: Schwartmann/Jaspers/Thüsing/Kugelmann, DS-GVO/BDSG, Art. 4 Rn. 145.

481 EuGH, ZD 2019, 455 (459) m. Anm. *Hanloser.*

482 So auch: *Specht-Riemenschneider/Schneider*, MMR 2019, 503 (504, 505); *Sattler*, GRUR 2019, 1023 (1024).

483 So auch: *Specht-Riemenschneider/Schneider*, MMR 2019, 503 (505); *Kollmar*, NVwZ 2019, 1740 (1741); *Sattler*, GRUR 2019, 1023 (1024).

Verantwortlichkeit ist also auf die Phasen beschränkt, in denen die Verantwortlichen tatsächlich gemeinsam Einfluss auf die Verarbeitung nehmen.[484]

Hieraus folgt auch, dass jeder Verantwortliche eine Rechtgrundlage für die Datenverarbeitung unter gemeinsamer Verantwortung nachweisen können muss[485]. Die Informations- und Transparenzpflichten hat jeder Verantwortliche gemäß seiner tatsächlichen Beteiligung an der Verarbeitung zu erfüllen.[486]

c. *Auftragsverarbeitung*

Schließlich soll zur Abgrenzung auch noch ein kurzer Blick auf die Auftragsverarbeitung geworfen werden.

Gemäß Art. 4 Nr. 8 DSGVO ist Auftragsverarbeiter, wer als natürliche oder juristische Person, Behörde, Einrichtung oder andere Stelle personenbezogene Daten im Auftrag des Verantwortlichen verarbeitet.[487] Im Rahmen von VAF werden dies meist Dienstleister sein, die von einem Hersteller oder Connectivity Anbieter mit der Erbringung von (Teil)Diensten beauftragt werden und dabei personenbezogenen Daten verarbeiten.

Maßgebliches Unterscheidungsmerkmal zur Verantwortlichkeit ist, dass der Auftragsverarbeiter den Verantwortlichen im Sinne eines Hilfsunternehmens bei der Verarbeitung unterstützt und die Datenverarbeitung im Interesse des Verantwortlichen durchführt.[488] Er ist daher an die Weisungen und den Auftrag des Verantwortlichen gebunden.[489]

Art. 28 DSGVO stellt Anforderungen an die Auswahl und Überwachung des Auftragsverarbeiters sowie an die zwischen Auftragsverarbeiter und Verantwortlichen zu treffenden vertraglichen Vereinbarungen. Werden diese

---

484 So auch: *Kollmar*, NVwZ 2019, 1740 (1741).

485 EuGH, Urt. v. 29.07.2019 - C-40/17, ECLI:EU:C:2019:629, Rn. 96.

486 EuGH, Urt. v. 29.07.2019 - C-40/17, ECLI:EU:C:2019:629, Rn. 103.

487 *Schild*, in: Brink/Wolff, BeckOK DatenschutzR, 41. Ed. 1.5.2022, Art. 4 Rn. 94; *Schwartmann/Mühlenbeck*, in: Schwartmann/Jaspers/Thüsing/Kugelmann, DS-GVO/BDSG, Art. 4 Rn. 171;

488 *Weichert*, in: Däubler/Wedde/Weichert/Sommer, EU-DSGVO u. BDSG, Art. 7 Nr. 8 Rn. 7; *Hartung*, in: Kühling/Buchner, DS-GVO/BDSG, Art. 4 Nr. 8 Rn. 7.

489 *Klabunde*, in: Ehmann/Selmayr, DS-GVO, Art. 4 Rn. 40; *Weichert*, in: Däubler/Wedde/Weichert/Sommer: EU-DSGVO und BDSG, Art. 7 Nr. 8 Rn. 7; *Eßer*, in: Auernhammer, DSGVO/BDSG, Art. 4 Rn. 86; *Gola*, in: Gola/Heckmann, DSGVO/BDSG, Art. 4 DS-GVO Rn. 91; *Raschauer*, in: Sydow/Marsch, DSGVO/BDSG, Art. 4 Rn. 146.

Anforderungen eingehalten, ist eine Übertragung und Verarbeitung von Daten durch den Auftragsverarbeiter zulässig.[490]

2. Verantwortliche für die Verarbeitung von Fahrerdaten

Die zuvor dargestellten allgemeinen Kriterien werden in diesem Abschnitt auf die Verarbeitung von Fahrerdaten angewendet, um die datenschutzrechtlich verantwortlichen Akteure zu bestimmen. Fahrer ist in diesem Sinne weiterhin der drittbetroffene Fahrer, der nicht Eigentümer oder Halter ist.

Zur Bestimmung des für die jeweilige Datenverarbeitung Verantwortlichen muss maßgeblich die Entscheidungsbefugnis über die Zwecke und Mittel der Verarbeitung betrachtet werden. Im Kontext von VAF kommen verschiedene Akteure hierfür in Betracht, da verschiedene Arten von Leistungen erbracht und hiermit auch verschiedene Zwecke verfolgt werden. Die vorliegende Untersuchung befasst sich mit drei Kategorien von Verantwortlichen:[491]

Kfz-Hersteller: Kfz-Hersteller (im Folgenden auch nur „Hersteller") fertigen das Endprodukt VAF und bringen dieses in den Verkehr. Zudem können Kfz-Hersteller auch als Dienstleister fungieren, wenn sie eigene Connectivity Dienste erbringen. Gegebenenfalls schalten sie zur Leistungserbringung Dienstleister ein, die als Auftragsverarbeiter agieren können.

Anbieter von Drittdiensten: Soweit Dienste in Anspruch genommen werden, die nicht vom Hersteller angeboten werden, handelt es sich um Drittdienste. Anbieter von Drittdiensten (im Folgenden auch „Drittanbieter") können über das Backend des Herstellers die für den Dienst relevanten Daten erhalten[492], sind aber sonst weder mit dem Hersteller noch dessen Systemen verbunden.

Eigentümer, Halter oder Nutzer: Auch der Eigentümer bzw. Halter des Fahrzeugs kann als Verantwortlicher in Betracht kommen, wenn er Daten des Fahrers oder anderer Passagiere verarbeitet. Gleiches gilt für den (Haupt)Nutzer eines Dienstes, wenn dieser hierüber Daten von Dritten einsehen kann.

Ob für die jeweilige Art der Datenverarbeitung gemeinsame Verantwortlichkeiten vorliegen, hängt wiederum davon ab, inwieweit zwei oder mehr

---

490 *Gola*, in: Gola/Heckmann, DSGVO/BDSG, Art. 4 DS-GVO Rn. 90; *Weichert*, in: Däubler/Wedde/Weichert/Sommer: EU-DSGVO und BDSG, Art. 7 Nr. 8 Rn. 7; *Hartung*, in: Kühling/Buchner, DS-GVO/BDSG, Art. 4 Nr. 8 Rn. 9.

491 Darüber hinaus können auch alle Dritten, denen Daten aus dem Kfz übertragen werden, Verantwortliche oder Auftragsverarbeiter sein (z.B. Werkstätten, Versicherungen, IT- Dienstleister, etc.), siehe hierzu etwa: *Klink-Straub/Straub*, NJW 2018, 3201 (3203); *Weichert*, NZV 2017, 507 (512); *Schwartmann/Ohr*, RDV 2015, 59 (61).

492 Siehe hierzu unter Kap. 2 C.I.2.

Verantwortliche gemeinsame die Mittel und Zwecke der Verarbeitung bestimmen, was im Einzelfall zu prüfen ist. Nachfolgend werden die datenschutzrechtlich Rollen der vorgenannten Akteure untersucht.

a. Verantwortlichkeit des Herstellers

Für die Bestimmung der Verantwortlichkeit des Herstellers kommt es nach Auffassung des Verbandes der Automobilindustrie (VDA) sowie der Datenschutzbehörden darauf an, ob es sich um ein „offline" oder ein „online" Kfz handelt, also ob Daten im Kfz selbst gespeichert werden (offline) oder an Hersteller oder Dritte übermittelt werden (online). Bei Offline-Kfz soll derjenige Verantwortlicher sein, der die Daten ausliest, z.B. Werkstätten im Rahmen von Wartungs- oder Reparaturarbeiten. Bei Online-Kfz soll derjenige als verantwortliche Stelle anzusehen, der Daten erhält, dies sind im Regelfall die Kfz-Hersteller.[493]

Diese Position ist zur Bestimmung der Reichweite der Verantwortlichkeit der Hersteller unter Geltung der DSGVO allerdings ungeeignet, denn Grundlage hierfür war die Definition der Erhebung nach § 3 Abs. 3 BDSG a.F.[494] Danach sollte bei Offline-Kfz eine Datenspeicherung ohne vorherige Erhebung vorliegen und ein Anknüpfungstatbestand für eine datenschutzrechtliche Verantwortlichkeit nach § 3 Abs. 7 BDSG a.F. erst zum Zeitpunkt des Auslesens (= Erhebung) bestehen.[495] Nach Art. 4 Nr. 7 DSGVO kommt es aber nicht mehr auf die physische Herrschaft über die Daten, sondern auf die Bestimmung der Mittel und Zwecke an, womit eine Unterscheidung in „online" und „offline" Kfz nicht relevant sein kann.[496]

---

493 Gemeinsame Erklärung der Konferenz der unabhängigen Datenschutzbehörden des Bundes und der Länder und des Verbandes der Automobilindustrie (VDA): Datenschutzrechtliche Aspekte bei der Nutzung vernetzter und nicht vernetzter Kraftfahrzeuge (26.01.2016), Seite 2, abrufbar unter: *https://www.ldi.nrw.de/system/files/media/document/file/gemeinsame_erklaerung_vda_datenschutzbehoerden_1.pdf* (zuletzt abgerufen am 04.12.2022).

494 A.a. *Eul*: 10.2 Connected Cars, in: Leupold /Wieb/Glosser (Hrsg.), IT-Recht, Rn. 32.

495 Wie Fn. 495.

496 So auch: *Frinken*, Die Verwendung von Daten aus vernetzten Fahrzeugen, S. 67; *Nugel*, ZD 2019, 341 (344); *Weichert*, NZV 2017, 507 (512); *von Bodungen*, in: Specht/Mantz (Hrsg.), Handbuch Europäisches und deutsches Datenschutzrecht, § 16 Rn. 20; a.A. wohl *Karikari*, Big Data in der Automobilindustrie, S. 114, der das Erfassen (lassen) als ausschlaggebendes Merkmal ansieht; a.A. *Klink-Straub/Straub*, NJW 2018, 3201 (3203), die auf den Verarbeitungskontext abstellen; a.A. *Raith*, Das vernetzte Automobil, S. 173, die erst zum Zeitpunkt des Auslesens eine Zwecksetzung annehmen

Es muss vielmehr für die einzelnen Verarbeitungsschritte und Funktionen entschieden werden, ob der Hersteller diesbezüglich über die Mittel und Zwecke entscheidet:

aa. Assistenz- und Sicherheitssysteme & Komfort- und Überwachungsfunktionen

Für die Erfassung der Außenwelt sowie des Innenraums zum Betrieb der Assistenz-Sicherheitssysteme werden Sensoren und Kameras eingesetzt. Der Hersteller des Fahrzeugs entscheidet, welche Sensordaten für welche Funktionen wie und wann erhoben, gespeichert, durch welche Steuergeräte weiterverarbeitet und ggf. übermittelt werden.[497] Auch in Bezug auf Komfort- und Überwachungsfunktionen bestimmt der Hersteller die Ausgestaltung der Systeme und damit die Zwecke und Mittel der Datenerhebung und-verarbeitung.

Soweit Daten nicht an den Hersteller übermittelt, sondern nur im Kfz gespeichert werden und hierauf auch sonst kein Zugriff durch den Hersteller möglich ist, ist dies unschädlich, da eine tatsächliche Verfügungsmacht über die Daten für die Begründung der datenschutzrechtlichen Verantwortlichkeit wie bereits dargestellt nicht erforderlich ist.[498]

Der Hersteller ist für Daten, die er im Rahmen der Assistenz- und Sicherheitsfunktionen sowie der Komfort- und Überwachungsfunktionen verarbeitet, Verantwortlicher im Sinne von Art. 4 Abs. 7 DSGVO.[499]

---

will, dabei aber verkennt, dass eine Zwecksetzung durchaus auch schon im Zeitpunkt der Erhebung der Sensordaten bestehen kann.

497 *Kumpf*, Smart Cars, S. 31; *Lüdemann/Knollmann*, ZD 2020, 403 (408); *Hansen*, DuD 2015, 367 (369); *Rieß/Greß*, DuD 2015, 391 (395); Art. 29 Datenschutzgruppe: Opinion 8/2014 on the recent developments on the Internet of Things, S. 11.

498 Siehe hierzu Kap. 3 A.II.1.a; *Lüdemann/Knollmann*, ZD 2020, 403 (408).

499 So auch: *Kumpf*, Smart Cars, S. 67; *Grigorian/Tribess*, InTer 2020, 214 (218); *Lüdemann/Knollmann*, ZD 2020, 403 (408); *Nugel*, ZD 2019, 341 (344); *Wendt*, ZD-Aktuell 2018, 06034; *Weichert*, NZV 2017, 507 (512) sowie SVR 2014, 201 (205); *Rieß/Greß*. DuD 2015, 391 (395); *Schwartmann/Ohr*, RDV 2015, 59 (61); *von Bodungen*, in: Specht/Mantz (Hrsg.), Handbuch Europäisches und deutsches Datenschutzrecht, § 16 Rn. 20; *Forgó*, in: Oppermann/Stender-Vorwachs (Hrsg.): Autonomes Fahren, Kap. 3.5 Rn. 23; *Brockmeyer*, in: Hoeren/Sieber/Holznagel MMR-HdB, 56. EL Mai 2021, Teil 15.5 Rn. 30; zu den Grenzen der Verantwortung bzgl. datenerfassender Komponenten von Zulieferern siehe: *von Bodungen*, in: Specht/Mantz (Hrsg.), Handbuch Europäisches und deutsches Datenschutzrecht, § 16 Rn. 22.

bb. Connectivity Dienste

Soweit Hersteller eigene Connectivity Dienste anbieten, sind sie für die im Rahmen dieser Dienste anfallende Datenverarbeitung als Verantwortliche anzusehen, da sie auch hier durch die technische Ausgestaltung der Systeme über die Zwecke und Mittel der Verarbeitung entscheiden.[500]

Häufig werden zur Ausführung von Diensten Dritte eingeschaltet, die Teildienste erbringen (z.B. Bereitstellung der Cloud Computing Infrastruktur oder Wartungs- und Supportleistungen)[501] oder mit der Abrechnung beauftragt sind. Soweit diese im Auftrag des Herstellers zur Leistungserbringung personenbezogene Daten verarbeiten, fungieren sie als Auftragsverarbeiter und müssen durch einen Vertrag gemäß Art. 28 DSGVO gebunden sein.[502]

cc. Unfalldatenspeicher und eCall

Bei der Datenverarbeitung im Rahmen von Unfalldatenspeichern und dem eCall ist zu beachten, dass soweit gesetzliche Ausstattungspflichten bestehen, der Hersteller das System bzw. die technische Infrastruktur zwar zur Verfügung stellen muss, die Datenverarbeitung darüber hinaus aber nicht in der Hand der Hersteller liegt.[503]

(1) Unfalldatenspeicher

Beim Unfalldatenspeicher werden Daten im Kfz gespeichert und anschließend durch Dritte, z.B. den Halter oder eine Strafverfolgungsbehörde ausgelesen und zur Beweissicherung oder Verwendung in Zivil-, Straf- oder Bußgeldverfahren verarbeitet. Das Auslesen als auch die weitere Verwendung der ausgelesenen Daten sowie die Zwecke hierfür liegen allein im Verantwortungsbereich von Dritten, hieran ist der Hersteller nicht beteiligt. Bei der Verarbeitung von Daten aus Unfalldatenspeichern muss daher zwischen der Speicherung und dem Auslesen einschließlich späterer Verwendung unterschieden werden.

---

500 *Mantz/Spittka*: §6 Datenschutz und IT-Sicherheit, in: Sassenberg/Faber (Hrsg.): Rechtshandbuch Industrie 4.0 und Internet of Things, Rn. 36; *Schwartmann/Ohr*, RDV 2015, 59 (61); *Hansen*, DuD 2015, 367 (369); *Weichert*, SVR 2014, 201 (205); *Hinzpeter*, DSRITB 2014, 471 (474).

501 *Mantz/Spittka*: §6 Datenschutz und IT-Sicherheit, in: Sassenberg/Faber (Hrsg.): Rechtshandbuch Industrie 4.0 und Internet of Things, Rn. 37.

502 *Forgó*, in: Oppermann/Stender-Vorwachs (Hrsg.): Autonomes Fahren, Kap. 3.5 Rn. 25.

503 Siehe hierzu Kap.2 C.V.

Der Zweck für die Speicherung sowie die Kategorien der zu speichernden Daten werden, soweit der Einbau von Unfalldatenspeichern gesetzlich vorgeschrieben wird, vom Gesetzgeber festgelegt (siehe Art. 6 Abs. 1 lit. g) EU VO 2019/2144). Werden die Zwecke und Mittel der Verarbeitung durch das Unionsrecht oder das Recht der Mitgliedstaaten vorgegeben, so kann gemäß Art. 4 Nr. 7 DSGVO der Verantwortliche - beziehungsweise die Kriterien seiner Benennung - nach dem Unionsrecht oder dem Recht der Mitgliedstaaten vorgesehen werden.[504] Hiervon wurde in der Verordnung (EU) 2019/2144, die den Einbau von Unfalldatenspeichern vorsieht, kein Gebrauch gemacht.

Der Verantwortliche muss daher nach den allgemeinen Kriterien bestimmt werden. Der Hersteller kann, soweit der Zweck vom Gesetzgeber vorgegeben wird, nur noch über die Modalitäten der Speicherung, mithin über deren Mittel, entscheiden. Für die Begründung einer datenschutzrechtlichen Verantwortlichkeit ist dies nicht ausreichend.[505] Eine solche kann daher für die Speicherung nur dann in Betracht kommen, soweit der Einbau und die Verwendung von Daten aus Unfalldatenspeichern nicht gesetzlich ausgestaltet ist, mithin also nur für „herstellereigene“ Unfalldatenspeicher.[506]

Für das spätere Auslesen sowie die weitere Verwendung der Daten sind Hersteller wiederum dann nicht verantwortlich, soweit auch dies allein in den Händen von Dritten (z.B. dem Eigentümer oder der auslesenden Werkstatt) liegt. Auch eine gemeinsame Verantwortung zwischen Herstellern und Dritten wird in diesem Fall nicht begründet, da Hersteller weder an der Zweck- noch der Mittelentscheidung in Bezug auf das Auslesen und die anschließende Verwendung beteiligt sind und somit eine gemeinsame Entscheidung denklogisch nicht vorliegen kann. Auch eröffnen Hersteller durch den Einbau von Unfalldatenspeichern keinen ihnen zurechenbaren kausalen Beitrag zur anschließenden Verarbeitung durch Dritte, da der Einbau gesetzlich vorgeschrieben ist und nicht zur Disposition der Hersteller steht.

---

504 *Schild*, in: Brink/Wolff, BeckOK DatenschutzR, 41. Ed. 1.5.2022, Art. 4 Rn. 87; *Ernst*, in: Paal/Pauly, DS-GVO, Art. 4 Rn. 55; *Schwartmann/Mühlenbeck*, in: Schwartmann/Jaspers/Thüsing/Kugelmann, DS-GVO/BDSG, Art. 4 Rn. 121.

505 Siehe hierzu Kap. 3 A.II.1.a.

506 Zusätzlich ist hinsichtlich Unfalldatenschreibern abzugrenzen, mit denen das Kfz nachträglich und auf Veranlassung des Eigentümers ausgestattet werden und für die eine Verantwortlichkeit der Hersteller ebenfalls nicht in Betracht kommt, siehe hierzu: *Fothen/Böhm/Paula*, NZV 2020, 284 (284).

(2) eCall

Ähnlich verhält es sich mit dem gesetzlichen eCall. Auch hier sind der Einbau des Systems sowie die Zwecke der Verarbeitung personenbezogener Daten durch den europäischen Gesetzgeber vorgeschrieben (siehe Art. 4 und Art. 6 Abs. 2 eCall-VO). Aus den Bestimmungen von Art. 6 eCall-VO lässt sich schließen, dass Hersteller zumindest für die dort genannten Modalitäten der Speicherung und Übermittlung von Daten datenschutzrechtlich verantwortlich sein sollen. Was darüber hinaus mit den Daten geschieht, die an die Notrufleitstelle übermittelt und von dieser weiterverarbeitet werden, liegt wiederum außerhalb des Entscheidungsbereichs der Hersteller. Auch hier sind Notrufleitstellen und alle weiteren Stellen, an denen Daten im Rahmen einer Notfallhilfe übermittelt werden, als eigenständig Verantwortliche anzusehen.[507]

Dies gilt allerdings nur für den gesetzlich vorgeschriebenen eCall. Für herstellereigene Notfalldienste sowie für Dienste mit Zusatznutzen, die ausdrücklich auch über das eCall-System möglich sein sollen, sind die Hersteller insgesamt verantwortlich, da sie hier sowohl über die Zwecke als auch die Mittel mangels gesetzlicher Vorgaben selbst entscheiden.[508] Auch für die Übermittlung und anschließende weitere Verarbeitung der Daten im Rahmen von Notfall- oder Pannenhilfen können Hersteller als Verantwortliche angesehen werden, wenn sie diese Dienste entweder selbst oder durch Einschaltung von Dienstleistern erbringen, die dann wiederum als Auftragsverarbeiter agieren.

dd. Zwischenergebnis

Es lässt sich festhalten, dass Hersteller für die Datenverarbeitung im Rahmen der Assistenz- und Sicherheitssysteme, der Komfort- und Überwachungsfunktionen, der Connectivity Dienste sowie für die Speicherung von Daten in herstellereigenen Unfalldatenspeichern und die Speicherung und Übermittlung von Daten im gesetzlichen eCall System datenschutzrechtlich verantwortlich sind.

b. Verantwortlichkeit des Drittdienstanbieters

Verantwortlich für die Verarbeitung von Daten, die der Nutzer im Rahmen von herstellerfremden Connectivity Diensten und Angeboten einbringt, ist der

---

507 So auch: *Klink-Straub/Straub*, NJW 2018, 3201 (3203); Art. 29 Datenschutzgruppe, Working document on data protection and privacy implications in eCall initiative, S. 9.

508 So wohl auch: *Klink-Straub/Straub*, NJW 2018, 3201 (3203.

Anbieter des Connectivity Dienstes.[509] Er bestimmt, wie die Daten verarbeitet, an wen sie übermittelt und wie lange sie vorgehalten werden. Soweit der Dienstanbieter mit der Verarbeitung allein eigene Zwecke verfolgt, z.B. Werbung oder Produktverbesserungen, ist er hierfür alleiniger Verantwortlicher.[510]

Wird die *Extended Vehicle Solution* eingesetzt, bei welcher alle Datenflüsse aus dem Kfz heraus über das Backend des Herstellers laufen und Daten von dort aus weiter an Drittanbieter übermittelt werden, stellt sich zudem die Frage, inwieweit gemeinsame Verantwortlichkeiten von Drittanbieter und Hersteller bestehen.

Nach der Rechtsprechung des EuGHs in der Rechtssache Fashion ID kommt eine gemeinsame Verantwortlichkeit nur für solche Verarbeitungen in Betracht, für welche eine tatsächliche gemeinschaftliche Einflussmöglichkeit im Sinne einer Entscheidung über Zwecke und Mittel der Verarbeitung vorliegt. Für vor- oder nachgelagerte Verarbeitungsvorgänge, auf die nur ein Verantwortlicher Einfluss hat, scheidet eine gemeinsame Verantwortlichkeit von Anfang an aus.[511]

Es sind daher die einzelnen Verarbeitungsvorgänge zu betrachten. Ein Verarbeitungsvorgang, die unter gemeinsamer Verantwortung stehen könnte, ist die Übertragung der Daten bei Nutzung des Drittdienstes aus dem Kfz an den Hersteller sowie der Datenaustausch zwischen Hersteller und Drittanbieter. Für die vorgelagerte Erhebung von Daten über den Drittdienst hingegen kann eine gemeinsame Verantwortung nur bestehen, wenn der Dienst in die Systeme des Kfz integriert ist und der Hersteller so zumindest über die Mittel der Erhebung mitentscheiden sowie durch die zur Verfügungstellung der Infrastruktur einen kausalen Beitrag zur Erhebung leisten (siehe Facebook-Fanpage Urteil) kann. Für die nachgelagerte Verarbeitung der Daten nach Übermittlung durch den Drittanbieter kommt eine gemeinsame Verantwortlichkeit wiederum nicht in Betracht, da davon auszugehen ist, dass der Drittanbieter hier allein über die Zwecke und Mittel entscheidet.

Zumindest bei integrierten Drittdiensten, bei denen der Zugang über das MMI und damit über die Systeme des Kfz erfolgt, haben Hersteller und Drittanbieter tatsächliche Einflussmöglichkeiten auf die jeweiligen Systeme bzw.

---

509 So auch: *Mantz/Spittka*: §6 Datenschutz und IT-Sicherheit, in: Sassenberg/Faber (Hrsg.): Rechtshandbuch Industrie 4.0 und Internet of Things, Rn. 36; *Klink-Straub/Straub*, NJW 2018, 3201 (3202); *Rieß/Greß*, DuD 2015, 391 (395); *Hinzpeter*, DSRITB 2014, 471 (474); Art. 29 Datenschutzgruppe: Opinion 8/2014 on the recent developments on the Internet of Things, S. 12.

510 *Wagner*, ZD 2018, 307 (309).

511 Siehe hierzu unter Kap. 3 A. II.1.b.bb.

Anwendungen und durch die Integration kommt es zu einer Zusammenarbeit, bei welcher jeder der Verantwortlichen über das „Wie“ und „Ob“ der Verarbeitung bestimmt. Dass der Hersteller hierbei vor allem Einfluss auf die Ausgestaltung des Systems sowie die Übertragung hat, und der Drittanbieter eher die Zwecke bestimmt, lässt eine gemeinsame Verantwortlichkeit nach der Rechtsprechung des EuGHs in seinen Entscheidungen zu Facebook Fanpages und Zeugen Jehovas nicht entfallen, da eine gleichwertige Einflussmöglichkeit nicht erforderlich ist.[512]

Es ist daher davon auszugehen, dass für Connectivity Dienste eine gemeinsame Verantwortlichkeit von Hersteller und Drittanbieter für die Erhebung von Daten im Kfz für den jeweiligen Dienst sowie den anschließenden Datenaustausch zwischen Hersteller und Drittanbieter besteht.[513] Als Konsequenz hieraus müssen die Verantwortlichen eine Vereinbarung nach Art. 26 DSGVO schließen und die dort niedergelegten Pflichten erfüllen.

c. *Verantwortlichkeit des Eigentümers, Halters oder Nutzers*

Weichen der tatsächliche Fahrer oder Nutzer vom Eigentümer, Halter oder Hauptnutzer des Dienstes ab, so können Letztere ebenfalls Verantwortliche im Sinne von Art. 4 Nr. 7 DSGVO sein, soweit die Haushaltsausnahme nach Art. 2 II lit. c DSGVO nicht greift.[514]

Dies kann zum Beispiel der Fall sein, wenn es sich bei dem Eigentümer oder Halter um eine Privatperson handelt und diese einem Freund oder Familienangehörigen das Kfz zur Nutzung überlässt. Der Eigentümer oder Halter unterfällt in diesem Fall nicht der DSGVO.[515] Gleiches gilt, wenn Connectivity Dienste über einen Account einer Privatperson von Freunden oder Familienangehörigen während der Fahrt genutzt werden.

Die DSGVO ist aber dann anwendbar, wenn der Eigentümer, Halter oder Hauptnutzer das Kfz oder den Zugang zu Diensten im Rahmen einer

---

512 Siehe hierzu unter Kap. 3 A.II.1.b.aa.

513 So auch: *Werkmeister/Brandt*, RAW 2017, 99 (102); a.A. *Karikari*, Big Data in der Automobilindustrie, S. 116, allerdings vor Erlass des Facebook Fanpage Urteils des EuGHs.

514 *Karikari*, Big Data in der Automobilindustrie, S. 120; *Klink-Straub/Straub*, NJW 2018, 3201 (3202); *Schulz/Roßnagel/David*, ZD 2012, 510 (513); *von Bodungen*, in: Specht/Mantz (Hrsg.), Handbuch Europäisches und deutsches Datenschutzrecht, § 16 Rn. 18; Art. 29 Datenschutzgruppe: Opinion 8/2014 on the recent developments on the Internet of Things, S. 13.

515 So auch: *Klink-Straub/Straub*, NJW 2018, 3201 (3202).

gewerblichen Tätigkeit überlässt. Hauptanwendungsfälle sind Dienstfahrzeuge, welche aber im Rahmen dieser Arbeit nicht weiter untersucht werden, sowie Car Sharing- oder Mietfahrzeuge[516]. Car Sharing- bzw. Mietwagenanbieter sind Eigentümer, oder, wenn die Fahrzeuge geleast sind, zumindest Halter des Fahrzeugs.

Verwenden Car Sharing- oder Mietwagenanbieter Daten aus dem VAF zu eigenen Zwecken, z.B. zu Standortüberwachung oder Abrechnung, entscheiden sie hierbei allein über die Mittel und Zwecke der Verarbeitung und sind Verantwortliche im Sinne von Art. 4 Nr. 7 DSGVO.

In Hinblick auf die hier zu untersuchenden Phänomene können sich weitere Verantwortlichkeiten entweder allein oder gemeinsam mit anderen Akteuren ergeben.

aa. Assistenz- und Sicherheitssysteme & Komfort- und Überwachungsfunktionen

Wie bereits dargestellt, sind Hersteller für die Verarbeitung von Daten im Rahmen der Assistenz- und Sicherheitsfunktionen sowie der Komfort- und Überwachungsfunktionen als Verantwortliche anzusehen.

Es kann aber auch eine gemeinsame Verantwortlichkeit mit dem Eigentümer bzw. Halter bestehen, soweit die Haushaltsausnahme nicht greift. Folgt man der Rechtsprechung des EuGHs in der Sache Facebook Fanpages, reicht bereits die Eröffnung einer Verarbeitungsmöglichkeit im Sinne eines Kausalzusammenhangs aus, um eine gemeinsame Verantwortlichkeit zu begründen.[517] Car Sharing- bzw. Mietwagenanbieter können daher als Verantwortliche für die Datenverarbeitung in Betracht kommen, wenn sie durch ihre Entscheidung, ein Kfz mit gerade diesen Funktionen als Mietobjekt anzubieten, die Zwecke und Mittel der Verarbeitung zumindest mitbestimmen. Für die Eigenschaft als Verantwortlicher ist es hingegen nicht erforderlich, dass der Car Sharing- bzw. Mietwagenanbieter selbst Daten verarbeitet oder auf diese direkten Zugriff hat.[518] Notwendig ist aber, dass sich die Einwirkungssphären von Hersteller und Car Sharing- bzw. Mietwagenanbieter gegenseitig im Sinne eine Veranlassung oder direktiven Mitgestaltung bedingen.[519] Wie das Urteil des EuGH in Sache

---

516 *Klink-Straub/Straub*, NJW 2018, 3201 (3203).

517 Siehe hierzu unter Kap. 3 A.II.1.b.aa.

518 *Weichert*, in: Däubler/Wedde/Weichert/Sommer, EU-DSGVO u. BDSG, Art. 4 Rn. 87; *Petri*, in: Simitis/Hornung/ Spiecker, gen. Döhmann, DSGVO und BDSG, Art. 24 Rn. 9; *Raschauer*, in: Sydow/Marsch, DSGVO/BDSG, Art. 4 Rn. 125.

519 *Ingold*, in: Sydow/Marsch, DSGVO/BDSG, Art. 26 Rn. 4.

Facebook Fanpages zeigt, muss diese direktive Mitgestaltung nicht besonders ausgeprägt sein, aber zumindest auf eine Beeinflussung der Verarbeitungsmodalitäten hinauslaufen.[520]

Bezogen auf das Kfz, bestimmt der Hersteller den abstrakten Zweckrahmen, welcher durch die Entscheidung zur Nutzung und individuellen Konfiguration durch den Car Sharing- bzw. Mietwagenanbieter konkretisiert wird.[521] Indem sich Car Sharing- bzw. Mietwagenanbieter für den Einsatz von Fahrzeugen entscheiden, die über Assistenzsysteme verfügen und daher entsprechend Daten verarbeiten, eröffnen sie für den Hersteller die Möglichkeit, Daten der jeweiligen Nutzer zu erheben und zu verarbeiten.[522] Dabei verbleibt für den Car Sharing- bzw. Mietwagenanbieter ein gewisser Entscheidungsspielraum bei der Ausgestaltung der Datenverarbeitung, indem er die Ausstattung des Fahrzeugs vorgibt oder Systeme entsprechend konfiguriert und dies so der Entscheidungsgewalt des Fahrers oder Nutzers entzieht.

Der Rechtsprechung des EuGH in der Rechtssache Fashion ID folgend, gilt dies aber nur für solche Verarbeitungen, bei denen tatsächlich gemeinsame Zwecke verfolgt werden, also eine win-win Situation für beide Verantwortliche entsteht.[523] Einzelne Verarbeitungsphasen sind daher getrennt voneinander zu betrachten.[524] Insbesondere der Hersteller, der Zugriff auf die Daten aus dem Kfz hat, kann diese für weitere, eigene Zwecke verwenden, zum Beispiel zur Produktbeobachtung oder zur Weiterleitung an Dritte zur Erbringung weiterer Dienste. Auf solche Datenverarbeitungsvorgänge zu eigenen, sekundären Zwecken erstreckt sich die gemeinsame Verantwortung nicht.

Auch soweit es allein um den Betrieb der Sicherheits- und Assistenzsysteme sowie der Komfortfunktionen geht, also die reine Umwelt- und Innenraumerfassung über Sensoren, wird eine gemeinsame Verantwortlichkeit ausscheiden, da der Eigentümer bzw. Halter aus dieser Verarbeitung keinen Nutzen ziehen und sich die Art und Weise der Sensorerfassung auch außerhalb ihres Einflussbereichs abspielt.[525] Dies gilt zumindest solange, wie sich die Verarbeitung allein

---

520 So auch: *Specht-Riemenschneider/Schneider*, MMR 2019, 503 (505); *Kollmar*, NVwZ 2019, 1740 (1741); *Sattler*, GRUR 2019, 1023 (1024).

521 *Wagner*, ZD 2018, 307 (309).

522 Es bedarf nach dem Zeugen Jehovas Urteil des EuGHs keiner verkörperten Anerkennung dieser Verarbeitungsmöglichkeit: *Rothkegel/Strassemeyer*, CRi 2019, 161 (169).

523 Siehe hierzu Kap. 3 A.II.1.b.bb; EuGH, ZD 2019, 455 (459) m. Anm. *Hanloser*.

524 *Rothkegel/Strassemeyer*, CRi 2019, 161 (168).

525 Siehe hierzu: *Rothkegel/Strassemeyer*, CRi 2019, 161 (167 f.).

auf den Betrieb der Systeme beschränkt und weder eine Einflussnahme noch eine Zugriffsmöglichkeit des Eigentümers oder Halters angelegt ist.

Anders kann dies hingegen bei Überwachungsfunktionen, in deren Rahmen Daten an den Nutzer der entsprechenden Apps übermittelt werden, sein. Soweit der Nutzer (z.B. Halter oder Eigentümer) nicht gleichzeitig der Fahrer ist, kann zumindest für die Erhebung und Bereitstellung solcher Daten des Fahrers eine gemeinsame Verantwortung in Betracht kommen, da sowohl Nutzer als auch Hersteller hieraus Vorteile ziehen.[526] Der Nutzer kann den Gebrauch des Kfz nachvollziehen und der Hersteller eine nützliche Funktion anbieten. Was der Nutzer darüber hinaus mit diesen Daten macht und wozu er sie verwendet (z.B. zur Standortbestimmung der Fahrzeuge) liegt allein in seiner Zweck- und Mittelentscheidung und damit in seiner alleinigen Verantwortung. Eine abschließende Beurteilung wird nur im Einzelfall möglich sein.

bb. Connectivity Dienste

Im Bereich der Connectivity Dienste kommt zudem der Hauptnutzer des Dienstes, also derjenige, der bei dem jeweiligen Dienst registriert ist, als Verantwortlicher in Betracht, wenn er mit dem Fahrer personenverschieden ist, dieser aber über den Zugang des Hauptnutzers den Dienst verwendet.

Auch hier gilt wieder, dass eine alleinige Verantwortlichkeit des Hauptnutzers vorliegt, soweit dieser die Daten aus dem Dienst zu eigenen Zwecken verwendet. So könnten Daten aus einem vom Car Sharing- oder Mietwagenanbieter bereitgestellten Navigationsdienst zum Beispiel von diesen zur Berechnung eines kilometerabhängigen Entgeltes verwendet werden.

Eine gemeinsame Verantwortlichkeit von Hauptnutzer und Dienstanbieter (dies kann der Hersteller für seine eigenen Angebote im Kfz oder ein Drittanbieter sein) ist nach der Rechtsprechung des EuGHs zu Facebook Fanpage[527] ebenfalls möglich, soweit der Hauptnutzer durch seine Entscheidung, den Dienst entsprechend der Individualisierungsmöglichkeiten zu nutzen, die Datenverarbeitung durch den Dienstanbieter ermöglicht. Dies ist der Fall, wenn der Car Sharing- oder Mietwagenanbieter als Hauptnutzer den jeweiligen Dienst im Kfz zur Verfügung stellt, da er damit die Datenverarbeitung kausal ermöglicht.[528]

526 A.A. wohl: *Rothkegel/Strassemeyer*, CRi 2019, 161 (170), die in diesem Szenario fordern, dass auch Eigentümer/Halter vor oder während der Verarbeitung Einfluss ausüben.

527 Siehe hierzu Kap.3 A.II.1.b.aa.

528 So auch: *Wagner*, ZD 2018, 307 (309 f.).

Auch hier erstreckt sich die gemeinsame Verantwortlichkeit nur auf die Vorgänge, auf die Hauptnutzer und Dienstanbieter tatsächlich eine gemeinschaftliche Einflussmöglichkeit haben.[529] Dies wird vor allem für die Erhebung von Daten der Fall sein. Alle vor- und nachgelagerten Verarbeitungen, die ausschließlich zu eigenen Zwecken des jeweiligen Verantwortlichen erfolgen, liegen auch jeweils im eigenen Verantwortungsbereich. Für kommerzielle Eigentümer und Halter wie Mietwagen- oder Car Sharing Anbieter gilt dies insbesondere für Daten, die der Fahrer in das Fahrzeug einbringt, wenn er sein Smartphone mit dem Kfz koppelt oder im Kfz angebotene Connectivity Dienste nutzt.

cc. Unfalldatenspeicher und eCall

(1) Unfalldatenspeicher

In Bezug auf Unfalldatenspeicher und das Auslesen der Daten sowie deren weiterer Verwendung, ist der Eigentümer oder Halter des Fahrzeugs Verantwortlicher, da er aufgrund seiner Stellung faktisch auf die Datenträger zugreifen kann.[530] Zwar kennt das deutsche Recht kein Eigentum an Daten, sodass der Eigentümer des Kfz nicht gleichzeitig Eigentümer der in dem Kfz gespeicherten Daten ist.[531] Dies ist aber für die Bestimmung des datenschutzrechtlich Verantwortlichen irrelevant. Eigentümer und Halter können aufgrund ihrer tatsächlichen Beherrschung des Kfz als Datenträger[532] auch über die dort gespeicherten Daten faktisch bestimmen. Sie können Daten auslesen (lassen)[533], entscheiden, was mit diesen Daten passiert, zu welchen Zwecken sie verwendet und wem sie zur Verfügung gestellt werden (zum Beispiel zu Beweiszwecken in einem Zivilprozess wegen Schäden aus einem Verkehrsunfall). Ob sie hierzu berechtigt sind, bestimmt sich wiederum nach den datenschutzrechtlichen Vorgaben.

Ist der Eigentümer mit dem einzigen Nutzer des Fahrzeugs identisch, entfällt die Eigenschaft als Verantwortlicher, da er eigene personenbezogene Daten verarbeitet, auf welche das Datenschutzrecht nicht anwendbar ist.[534] Für Fahrerdaten ist der Eigentümer oder Halter hingegen verantwortlich, was insbesondere

---

529 Siehe hierzu Kap.3 A. II.1.b.bb.

530 *Roßnagel*, SVR 2014, 281 (284); *Reibach*, DSRITB 2017, 161 (167) bzgl. der Verantwortlichkeit des Halters für die Übermittlungspflicht nach § 63a Abs. 2 StVG.

531 Hierzu: *Hornung/Goeble*, CR 2015, 265 (268).

532 Siehe hierzu: *Raith*, Das vernetzte Automobil, S. 208.

533 Z.B. über die OBD-II Schnittstelle, hierzu auch: *Raith*, Das vernetzte Automobil, S. 209.

534 *Roßnagel*, SVR 2014, 281 (284) diesem folgend: *Schwartmann/Ohr*, RDV 2015, 59 (61).

bei Car Sharing und Mietwagen der Fall ist, da dort die Haushaltsausnahme nicht greift. Lesen diese die Daten des Fahrers zum Beispiel nach einem Unfall mit dem Mietwagen aus und verwenden sie zur Geltendmachung von Schadenersatzansprüchen, sind sie für diese Verarbeitung alleinige Verantwortliche.

Darüber hinaus kann auch eine gemeinsame Verantwortung mit dem Hersteller bestehen. Wie bereits gezeigt, kommt für diesen, wenn überhaupt, nur eine Verantwortlichkeit bezüglich des Speicherns in Betracht, eine gemeinsame Verantwortung für das Auslesen und die weitere Verwendung scheidet aus.[535] Ob auch der Eigentümer/Halter für das Speichern gemeinsam mit dem Hersteller verantwortlich ist, hängt davon ab, inwieweit ihm diesbezüglich überhaupt eine Entscheidung über die Zwecke und Mittel verbleibt. Zumindest für den nach der EU VO 2019/2144 obligatorisch einzubauenden Unfalldatenspeicher kann der Eigentümer/Halter nicht über den Zweck entscheiden, da dieser vom Gesetzgeber vorgeschrieben wird. Auch die Ausgestaltung der Speicherung liegt allein in den Händen des Herstellers, sodass hierfür keine gemeinsame Verantwortlichkeit begründet wird. Anders kann sich dies verhalten, wenn es sich um einen optional in das Kfz auf Veranlassung des Eigentümers oder Halters eingebauten Unfalldatenspeicher handelt. Hier eröffnet der Eigentümer oder Halter durch seine Entscheidung, einen solchen einzubauen, gerade erst die Möglichkeit der Speicherung durch den Hersteller, sodass in Anwendung des Facebook Fanpages Urteil des EuGHs eine gemeinsame Verantwortlichkeit für die Speicherung angenommen werden kann.

(2) eCall

Das Vorgenannte kann im Grunde auf den eCall übertragen werden. Zumindest bei dem gesetzlich vorgeschriebenen eCall können Eigentümer oder Halter weder über das „Ob" des Einbaus noch über das „Wie" der Datenerfassung bestimmen. Auch auf die Datenverarbeitung nach Übertragung an die Notrufleitstelle durch diese haben Eigentümer oder Halter keinen Einfluss. Zudem muss der gesetzliche eCall gemäß Art. 6 Abs. 6 eCall-VO so ausgestaltet sein, dass die Daten keiner Einrichtung zugänglich sind, es sei denn es wird der Notruf ausgelöst (denn dann werden die Daten an die Notrufleitstelle übermittelt). Eigentümer oder Halter können daher auch nicht auf die Daten zugreifen, um diese für eigene Zwecke zu verwenden. Eine Verantwortlichkeit von Eigentümer oder Halter scheidet für den gesetzlichen eCall damit aus.

---

535 Siehe hierzu Kap.3 A. II.2.a.cc.

Für optionale Notrufsysteme der Hersteller kann eine gemeinsame Verantwortlichkeit vorliegen, wenn der Eigentümer oder Halter über den Einbau oder die Aktivierung entscheiden kann und somit eine Verarbeitungsmöglichkeit für den Hersteller erst eröffnet.[536]

dd. Zwischenergebnis

Es lässt sich festhalten, dass Eigentümer, Halter und Nutzer grundsätzlich für jede Verwendung von Daten aus den verschiedenen Systemen für eigene, sekundäre Zwecke verantwortlich sein können. Hinblick auf Datenverarbeitungen zum Primärzweck der Leistungserbringung können Verantwortlichkeiten bezüglich Connectivity Diensten für die Erhebung und Bereitstellung (gemeinsam mit dem Drittdienstanbieter), bezüglich Überwachungsfunktionen für die Erhebung und Bereitstellung (gemeinsam mit dem Hersteller) sowie bezüglich Unfalldatenspeichern für das Auslesen und die weitere Verwendung bestehen.

3. Ergebnis

Die Untersuchung zeigt, dass die Zuweisung von datenschutzrechtlichen Verantwortlichkeiten aufgrund der Komplexität der Verarbeitungsvorgänge, der Anzahl der verschiedenen Akteure als auch der Aufteilung verschiedener Verarbeitungsabschnitte nicht leicht ist und für jeden Einzelfall entschieden werden muss.

Grundsätzlich sind Hersteller und Dienstanbieter für die von ihnen konzipierten, eingebauten und ggf. auch betriebenen Systeme und Funktionen verantwortlich. Ein tatsächlicher Zugriff oder eine Übermittlung der Daten, ist für die Eröffnung der Verantwortlichkeit nach der DSGVO dabei nicht entscheidend. Im Hinblick auf die im Kfz integrierten Connectivity Dienste werden zudem meistens auch gemeinsame Verantwortlichkeiten bestehen.

In Bezug auf die Daten des Fahrers können auch Eigentümer, Halter oder Hauptnutzer Verantwortliche sein, soweit die Haushaltsausnahme nicht greift. Insoweit können auch hier gemeinsame Verantwortlichkeiten mit dem Hersteller oder Dienstanbieter bestehen, abhängig davon, ob und inwieweit dem Eigentümer, Halter oder Hauptnutzer Einflussmöglichkeiten auf die Datenverarbeitung verbleiben, sei es auch nur durch die Eröffnung von Verarbeitungsmöglichkeiten.

536 In Anwendung des Facebook Fanpage Urteils des EuGHs, siehe hierzu Kap.3 A.II.1.b.aa.

Insgesamt kann die Frage nach der datenschutzrechtlichen Verantwortlichkeit für Fahrerdaten nicht abstrakt und nicht generalisierend beantwortet werden. Häufig wird gerade bei komplexen Verarbeitungen mit mehreren Akteuren unklar bleiben, wer verantwortlich ist und wieweit die Verantwortlichkeit im Einzelfall reicht.

Das erklärte Ziel der DSGVO, zum Schutz der Rechte und Freiheiten der betroffenen Personen sowie bezüglich der Pflichten und Haftung der Verantwortlichen und der Auftragsverarbeiter eine klare Zuteilung der Verantwortlichkeiten durch die Verordnung zu erzielen[537], wird damit zumindest für den Bereich der Fahrerdaten im Kontext des vernetzten und automatisierten Fahrens nicht erreicht.

III. Personenbezug von Fahrerdaten

Die DSGVO – und andere Datenschutzgesetze - sind für die Verarbeitung von Daten des vom Halter oder Eigentümer abweichenden Fahrers nur dann anwendbar, wenn es sich um personenbezogene Daten handelt. Dies setzt zum einen voraus, dass der Verantwortliche auf die Daten, zu welchen ein Bezug zu einer Person hergestellt werden soll, tatsächlich zugreift oder zugreifen könnte und zum anderen, dass Fahrer für den jeweiligen Verantwortlichen nach den hier definierten Kriterien identifizierbar sind. Denn nur, wenn Verantwortliche eine Verbindung zwischen den in Rede stehenden Daten und den identifizierenden Informationen herstellen können, sind diese personenbezogen. Zwar ist für die Begründung der Verantwortlichkeit ein Zugriff auf Daten nicht zwingende Voraussetzung, da eine Entscheidung über Mittel und Zwecke auch ohne diese möglich ist.[538] Ein Personenbezug ist nach der hier vertretenen Definition[539] aber denklogisch nur dann herstellbar, wenn der Verantwortliche zumindest die Möglichkeit hat, Daten und identifizierende Merkmale tatsächlich zusammenzuführen.

Dies ist insoweit für die Datenverarbeitung im Kfz relevant, als dass Systeme so gestaltet sein können, dass eine Speicherung ausschließlich im Kfz erfolgt, ohne Übermittlung nach außen. In diesem Fall ist eine Zusammenführung von ausschließlich im Kfz gespeicherten Daten mit Informationen, die bei einem Verantwortlichen vorhanden sind, nicht möglich. Insofern kann die von den

537 Siehe Erwägungsgrund 79; *Hartung*, in: Kühling/Buchner, DS-GVO/BDSG, Art. 4 Nr. 7 Rn. 6.

538 Siehe hierzu Kap. 3 A.II.1.a.

539 Siehe hierzu Kap. 3. A.I.1.b.aa. (2). (f).

Datenschutzbehörden vertretenen Unterscheidung zwischen „online" und „offline" Kfz hinsichtlich der Frage des Personenbezugs dennoch relevant sein.[540]

Sofern Daten an Verantwortliche übertragen werden oder diese tatsächliche oder rechtlich durchsetzbare Möglichkeiten des Zugriffs haben, kommt es darauf an, ob Fahrer durch

- eine Kennung; oder
- einen Standort in Verbindung mit Zusatzwissen, welches eine Person bestimmt; oder
- Aussonderung aus einer Gruppe, die eine Person individualisierbar macht,

für den Verantwortlichen oder einen Dritten, auf dessen Wissen der Verantwortliche tatsächlich oder rechtlich zugreifen könnte, identifizierbar sind.[541]

Es muss also zwischen den verschiedenen Systemen und den jeweiligen Verantwortlichen unterschieden werden. Zudem bietet es sich an, die Drittbetroffenenkategorie nochmals in Fahrer, die das Kfz regelmäßig nutzen und Fahrer, die das Kfz gelegentlich nutzen, zu unterteilen, da aufgrund verschiedener Nutzungsintensität auch die Möglichkeiten der Identifikation variieren. Die Untersuchung des Personenbezugs von Fahrerdaten folgt in den nächsten Unterabschnitten dieser Systematik, wobei zunächst zwischen den Phänomenen und in jedem Phänomen nochmals nach der jeweiligen Art von Fahrern unterschieden wird.

1. Assistenz- und Sicherheitssysteme sowie Connectivity Dienste

Verantwortliche Akteure für Assistenz- und Sicherheitsfunktionen sowie Connectivity Dienste sind Hersteller, Drittanbieter sowie kommerzielle Eigentümer bzw. Halter.[542] Datenkategorien, die in diesen Systemen verarbeitet werden, sind insbesondere aggregierte Sensordaten, Betriebsdaten, Daten aus der Umgebungs- und Innenraumüberwachung (Assistenz- und Sicherheitssysteme) sowie die vom Nutzer eingebrachten Daten und Positions- und Telekommunikationsdaten (Connectivity Dienste). Der Großteil dieser Daten wird zumindest auch an Hersteller und Drittdienstanbieter im Rahmen der Produktbeobachtung oder zur Erbringung von bestimmten Leistungen übermittelt werden.

---

540 Siehe hierzu Kap. 3 A.II.2.a.

541 Für *Hinzpeter*, DSRITB 2014, 471 (475) reicht das Faktum der Nutzung des Kfz durch den Fahrer hingegen aus, um den Personenbezug zu bejahen.

542 Siehe hierzu Kap. 3 A.II.2.a.aa. u. bb.; Kap. 3 A.II.2.b sowie Kap. 3 A.II.2.c.aa.

a. Regelmäßiger Fahrer

Regelmäßige Fahrer sind Personen, die das Fahrzeug regelmäßig oder zumindest wiederkehrend nutzen, aber nicht Eigentümer oder Halter sind. Typische Konstellationen sind die Überlassung von Dienstwagen als Bestandteil des Vergütungsanspruchs oder die regelmäßige Nutzung eines Kfz im privaten Bereich. Im Folgenden werden Möglichkeiten der Identifizierung regelmäßiger Fahrer erörtert.

aa. Möglichkeiten direkter Identifizierung

Direkt identifizierbar sind Fahrer grundsätzlich dann, wenn diese beim Hersteller oder Dienstanbieter registriert sind und ein Kundenkonto besteht, in welchem der Namen oder andere identifizierende Informationen hinterlegt sind.[543] Dabei ist nicht zwingend, dass der Fahrer sich registriert hat. Dies kann auch der Halter oder Eigentümer sein, was zum Beispiel dann anzunehmen ist, wenn keine dauerhafte Nutzungsüberlassung erfolgt (zum Gelegenheitsfahrer sogleich mehr). Bei einem Fahrer, der das Fahrzeug regelmäßig und dauerhaft nutzt, liegt es aber nahe, dass dieser auch beim Hersteller oder Drittdienstanbieter registriert ist.

Soweit das Kfz mit Systemen ausgestattet ist, welche eine Anmeldung im Kfz vor Fahrtbeginn erfordern (zum Beispiel Smart Cabin Technologie oder Datenschutzassistenten, hierzu in Kap. 4 mehr), ist der Fahrer hierüber identifizierbar, da solche Systeme mit einer Kennung, ID oder dem Klarnamen versehen sind, um verschiedene Fahrer unterscheiden zu können.

Es bestehen also Möglichkeiten für Hersteller und Drittanbieter, Daten aus Assistenz- und Sicherheitssystemen bzw. Connectivity Diensten dem tatsächlichen Fahrer zuzuordnen, was dann wiederum zum Personenbezug der Daten führt.

bb. Möglichkeiten indirekter Identifizierung

Daneben ist eine indirekte Identifizierung von Fahrern vor allem über eine Aussonderung denkbar. Aufgrund der Menge der erfassten Daten aus den

---

543 So auch: *Raith*, Das vernetzte Automobil, S. 110; *Karikari*, Big Data in der Automobilindustrie, S. 113; *Eul*: 10.2 Connected Cars, in: Leupold /Wieb/Glosser (Hrsg.), IT-Recht, Rn. 30; *von Bodungen*, in: Specht/Mantz (Hrsg.): Handbuch Europäisches und deutsches Datenschutzrecht, § 16 Rn. 9; *Hansen*, DuD 2015, 367 (368); *Schulz/Roßnagel/David*, ZD 2012, 510 (511).

verschiedenen Funktionen ist die Bildung von Fahrerprofilen grundsätzlich möglich.[544] Diese Wahrscheinlichkeit steigt dann, wenn Daten mit solchen aus bildgebenden Systemen wie der Müdigkeits- oder Aufmerksamkeitserkennung zusammengeführt werden können. Hierzu müssten die Bilder aber an den Hersteller übermittelt werden, was zumindest nach der derzeitigen Konzeption von Fahrerüberwachungssystemen auf Grundlage von EU VO 2019/2144 nicht ausgeschlossen ist.[545]

Da für Navigationssysteme und auch viele Connectivity Funktionen der Standort erhoben wird, ist eine Identifizierung zudem dann möglich, wenn dieser mit weiteren Informationen zusammengeführt wird oder zusammengeführt werden kann,[546] was für Hersteller sowie Drittanbieter wiederum zumindest dann zu bejahen ist, wenn ihnen diese Daten übermittelt werden.

Schließlich ist auch das bei einem Dritten vorhandene Zusatzwissen zu berücksichtigen, soweit Hersteller oder Connectivity Anbieter hierauf zugreifen (können). Soweit sich der Datenaustausch zwischen Hersteller und Drittanbieter auf die Durchleitung von Nutzungsdaten beschränkt,[547] ist ein tatsächlicher Zugriff auf vorhandene Zusatzinformationen bei dem jeweils anderen nicht möglich. Als Dritte, die über Zusatzwissen verfügen, kommen aber auch der Halter oder Eigentümer, der das Fahrzeug dauerhaft dem Fahrer überlässt, in Frage, da in dieser Konstellation anzunehmen ist, dass diese die Identität des Fahrers kennen (zum Beispiel kennen Car Sharing Anbieter die Identität des tatsächlichen Fahrers aufgrund des bestehenden Vertragsverhältnisses). Auf solches Zusatzwissen müssten Hersteller oder Drittanbieter dann rechtlich zulässig zugreifen können. Hierzu müssten entsprechende Ansprüche bestehen, was nur im Einzelfall beantwortet werden kann.[548]

b. Gelegenheitsfahrer

Neben Personen, die das Fahrzeug regelmäßig und wiederkehrend nutzen, gibt es auch Personen, die das Fahrzeug nur gelegentlich verwenden. Diese

---

544 So auch: *Hansen,* in: Roßnagel/Hornung (Hrsg.), Grundrechtsschutz im Smart Car, S. 273 (277) und *dies.*, DuD 2015, 367 (369); *Kinast//Kühnl,* NJW 2014, 3057 (3058).

545 *Lüdemann/Knollmann*, ZD 2020, 403 (406).

546 So auch: *Hansen*, DuD 2015, 367 (369).

547 Dieser Verarbeitungsschritt erfolgt in gemeinsamer Verantwortung, siehe hierzu Kap. 3 A.II.2.c.aa.

548 Siehe zu den Voraussetzungen eines allgemeinen Auskunftsanspruch nach § 242 BGB: BGH, Urt. v. 26.9.2013 – VII ZR 227/12, Rn. 14 m.w.N.

Konstellation kommt typischerweise im Familien- und Freundeskreis vor, wenn ein Fahrzeug entliehen wird. Sie liegt aber auch bei der Nutzung von Car Sharing Angeboten oder bei der kommerziellen Vermietung vor. Die Wahrscheinlichkeit, dass dieselbe Person dasselbe Fahrzeug wiederholt nutzt ist gering, da der Umlauf sehr hoch ist. Daraus ergeben sich zur Identifizierbarkeit von regelmäßigen Fahrern zwei Unterschiede.

Zum einen ist die Identifizierung durch Hersteller und Drittanbieter über Registrierungs- oder Kundendaten bei Gelegenheitsfahrern nicht wahrscheinlich, da es nicht der Lebenserfahrung entspricht, dass Personen, die eine Sache nur gelegentlich oder einmalig nutzen, ein Benutzerkonto anlegen, wenn dieses nicht für die Inanspruchnahme der Leistung erforderlich ist. Weder für die gelegentliche private Nutzung von Kfz noch für die Nutzung von Car Sharing- oder Mietwagenangeboten ist eine Registrierung beim Hersteller oder Dienstanbieter erforderlich. Diese erfolgt vielmehr durch den regelmäßigen Nutzer bzw. Eigentümer oder Halter. Eine Identifizierung des Fahrers über hinterlegte Kundendaten durch Hersteller und Drittanbieter ist damit nicht wahrscheinlich.

Der zweite Unterschied zum regelmäßigen Fahrer ergibt sich in Bezug auf die Identifizierbarkeit durch Aussonderung. Eine Aussonderung ist umso unwahrscheinlicher, je häufiger die Fahrer wechseln und desto kürzer die Nutzungsdauer ist.[549] Dies dürfte vor allem beim Car Sharing der Fall sein, da sich diese Angebote meist auf Fahrten in Innenstädten beschränken, die aus ihrer Natur heraus kurz sind. Fraglich ist dann, ob über Personen, die das Fahrzeug nur wenige Male für eine kurze Zeit nutzen, ausreichend viele Daten vorliegen, um diese wiederzuerkennen oder auszusondern. Aus diesen Gründen ist es unwahrscheinlich, dass Hersteller und Drittanbieter Gelegenheitsfahrer im Wege der Aussonderung identifizieren können, insbesondere, wenn das Fahrzeug im Rahmen von Car Sharing genutzt wird.

Identifizierbar könnte der Gelegenheitsfahrer für Hersteller und Drittanbieter wiederum dann sein, wenn sie auf das Wissen Dritter zugreifen (können). Als Dritte verfügen Car Sharing- oder Mietwagenanbieter über Kundendaten des Fahrers, da zur Nutzung bzw. zum Vertragsschluss ein entsprechendes Konto erforderlich ist.[550] Hierüber ist der jeweilige Fahrer des Fahrzeugs direkt

---

549 So i.E. wohl auch: *Roßnagel*, in: Beiträge zum 52. VGT 2014, S. 257 (265).

550 So z.B. die AGB der ShareNow GmbH (15.10.2020) unter § 3, abrufbar unter *https://images.ctfassets.net/ro7z507xvlp4/4DAkwRbI7d2GrSVtHqucKI/76f1bfb81b9da07e08085bde9a3572fd/share-now-de-terms-conditions-2020-10-15.pdf* (zuletzt abgerufen am 04.12.2022).

identifizierbar.[551] Für Datenverarbeitungen unter ihrer Verantwortlichkeit kann ein Personenbezug daher bejaht werden. Ein tatsächlicher Zugriff durch Hersteller und Drittanbieter auf diese Informationen scheidet aber aus, wenn die Kundendaten beim Car Sharing- oder Mietwagenanbieter gespeichert sind und keine Durchleitung über das Backend des Herstellers erfolgt.[552] Dann verbleibt nur eine rechtliche Zugriffsmöglichkeit in Form eines Auskunftsanspruchs, der aber jedenfalls nur im Einzelfall bestehen kann.

Im Ergebnis werden Verantwortliche Daten häufig dem ihnen bekannten Eigentümer, Halter oder Nutzer zuordnen und nicht dem tatsächlichen Fahrer. Wie bereits dargestellt, hindert dies aber nicht die Anwendbarkeit der DSGVO.[553] Für solche Daten sind dann vielmehr auf Ebene der Betroffenenrechte entsprechende Mechanismen zur Trennung und richtigen Zuordnung bereitzuhalten.

c. Zwischenergebnis

Es lässt sich festhalten, dass für Hersteller sowie kommerzielle Eigentümer und Halter Daten aus Assistenz- und Sicherheitssystemen personenbezogen sein können, da Möglichkeiten bestehen, Fahrer zu identifizieren. Gleiches gilt auch für Daten aus Connectivity Diensten, welche zudem auch von Drittanbietern einem identifizierbaren Nutzer zugeordnet werden können. Hierbei ist nicht entscheidend, ob der Fahrer oder Nutzer identifizierbar ist, der die Daten tatsächlich generiert hat.

2. Unfalldatenspeicher und eCall

Im Rahmen von Unfalldatenspeicher und eCall werden vor allem Unfalldaten, Positionsdaten und Telekommunikationsdaten verarbeitet. Datenschutzrechtlich verantwortlich sind Hersteller sowie kommerzielle Eigentümer bzw. Halter.[554] Soweit Unfalldatenspeicher per Gesetz nicht so ausgestaltet sein müssen, dass

---

551 So auch: *Raith*, Das vernetzte Automobil, S. 110; *Karikari*, Big Data in der Automobilindustrie, S. 113; *von Bodungen*, in: Specht/Mantz (Hrsg.): Handbuch Europäisches und deutsches Datenschutzrecht, § 16 Rn. 16, der eine Identifizierung des Fahrers durch den Car Sharing Anbieter auch über die sonstigen Fahrdaten und Fahrerprofile für möglich hält; *Hornung*, DuD 2015, 359 (364); *Kinast/Kühnl*, NJW 2014, 3057 (3058).

552 Siehe hierzu auch: *Alich*, RAW 2016, 90 (92).

553 Siehe hierzu unter Kap. 3 A.I.1.b.bb. (5).

554 Siehe hierzu unter Kap. 3 A. II.2.a.cc. und c.cc.

eine Verarbeitung der Daten anonym erfolgt,[555] stellt sich die Frage, inwieweit diese Daten einem identifizierbaren Fahrer zugeordnet werden können.

a. *Regelmäßiger Fahrer*

Hersteller können wie oben dargestellt Fahrer direkt identifizieren, wenn diese ein Kundenkonto angelegt haben. Damit Daten aus Unfalldatenspeicher und eCall personenbezogen sind, muss der Hersteller eine Verbindung zwischen diesen Daten und den Kundendaten herstellen können. Dies ist jedenfalls nur dann möglich, wenn er hierauf tatsächlich zugreifen kann, Unfalldatenspeicher und eCall also so ausgestaltet sind, dass nicht lediglich eine Speicherung im Kfz[556] erfolgt oder Ansprüche gegen den Eigentümer auf Herausgabe der in den Systemen vorhandenen Daten[557] bestehen. Da die Systeme zudem den Standort speichern, ist in diesem Fall auch eine Identifizierung des Fahrers über diesen möglich.[558]

Soweit ein Zugriff auf die Informationen aus den Systemen an sich nicht besteht, kommt auch eine Aussonderung oder eine Identifizierung über sonstige, bei dem Hersteller oder Dritten vorhandenen Daten, nicht in Betracht, da die Unfalldaten faktisch nicht mit diesen Informationen zusammengeführt werden können.[559]

b. *Gelegenheitsfahrer*

Bei einer unterstellten Zugriffsmöglichkeit auf Daten aus Unfalldatenspeicher und eCall, sind Gelegenheitsfahrer für Hersteller dann identifizierbar, wenn diese auf das bei Dritten vorhandene Wissen zurückgreifen können, sofern sie selbst keine Kundendaten halten und eine Aussonderung nicht möglich ist. Als Dritte kommen zum Beispiel andere Unfallbeteiligte, die Polizei oder die Notfallleitstelle in Betracht, da diese den betroffenen Fahrer in der Regel identifizieren

---

555 Siehe hierzu unter Kap. 3. A.I.1.b.cc. (8).

556 Bzgl. der Zulässigkeit einer Cloud Lösung für Daten nach § 63 a StVG siehe: *Krausen*, ZD-Aktuell 2019, 06679; zur Diskussion bzgl. eines Treuhändermodells siehe: *Brockmeyer*, ZD 2018, 258.

557 § 63 a Abs. 3 StVG sieht eine Übermittlungspflicht des Halters vor, hierzu ausführlich: *Reibach*, DSRITB 2017, 161 (167).

558 *Brockmeyer*, ZD 2018, 258 (260).

559 A.A. wohl: *Schmid/Wessels*, NZV 2017, 357(359), die einen Personenbezug nach § 3 I BDSG a.F. bejahen, ohne zwischen den verschiedenen Verantwortlichen zu unterscheiden.

können. Ob solche Möglichkeiten bestehen, ist eine Frage des Einzelfalls und für jede Konstellation gesondert zu beurteilen. Sofern diese Möglichkeit nicht besteht, ist anzunehmen, dass Hersteller die Unfalldaten dem ihnen bekannten Eigentümer oder Halter zuordnen und nicht dem tatsächlichen Fahrer. Auch hier hindert dies die Anwendbarkeit der DSGVO nicht, es sind auf Ebene der Betroffenenrechte nur entsprechende Maßnahmen zur richtigen Zuweisung der Daten zu treffen.

Im Rahmen von kommerzieller Vermietung stellt sich ebenfalls die Frage, inwieweit Unfalldaten für Car Sharing- oder Mietwagenanbieter personenbezogene Daten der verschiedenen Fahrer darstellen. Im Unterschied zum Hersteller haben diese als Halter aus Besitz und falls sie auch Eigentümer des Fahrzeugs sind, aus dem Eigentum heraus die Sachherrschaft über das Fahrzeug und könnten daher auf Daten aus Unfalldatenspeichern zugreifen.[560] Da solche Verantwortliche aufgrund des Vertragsverhältnisses mit dem Fahrer wissen, welche Person damit zum Unfallzeitpunkt gefahren ist, können sie die Daten dem Fahrer zuordnen, wodurch Daten aus Unfalldatenspeichern für sie personenbezogen sind.

Für eCall-Daten gilt dies wiederum nicht, da kommerzielle Vermieter auf diese tatsächlich keinen Zugriff haben: Der interne Speicher im Fahrzeug muss nach Art. 6 Abs. 5 eCall-VO kontinuierlich gelöscht werden. Der Mindestdatensatz wird an die Notfallleitstelle im Falle eines Unfalls gesendet, aber wegen der Löschpflicht wohl nicht dauerhaft im Fahrzeug gespeichert. Außerdem darf gemäß Art. 6 Abs. 11 eCall-VO zwischen dem gesetzlichen eCall System und den Systemen zur Erbringung von Zusatzdiensten kein Datenaustausch stattfinden, sodass auch hierüber keine Zugriffsmöglichkeit besteht.

c. Zwischenergebnis

Es lässt sich festhalten, dass für Hersteller sowie kommerzielle Eigentümer und Halter Daten aus Unfalldatenspeichern und eCall personenbezogen sein können, da Möglichkeiten bestehen, Fahrer zu identifizieren. Dies gilt nur soweit sie tatsächlich oder rechtlich zulässig Zugriff auf die entsprechenden Daten haben. Hierbei ist nicht entscheidend, ob der Fahrer identifizierbar ist, der die Daten tatsächlich generiert hat.

560 Dies ist nicht zu verwechseln mit einem Eigentumsrecht an Daten, welches es in Deutschland nicht gibt, siehe auch unter Kap. 3 A. II.2.c.cc.

3. *Komfort- und Überwachungsfunktionen*

Für Komfortfunktionen werden insbesondere Daten aus der Innenraumüberwachung und vom Nutzer selbst eingebrachte Daten (Smart Cabin Technologie), sowie für die Überwachungsfunktionen aggregierte Sensordaten, Betriebsdaten und Positionsdaten verarbeitet.

Datenschutzrechtlich verantwortlich sind Hersteller sowie kommerzielle Eigentümer, Halter oder Nutzer.[561] Auch hier ist davon auszugehen, dass ein Großteil der Daten an den Hersteller übermittelt wird.

a. *Regelmäßiger Fahrer*

Ein Personenbezug zum regelmäßigen Fahrer kann der Hersteller zunächst durch Verknüpfen der Daten aus diesen Systemen mit im Kundenkonto hinterlegten Daten herstellen. Da viele der Daten auch an das Backend des Herstellers übertragen werden, ist ihm dies problemlos möglich. Darüber hinaus ist der Fahrer über die Anmeldung im Kfz (zum Beispiel bei Verwendung der Smart Cabin Technologie) identifiziert, sodass eine Verknüpfung dieser Daten mit anderen Informationen aus Komfort- und Überwachungsfunktionen für den Hersteller ohne unverhältnismäßigen Aufwand möglich ist. Auch das Zusammenführen von Daten aus den verschiedenen Systemen ist grundsätzlich möglich, sodass eine Identifizierung im Sinne einer Aussonderung erfolgen kann.

Verwendet der Halter, Eigentümer oder ein anderer Nutzer Überwachungsfunktionen (zum Beispiel über eine App auf dem Smartphone), so ist der Fahrer für diesen in den meisten Fällen ebenfalls identifizierbar, da er ihn entweder persönlich kennt (bei Überlassung im Familien- oder Freundeskreis) oder ein Vertragsverhältnis zu ihm besteht (im Fall kommerzieller Vermietung).

Daten aus Komfort- und Überwachungsfunktionen sind daher für Hersteller und Eigentümer, Halter oder Nutzer, die diese Daten verwenden, personenbezogen.

b. *Gelegenheitsfahrer*

Für den Gelegenheitsfahrer ist wiederum anzunehmen, dass der Hersteller diesen weder direkt noch indirekt identifizieren kann, soweit keine Kundendaten vorhanden sind und eine Aussonderung ausscheidet. Auch über das Wissen bei Dritten wird eine Identifizierung nur im Einzelfall möglich sein, soweit entsprechende Ansprüche bestehen. Da aber bei reinen Komfort- und

---

561 Siehe hierzu Kap. 3 A.II.2.a. aa und c.aa.

Überwachungsfunktionen, anders als bei Sicherheitsfunktionen, Haftungsansprüche eher fernliegend sind, rücken auch entsprechende Auskunftsansprüche in den Hintergrund. Auch hier wird der Hersteller die Daten eher dem bekannten Fahrer oder Eigentümer bzw. Halter zuordnen.

Für kommerzielle Eigentümer oder Halter ergibt sich hingegen keine abweichende Beurteilung, für sie sind Gelegenheitsfahrer aufgrund des Vertragsverhältnisses identifizierbar und die Daten aus Komfort- und Überwachungsfunktionen daher personenbezogen.

c. Zwischenergebnis

Es lässt sich festhalten, dass für Hersteller sowie kommerzielle Eigentümer und Halter Daten aus Komfort- und Überwachungsfunktionen personenbezogen sein können, da Möglichkeiten bestehen, Fahrer zu identifizieren.

4. Ergebnis

Grundsätzlich bestehen verschiedene Möglichkeiten für die jeweiligen Verantwortlichen, betroffene Personen zu identifizieren. Hierbei kommen insbesondere die Verknüpfung mit vorhandenen Kundendaten oder eine indirekte Identifizierung über Aussonderung in Betracht. Auch soweit eine Anmeldung im Kfz für bestimmte Funktionen erforderlich ist, lassen sich Fahrer leicht identifizieren. Eine Identifikation über bei Dritten vorhandenes Zusatzwissen wird hingegen nur im Einzelfall möglich sein. In manchen Konstellationen lässt sich die Frage des Personenbezugs nicht eindeutig beantworten. Sehr häufig ist auch davon auszugehen, dass Verantwortliche die verarbeiteten Daten nicht dem tatsächlichen Betroffenen, sondern einer anderen identifizierbaren Person zuordnen, was die Anwendbarkeit der DSGVO nicht ausschließt, aber dann wiederum Probleme bei Erfüllung der Betroffenenrechte aufwirft.

IV. Rechtsgrundlagen der Datenverarbeitung

In diesem Abschnitt werden die Rechtsgrundlagen für die Verarbeitung von drittbetroffenen Fahrerdaten näher betrachtet.

Da das Datenschutzrecht dem Prinzip des „Verbots mit Erlaubnisvorbehalt“ folgt, bedarf jede Verarbeitung personenbezogener Daten einer Rechtsgrundlage.[562] Diese sind in Art. 6 Abs. 1 DSGVO abschließend geregelt, wobei Art. 6

562 *Frenzel*, in: Paal/Pauly, DSGVO BDSG, Art. 6 Rn. 1; *Plath*, in: Plath, DSGVO/BDSG, Art. 6 Rn. 2; *Albers/Veit*, in: Brink/Wolff, BeckOK DatenschutzR, 41. Ed. 1.11.2021,

Abs. 2 - 4 DSGVO für bestimmte Situationen Erweiterungen und Konkretisierungen durch die Mitgliedstaaten zulassen.[563] Neben Erlaubnistatbeständen, die Datenverarbeitungen zur Erfüllung rechtlicher Verpflichtungen, zum Schutz lebenswichtiger Interessen der betroffenen Personen oder zur Wahrnehmung einer öffentlichen Aufgabe legitimieren (unter Abschnitt 3 und 4), kann die Verarbeitung von Drittbetroffenendaten im Kontext des vernetzten und automatisierten Fahrens vor allem gerechtfertigt sein, soweit diese zur Erfüllung eines Vertrages mit der betroffenen Person (unter Abschnitt 1) oder zur Erfüllung berechtigter Interessen des Verantwortlichen oder eines Dritten (unter Abschnitt 2) erforderlich ist. Schließlich kann die Erlaubnis zur Datenverarbeitung auch aufgrund einer Einwilligung der betroffenen Person bestehen (unter Abschnitt 5).

Allen Erlaubnistatbeständen mit Ausnahme der Einwilligung ist gemeinsam, dass die konkrete Datenverarbeitung zur Erreichung des mit ihr verfolgten Zweckes erforderlich sein muss.[564] Aus diesem Grund wird für die weitere Untersuchung zwischen zwei Hauptzwecken unterschieden:

> **Primärzweck:** Daten werden für den eigentlichen Zweck der Leistungserbringung verarbeitet. Hierunter fällt insbesondere die Datenverarbeitung, die zum Betrieb der Systeme und Funktionen erforderlich ist.
> **Sekundärzweck:** Darüber hinaus können Verantwortliche aber auch noch weitere, meist interne Zwecke verfolgen. Hierunter fallen Datenverarbeitungen im Rahmen der Produktbeobachtung, zur Produktverbesserung, zur Vermarktung von Daten oder zur Leistungs- und Missbrauchskontrolle.[565]

Im Anschluss an die Untersuchung der anwendbaren Rechtsgrundlagen in Abschnitten 1 - 5 werden die Fragen des Verhältnisses der Rechtsgrundlagen zueinander (unter Abschnitt 6), der Zulässigkeitsvoraussetzungen der Zweckänderung (unter Abschnitt 7), der Verarbeitung besonderer Kategorien personenbezogener Daten (unter Abschnitt 8) sowie das Sonderproblem des begleiteten Fahrens (unter Abschnitt 9) erörtert.

Art. 6 Rn. 11; *Schwartmann/Jacquemain*, in: Schwartmann/Jaspers/Thüsing/Kugelmann, DS-GVO, Art. 6 Rn. 6.

563 *Albers/Veit*, in: Brink/Wolff, BeckOK DatenschutzR, 41. Ed. 1.11.2021, Art. 6 Rn. 22; *Wedde*, in: Däubler/Wedde/Weichert/Sommer, EU-DSGVO u. BDSG, Art. 6 Rn. 2.

564 *Albers/Veit*, in: Brink/Wolff, BeckOK DatenschutzR, 41. Ed. 1.11.2021, Art. 6 Rn. 15; *Frenzel*, in: Paal/Pauly, DSGVO BDSG, Art. 6 Rn. 9; *Wedde*, in: Däubler/Wedde/Weichert/Sommer, EU-DSGVO u. BDSG, Art. 6 Rn. 8.

565 *Rannenberg*, in: Maurer/Gerdes, Christian/Lenz/Winner (Hrsg.): Autonomes Fahren, S. 515 (523 f.);

1. Vertragserfüllung und vorvertragliche Maßnahmen, Art. 6 Abs. 1 lit. b) DSGVO

a. Allgemeines

Gemäß Art. 6 Abs. 1 lit. b) DSGVO können personenbezogene Daten verarbeitet werden, wenn die Verarbeitung für die Erfüllung eines Vertrags, dessen Vertragspartei die betroffene Person ist, oder zur Durchführung vorvertraglicher Maßnahmen erforderlich ist, die auf Anfrage der betroffenen Person erfolgen.[566] Art. 6 Abs. 1 lit. b) DSGVO erlaubt damit konsequenterweise Datenverarbeitungen im Rahmen privatautonomer Entscheidungen, bei denen die Reichweite der Legitimationswirkung von den Parteien selbst bestimmt wird.[567]

aa. (Vor)vertragliche Beziehung zur betroffenen Person

Nach dem Wortlaut der Vorschrift ist es notwendig, dass zwischen dem Betroffenen und dem Verantwortlichen oder einem Dritten eine (vor)vertragliche Rechtsbeziehung besteht. Die betroffene Person muss Partei des Vertrages sein, der als Anknüpfungspunkt für Art. 6 Abs. 1 lit. b) DSGVO dienen soll.[568] Werden Daten von Personen verarbeitet, die nicht Partei dieser Rechtsbeziehung sind, ist hierfür also eine gesonderte Rechtsgrundlage erforderlich.[569]

Nicht erforderlich ist allerdings, dass die verantwortliche Stelle Partei des Vertrages ist.[570] Die Zulässigkeit der Datenverarbeitung für den Verantwortlichen kann sich also auch aus einer (vor)vertraglichen Beziehung ergeben, die zwischen der betroffenen Person und einem Dritten besteht.

---

566 *Albers/Veit*, in: Brink/Wolff, BeckOK DatenschutzR, 41. Ed. 1.11.2021, Art. 6 Rn. 40; *Plath*, in: Plath, DSGVO/BDSG, Art. 6 Rn. 10; *Schwartmann*, in: Schwartmann/Jaspers/Thüsing/Kugelmann, DS-GVO, Art. 6 Rn. 38; *Wedde*, in: Däubler/Wedde/Weichert/Sommer, EU-DSGVO u. BDSG, Art. 6 Rn. 25.

567 *Albers/Veit*, in: Brink/Wolff, BeckOK DatenschutzR, 41. Ed. 1.11.2021, Art. 6 Rn. 41.

568 *Buchner/Kühling*, in: Kühling/Buchner, DS-GVO/BDSG, Art. 6 Rn. 32a; *Albers/Veit*, in: BeckOK DatenschutzR, 41. Ed. 1.11.2021, Art. 6 Rn. 41; *Plath*, in: Plath, DSGVO/BDSG, Art. 6 Rn. 13; *Wedde*, in: Däubler/Wedde/Weichert/Sommer, EU-DSGVO u. BDSG, Art. 6 Rn. 28.

569 So auch: *Wedde*, in: Däubler/Wedde/Weichert/Sommer, EU-DSGVO u. BDSG, Art. 6 Rn. 32; a.A. *Schwartmann*, in: Schwartmann/Jaspers/Thüsing/Kugelmann, DS-GVO, BDSG, Art. 6 Rn. 51 ff., der alle Personen als Partei ansieht, die ein Interesse oder eine Pflicht zur Duldung der Handlung haben, die die Datenverarbeitung bedingt.

570 *Schulz*, in: Gola/Heckmann, DSGVO/BDSG, Art. 6 DS-GVO Rn. 30; *Albers/Veit*, in: Brink/Wolff, BeckOK DatenschutzR, 41. Ed. 1.11.2021, Art. 6 Rn. 42; *Plath*, in: Plath, DSGVO/BDSG, Art. 6 Rn. 14.

bb. Erforderlichkeit der Datenverarbeitung für die Vertragserfüllung bzw. zur Erfüllung vorvertraglicher Maßnahmen

Entscheidend ist zudem die Erforderlichkeit der konkreten Datenverarbeitung zur Erfüllung des Vertrages oder zur Durchführung vorvertraglicher Maßnahmen.

Dies setzt voraus, dass die konkrete Datenverarbeitung für die Erreichung des mit ihr bezweckten Ziels kausal im Sinne der „conditio-sine-qua-non-Formel" ist.[571] Es muss ein unmittelbarer Zusammenhang zwischen der Verarbeitung und dem konkreten Zweck des Vertragsverhältnisses bzw. der vorvertraglichen Maßnahme bestehen, wobei auch der jeweilige Vertragstypus zu berücksichtigen ist.[572] So kann eine fortlaufende Verarbeitung von Daten im Rahmen von Dauerschuldverhältnissen gerechtfertigt sein, während für die Abwicklung eines Kaufvertrages Daten nur kurzfristig benötigt werden.[573]

Der Europäische Datenschutzausschuss hat zudem weitere Konkretisierungen in Bezug auf die Erforderlichkeit gemacht. Demnach können Verarbeitungen, die zwar zur Vertragserfüllung oder zur Erfüllung vorvertraglicher Maßnahmen nützlich, aber nicht objektiv notwendig sind, nicht auf Art. 6 Abs. 1 lit. b) DSGVO gestützt werden.[574] Soweit eine realistische, also für den Verantwortlichen zumutbare, und weniger in die Rechte der betroffenen Person eingreifende Alternative besteht, um den (vor)vertraglichen Zweck zu erfüllen, muss die Erforderlichkeit ebenfalls verneint werden.[575] Darüber hinaus müssen auch die gegenseitigen Erwartungen der Vertragsparteien sowie die vernünftigen

---

571 *Albers/Veit*, in: Brink/Wolff, BeckOK DatenschutzR, 41. Ed. 1.11.2021, Art. 6 Rn. 44 u. 15 m.N. zur EuGH Rechtsprechung; *Frenzel*, in: Paal/Pauly, DSGVO BDSG, Art. 6 Rn. 14; wohl auch *Wedde*, in: Däubler/Wedde/Weichert/Sommer, EU-DSGVO u. BDSG, Art. 6 Rn. 8; *Plath*, in: Plath, DSGVO/BDSG, Art. 6 Rn. 18 setzt für die Erforderlichkeit voraus, dass kein milderes und wirtschaftlich gleich effizientes Mittel zur Zweckerfüllung besteht; a.A. wohl: *Schwartmann*, in: Schwartmann/Jaspers/Thüsing/Kugelmann, DS-GVO, BDSG, Art. 6 Rn. 63.

572 *Albers/Veit*, in: Brink/Wolff, BeckOK DatenschutzR, 41. Ed. 1.11.2021, Art. 6 Rn. 44.

573 So auch: *Frenzel*, in: Paal/Pauly, DSGVO BDSG, Art. 6 Rn. 14.

574 EDSA, Guidelines 02/2019 on the processing of personal data under Article 6 (1) (b) GDPR in the context of the provision of online services to data subjects, Rn. 25; *Plath*, in: Plath, DSGVO/BDSG, Art. 6 Rn. 21.

575 Siehe EG 39 und das dort genannte Merkmal der „Zumutbarkeit"; EDSA, Guidelines 02/2019 on the processing of personal data under Article 6 (1) (b) GDPR in the context of the provision of online services to data subjects, Rn. 25; *Plath*, in: Plath, DSGVO/BDSG, Art. 6 Rn. 18.

Erwartungen einer durchschnittlich betroffenen Person berücksichtigt werden.[576] Nur so kann sichergestellt werden, dass die Parteien das gleiche Verständnis vom Vertragszweckes sowie der damit verbunden Datenverarbeitung haben. Grundsätzlich ergibt sich der Umfang der Datenverarbeitung für den jeweiligen Zweck aus dem zwischen den Parteien geschlossenen Vertragsinhalt.[577] Den Parteien bleibt es überlassen, diesen im Rahmen der Privatautonomie zu bestimmen. Allerdings entbindet dies nicht von dem Kriterium der Erforderlichkeit. Nur weil eine Datenverarbeitung im Vertrag Erwähnung findet, führt dies nicht automatisch dazu, dass sie auf Grundlage von Art. 6 Abs. 1 lit. b) DSGVO gerechtfertigt ist.[578] Sind Gegenstand des Vertrages verschiedene Leistungen, die auch einzeln erbracht werden können, so muss für jede dieser Leistungen eine Rechtsgrundlage bestehen und es muss im Einzelfall geprüft werden, für welche Datenverarbeitung im Rahmen welcher Leistung Art. 6 Abs. 1 lit. b) DSGVO als Rechtsgrundlage in Betracht kommt.[579]

b. Verarbeitung von Fahrerdaten auf Grundlage von Art. 6 Abs. 1 lit. b) DSGVO

Überträgt man diese Grundsätze auf die Datenverarbeitung im Rahmen vernetzter und automatisierter Kfz, so muss

- der Fahrer als betroffene Person Partei eines Vertrages bzw. einer vorvertraglichen Maßnahme
- entweder mit dem Verantwortlichen oder einem Dritten sein,
- und die Erfüllung dieses Vertrages ohne die konkrete Datenverarbeitung nicht möglich sein.

Im Folgenden wird die Erfüllung dieser Punkte bei den verschiedenen Datenverarbeitungen durch den jeweils Verantwortlichen und anhand der Verarbeitungszwecke untersucht.

576 EDSA, Guidelines 02/2019 on the processing of personal data under Article 6 (1) (b) GDPR in the context of the provision of online services to data subjects, Rn. 32.

577 *Schulz*, in: Gola/Heckmann, DSGVO/BDSG, Art. 6 DS-GVO Rn. 39.

578 EDSA, Guidelines 02/2019 on the processing of personal data under Article 6 (1) (b) GDPR in the context of the provision of online services to data subjects, Rn. 27 ff.

579 EDSA, Guidelines 02/2019 on the processing of personal data under Article 6 (1) (b) GDPR in the context of the provision of online services to data subjects, Rn. 36.

aa. Datenverarbeitung durch Hersteller

Die bereits herausgearbeiteten Verarbeitungen von Fahrerdaten durch Hersteller müssen Gegenstand einer vertraglichen Grundlage sein, deren Partei der Fahrer als Drittbetroffener ist. Hierzu wird zwischen Primär- und Sekundärzweck unterschieden.

(1) Datenverarbeitung zum Primärzweck der Leistungserbringung

(a) Assistenz- und Sicherheitssysteme, Komfort- und Überwachungsfunktionen & Unfalldatenspeicher und eCall

Sind Assistenz- und Sicherheitssysteme, Komfort- und Überwachungsfunktionen sowie Unfalldatenspeicher und eCall als Ausstattung des Kfz vereinbart, so kann die hierfür erforderliche Datenverarbeitung grundsätzlich auf einen entsprechenden Vertrag gestützt werden, der diese Systeme und Funktionen zum Leistungsgegenstand hat, also insbesondere auf einen Kaufvertrag.[580] Begrenzt ist diese Legitimationswirkung aber ausschließlich auf den Umfang der Datenverarbeitung, der für den Betrieb dieser Systeme erforderlich ist.[581]

Zu bedenken ist aber, dass der Hersteller selbst nicht das Kfz an den Endkunden verkauft und damit nicht Partei eines solchen Kaufvertrages ist. Verkäufer ist meist der Automobilhändler.[582] Dies wäre aber noch unschädlich, da der Hersteller als Verantwortlicher nicht zwangsläufig Partei sein muss.[583] Auf der Seite des betroffenen Fahrers ist dies hingegen anders. Der Fahrer muss Käufer bzw. Partei des Kaufvertrages sein. Als Drittbetroffener, also wenn der Fahrer nicht personenidentisch mit dem Käufer bzw. Eigentümer ist, ist dies gerade nicht der Fall, womit es an einer grundlegenden Voraussetzung für die Anwendbarkeit von Art. 6 Abs. 1 lit. b) DSGVO in Bezug auf Fahrerdaten fehlt.[584]

---

580 So auch: *Kumpf*, Smart Cars, S. 88; *Buchner*: in: Roßnagel/Hornung (Hrsg.), Grundrechtsschutz im Smart Car, S. 59 (64); *Metzger*, GRUR 2019, 129 (132).

581 So auch: *Buchner*: in: Roßnagel/Hornung (Hrsg.), Grundrechtsschutz im Smart Car, S. 59 (63); *Wendt*, ZD-Aktuell 2018, 06034, S. 2.; für BDSG a.F.: *Kumpf*, Smart Cars, S. 87; *Kinast/Kühnl*, NJW 2014, 3057 (3059).

582 *Kumpf*, Smart Cars, S. 87; *Grigorian/Tribess*, InTer 2020, 214 (219).

583 So auch: *Grigorian/Tribess*, InTer 2020, 214 (219).

584 So auch: *Eul*: 10.2 Connected Cars, in: Leupold /Wieb/Glosser (Hrsg.), IT-Recht, Rn. 34; *Forgó*, in: Oppermann/Stender-Vorwachs (Hrsg.): Autonomes Fahren, Kap. 3.5 Rn. 34; *Nugel*, ZD 2019, 341 (344); *Klink-Straub/Straub*, NJW 2018, 3201 (3204); *Wendt*, ZD-Aktuell 2018, 06034, S. 2; für § 28 Abs. 1 S. 1 Nr. 1 BDSG a.F. aber im Ergebnis gleich *Kumpf*, Smart Cars, *S. 87; Lüdemann*, ZD 2015, 247 (252); *Cebulla*, ZD 2015, 507 (508); a.A. wohl für § 28 Abs. 1 S. 1 Nr. 1 BDSG a.F.: *Roßnagel, 52. VTG*

(b) Connectivity Dienste

Hersteller verarbeiten zudem zur Bereitstellung und Ausführung von eigenen Connectivity Diensten Daten des Fahrers. In der Regel wird zur Nutzung der Connectivity Dienste zwischen Käufer und Hersteller entweder bei Kauf des Kfz oder nachträglich ein separater Vertrag geschlossen.[585] In diesem Fall ist der drittbetroffene Fahrer auch hier nicht Vertragspartei, sodass eine Datenverarbeitung nicht auf einen solchen Vertrag gestützt werden kann.

Nutzt der Fahrer im VAF Dienste von Drittanbietern, werden Daten regelmäßig über das Backend des Herstellers geleitet und dort auch teilweise gespeichert. Ob Art. 6 Abs. 1 lit. b) DSGVO hierfür als Rechtsgrundlage in Betracht kommt, hängt davon ab, ob der Fahrer einen eigenen Account verwendet oder den des Eigentümers, Halters oder Hauptnutzers des Kfz. Verwendet der Fahrer einen eigenen Account, um Drittdienste im VAF zu nutzen, so besteht zwischen ihm und dem Anbieter des Drittdienstes hierfür ein entsprechender Vertrag, für dessen Erfüllung (zumindest bei Nutzung im VAF) eine Datenverarbeitung über den Hersteller erforderlich ist, um den Dienst ausführen zu können. Solche Verarbeitungen durch den Hersteller könnten von dem Vertrag umfasst und dann auf Art. 6 Abs. 1 lit. b) DSGVO gestützt werden.

Nutzt der Fahrer hingegen den Account eines Dritten, was insbesondere bei Gelegenheitsfahrern der Fall sein dürfte, besteht kein Rechtsverhältnis mit dem Dienstanbieter (Hersteller oder Drittanbieter), auf welches eine Datenverarbeitung nach Art. 6 Abs. 1 lit. b) DSGVO gestützt werden könnte.

(2) Datenverarbeitung zu Sekundärzwecken

Darüber hinaus können Hersteller die im Rahmen der Sicherheitssysteme und der weiteren Funktionen wie auch der Connectivity Dienste erhobenen Daten auch zur Produktbeobachtung, Produktverbesserung oder zur Werbung mit weiteren, auf die Präferenzen des Nutzers angepassten, Diensten verwenden (hierzu mehr unter Kap. 3.A.IV.2.b.aa. (2)).

Auch für die Verarbeitung zu solchen Zwecken muss eine Rechtsgrundlage bestehen. Art. 6 Abs. 1 lit. b) DSGVO kommt hierfür aus zwei Gründen wohl nicht in Betracht: Zum einen müsste der Drittbetroffene hierfür Partei eines Vertrages sein oder eine vorvertragliche Maßnahme in Anspruch nehmen, was wie bereits gezeigt in dieser Konstellation nicht der Fall sein dürfte. Zum anderen

---

2014, 257 (269), der es genügen lässt, wenn die Verarbeitung von Daten Dritter Teil der Leistungsvereinbarung mit dem Halter ist.

585 *Gennen*, RDV 2015, 74 (77).

müsste die Verarbeitung für die Sekundärzwecke zur Erfüllung des Vertrages oder der vorvertraglichen Maßnahme erforderlich sein. Zwar mag die Verwendung der Daten zur Produktbeobachtung für den Hersteller nützlich sein, sie ist aber nicht notwendig, um den eigentlichen Vertragszweck der Leistungserbringung zu erfüllen. Es wird daher in den meisten Fällen auch an der Erforderlichkeit fehlen.[586]

Schließlich ist zu beachten, dass eine Zweckänderung vorliegt, wenn Daten, die zunächst nur zur eigentlichen Leistungserbringung erhoben wurden, auch für andere Zwecke verarbeitet werden. Eine Zweckänderung ist nur unter den weiteren Voraussetzungen von Art. 6 Abs. 4 DSGVO zulässig (hierzu mehr unter Kap. 3 A.IV.7).

(3) Zwischenergebnis

Es lässt sich festhalten, dass Hersteller lediglich Datenverarbeitungen im Rahmen der Connectivity Dienste auf Art. 6 Abs. 1 lit. b) DSGVO stützen können, wenn der Fahrer einen eigenen Account nutzt. Der Vertrag über die Erbringung der Connectivity Dienste mit dem Hersteller oder Drittdienstanbieter rechtfertigt dann die Verarbeitung der Daten des Fahrers.

bb. Datenverarbeitung durch Drittanbieter

Spiegelbildlich zu den Ausführungen in Bezug auf Hersteller, kommt es für die Verarbeitung von Fahrerdaten im Rahmen von Connectivity Diensten durch Drittanbieter darauf an, ob der Fahrer einen eigenen Account verwendet oder nicht. Nur dann besteht das erforderliche Vertragsverhältnis mit dem Fahrer.[587] Die von Art. 6 Abs. 1 lit. b) DSGVO legitimierte Datenverarbeitung beschränkt sich hierbei auf solche Verarbeitungen, die für den Primärzweck des Ausführens des Dienstes zur Erfüllung des Vertragszweckes erforderlich sind.[588] Neben der Verarbeitung von Anmeldedaten oder von Inhaltsdaten (z.B. von Standortdaten im Rahmen von Navigationssystemen oder von Playlisten im Rahmen von Streamingdiensten) kann auch der Datenaustausch über das Backend des Herstellers dadurch gerechtfertigt sein, wenn die Systeme keine andere technische Ausgestaltung zulassen.

---

586 So auch: *Buchner*: in: Roßnagel/Hornung (Hrsg.), Grundrechtsschutz im Smart Car, S. 59 (64 f.); *Plath*, in: Plath, DSGVO/BDSG, Art. 6 Rn. 35.

587 So auch: *Wagner*, ZD-Aktuell 2018, 06103.

588 So auch: *Buchner*: in: Roßnagel/Hornung (Hrsg.), Grundrechtsschutz im Smart Car, S. 59 (72); für BDSG a.F.: *Kumpf*, Smart Cars, S. 87; *Gennen*, RDV 2017, 74 (76).

Möchte der Drittanbieter die im Rahmen der Leistungserbringung erhobenen Daten für weitere, sekundäre Zweck verwenden, gilt auch hier, dass die Erforderlichkeit fehlen dürfte. Darüber hinaus müssten auch die Voraussetzungen für eine Zweckänderung nach Art. 6 Abs. 4 DSGVO vorliegen.

cc. Datenverarbeitung durch Eigentümer, Halter oder Hauptnutzer

In dieser Kategorie von Verantwortlichen müssen vor allem kommerzielle Eigentümer, Halter oder Hauptnutzer betrachtet werden (Car Sharing- und Mietwagenanbieter). Für Privatpersonen, die ihr Fahrzeug an Freunde oder Familie verleihen, wird in dem meisten Fällen die Haushaltsausnahme nach Art. 2 II lit. c DSGVO greifen.[589]

(1) Datenverarbeitung zum Primärzweck der Leistungserbringung

(a) Connectivity Dienste & Überwachungsfunktionen (in gemeinsamer Verantwortlichkeit)

Wie bereits dargestellt, können gemeinsame Verantwortlichkeiten von Eigentümer, Halter oder Hauptnutzer im Rahmen der Connectivity Dienste zusammen mit Drittanbieter sowie im Rahmen der Überwachungsfunktionen zusammen mit dem Hersteller bestehen.[590]

Zwischen dem Fahrer als Betroffenen und dem Car Sharing- bzw. Mietwagenanbieter besteht ein Vertragsverhältnis, über das grundsätzlich eine Datenverarbeitung nach Art. 6 Abs. 1 lit. b) DSGVO gerechtfertigt werden kann, wenn diese zur Erfüllung des Vertragszwecks erforderlich ist.

Vertragszweck ist die zeitweise Überlassung des vom Fahrer gewählten Fahrzeugs. Umfasst ist hiervon auch, dass das Fahrzeug als solches betriebsbereit ist und ordnungsgemäß funktioniert. Soweit der Fahrer explizit ein bestimmtes Fahrzeug mit bestimmten Funktionen und Ausstattung auswählt (es ihm also nicht nur darauf ankommt, irgendein Fahrzeug zu mieten), ist vom Vertragszweck auch die Bereitstellung und Ausführung dieser bestimmten Funktionen (wie z.B. Connectivity Dienste und Überwachungsfunktionen) umfasst. Soweit diese Funktionen eine Datenverarbeitung erfordern, wäre diese über den Vertrag legitimiert, soweit sie sich auf das für die Erbringung dieser Funktionen notwendige Maß beschränkt.[591]

---

589 Siehe hierzu unter Kap. 3 A.II.2.c

590 Siehe zur unter Kap. 3 A.II.2.c. aa und bb.

591 Darüber hinaus können Daten aus dem Kfz auch verwendet werden, um das Mietverhältnis mit dem Vertragspartner zu erfüllen (z.B. Standortdaten zu Abrechnung),

Ob der Eigentümer bzw. Halter darüber hinaus die Daten aus diesen Systemen, insbesondere aus den Überwachungsfunktionen, zu weiteren Zwecken als der bloßen Bereitstellung verwenden darf, ist anhand des beabsichtigten sekundären Verwendungszweckes zu prüfen (hierzu sogleich mehr).

(b) Unfalldatenspeicher

Car Sharing- und Mietwagenanbieter können zudem für das Auslesen sowie die weitere Verwendung von Daten aus Unfalldatenspeichern verantwortlich sein.[592] Auch diese Datenverarbeitung müsste von dem Mietvertrag mit dem Fahrer, dessen Daten bei einem Unfall betroffen wären, umfasst sein.

Das Auslesen und die Verwertung von Unfalldaten setzen typischerweise zu einem Zeitpunkt ein, in welchem der Mietvertrag womöglich schon beendet ist und es nur noch um die Geltendmachung oder Abwehr von nachvertraglichen Ansprüchen zwischen den Vertragsparteien geht. Da der Begriff der Vertragserfüllung unionsautonom und weit zu verstehen ist, sind auch die Abwicklung von Verträgen sowie nachträgliche Sorgfaltspflichten umfasst.[593] Sofern Daten also ausgelesen und verwendet werden, um Ansprüche zwischen den Parteien zu klären, kann dies auf Art. 6 Abs. 1 lit. b) DSGVO gestützt werden.[594]

Das Auslesen durch den Car Sharing- oder Mietwagenanbieter zu anderen, sekundären Zwecken, ist hingegen für die Durchführung des Mietvertrages nicht erforderlich und bedarf daher einer anderen Rechtsgrundlage.

(2) Datenverarbeitung zu Sekundärzwecken

Car Sharing- oder Mietwagenanbieter können über Überwachungsfunktionen oder die Möglichkeit, Fehlerdaten über die OBD II Schnittstelle auslesen zu lassen,[595] an Daten gelangen, die sich auf die Nutzung des Fahrzeugs beziehen (Betriebsdaten, Verbrauch, zurückgelegte Strecke, Abnutzung, etc.). Auch soweit der Car Sharing- oder Mietwagenanbieter über Accounts Connectivity Dienste

---

siehe: *von Bodungen*, in: Specht/Mantz (Hrsg.): Handbuch Europäisches und deutsches Datenschutzrecht, § 16 Rn. 36; *Bockslaff/Kadler*, ZD 2017, 166 (169).

592 Siehe hierzu Kap. 3 A. II.2.c.cc. (1).

593 *Plath*, in: Plath, DSGVO/BDSG, Art. 6 Rn. 11; *Albers/Veit*, in: Brink/Wolff, BeckOK DatenschutzR, 41. Ed. 1.11.2021, Art. 6 Rn. 42.

594 So auch: *Wedde*, in: Däubler/Wedde/Weichert/Sommer, EU-DSGVO u. BDSG, Art. 6 Rn. 27.

595 *Schwartmann/Jacquemain*, RDV 2018, 247 (248).

zur Verfügung stellt, die von ihm betrieben werden, kann er an Nutzungsdaten des Fahrers gelangen.

Solche Daten könnten daher von Car Sharing- oder Mietwagenanbieter zum Beispiel zur Auswertung des Fahr–oder Nutzungsverhaltens verwendet werden, um dem Fahrer bei der nächsten Buchung individualisierte Angebote machen zu können.

Da zwischen Fahrer und Car Sharing- oder Mietwagenanbieter ein Mietvertrag besteht, kommt es darauf an, ob die konkrete Datenverarbeitung zu solchen sekundären Zwecken für die Erfüllung des Vertrages (noch) erforderlich ist. Zur Beantwortung dieser Frage kommt es maßgeblich darauf an, was genau Vertragsgegenstand und wie die Verarbeitung im Einzelnen ausgestaltet ist. Jedenfalls dann, wenn klar die Interessen des Car Sharing- oder Mietwagenanbieters überwiegen und dadurch keine Konnexität zu dem eigentlichen Vertragsgegenstand der Vermietung mehr besteht, kommt eine Rechtfertigung auf dieser Grundlage nicht mehr in Betracht.[596] Dies wäre zum Beispiel bei der Speicherung und Auswertung von Bewegungs- und Geschwindigkeitsdaten der Fall.[597]

Schließlich wären auch hier die Voraussetzungen der Zweckänderung nach Art. 6 Abs. 4 DSGVO zu beachten.

(3) Zwischenergebnis

Es lässt sich festhalten, dass zwischen Fahrer und kommerziellen Eigentümer und Halter grundsätzlich ein Vertragsverhältnis besteht, auf welches Datenverarbeitungen im Rahmen der Connectivity Dienste sowie der Überwachungsfunktionen nach Art. 6 Abs. 1 lit. b) DSGVO gestützt werden können, soweit diese als Leistungsgegenstand vereinbart sind. Die Verwendung von Daten aus Unfalldatenspeichern kann ebenfalls hierauf gestützt werden, wenn diese zur Klärung von Ansprüchen zwischen den Vertragsparteien erforderlich ist. Möchten kommerzielle Eigentümer und Halter Fahrerdaten zu sekundären Zwecken nutzen, muss dies im Einzelfall anhand des konkreten Zweckes und unter Berücksichtigung der Erforderlichkeit geprüft werden.

dd. Ergebnis

Art. 6 Abs. 1 lit. b) DSGVO greift als Rechtsgrundlage nur, wenn eine vertragliche Beziehung besteht, für deren Zweckerfüllung die konkrete Datenverarbeitung erforderlich ist und der Fahrer Vertragspartei ist. Häufig scheitert

---

596 *Plath*, in: Plath, DSGVO/BDSG, Art. 6 Rn. 35.

597 *Bockslaff/Kadler*, ZD 2017, 166 (169).

die Anwendbarkeit dieser Rechtsgrundlage schon am Fehlen eines Vertrages, dessen Partei der Fahrer ist. Soweit ein solcher besteht, bedarf es einer Prüfung der Erforderlichkeit der konkreten Datenverarbeitung für die Erfüllung des jeweiligen Vertrages. Dies ist nur in engen Grenzen und vornehmlich auch nur dort der Fall, wo die Datenverarbeitung der Erfüllung, Abwehr oder Geltendmachung von vertraglichen Ansprüchen dient. Für eine darüberhinausgehende Verarbeitung zu eigenen Interessen des Verantwortlichen wird Art. 6 Abs. 1 lit. b) DSGVO häufig nicht anwendbar sein.

Jedenfalls bedarf es für jede Datenverarbeitung einer Prüfung im Einzelfall unter Berücksichtigung des jeweiligen Vertragszweckes. Als Universallösung zur Rechtfertigung jeglicher Datenverarbeitung im Fahrzeug ist Art. 6 Abs. 1 lit. b) DSGVO nicht geeignet.[598]

2. Überwiegende Interessen des Verantwortlichen oder eines Dritten, Art. 6 Abs. 1 lit. f) DSGVO

Neben einer Zulässigkeit aufgrund einer vertraglichen Beziehung können Datenverarbeitungen vor allem auf überwiegende Interessen des Verantwortlichen oder eines Dritten gestützt werden. Auch hier wird zunächst ein allgemeiner Überblick gegeben, bevor die Grundsätze anschließend auf die Verarbeitung von Fahrerdaten durch die verschiedenen Verantwortlichen übertragen werden.

a. Allgemeines

Gemäß Art. 6 Abs. 1 lit. f) DSGVO können personenbezogene Daten verarbeitet werden, wenn die Verarbeitung zur Wahrung der berechtigten Interessen des Verantwortlichen oder eines Dritten erforderlich ist, sofern nicht die Interessen oder Grundrechte und Grundfreiheiten der betroffenen Person, die den Schutz personenbezogener Daten erfordern, überwiegen.[599]

Dieser Erlaubnistatbestand erfordert eine Abwägung der Interessen des Verantwortlichen bzw. Dritten mit denjenigen der betroffenen Person im

---

598 A.A. in Hinblick auf § 28 Abs. 1 S. 1 Nr. 2 BDSG a.F. wohl: *Karikari*, Big Data in der Automobilindustrie, S. 134.

599 *Albers/Veit*, in: Wolff/Brink, BeckOK DatenschutzR, 41. Ed. 1.11.2021, Art. 6 Rn. 63; *Schwartmann/Klein*, in: Schwartmann/Jaspers/Thüsing/Kugelmann, DS-GVO, BDSG, Art. 6 Rn. 135; *Plath*, in: Plath, DSGVO/BDSG, Art. 6 Rn. 47; *Wedde*, in: Däubler/Wedde/Weichert/Sommer, EU-DSGVO u. BDSG, Art. 6 Rn. 90.

Einzelfall.[600] Aufgrund der abschließenden Aufzählung von Erlaubnistatbeständen bedarf es einer solchen „weiten" Rechtsgrundlage um die nötige Flexibilität für den technikneutralen Ansatz der DSGVO sicherzustellen.[601] Auf der anderen Seite birgt die Interessenabwägung als Rechtsgrundlage auch immer Rechtsunsicherheit sowohl für Anwender als auch für betroffene Personen (hierzu mehr unter Kap. 3.A.IV.2.b.).

aa. Berechtigte Interessen des Verantwortlichen oder eines Dritten

Als berücksichtigungsfähige Interessen kommen neben rechtlichen auch wirtschaftliche oder ideelle Interessen in Betracht.[602] Ob das jeweilige Interesse berechtigt ist, ist normativ unter Berücksichtigung des Zwecks der Verarbeitung zu beurteilen.[603] In den Erwägungsgründen finden sich insoweit einige Anhaltspunkte:[604] So ist grundsätzlich von einem berechtigten Interesse auszugehen, wenn die betroffene Person Kunde des Verantwortlichen ist oder in seinen Diensten steht (EG 47 S. 2). Auch die Betrugsprävention (EG 47 S. 6), die Direktwerbung (EG 47 S. 7) sowie die Sicherheit von IT-Systemen (EG 49) können berechtigte Interessen darstellen. Als unberechtigt ausgeschlossen sind solche Interessen, die von der Rechtsordnung nicht anerkannt sind.[605] Zudem muss es

---

600 *Schulz*, in: Gola/Heckmann, DSGVO/BDSG, Art. 6 DS-GVO Rn. 59; *Albers/Veit*, in: Wolff/Brink, BeckOK DatenschutzR, 41. Ed. 1.11.2021, Art. 6 Rn. 68; *Heberlein*, in: Ehmann/Selmayr, Art. 6 Rn. 25.

601 *Buchner/Petri*, in: Kühling/Buchner, DS-GVO/BDSG, Art. 6 Rn. 141.

602 *Albers/Veit*, in: Wolff/Brink, BeckOK DatenschutzR, 41. Ed. 1.11.2021, Art. 6 Rn. 68; *Frenzel*, in: Paal/Pauly, DSGVO BDSG, Art. 6 Rn. 28; *Reimer*, in: Sydow/Marsch, DSGVO/BDSG, Art. 6 Rn. 75; *Schwartmann/Klein*, in: Schwartmann/Jaspers/Thüsing/Kugelmann, DS-GVO, BDSG, Art. 6 Rn. 145; *Wedde*, in: Däubler/Wedde/Weichert/Sommer, EU-DSGVO u. BDSG, Art. 6 Rn. 95; *Schulz*, in: Gola/Heckmann, DSGVO/BDSG, Art. 6 DS-GVO Rn. 61.

603 *Albers/Veit*, in: Wolff/Brink, BeckOK DatenschutzR, 41. Ed. 1.11.2021, Art. 6 Rn. 68.

604 *Albers/Veit*, in: Wolff/Brink, BeckOK DatenschutzR, 41. Ed. 1.11.2021, Art. 6 Rn. 68; *Frenzel*, in: Paal/Pauly, DSGVO BDSG, Art. 6 Rn. 31; *Kramer*, in: Auernhammer, DSGVO/BDSG, Art. 6 Rn. 72; *Buchner/Petri*, in: Kühling/Buchner, DS-GVO/BDSG, Art. 6 Rn. 147; *Schulz*, in: Gola/Heckmann, DSGVO/BDSG, Art. 6 DS-GVO Rn. 64;

605 *Kramer*, in: Auernhammer, DSGVO/BDSG, Art. 6 Rn. 76; *Plath*, in: Plath, DSGVO/BDSG, Art. 6 Rn. 54; *Schwartmann/Klein*, in: Schwartmann/Jaspers/Thüsing/Kugelmann, DS-GVO, BDSG, Art. 6 Rn. 145; *Heberlein*, in: Ehmann/Selmayr, DS-GVO, Art. 6 Rn. 25.; Art. 29-Datenschutzgruppe: Stellungnahme 06/2014 zum Begriff des berechtigten Interesses des für die Verarbeitung Verantwortlichen gemäß Art. 7 der Richtlinie 95/46/EG, S. 32.

sich um ein real vorhandenes Interesse handeln, dass nicht nur lediglich spekulativ oder ganz und gar potenziell ohne jegliche Realisierungsabsicht besteht.[606]

Neben Interessen des Verantwortlichen können auch Interessen eines Dritten Berücksichtigung finden.[607] Verfolgt der Verantwortliche Interessen eines Dritten wird dies häufig geschehen, um Sekundärzwecke zu erfüllen, die sich zusätzlich am Maßstab von Art. 6 Abs. 4 DSGVO messen lassen müssen.[608] Anders kann dies sein, wenn der Verantwortliche gerade mit der Wahrung fremder Interessen betraut ist (z.B. bei Rechtsanwälten) und sich hieraus gleichsam auch ein eigenes Interesse im Sinne einer Erfüllung der übertragenen Pflichten ergibt.

bb. Erforderlichkeit der Datenverarbeitung zur Wahrung berechtigter Interessen

In Bezug auf die Erforderlichkeit kann im Wesentlichen auf die Ausführungen unter Kap. 3 A.IV.1.a.bb verwiesen werden. Zumindest dürfen keine anderen, geeigneteren und milderen Mittel zur Verfügung stehen, um das mit der Datenverarbeitung verfolgte berechtigte Interesse des Verantwortlichen oder Dritten zu erfüllen.[609]

cc. Keine überwiegenden Interessen und Rechte der betroffenen Person

Im Rahmen von Art. 6 Abs. 1 lit. f) DSGVO müssen die berechtigten Interessen des Verantwortlichen mit den Interessen, Grundrechten und Grundfreiheiten des Betroffenen abgewogen werden. Nach dem Wortlaut kommt es auf Seiten

---

606 *Heberlein*, in: Ehmann/Selmayr, DS-GVO, Art. 6 Rn. 25; Art. 29-Datenschutzgruppe: Stellungnahme 06/2014 zum Begriff des berechtigten Interesses des für die Verarbeitung Verantwortlichen gemäß Art. 7 der Richtlinie 95/46/EG, S. 31.

607 *Plath*, in: Plath, DSGVO/BDSG, Art. 6 Rn. 49; *Schwartmann/Klein*, in: Schwartmann/Jaspers/Thüsing/Kugelmann, DS-GVO BDSG, Art. 6 Rn. 150; *Wedde*, in: Däubler/Wedde/Weichert/Sommer, EU-DSGVO u. BDSG, Art. 6 Rn. 94; *Schulz*, in: Gola/Heckmann, DSGVO/BDSG, Art. 6 DS-GVO Rn. 59; *Heberlein*, in: Ehmann/Selmayr, DS-GVO, Art. 6 Rn. 27.

608 *Kramer*, in: Auernhammer, DSGVO/BDSG, Art. 6 Rn. 75.

609 *Kramer*, in: Auernhammer, DSGVO/BDSG, Art. 6 Rn. 77; *Plath*, in: Plath, DSGVO/BDSG, Art. 6 Rn. 56; *Schwartmann/Klein*, in: Schwartmann/Jaspers/Thüsing/Kugelmann, DS-GVO, BDSG, Art. 6 Rn. 151; *Wedde*, in: Däubler/Wedde/Weichert/Sommer: EU-DSGVO u. BDSG, Art. 6 Rn. 94; Art. 29-Datenschutzgruppe: Stellungnahme 06/2014 zum Begriff des berechtigten Interesses des für die Verarbeitung Verantwortlichen gemäß Art. 7 der Richtlinie 95/46/EG, S. 37.

des Betroffenen nicht nur auf *berechtigte* Interessen an.[610] Sie können sich vielmehr aus den konkreten Umständen des Einzelfalls ergeben.[611] Im Übrigen ist auf die Grundrechte und Grundfreiheiten des europäischen Primärrechts abzustellen.[612]

Im Rahmen der Abwägung sind dann insbesondere die vernünftigen Erwartungen der betroffenen Person (EG 47 S. 1), ihre Beziehung zum Verantwortlichen (EG 47 S. 2) als auch die Absehbarkeit der Verarbeitung (EG 47 S. 3) zu berücksichtigen.[613] Die Interessen und Rechte der betroffenen Person können insbesondere dann überwiegen, wenn personenbezogene Daten in Situationen verarbeitet werden, in denen sie vernünftigerweise nicht mit einer weiteren Verarbeitung rechnen muss (EG 47 S. 4). Im Umkehrschluss kann der Verantwortliche also durch die Schaffung von Transparenz, insbesondere durch die umfassende Erfüllung seiner Informationspflichten nach Art. 13 DSGVO (hierzu mehr unter Kap.3 IV.), die Interessenabwägung zu seinen Gunsten beeinflussen, wenn dadurch die Datenverarbeitung für den Betroffenen erwartbarer wird.[614] Die Interessenabwägung kann zugunsten der betroffenen Person ausfallen, wenn es sich bei dieser um ein Kind handelt.[615]

Daneben müssen aber auch die Folgen der Datenverarbeitung für die betroffene Person, die Art der verwendeten Daten, die Art der Datenverarbeitung

---

610 *Albers/Veit*, in: Wolff/Brink, BeckOK DatenschutzR, 41. Ed. 1.11.2021, Art. 6 Rn. 71; *Reimer*, in: Sydow/Marsch, DSGVO/BDSG, Art. 6 Rn. 82; *Schwartmann/Klein*, in: Schwartmann/Jaspers/Thüsing/Kugelmann, DS-GVO, BDSG, Art. 6 Rn. 153; *Schulz*, in: Gola/Heckmann, DSGVO/BDSG, Art. 6 DS-GVO Rn. 62; *Heberlein*, in: Ehmann/Selmayr, DS-GVO, Art. 6 Rn. 28; Art. 29-Datenschutzgruppe: Stellungnahme 06/2014 zum Begriff des berechtigten Interesses des für die Verarbeitung Verantwortlichen gemäß Art. 7 der Richtlinie 95/46/EG, S. 38.

611 *Albers/Veit*, in: Wolff/Brink, BeckOK DatenschutzR, 41. Ed. 1.11.2021, Art. 6 Rn. 71.

612 *Schwartmann/Klein*, in: Schwartmann/Jaspers/Thüsing/Kugelmann, DS-GVO, BDSG, Art. 6 Rn. 154.

613 *Albers/Veit*, in: Wolff/Brink, BeckOK DatenschutzR, 41. Ed. 1.11.2021, Art. 6 Rn. 72; *Schwartmann/Klein*, in: Schwartmann/Jaspers/Thüsing/Kugelmann, DS-GVO, BDSG, Art. 6 Rn. 157; *Frenzel*, in: Paal/Pauly, DSGVO BDSG, Art. 6 Rn. 30; *Heberlein*, in: Ehmann/Selmayr, Art. 6 Rn. 28.

614 *Schwartmann/Klein*, in: Schwartmann/Jaspers/Thüsing/Kugelmann, DS-GVO, BDSG, Art. 6 Rn. 159; *Schulz*, in: Gola/Heckmann, DSGVO/BDSG, Art. 6 DS-GVO Rn. 68.

615 *Albers/Veit*, in: Wolff/Brink, BeckOK DatenschutzR, 41. Ed. 1.11.2021, Art. 6 Rn. 71; *Schwartmann/Klein*, in: Schwartmann/Jaspers/Thüsing/Kugelmann, DS-GVO, BDSG, Art. 6 Rn. 163; *Wedde*, in: Däubler/Wedde/Weichert/Sommer: EU-DSGVO u. BDSG, Art. 6 Rn. 101.

sowie die von Verantwortlichen zum Schutz des Betroffenen ergriffenen Maßnahmen berücksichtigt werden.[616] So kann eine Pseudonymisierung von Daten gemäß EG 28 DSGVO Risiken für betroffene Personen senken und damit das Ergebnis der Interessenabwägung entsprechend beeinflussen. Nach Ansicht der Art. 29 Datenschutzgruppe müssen im Zusammenhang mit vernetzten Geräten (Internet of Things) im Rahmen der Interessenabwägung auch die Art der Interessen des Verantwortlichen Berücksichtigung finden. So sollen bei Verarbeitungen, die Aufschluss über den Gesundheitszustand oder andere Aspekte des persönlichen Lebens des Betroffenen geben, rein wirtschaftliche Interessen des Verantwortlichen grundsätzlich nicht genügen.[617]

Im Rahmen der Interessenabwägung ist es ausreichend, wenn sich die Interessen des Verantwortlichen bzw. des Dritten und der betroffenen Person gleichberechtigt gegenüberstehen. Ein Überwiegen der Interessen des Verantwortlichen bzw. des Dritten ist nicht erforderlich.[618]

dd. Widerspruchsrecht, Art. 21 DSGVO

Die betroffene Person kann gemäß Art. 21 Abs. 1 DSGVO jederzeit Widerspruch gegen eine auf Art. 6 Abs. 1 lit. f) DSGVO gestützte Verarbeitung erheben, wenn hierfür Gründe, die sich aus der besonderen Situation der betroffenen Person ergeben, bestehen.[619] Wann eine solche besondere Situation vorliegt, kann nur im Einzelfall für den jeweiligen Betroffenen ermittelt werden, es muss sich hierbei um persönliche bzw. individuelle Gründe handeln, die neue, veränderte oder im Rahmen der pauschalen Interessenabwägung nicht berücksichtigte Risiken

---

616 *Buchner/Petri*, in: Kühling/Buchner, DS-GVO/BDSG, Art. 6 Rn. 149 ff; *Schulz*, in: Gola/Heckmann, DSGVO/BDSG, Art. 6 DS-GVO Rn. 63; 29-Datenschutzgruppe: Stellungnahme 06/2014 zum Begriff des berechtigten Interesses des für die Verarbeitung Verantwortlichen gemäß Art. 7 der Richtlinie 95/46/EG, S. 47 ff.

617 Art. 29 Datenschutzgruppe: Opinion 8/2014 on the Recent Development on the Internet of Things, S. 15.

618 *Albers/Veit*, in: Wolff/Brink, BeckOK DatenschutzR, 41. Ed. 1.11.2021, Art. 6 Rn. 63; *Frenzel*, in: Paal/Pauly, DSGVO BDSG, Art. 6 Rn. 31; *Kramer*, in: Auernhammer, DSGVO/BDSG, Art. 6 Rn. 81; *Reimer*, in: Sydow/Marsch, DSGVO/BDSG, Art. 6 Rn. 87; *Schulz*, in: Gola/Heckmann, DSGVO/BDSG, Art. 6 DS-GVO Rn. 62.

619 *Albers/Veit*, in: Wolff/Brink, BeckOK DatenschutzR, 41. Ed. 1.11.2021, Art. 6 Rn. 70; *Atzert*, in: Schwartmann/Jaspers/Thüsing/Kugelmann, DS-GVO u. BDSG, Art. 21 Rn. 21.

für die betroffene Person begründen.[620] Die Datenverarbeitung bleibt nur dann weiterhin zulässig, wenn der Verantwortliche zwingende schutzwürdige Gründe hierfür anführen kann, die die Rechte und Interessen des Betroffenen überwiegen oder die Verarbeitung der Geltendmachung, Ausübung oder Verteidigung von Rechtsansprüchen dient.[621]

Als Ausnahme hierzu sieht Art. 21 Abs. 2 DSGVO vor, dass ein bedingungsloses Widerspruchsrecht im Fall einer auf Art. 6 Abs. 1 lit. f) DSGVO gestützten Direktwerbung besteht.[622]

Stellt sich der Widerspruch nach Prüfung durch den Verantwortlichen als berechtigt heraus, so hat gemäß Art. 6 Abs. 3 DSGVO jede weitere Datenverarbeitung zu unterbleiben, soweit sich deren Rechtmäßigkeit allein aus Art. 6 Abs. 1 lit. f) DSGVO ergeben hat.[623] Schließlich ist die betroffene Person gemäß Art. 21 Abs. 4 DSGVO auf das Widerspruchsrecht hinzuweisen.[624]

b. Verarbeitung von Fahrerdaten auf Grundlage von Art. 6 Abs. 1 lit. f) DSGVO

Die vorgenannten allgemeinen Kriterien werden im Folgenden auf die verschiedenen Verarbeitungen von Fahrerdaten durch den jeweils Verantwortlichen übertragen.

---

620 *Martini*, in: Paal/Pauly, DSGVO BDSG, Art. 21 Rn. 30; *Herbst*, in: Kühling/Buchner, DS-GVO/BDSG, Art. 21 Rn. 15; *Kamann/Braun*, in: Ehmann/Selmayr, Art. 21 Rn. 20; LG Frankfurt a.M., Urt. v. 20.12.2018 – 2-05 O 151/18 = ZD 2019, 467 Rn. 33.

621 *Däubler*, in: Däubler/Wedde/Weichert/Sommer, EU-DSGVO u. BDSG, Art. 21 Rn. 11; *Schulz*, in: Gola/Heckmann, DSGVO/BDSG, Art. 23 DS-GVO Rn. 12; *Herbst*, in: Kühling/Buchner, DS-GVO/BDSG, Art. 21 Rn. 18 ff; *Kamann/Braun*, in: Ehmann/Selmayr, DS-GVO, Art. 21 Rn. 22.

622 *Atzert*, in: Schwartmann/Jaspers/Thüsing/Kugelmann, DS-GVO, BDSG, Art. 21 Rn. 65; *Däubler*, in: Däubler/Wedde/Weichert/Sommer, EU-DSGVO u. BDSG, Art. 21 Rn. 15; *Schulz*, in: Gola/Heckmann, DSGVO/BDSG, Art. 21 DS-GVO Rn. 18; *Kamann/Braun*, in: Ehmann/Selmayr, DS-GVO, Art. 21 Rn. 44.

623 *Atzert*, in: Schwartmann/Jaspers/Thüsing/Kugelmann, DS-GVO, BDSG, Art. 21 Rn. 60; *Däubler*, in: Däubler/Wedde/Weichert/Sommer, EU-DSGVO u. BDSG, Art. 21 Rn. 14; *Schulz*, in: Gola/Heckmann, DSGVO/BDSG, Art. 21 DS-GVO Rn. 23 ff.; *Herbst*, in: Kühling/Buchner, DS-GVO/BDSG, Art. 21 Rn. 25; *Kamann/Braun*, in: Ehmann/Selmayr, DS-GVO, Art. 21 Rn. 39.

624 *Atzert*, in: Schwartmann/Jaspers/Thüsing/Kugelmann, DS-GVO, BDSG, Art. 21 Rn. 81; *Forgó*, in: Wolff/Brink, BeckOK DatenschutzR, 41, Ed. 1.11.2021, Art. 21 Rn. 24; *Martini*, in: Paal/Pauly, DSGVO BDSG, Art. 21 Rn. 3.

aa. Datenverarbeitung durch Hersteller und Drittanbieter

(1) Datenverarbeitung zum Primärzweck der Leistungserbringung

Bezüglich der Datenverarbeitung zum Betrieb der im Kfz enthaltenen Funktionen und Systemen dürfte im Regelfall ein berechtigtes Interesse der Hersteller und Drittanbieter daran, die vereinbarten Dienste und Funktionen erbringen zu können und insoweit ihren eigenen vertraglichen Verpflichtungen nachzukommen, bestehen.[625] Dass solche vertragliche Verpflichtungen nicht zum Fahrer als betroffener Person bestehen, ist hierbei unschädlich. Das Interesse an der eigenen Vertragserfüllung besteht auch dann, wenn es sich hierbei z.B. um Dienstleistungsverträge über Connectivity Dienste mit dem Hauptnutzer, um Kaufverträge mit Kfz-Händlern oder um Verträge mit anderen Leistungserbringern im Rahmen vernetzter Fahrzeuge handelt. Ein solches Interesse ist auch berechtigt, da es von der Rechtsordnung anerkannt ist.

Ausschlaggebend für die Anwendbarkeit von Art. 6 Abs. 1 lit. f) DSGVO ist in diesem Fall zum einen, wie die Datenverarbeitung ausgestaltet ist, also ob sie sich auf das für die Leistungserbringung erforderliche Maß beschränkt. Zum anderen dürfen keine überwiegenden, widerstreitenden Interessen des Fahrers bestehen. Widerstreitende Interessen können vor allem in der Privatheit der Fortbewegung bestehen, also darin, dass Fahrtziele und Fahrverhalten eben nicht einer Betrachtung und Bewertung unterzogen werden oder nachvollziehbar sind.[626] Ob solche Interessen überwiegen, hängt im Ergebnis, wie auch die Erforderlichkeit, vom Einzelfall ab. In Anwendung von EG 47 DSGVO müssen das Verhältnis des Fahrers zur Datenverarbeitung sowie zum Verantwortlichen als auch die Transparenz der Datenverarbeitung berücksichtigt werden. Daneben spielen auch Risiken für die Rechte und Interessen des Betroffenen durch die konkrete Verarbeitung eine Rolle.

Grundsätzliche Kriterien für die Bewertung sind damit zum Beispiel, ob der Fahrer die Möglichkeit erhält zu verstehen, dass gewissen Sicherheits- oder Komfortfunktionen eine Verarbeitung von Fahrtdaten immanent ist; ob diese Daten nur im Kfz verarbeitet werden und anschließend möglichst schnell wieder gelöscht werden,[627] oder ob eine Übertragung von Daten aus dem Kfz erfolgt und die damit einhergehenden Risiken solcher Übermittlungen bestehen; ob die Möglichkeit besteht, bestimmte, nicht für den Fahrtbetrieb notwendige,

---

625 So auch: *Kumpf*, Smart Cars, S. 90; *Klink-Straub/Straub*, NJW 2018, 3201 (3204).

626 So auch: *Kumpf*, Smart Cars, S. 91.

627 So auch für BDSG a.F.: *Roßnagel*, 52. VGT 2014, 259 (269).

Funktionen abzuschalten, wenn der Fahrer an diesen kein Interesse hat. Auf der anderen Seite ist zu Gunsten der Zulässigkeit einer Datenverarbeitung zu berücksichtigten, ob mit dieser der Schutz des Betroffenen oder seiner Rechte bezweckt wird, wie zum Beispiel bei den Sicherheitsfunktionen. Für solche Funktionen werden nur in Ausnahmefällen gegenläufige überwiegende Betroffeneninteressen bestehen.[628]

Ist die Datenverarbeitung für den Fahrer transparent gestaltet und begrenzt sich diese auf das für den Betrieb der Funktionen und Dienste erforderliche Maß, wird die Interessenabwägung im Regelfall zu Gunsten des Verantwortlichen ausfallen.[629]

(2) Datenverarbeitung zu Sekundärzwecken

Die insbesondere für Hersteller aber auch Drittanbieter in Bezug auf ihre eigenen Leistungen eigentlich interessantere Nutzung der aus dem Kfz gewonnen Daten spielt sich im Rahmen der Sekundärzwecke ab. Hier gibt es fast unbegrenzte Einsatzfelder und Verwendungsmöglichkeiten: Zur Produktionsplanung und Fahrzeugentwicklung, da die Auswertung von Fahrzeugfunktionsdaten zu einem besseren Verständnis von Fehlerquellen und –häufigkeiten beitragen kann[630]; im Bereich der Kundenbetreuung, um Wartungsphasen vorhersagen zu können und damit eine effizientere Werkstattauslastung zu ermöglich oder durch Erkenntnisse über Kundengewohnheiten Angebote bedarfsorientiert und individualisiert zu gestalten[631]; im Bereich des Marketings frühzeitig Kundenabwanderungen zu erkennen und Gegenmaßnahmen zu ergreifen.[632] Zudem können Hersteller im Rahmen der Produkthaftung dazu verpflichtet sein, ihre Produkte zu beobachten und hierzu Daten aus dem Kfz zu erfassen.[633] Zumindest soweit

628 So auch: *von Bodungen*, in: Specht/Mantz (Hrsg.): Handbuch Europäisches und deutsches Datenschutzrecht, § 16 Rn. 38; *Klink-Straub/Straub*, NJW 2018, 3201 (3204).

629 So auch: *Forgó*, in: Oppermann/Stender-Vorwachs (Hrsg.): Autonomes Fahren, Kap. 3.5 Rn. 36; *Wendt*, ZD-Aktuell 2018, 06034.

630 Siehe hierzu auch: *Hornung*, in: Roßnagel/Hornung (Hrsg.), Grundrechtsschutz im Smart Car, S. 109 (112).

631 Zu verschiedenen Monetarisierungsmöglichkeiten siehe: McKinsey & Company, Monetizing car data (2016), abrufbar unter: *www.mckinsey.com/industries/automotive-and-assembly/our-insights/monetizing-car-data#* (zuletzt abgerufen am 04.12.2022)

632 *Karikari*: Big Data in der Automobilindustrie, S. 7 f.

633 *von Bodungen*, in: Specht/Mantz (Hrsg.): Handbuch Europäisches und deutsches Datenschutzrecht, § 16 Rn. 39; zur „integrierten Produktbeobachtung“ ausführlich *Schmid*, CR 2019, 141; kritisch hierzu: *Böck/Theurer*, BB 2021, 520 (524); *Rieß/Greß*, DuD 2015, 391 (395).

sich diese Pflicht nicht aus EU-Recht oder dem Recht eines Mitgliedstaates ergibt, kommt die Interessenabwägung nach Art. 6 Abs. 1 lit. f) DSGVO hierfür grundsätzlich in Betracht.[634]

Für die Frage, ob die Nutzung der Daten zu solchen Zwecken, die nicht vom Zweck der ursprünglichen Datenerhebung umfasst sind, rechtmäßig ist, müssen die Gegebenheiten der konkreten Weiterverarbeitung, ihre Zwecke und Ziele sowie ihre Ausgestaltung genau untersucht werden. So wird man grundsätzlich davon ausgehen können, dass Daten aus Unfalldatenspeichern oder der Nutzung des eCalls nur unter besonderen Umständen für sekundäre Zwecke verwendet werden können, da sie sensible Informationen enthalten.[635] Auch ist fraglich, ob die sekundären Zwecke des Verantwortlichen, die meist in der Optimierung der eigene Geschäftsprozesse liegen, mit dem ursprünglichen Zwecken von Schutz der Gesundheit und des Lebens sowie der Unfallaufklärung und Prävention gemäß Art. 6 Abs. 4 DSGVO kompatibel sind.[636] Andererseits können Datenverarbeitungen zum Zweck der Produktbeobachtung auch die Verkehrssicherheit fördern, sodass eine Interessenabwägung in diesem Fall eher zu Gunsten der Hersteller ausgehen kann.[637]

Auch im Rahmen von Connectivity Diensten fallen viele Nutzungsdaten an, die auf den ersten Blick nicht besonders sensibel sind, aber dennoch auf die Verhaltensweisen des Nutzers schließen lassen können. Je detaillierter und individueller eine solche Verhaltensauswertung ist, desto weniger würde der Nutzer diese Dritten gegenüber offenbaren wollen, was durchaus auch als Anhaltspunkt für eine unzulässige Weiterverarbeitung dienen kann.[638]

---

634 Soweit die Produktbeobachtung durch EU-Recht oder dem Recht eines Mitgliedstaates angeordnet wird, ist Art. 6 Abs. 1 lit. c) DSGVO die richtige Rechtsgrundlage, siehe *Mantz/Spittka*: §6 Datenschutz und IT-Sicherheit, in: Sassenberg/Faber (Hrsg.): Rechtshandbuch Industrie 4.0 und Internet of Things, Rn. 44.

635 So auch *Klink-Straub/Straub*, NJW 2018, 3201 (3204).

636 Zu der Einordnung als Sekundärzwecke siehe auch: *Karikari*: Big Data in der Automobilindustrie, S. 135.

637 *Karikari*: Big Data in der Automobilindustrie, S. 136; *von Bodungen*, in: Specht/Mantz (Hrsg.): Handbuch Europäisches und deutsches Datenschutzrecht, § 16 Rn. 39; *Klink-Straub/Straub*, NJW 2018, 3201 (3204); *Schmid*, CR 2019, 141 (146) und *Kahl*, RAW 2019, 70 (72) sehen hingegen Art. 6 Abs. 1 lit. c) DSGVO als Rechtsgrundlage für die Produktbeobachtung; dies wiederum ablehnend, da sich die Produktbeobachtungspflicht aus richterlich Rechtsfortbildung und nicht aus einer ausdrücklichen gesetzlichen Regelung ergibt: *Raith*, Das vernetzte Automobil, S. 177.

638 *Gennen*, RDV 2015, 74 (76).

Inwieweit die Verarbeitung von Fahrtdaten des Fahrers zu sekundären Zwecken auf Art. 6 Abs. 1 lit. f) DSGVO gestützt werden kann, kann daher nicht pauschal beurteilt werden, es lassen sich aber anhand von zwei Anwendungsbeispielen gewisse Grenzen herleiten:

(a) Big Data Anwendungen

Unter Big Data Anwendungen versteht man die Möglichkeit, große und unstrukturierte Datenmengen durch verschieden, meist neue, Technologien zu erfassen und diese möglichst in Echtzeit auszuwerten.[639]

Berechtigte Interessen können, aufgrund der weiten Begriffsbestimmung, zum Beispiel immer dann bestehen, wenn das Unternehmen die aus der Auswertung gewonnenen Erkenntnisse verwenden möchte, um Geschäftsprozesse zu optimieren.[640] Bezogen auf Hersteller und die Automobilindustrie liegen solche berechtigen Interessen zum Beispiel in der Früherkennung und Verhinderung von Produktfehlern, um Rückrufe zu umgehen, die für Hersteller im Regelfall sehr kostspielig sind. Auch die generelle Produktverbesserung stellt grundsätzlich ein berechtigtes Interesse der Hersteller dar.[641]

Auch die Erforderlichkeit dürfte häufig zu bejahen sein, da die spezifischen Ziele meist nur durch den Einsatz von Big Data Auswertungen erreicht werden können, also kein milderes aber gleich wirksamen Mittel zur Erreichung des Zwecks besteht.[642]

Im Rahmen der Interessenabwägung wird es dann letztendlich auf die Frage ankommen, inwieweit die konkrete Anwendung von Big Data Technologien auf eine umfassende und systematische Auswertung des Betroffenenverhaltens hinausläuft. Hierbei ist zu beachten, dass das Profiling nach Art. 4 Nr. 4 DSGVO grundsätzlich nicht verboten ist, solange es nicht in einer Entscheidung mit rechtlicher Wirkung oder einer ähnlichen Beeinträchtigung für den Betroffenen mündet.[643] Auf der anderen Seite ordnet die DSGVO das Profiling als eher risikoreiche Verarbeitung ein, die zu ihrer Rechtfertigung unter Umständen sogar

---

639 *Karikari*, Big Data in der Automobilindustrie, S. 2.; *Brisch/Pieper*, CR 2015, 724 (724); ausführlich zum Begriff sowie den Auswertungsmöglichkeiten: *Weichert*, ZD 2013, 251 und *Roßnagel*, ZD 2013, 562 sowie *Jäschke/Rochow/Tewes/Vogel/Mertens/Reiter/Mether*: Für immer anonym: Wie kann die De-Anonymisierung verhindert werden?, S. 12 ff.

640 *Plath*, in: Plath, DSGVO/BDSG, Art. 6 Rn. 59.

641 *Kahl*, RAW 2019, 70 (72).

642 So auch: *Plath*, in: Plath, DSGVO/BDSG, Art. 6 Rn. 60.

643 So auch: *Plath*, in: Plath, DSGVO/BDSG, Art. 6 Rn. 62.

einer erweiterten Verhältnismäßigkeitsprüfung im Rahmen einer Datenschutzfolgenabschätzung nach Art. 35 DSGVO bedarf.[644] Wie bereits dargestellt ist hierbei auch einzubeziehen, in welchem Verhältnis die betroffene Person zur Verarbeitung und zum Verantwortlichen steht und inwieweit die konkrete Verarbeitung für sie erwartbar ist.[645]

Bezogen auf das Anwendungsbeispiel und den Fahrer als Drittbetroffenen, wird dabei auch zu berücksichtigten sein, ob es sich um eine Person handelt, die das Kfz regelmäßig nutzt oder nur gelegentlich. Ein Fahrer, der das Kfz regelmäßig nutzt (zum Beispiel als Leasingnehmer) kann ein eigenes Interesse an der Produktbeobachtung und -verbesserung haben, wenn er davon profitiert oder dies für ihn Vorteile bringt. Dies kann die Interessenabwägung zu Gunsten des Herstellers beeinflussen. Auf der anderen Seite wird eine Person, die das Kfz nur gelegentlich oder einmalig nutz (zum Beispiel bei einem Mietfahrzeug) kein eigenes Interesse an der Produktbeobachtung und -verbesserung haben, da aufgrund der kurzen oder punktuellen Nutzung keine Vorteile durch die Datenauswertung zu erwarten sind.[646]

Im Ergebnis ist eine unreflektierte und massenhafte Auswertung von Daten zu Sekundärzwecken nicht über Art. 6 Abs. 1 lit. f) DSGVO zu rechtfertigen.[647] Besonderes Augenmerk muss auf die Begrenzung des Zwecks, die Wahrung des Erforderlichkeitsgrundsatzes sowie auf eine generelle datenschutzfreundliche Gestaltung gelegt werden.[648]

(b) Direktmarketing

Auf der anderen Seite stellt das Direktmarketing ein Beispiel für eine unkritische Datenverarbeitung dar, die in dem meisten Fällen über Art. 6 Abs. 1 lit. f) DSGVO gerechtfertigt werden kann. Das Direktmarketing stellt nach EG 47 Satz 7 DSGVO ausdrücklich ein berechtigtes Interesse dar.[649] Auch hier ist im Einzelfall zu prüfen, ob der Verarbeitung keine Interessen oder Rechte der betroffenen Person entgegenstehen.

---

644 *Plath*, in: Plath, DSGVO/BDSG, Art. 6 Rn. 63.

645 Hierzu unter Kap. 3 A.IV. 2.a.cc.

646 So wohl im Ergebnis auch für BDSG a.F. schon: *Lüdemann*, ZD 2015, 247 (252).

647 *Specht*, GRUR Int. 2017, 1040 (1046).

648 So auch *Mantz/Spittka*: §6 Datenschutz und IT-Sicherheit, in: Sassenberg/Faber (Hrsg.): Rechtshandbuch Industrie 4.0 und Internet of Things, Rn. 43.

649 *Frenzel*, in: Paal/Pauly, DSGVO BDSG, Art. 6 Rn. 28.

(3) Zwischenergebnis

Es lässt sich festhalten, dass Hersteller und Drittanbieter Datenverarbeitungen im Rahmen der Assistenz- und Sicherheitssysteme, der Connectivity Dienste, der Komfort- und Überwachungsfunktionen sowie von Unfalldatenspeicher und eCall auf Art. 6 Abs. 1 lit. f) DSGVO stützen können, soweit diese zur Erreichung der berechtigten Interessen erforderlich sind. Verarbeitungen zu Sekundärzwecken können grundsätzlich auch auf die Interessenabwägung gestützt werden, wenn die Zwecke definiert sind, die Erforderlichkeit gewahrt wird und die Rechte und Freiheiten des Fahrers nicht überwiegen. Hierzu ist eine Abwägung im Einzelfall erforderlich.

bb. Datenverarbeitung durch Eigentümer/Halter oder Hauptnutzer

(1) Datenverarbeitung zum Zweck der Leistungserbringung

(a) Connectivity Dienste & Überwachungsfunktionen (in gemeinsamer Verantwortlichkeit)

Wie bereits gezeigt, können gemeinsame Verantwortlichkeiten von Car Sharing- oder Mietwagenanbietern im Rahmen der Connectivity Dienste zusammen mit Drittdienstanbietern sowie im Rahmen der Überwachungsfunktionen zusammen mit dem Hersteller bestehen.[650]

Berechtigte Interessen von kommerziellen Vermietern können im Sinne einer Vertragserfüllung gegenüber dem Fahrer bestehen, wenn bestimmte Funktionen und Dienste des vermieteten Kfz Teil der vereinbarten Leistung sind. Soweit dies nicht der Fall ist, kommen auch Drittinteressen, namentlich der Hersteller und Dienstanbieter an deren Vertragserfüllung, in Betracht. Soweit man auf der einen Seite Eigentümern oder Haltern und Nutzern eine gemeinsame Verantwortlichkeit aufbürdet, muss man diese Interessen auf der anderen Seite dann auch als berechtigt im Rahmen der Rechtgrundlage einer solchen gemeinsamen Verarbeitung genügen lassen.

Soweit sich die Datenverarbeitung auf das für die Leistungserbringung notwendige Maß beschränkt, ist auch die Erforderlichkeit zu bejahen. Es ergeben sich insoweit keine Unterschiede zu den Ausführungen unter aa. (1).

Auch in Bezug auf die Interessenabwägung ergeben sich in dieser Konstellation zumindest keine Abweichungen zu Gunsten des Fahrers. Im Gegenteil wird man bei der Betrachtung der Beziehung zwischen Fahrer als betroffener Person und Car Sharing- bzw. Mietwagenanbieter eher zu dem Schluss kommen,

650 Siehe zur unter A.II.2.c. aa und bb

dass aufgrund der vertraglichen Beziehung zwischen beiden ein Näheverhältnis besteht, welches eher gegen überwiegende schutzwürdige Interessen des Fahrers spricht, solange die allgemeinen Anforderungen eingehalten werden.

(b) Unfalldatenspeicher

Die Aufklärung von Unfällen sowie die Klärung von Ansprüchen die sich aus solchen für im Eigentum stehenden oder in Besitz befindlichen Kfz des Car Sharing- oder Mietwagenanbieters ergeben, stellen berechtigte Interessen dar. Darüber hinaus sind auch Interessen von Dritten, zum Beispiel von Geschädigten eines Unfalls, in Betracht zu ziehen. Insofern erweitert Art. 6 Abs.1 lit. f) DSGVO den Umfang der prinzipiell möglichen Datenverarbeitung im Vergleich zu Art. 6 Abs. 1 lit. b) DSGVO, der nur die Klärung von Ansprüchen zwischen Fahrer und Vermieter als Vertragsparteien zulässt.[651]

Auch die Erforderlichkeit wird grundsätzlich bejaht werden können, wenn sich die Verarbeitung auf das zur Geltendmachung oder Abwehr von Ansprüchen notwendige Maß beschränkt.

Liest der Car Sharing- oder Mietwagenanbieter den Unfalldatenspeicher zur Verwendung für eigene Ansprüche aus, dürften zudem nur in Ausnahmefällen überwiegende Interessen des Fahrers bestehen. Erfolgt das Auslesen für einen Dritten und sollen diesem die Daten zur Verwendung im Rahmen von ihn betreffenden Ansprüchen übermittelt werden, bedarf es wiederum einer genaueren Betrachtung der Umstände des Einzelfalls. Den Vermieter treffen nämlich aufgrund der vertraglichen Beziehung zum Fahrer wiederum Treuepflichten diesem gegenüber, die er nur unter besonderen Umständen (zum Beispiel bei besonders schweren Unfällen mit Gesundheitsschäden auf Seiten des Dritten) zu Gunsten der Drittinteressen zurückstellen darf.

(2) Datenverarbeitung zu Sekundärzwecken

Eigentümer bzw. Halter haben die Möglichkeiten Unfalldatenspeichern oder Betriebsdaten über die OBD-II Schnittstelle auslesen zu lassen und anschließend für eigene sekundäre Zwecke zu verwenden. Der Hauptnutzer eines Kfz kann zudem über die Überwachungsfunktionen Fahrtdaten- und Betriebsdaten des Fahrers einsehen. Wie auch Hersteller haben kommerzielle Vermieter ein besonderes Interesse, solche Daten weiterzuverwenden, um dadurch Produkte zu verbessern oder effizientes Marketing betreiben zu können.[652] Gerade die

651 Siehe hierzu unter Kap. 3 A. IV.1.b.cc. (1). (b).
652 Siehe hierzu: *Schulze*, BB 2013, 195 (199).

Auswertung von Standortdaten dürfte für Car Sharing Anbieter von besonderem Interesse sein, da sich dadurch zum Beispiel besser der Bedarf von Kfz an bestimmtem Orten planen lässt. Standortdaten können zudem zur Kontrolle, ob sich das gemietete Kfz im zulässigen Bereich befindet oder zur Aufklärung von Diebstählen eingesetzt werden.[653] Daneben kann aber auch die Auswertung der übrigen Fahrdaten bzw. Fahrzeugzustandsdaten von Interesse sein, um Fehler und Schäden am Kfz frühzeitig zu erkennen und solche Kfz zum Beispiel vom Mietangebot automatisiert auszunehmen.[654]

Insofern kann auf die Ausführungen unter aa. (2), insbesondere in Bezug auf die Grenzen solcher Verarbeitung zur Effizienzsteigerung eigener Geschäftsprozesse, verwiesen werden. In dieser Konstellation ist aber zu berücksichtigen, dass aufgrund der vertraglichen Beziehung ein Näheverhältnis zwischen Betroffenen und Verantwortlichen besteht, welches in die Interessenabwägung zu Gunsten des Verantwortlichen eingestellt werden kann. Auf der anderen Seite gilt dennoch, dass überwiegende schutzwürdige Interessen bestehen, wenn sensible Daten aus Unfalldatenspeichern oder in Form von Standortdaten aus Überwachungsfunktionen verwendet werden sollen.

Letztendlich bleibt die Beurteilung auch hier einer Einzelfallbetrachtung überlassen.

(3) Zwischenergebnis

Es lässt sich festhalten, dass kommerzielle Eigentümer und Halter Datenverarbeitungen im Rahmen der Connectivity Dienste, der Überwachungsfunktionen sowie von Unfalldatenspeicher auf Art. 6 Abs. 1 lit. f) DSGVO stützen können, soweit diese zur Erreichung der berechtigten Interessen erforderlich sind. Verarbeitungen zu Sekundärzwecken können grundsätzlich auch auf die Interessenabwägung gestützt werden, wenn die Zwecke definiert sind, die Erforderlichkeit gewahrt wird und die Rechte und Freiheiten des Fahrers nicht überwiegen. Hierzu ist eine Abwägung im Einzelfall erforderlich.

653 So hat z.B. der Autovermieter Europcar GPS-Daten für diese Zwecke verwendet: *https://www.lto.de/recht/nachrichten/n/hamburgischer-datenschutzbeauftragter-sanktioniert-unzulaessige-gps-ortung-von-mietwagen/* (zuletzt abgerufen am 04.12.2022).

654 Siehe hierzu: *Schulze*, BB 2013, 195 (200).

cc. Ergebnis

Art. 6 Abs. 1 lit. f) DSGVO stellt die zentrale Interessenabwägungsnorm unter den Erlaubnistatbeständen dar. Die Notwendigkeit einer solchen ergibt sich daraus, dass die Erlaubnistatbestände wegen der Konzeption als Verbot mit Erlaubnisvorbehalt abschließend sind, auf der anderen Seite aber eine gewisse Flexibilität vor dem Hintergrund der Technologieneutralität und Zukunftsoffenheit der DSGVO bestehen muss.

Wie die Untersuchung gezeigt hat, kann daher nur für den Einzelfall unter sorgfältiger Einbeziehung aller Umstände und Faktoren und nach gründlicher Abwägung der widerstreitenden Interessen festgestellt werden, ob eine Datenverarbeitung im Kfz auf Art. 6 Abs. 1 lit. f) DSGVO gestützt werden kann. Dieser Tatbestand eignet sich daher keineswegs als Auffangtatbestand, wenn eine vertragliche Beziehung zum Fahrer als betroffener Person fehlt und daher Art. 6 Abs. 1 lit. b) DSGVO nicht zur Anwendung kommt.

Grundsätzlich lassen sich aber Datenverarbeitungen im Rahmen der hier untersuchten Phänomene zumindest zum Zweck der eigentlichen Leistungserbringung in den meisten Fällen auf Art. 6 Abs. 1 lit. f) DSGVO stützen, wenn diese so gestaltet sind, dass nur die hierfür erforderliche Verarbeitung erfolgt. Doch auch wenn die Interessenabwägung zu Gunsten des Verantwortlichen ausgeht, kann sie im Einzelfall zu unterbleiben haben, wenn der Betroffene einen berechtigten Widerspruch einlegt. Der Verantwortliche muss für solche Situationen Prozesse vorsehen, da der Verarbeitung dann gegebenenfalls die Rechtmäßigkeit fehlt.

Schließlich ist auch zu bedenken, dass dieser Erlaubnistatbestand dem Verantwortlichen eine besondere Verantwortung überträgt und von ihm ein hohes Maß an Disziplin verlangt: Der Verantwortliche wird stets ein subjektives, eigenes Interesse an der Durchführbarkeit der Datenverarbeitung haben und zwar so, dass sie für ihn den größten Nutzen bringt.[655] Insbesondere in Bezug auf Sekundärzwecke ist die Verlockung groß, die Interessenabwägung als bloße argumentative Fassade zu missbrauchen.[656]

---

655 *Plath*, in: Plath, DSGVO/BDSG, Art. 6 Rn. 51.

656 *Kramer*, in: Auernhammer, DSGVO/BDSG, Art. 6 Rn. 67.

3. *Erfüllung einer rechtlichen Verpflichtung und Wahrnehmung einer im öffentlichen Interesse liegenden Aufgabe, Art. 6 Abs. 1 lit. c) und e) DSGVO*

Neben der Vertragserfüllung und der Interessenabwägung kann eine Datenverarbeitungen gemäß Art. 6 Abs. 1 lit. c) und e) DSGVO auch dann gerechtfertigt sein, wenn hierzu eine Verpflichtung qua Gesetzes besteht. Dies kann für den Bereich vernetzter und automatisierter Kfz relevant sein, da bereits heute Pflichten für Hersteller bestehen, Kfz mit gewissen datenverarbeitenden Systemen auszustatten.

a. *Allgemeines*

Art. 6 Abs. 1 lit. c) und e) DSGVO enthalten Erlaubnistatbestände für eine Verarbeitung die

- zur Erfüllung einer rechtlichen Verpflichtung erforderlich ist, der der Verantwortliche unterliegt (lit. c));
- für die Wahrnehmung einer Aufgabe erforderlich ist, die im öffentlichen Interesse liegt oder in Ausübung öffentlicher Gewalt erfolgt, die dem Verantwortlichen übertragen wurde (lit. e)).

Die rechtliche Verpflichtung bzw. die Wahrnehmung der öffentlichen Aufgabe muss sich aus Unionsrecht oder aus dem Recht des Mitgliedstaates, welchem der Verantwortliche unterliegt, ergeben (Art. 6 Abs. 3 DSGVO).[657] Insoweit stellen Art. 6 Abs. 1 lit. c) und e) DSGVO keine eigenständigen Rechtgrundlagen dar, sondern sind vielmehr das „Einfallstor" für Rechtgrundlagen außerhalb der DSGVO.[658]

Es muss sich um eine gesetzliche Pflicht bzw. Aufgabe handeln, deren Einhaltung gerade dem Verantwortlichen obliegt.[659] Hierbei kann es sich um öffentliche als auch nicht-öffentliche Stellen handeln.[660] Über Art. 6 Abs. 1 lit.

---

657 *Albers/Veit*, in: Wolff/Brink, BeckOK DatenschutzR, 41. Ed. 1.11.2021, Art. 6 Rn. 48 und 55; *Buchner/Petri*, in: Kühling/Buchner, DS-GVO/BDSG, Art. 6 Rn. 83; *Heberlein*, in: Ehmann/Selmayr, DS-GVO, Art. 6 Rn. 15.

658 *Albers/Veit*, in: Wolff/Brink, BeckOK DatenschutzR, 41. Ed. 1.11.2021, Art. 6 Rn. 49; *Schwartmann/Jacquemain*, in: Schwartmann/Jaspers/Thüsing/Kugelmann, DS-GVO u. BDSG, Art. 6 Rn. 68.

659 *Schulz*, in: Gola/Heckmann, DSGVO/BDSG, Art. 6 DS-GVO Rn. 46.

660 *Schwartmann/Jacquemain*, in: Schwartmann/Jaspers/Thüsing/Kugelmann, DS-GVO u. BDSG, Art. 6 Rn 70; *Wedde*, in: Däubler/Wedde/Weichert/Sommer, EU-DSGVO u. BDSG, Art. 6 Rn. 81, 87.

e) DSGVO sind nur solche Verarbeitungen erfasst, die im zugewiesenen Aufgaben- und Zuständigkeitsbereich der öffentlichen Stelle oder im Wege einer Beleihung der nicht-öffentlichen Stelle liegen.[661] Die rechtliche Verpflichtung in Art. 6 Abs. 1 lit. c) DSGVO kann sich in Abgrenzung zu Art. 6 Abs. 1 lit. b) DSGVO nur aus einer Rechtsvorschrift und nicht aus einem rechtsgeschäftlichen Schuldverhältnis ergeben.[662]

Im Rahmen von Art. 6 Abs. 1 lit. e) DSGVO muss es sich um die Erfüllung einer Aufgabe der Ordnungs-, Lenkungs- oder Leistungsverwaltung handeln.[663] Als Beispiele für im öffentlichen Interesse liegende Aufgaben nennt die DSGVO in EG 55 die Datenverarbeitung durch staatliche Stellen zu verfassungs- oder völkerrechtlich verankerten Zielen von staatlich anerkannten Religionsgemeinschaften und in EG 56 die Verarbeitung von Daten über die politische Einstellung von Personen durch politische Parteien im Zusammenhang mit Wahlen.[664]

Zudem muss die konkrete Datenverarbeitung zur Erfüllung dieser Pflicht bzw. Aufgabe erforderlich sein. Dies ist immer dann der Fall, wenn sie durch Gesetz verpflichtend angeordnet ist.[665] Auch hier ist sie auf das zur Aufgabenerfüllung notwendige Maß zu beschränken.[666]

Die unionsrechtliche oder mitgliedstaatliche Rechtsgrundlage, die die Datenverarbeitung anordnet, muss selbst gewisse Anforderungen erfüllen. Gemäß Art. 6 Abs. 3 Satz 2 DSGVO muss der Verarbeitungszweck in der Rechtsgrundlage festgelegt sein. Zudem muss gemäß Art. 6 Abs. 3 Satz 4 DSGVO das Recht

---

661 *Albers/Veit*, in: Wolff/Brink, BeckOK DatenschutzR, 41. Ed. 1.11.2021, Art. 6 Rn. 56; *Buchner/Petri*, in: Kühling/Buchner, DS-GVO/BDSG, Art. 6 Rn. 117; *Frenzel*, in: Paal/Pauly, DSGVO BDSG, Art. 6 Rn. 24 f.; *Heberlein:* Ehmann/Selmayr, DS-GVO, Art. 6 Rn. 21; *Kramer*, in: Auernhammer, DSGVO/BDSG, Art. 4 Rn. 60; *Plath*, in: Plath, DSGVO/BDSG, Art. 6 Rn. 44 f.; *Schulz*, in: Gola/Heckmann, DSGVO/BDSG, Art. 6 DS-GVO Rn. 54; *Schwartmann/Jacquemain*, in: Schwartmann/Jaspers/Thüsing/Kugelmann, DS-GVO, BDSG, Art. 6 Rn. 92.

662 *Buchner/Petri*, in: Kühling/Buchner, DS-GVO/BDSG, Art. 6 Rn. 77; *Frenzel*, in: Paal/Pauly, DSGVO BDSG, Art. 6 Rn. 16; *Heberlein:* Ehmann/Selmayr, DS-GVO, Art. 6 Rn. 16; *Schulz*, in: Gola/Heckmann, DSGVO/BDSG, Art. DS-GVO 6 Rn. 46; *Schwartmann/Jacquemain*, in: Schwartmann/Jaspers/Thüsing/Kugelmann, DS-GVO, BDSG, Art. 6 Rn. 71.

663 *Schulz*, in: Gola/Heckmann, DSGVO/BDSG, Art. 6 DS-GVO Rn. 54.

664 *Albers/Veit*, in: Wolff/Brink, BeckOK DatenschutzR, 41. Ed. 1.11.2021, Art. 6 Rn 54; *Buchner/Petri*, in: Kühling/Buchner, DS-GVO/BDSG, Art. 6 Rn. 115.

665 *Albers/Veit*, in: Wolff/Brink, BeckOK DatenschutzR, 41. Ed. 1.11.2021, Art. 6 Rn. 50; *Reimer:* Sydow/Marsch, DSGVO/BDSG, Art. 6 Rn. 46.

666 *Heberlein:* Ehmann/Selmayr, DS-GVO, Art. 6 Rn. 23.

des Mitgliedstaates ein im öffentlichen Interesse liegendes Ziel verfolgen und in einem angemessenen Verhältnis zu dem verfolgten legitimen Zweck stehen. Darüber hinaus nennt Art. 6 Abs. 3 Satz 3 DSGVO weitere, fakultative Elemente[667], die diese Rechtsgrundlage enthalten kann (zum Beispiel welche Datenkategorien verarbeitet oder wie lange Daten gespeichert werden dürfen).

Im Fall von Art. 6 Abs. 1 lit. e) DSGVO besteht – wie bei Art. 6 Abs. 1 lit. f) DSGVO auch - ein Widerspruchsrecht nach Art. 21 Abs. 1 DSGVO.[668]

b. Verarbeitung von Fahrerdaten auf Grundlage von Art. 6 Abs. 1 lit. c) und e) DSGVO

Da Voraussetzung die Verfolgung eines im öffentlichen Interesse liegenden Ziels ist, kommen nur bestimmte Funktionen und Systeme im vernetzten und automatisierten Kfz in Betracht, deren Datenverarbeitung über diese Erlaubnistatbestände gerechtfertigt werden kann. In Rahmen dieser Untersuchung sind dies der Unfalldatenspeicher, eCall sowie Assistenz- und Sicherheitsfunktionen, die nachfolgend auf die Anwendbarkeit von Art. 6 Abs. 1 lit c) bzw. e) untersucht werden.

aa. Unfalldatenspeicher

Für die Verarbeitung von Fahrerdaten in Unfalldatenspeichern ergeben sich derzeit zwei mögliche Rechtsgrundlagen. Zum einen enthalten die §§ 63a, b StVG Regelungen zu gewissen Speicherpflichten. Auf unionsrechtlicher Ebene besteht zudem mit Art. 6 Verordnung EU 2019/2144, die seit dem 22.07.2022 gilt, eine Pflicht zum Einbau ereignisbezogener Datenaufzeichnungen. Soweit diese Rechtsvorschriften Art. 6 Abs. 2 und 3 DSGVO genügen, wäre eine Datenverarbeitung nach Art. 6 Abs. 1 lit. c) DSGVO zulässig.[669]

(1) Straßenverkehrsgesetz (StVG)

Der deutsche Gesetzgeber hat bereits auf die neuen technischen Möglichkeiten der Automatisierung reagiert und hierfür in den §§ 1a, b StVG Regelungen für den Betrieb hoch- und vollautomatisierter

667 *Heberlein:* Ehmann/Selmayr, DS-GVO, Art. 6 Rn. 45.

668 Siehe hierzu Kap. 3 A.IV.2.a.dd.

669 So auch: *Grigorian/Tribess*, InTer 2020, 214 (219); *Klink-Straub/Straub,* NJW 2018, 3201 (3204); *Ernstahler/Gollrad*, Rechtsgrundlagen des automatisierten Fahrens, S. 160, wollen die Rechtmäßigkeit der Verarbeitung hingegen aus Art. 6 Abs. 1 lit. f) DSGVO ableiten, allerdings ohne auf Art. 6 Abs. 1 lit. c), e) DSGVO einzugehen.

Kraftfahrzeuge[670] sowie für autonome Fahrfunktionen in den §§ 1d ff. StVG getroffen. Für die Datenverarbeitung in solchen Fahrzeugen sehen §§ 1g und 63a, b StVG besondere Regelungen vor.[671] § 1g StVG behandelt die Übermittlung von Daten an die zuständige Behörde in bestimmten Fällen,[672] was im Rahmen dieser Untersuchung aber nicht näher betrachtet wird, sodass sich die nachfolgenden Ausführungen auf §§ 63a, b StVG konzentrieren.

Gemäß § 63a Abs. 1 StVG sind der Wechsel der Fahrzeugsteuerung sowie die Aufforderung durch das System zur Übernahme der Steuerung mit Positions- und Zeitdaten zu speichern.[673] Gemäß § 63a Abs. 3 StVG hat der Fahrzeughalter die nach Absatz 1 gespeicherten Daten an Dritte zu übermitteln, wenn die Daten zur Geltendmachung, Befriedigung oder Abwehr von Rechtsansprüchen im Zusammenhang mit einem Unfall erforderlich sind und das entsprechende Kraftfahrzeug mit automatisierter Fahrfunktion an diesem beteiligt war.[674]

Die Information, ob der Fahrer selbst gefahren ist und wann und wo dies der Fall war, stellen Informationen über den Fahrer selbst dar und sind damit als personenbezogene Daten im Sinne des Datenschutzrechts zu behandeln.[675] § 63a Abs. 1 StVG ordnet ihre Verarbeitung in Form der Speicherung und § 63a Abs. 3 StVG in Form einer Übermittlungspflicht des Halters an. Dies sind wesentliche Funktionen eines Unfalldatenspeichers.[676]

---

670 *von Bodungen*, in: Specht/Mantz (Hrsg.): Handbuch Europäisches und deutsches Datenschutzrecht, § 16 Rn. 52.

671 Zur Kritik an diesen Regelungen siehe: DSK, Entschließung der unabhängigen Datenschutzbehörden des Bundes und der Länder vom 17.03.2017, abrufbar unter: *www.datenschutzkonferenz-online.de/media/en/20170316_en_fahrdaten.pdf* (zuletzt abgerufen am 04.12.2022); *Deutscher Anwaltsverein:* Stellungnahme 24/2017 (März 2017), abrufbar unter: *https://anwaltverein.de/de/newsroom/sn-24-17-entwurf-zum-hoch-oder-vollautomatisierten-fahren* (zuletzt abgerufen am 04.12.2022); *Spiegel*, DSRITB 2017, 691 (697 ff.).

672 Die Übermittlung ist wohl nach Art. 6 Abs. 1 lit. e) DSGVO zulässig, *Steinrötter*, ZD 2021, 513 (514).

673 *von Bodungen*, in: Specht/Mantz (Hrsg.): Handbuch Europäisches und deutsches Datenschutzrecht, § 16 Rn. 53; *Hoeren*, NZV 2018, 153 (153); *Schmid/Wessels*, NZV 2017, 357 (359); zur Regelungsbefugnis der Speicherpflicht durch den deutschen Gesetzgeber siehe: *Lutz*, DAR 2019, 125 (126 f.).

674 *von Bodungen*, in: Specht/Mantz (Hrsg.): Handbuch Europäisches und deutsches Datenschutzrecht, § 16 Rn. 57; *Reibach*, DSRITB 2017, 161 (167);

675 *Schmid/Wessels*, NZV 2017, 357 (359); *Putzki/Sesing*, MMR-Aktuell 2017, 388288.

676 *von Bodungen*, in: Specht/Mantz (Hrsg.): Handbuch Europäisches und deutsches Datenschutzrecht, § 16 Rn. 59.

Die Bundesregierung geht insoweit davon aus, dass Rechtsgrundlage für die Speicherung und Übermittlung § 63a StVG i.V.m. Art. 6 Abs. 1 **lit. e)** DSGVO ist.[677] Für die Verarbeitung zur Ahndung von Verkehrsverstößen nach § 63a Abs. 2 StVG durch Behörden mag dies auch der Fall sein. Die Speicher- und Übermittlungspflicht des Halters hingegen erfolgt weder in Ausübung öffentlicher Gewalt, die dieser übertragen wurde, noch als Aufgabe, die im öffentlichen Interesse liegt.[678] Die Verbindung erfolgt daher vielmehr über Art. 6 Abs. 1 **lit. c)** DSGVO.[679] In jedem Fall müssten §§ 63a Abs.1 und 3 StVG aber Art. 6 Abs. 2 und 3 DSGVO genügen, was aus verschiedenen Gründen nicht der Fall ist:[680]

(a) Festlegung des Zwecks

Bereits bei der Festlegung des Zwecks ist § 63a StVG ungenau formuliert. Weder für die Speicher- noch die Übermittlungspflicht wird ein expliziter Zweck genannt. Ein solcher ist nur für die Übermittlung an Behörden zur Strafverfolgung nach § 63a Abs. 2 StVG festgelegt.[681] Dennoch kann aus einer Zusammenschau von § 63a Abs. 1 und 3 StVG sowie aus der Gesetzesbegründung eine Zweckbestimmung herausgelesen werden. Wie sich aus § 63a Abs. 3 Nr. 1 StVG ergib, soll die Speicherung neben der Unfallaufklärung durch Behörden auch der Übermittlung an Dritte zur Geltendmachung oder Abwehr von Haftungsansprüchen bei Unfällen dienen. Mit Dritten hatte der Gesetzgeber ausweislich der Gesetzesbegründung Personen, die an einem Unfall beteiligt waren, im Sinn.[682] Die Speicherung sowie die spätere Übermittlung dieser Daten dienen damit dem

677 Gesetzesentwurf der Bundesregierung eines Zweiten Gesetzes zur Anpassung des Datenschutzrechts an die Verordnung (EU) 2016/679 und zur Umsetzung der Richtlinie (EU) 2016/680 (Zweites Datenschutz-Anpassungs- und Umsetzungsgesetz EU - 2. DSAnpUG-EU), BT-Drs. 430/18, Seite 517

678 *Schmid/Wessels*, NZV 2017, 357 (364); *Deutscher Anwaltsverein*: Stellungnahme 24/2017 (März 2017), S. 11, abrufbar unter: *https://anwaltverein.de/de/newsroom/sn-24-17-entwurf-zum-hoch-oder-vollautomatisierten-fahren* (zuletzt abgerufen am 04.12.2022)

679 *Steinrötter*, ZD 2021, 513 (514); *Krausen*, ZD-Aktuell 2019, 06679; *Schmid/Wessels*, NZV 2017, 357 (363).

680 I. E. auch: *Roßnagel:* Simitis/Hornung/Spiecker gen. Döhmann, DSGVO mit BDSG, Art. 6 Rn. 27.

681 *Reibach*, DSRITB 2017, 161 (166).

682 Gesetzentwurf der Bundesregierung zur Änderung des Straßenverkehrsgesetzes, BT-Drs. 18/11300, S. 25; so auch: *Reibach*, DSRITB 2017, 161 (167) und *Putzki/Sesing*, MMR-Aktuell 2017, 388288.

Zweck der Geltendmachung oder Abwehr zivilrechtlicher Ansprüche aus einem Unfall.[683] Die Hürde von Art. 6 Abs. 3 Satz 2 DSGVO könnte somit also durch eine Gesamtschau genommen werden.[684]

(b) Verfolgung eines im öffentlichen Interesse liegenden Ziels

Soweit die Speicherung zumindest dem Zweck der anschließenden Übermittlung und die Übermittlung selbst der Geltendmachung oder Abwehr von Ansprüchen zwischen Privatrechtssubjekten dient, verfolgt der Gesetzgeber damit kein öffentliches Interesse.

Eine Definition der öffentlichen Interessen ist in der DSGVO nicht enthalten.[685] Zur Gewährleistung eines gleichmäßigen Datenschutzniveaus in der EU ist daher eine möglichst einheitliche Auslegung des öffentlichen Interesses erforderlich.[686] Der DSGVO lassen sich aus Art. 9 Abs. 2 lit. i und Art. 23 Abs. 1 lit. a-h Regelbeispiele für ein öffentliches Interesse entnehmen, zu denen die öffentliche Sicherheit, wirtschaftliche und finanzielle Interessen der Union und der Mitgliedstaaten, die öffentliche Gesundheit sowie die soziale Sicherheit zählen.[687] Zudem folgt aus Art. 89 DSGVO und EG 156 und 163, dass ein öffentliches Interesse bei Archivzwecken, wissenschaftlichen und historischen Forschungszwecken und bei statistischen Zwecke bejaht werden kann.[688] Beweissicherungszwecke für die Geltendmachung oder Abwehr von zivilrechtlichen Ansprüchen sind mit keinem dieser Beispiele vergleichbar, sondern stellen Individualinteressen dar. § 63a Abs. 1 und 3 StVG entsprechen daher nicht Art. 6 Abs. 3 Satz 4 DSGVO.

---

683 So auch: *von Bodungen*, in: Specht/Mantz (Hrsg.): Handbuch Europäisches und deutsches Datenschutzrecht, § 16 Rn 53; *Steinrötter*, ZD 2021, 513 (514); *Spiegel*, DSRITB 2017, 691 (698); *Hoeren* NZV 2018, 153 (153) und *Putzki/Sesing*, MMR-Aktuell 2017, 388288, sehen den Zweck hingegen wohl über den Verweis in § 63a Abs. 3 Nr. 2 S. 2 StVG auf die Klärung der Unfallursache (Mensch oder Maschine) beschränkt.

684 So auch: *Schmid/Wessels*, NZV 2017, 357 (364).

685 *Roßnagel:* Simitis/Hornung/Spiecker gen. Döhmann, DSGVO mit BDSG, Art. 6 Rn. 71.

686 *Buchner/Petri,* in: Kühling/Buchner, DS-GVO/BDSG, Art. 6 Rn. 87.

687 *Buchner/Petri,* in: Kühling/Buchner, DS-GVO/BDSG, Art. 6 Rn. 88; *Reimer:* Sydow/Marsch, DSGVO/BDSG, Art. 6 Rn. 58.

688 *Buchner/Petri,* in: Kühling/Buchner, DS-GVO/BDSG, Art. 6 Rn. 90.

(c) Angemessenheit zur Zweckerreichung

Darüber hinaus kann bezweifelt werden, ob die nach § 63a Abs. 1 StVG gespeicherten Daten überhaupt zur Durchsetzung oder Abwehr von Ansprüchen nach §§ 7, 18 StVG gegen den Fahrzeughalter bzw. Fahrzeugführer oder gegen den Hersteller nach dem Produkthaftungsgesetz geeignet sind.[689] Der Fahrzeugführer kann sich nach § 18 Abs. 2 S. 2 StVG exkulpieren, wenn er nachweist, dass der Schaden nicht durch ihn entstanden ist, sondern zum Beispiel durch eine Fehlfunktion des Fahrzeugs.[690] Um einen solchen Nachweis zu führen sind die gespeicherten Daten grundsätzlich geeignet.[691] Der Halter haftet hingegen nach § 7 Abs. 2 StVG nur bei höhere Gewalt nicht. Selbst das vollständige technische Versagen der Systeme stellt keine höhere Gewalt dar, sodass der Halter weiterhin haften würde.[692] Ihm bliebe dann nur ein Regeressanspruch gegen den Hersteller, dessen Voraussetzungen er darlegen und beweisen müsste:[693]

Gemäß § 63a Abs. 1 StVG werden nur die Positions- und Zeitangaben bei einem Wechsel der Fahrzeugsteuerung zwischen Fahrzeugführer und dem hoch- oder vollautomatisierten System, bei einer Aufforderung durch das System, die Fahrzeugsteuerung zu übernehmen oder bei einer technischen Störung des Systems, gespeichert. Damit kann nur bewiesen werden, ob und wo das System oder der Fahrzeugführer zu einem bestimmten Zeitpunkt das Fahrzeug geführt hat oder hätte führen sollen und zu welchem Zeitpunkt eine technische Störung aufgetreten ist.[694] Kausalzusammenhänge, die ebenfalls dargelegt und bewiesen oder substantiiert bestritten und für die gegebenenfalls ein Gegenbeweis angetreten werden müsste, ergeben sich aus den gespeicherten Daten nicht. Insbesondere die Unfallursache lässt sich aus ihnen nicht rekonstruieren,[695] die

---

689 An der bislang in Deutschland geltenden Gefährdungs- und Verschuldenshaftung hat sich auch nach Einführung der hoch- und vollautomatisierten Fahrfunktionen nichts geändert: *Klink-Straub/Keber*, NZV 2020, 113 (115); *Franke*, DAR 2016, 61 (62 f.).

690 *von Bodungen,* in: Specht/Mantz (Hrsg.): Handbuch Europäisches und deutsches Datenschutzrecht, § 16 Rn. 57; *Hoeren*, NZV 2018, 153 (154).

691 *Schmid/Wessels*, NZV 2017, 357 (359 f).

692 *von Bodungen*: §16 Automatisiertes Fahren (Automotive), in: Sassenberg/Faber (Hrsg.): Rechtshandbuch Industrie 4.0 und Internet of Things, Rn *24; Grigorian/Tribess*, InTer 2020, 214 (215); *Schmid/Wessels*, NZV 2017, 357 (360); *Wagner/Goeble*, ZD 2017, 263 (266).

693 Ausführlich zu Regressansprüchen: *Grigorian/Tribess*, InTer 2020, 214 (216 f.); *Wagner/Goeble*, ZD 2017, 263 (266).

694 *Schmid/Wessels*, NZV 2017, 357 (363); *Spiegel*, DSRITB 2017, 691 (689).

695 *Spiegel*, DSRITB 2017, 691 (699).

aber für eine Zumessung des Verschuldens im Straßenverkehr von erheblicher Bedeutung ist.

Auch insofern bleiben §§ 63a Abs. 1 und 3 StVG hinter den Anforderungen von Art. 6 Abs. 3 Satz 4 DSGVO zurück, da die Datenverarbeitung zur Erreichung des Zwecks nicht eindeutig geeignet und damit auch nicht angemessen ist.[696]

(d) Zwischenergebnis

§§ 63 a StVG erfüllt nicht die Anforderungen von Art. 6 Abs. 3 Satz 4 DSGVO und kann daher nicht als Rechtsgrundlage für die Datenverarbeitung im Rahmen von Unfalldatenspeichern durch Hersteller und Halter im Sinne von Art. 6 Abs. 1 lit. c) DSGVO dienen.[697]

(2) Verordnung EU 2019/2144

Die seit dem 22.07.2022 geltende Verordnung EU 2019/2144 regelt in Art. 6 die in allen Fahrzeugklassen einzubauenden hochentwickelten Fahrerassistenzsysteme sowie datenschutzrechtliche Anforderungen, soweit hierbei personenbezogene Daten verarbeitet werden.

Unter anderem ist der Einbau einer ereignisbezogenen Datenaufzeichnung vorgeschrieben, die nicht deaktivierbar ist. Aufgezeichnet werden können gemäß Art. 6 Abs. 4 lit. a) EU VO 2019/2144 Geschwindigkeit, Abbremsen, Position und Neigung des Fahrzeugs auf der Straße, Zustand und Grad der Aktivierung aller Sicherheitssysteme, Daten aus dem eCall System sowie sonstige, für die Sicherheits- und Unfallvermeidungssysteme relevante Parameter.[698] Die Datenspeicherung muss gemäß Art. 6 Abs. 4 lit. c) EU VO 2019/2144 in einem geschlossenen System erfolgen, die Daten anonymisiert und vor Missbrauch geschützt werden und die Identifizierung des genauen Fahrzeugtyps und der Variante der verbauten Sicherheitssysteme ermöglichen.[699] Gemäß Art. 6 Abs. 5 EU VO 2019/2144 dürfen keine Daten gespeichert werden, die eine Identifikation des Fahrzeugs, des Eigentümers oder des Halters ermöglichen.[700]

---

696 So auch: *Schmid/Wessels*, NZV 2017, 357 (360); ebenfalls kritisch hierzu: *Lutz*, DAR 2019, 125 (127); a.A. wohl: *Wagner/Goeble*, ZD 2017, 263 (268).

697 A.A. *Lutz*, DAR 2019, 125 (126) unter Verweis auf *Schmid/Wessels*, NZV 2017, 357 (364), die aber nur die Zulässigkeit der Datenverarbeitung nach § 63a Abs. 2 S. 1 StVG positiv feststellen, für § 63a Abs. 1 und Abs. 3 StVG hingegen Zweifel äußern.

698 *Lüdemann/Knollmann*, ZD 2020, 403 (404).

699 *Lüdemann/Knollmann*, ZD 2020, 403 (404).

700 *Lüdemann/Knollmann*, ZD 2020, 403 (404).

Die Datenaufzeichnung soll daher ausschließlich der anonymisierten Unfallforschung dienen,[701] wie sich aus der Übermittlungsmöglichkeit an Behörden nach Art. 6 Abs. 4 lit. d) EU VO 2019/2144 ergibt. Für eine anonymisierte Datenverarbeitung bedarf es aber keiner Rechtsgrundlage im Sinne des Datenschutzrechts, da die DSGVO auf eine solche Verarbeitung per se nicht anwendbar ist.[702]

Für die Verarbeitung von Daten aus Unfalldatenspeichern zur Unfallaufklärung im Einzelfall oder zur Klärung von Haftungsfragen kommt Art. 6 EU VO 2019/2144 nicht als Rechtsgrundlage in Betracht, da es hierfür an einer entsprechenden Zweckbestimmung nach Art. 6 Abs. 3 Satz 2 DSGVO fehlt.[703]

(3) Zwischenergebnis

Derzeit bestehen keine Rechtsgrundlagen außerhalb der DSGVO, über welche eine Datenverarbeitung in Unfalldatenspeichern über Art. 6 Abs. 1 lit. c) oder e) DSGVO zulässig wäre.

bb. eCall

Wie bereits dargestellt, enthält die eCall-VO datenschutzrechtliche Vorgaben für die Verarbeitung von Daten durch gesetzlich vorgeschriebene eCall Systeme, die seit 2018 verpflichtend von Herstellern einzubauen sind.[704] Art. 6 eCall-VO kommt daher grundsätzlich als Rechtsgrundlage im Sinne von Art. 6 Abs. 1 lit. c) DSGVO in Betracht.[705] Auch der Zweck ist explizit in Art. 6 Abs. 2 eCall-VO benannt. Die Daten dürfen demnach nur zur Handhabung der Notfallsituation verwendet werden. Die Verbesserung der Straßenverkehrssicherheit durch eine schnellere Hilfe in Notfallsituationen stellt auch ein öffentliches Interesse dar. Der verpflichtende Einbau von Notrufsystemen und die damit verbundene Datenverarbeitung sind geeignet, um dieses Ziel zu erreichen. Art. 6 eCall-VO enthält zudem weitere Anforderungen an das Notrufsystem, wodurch

701 So auch *Lüdemann/Knollmann*, ZD 2020, 403 (406).

702 A.A *Lüdemann/Knollmann*, ZD 2020, 403 (406), die trotz Anonymisierungspflicht einen Personenbezug bejahen.

703 Anders als bei der Datenaufzeichnung nach § 63a StVG dürfte die Datenaufzeichnung nach Art. 6 EU VO 2019/2144 allerdings zur Unfallaufklärung geeignet sein, so: *Fothen/Böhm/Paula*, NZV 2020, 284 (287); wohl auch: *Schlanstein*, NZV 2016, 201 (202).

704 Siehe hierzu unter Kap.3 A.I.4.

705 So auch: *Steinrötter*, ZD 2021, 513 (515); *Metzger*, GRUR 2019, 129 (132); EDSA, Guidelines 01/2020 on processing personal data in the context of connected vehicles and mobility related applications, Rn. 135.

sichergestellt werden soll, dass den Grundsätzen der Datenminimierung und Datensparsamkeit Rechnungen getragen wird.[706]

Art. 6 eCall VO stellt eine geeignete Rechtsgrundlage für die Datenverarbeitung im Rahmen der eCall Systeme durch Hersteller dar,[707] womit diese über Art. 6 Abs. 1 lit. c) DSGVO gerechtfertigt werden können.

cc. Assistenz- und Sicherheitsfunktionen

Art. 6 Abs. 1 EU VO 2019/2144 sieht neben dem verpflichtenden Einbau von Unfalldatenspeichern auch die verpflichtende Ausstattung von Kfz mit intelligenten Geschwindigkeitsassistenten, einer alkoholempfindlichen Wegfahrsperre sowie einem Warnsystem bei Müdigkeit, nachlassender Aufmerksamkeit und Konzentration vor. Die Datenverarbeitung im Rahmen solcher Assistenz- und Sicherheitsfunktionen könnte zukünftig auch über Art. 6 Abs. 1 lit. c) i.V.m Art. 6 Abs. 2 und 3 DSGVO zulässig sein. Die Verfolgung eines im öffentlichen Interesse liegenden Ziels kann bejaht werden, da diese Assistenz- und Sicherheitssysteme dazu beitragen können, die Verkehrssicherheit zu erhöhen und Unfälle zu vermeiden. Auch an der Angemessenheit des Einbaus solcher Systeme zur Erfüllung des Ziels bestehen zumindest keine offensichtlichen Bedenken. Allerdings erfüllt EU VO 2019/2144 derzeit nicht die Voraussetzungen von Art. 6 Abs. 3 Satz 1 DSGVO, da dort der Zweck der Verarbeitung nicht festgelegt ist.[708]

Zumindest in der derzeitigen Fassung kommt Art. 6 Abs. 1 EU VO 2019/2144 daher nicht als Rechtsgrundlage für die Verarbeitung von Daten im Rahmen von Assistenz- und Sicherheitsfunktionen in Betracht.

dd. Ergebnis

Über Art. 6 Abs. 1 lit. c) und e) DSGVO können Verarbeitungen von Fahrerdaten gerechtfertigt werden, wenn diese zur Erfüllung eines im öffentlichen Interesse liegenden Ziels erforderlich sind und hierzu eine nationale oder europarechtliche Rechtsgrundlage besteht, die eine entsprechende Verpflichtung oder Aufgabe an den Verantwortlichen adressiert.

Derzeit ist dies lediglich für die Datenverarbeitung im Rahmen des gesetzlichen eCall Systems der Fall.

---

706 Siehe hierzu unter Kap.3 A.I.4.

707 So auch: *Klink-Straub/Straub*, NJW 2018, 3201 (3203), allerdings nur für die Verarbeitung durch die Notrufleitstelle.

708 So auch: *Lüdemann/Knollmann*, ZD 2020, 403 (407).

4. *Schutz lebenswichtiger Interessen, Art. 6 Abs. 1 lit. d) DSGVO*

Schließlich können Datenverarbeitungen im Kfz auch zulässig sein, wenn diese für zum Schutz lebenswichtiger Interessen erforderlich sind.

a. Allgemeines

Gemäß Art. 6 Abs. 1 lit. d) DSGVO können Datenverarbeitungen gerechtfertigt werden, die erforderlich sind, um lebenswichtige Interessen der betroffenen Person oder einer anderen natürlichen Person zu schützen.

Art. 6 Abs. 1 lit. d) DSGVO ist subsidiär zu anderen Erlaubnistatbeständen, wenn die Verarbeitung zum Schutz lebenswichtiger Interessen einer anderen Person erfolgen soll, EG 46 Satz 2 DSGVO.[709]

Der Begriff der lebenswichtigen Interessen ist objektiv zu bestimmen und umfasst vor allem die körperliche Unversehrtheit und das Leben, EG 112 Satz 2 DSGVO.[710] Hierbei soll lebenswichtig aber nicht mit lebensnotwendig gleichzusetzen sein, sodass der Erlaubnistatbestand nicht erst bei einer Lebensgefahr greifen soll.[711] EG 46 Satz 3 DSGVO nennt beispielhaft humanitäre Zwecke wie die Überwachung von Epidemien und deren Ausbreitung, Naturkatastrophen oder vom Menschen verursachte Katastrophen.[712] Anwendungsbereich von Art. 6 Abs. 1 lit. d) DSGVO sind damit insbesondere solche Datenverarbeitungen, die

---

709 *Albers/Veit*, in: Wolff/Brink, BeckOK DatenschutzR, 41. Ed. 1.11.2021, Art. 6 Rn. 51; *Buchner/Petri*, in: Kühling/Buchner, DS-GVO/BDSG, Art. 6 Rn. 108; *Frenzel*, in: Paal/Pauly, DSGVO BDSG, Art. 6 Rn. 20; *Heberlein*, in: Ehmann/Selmayr, DS-GVO, Art. 6 Rn. 19; *Plath*, in: Plath, DSGVO/BDSG, Art. 6 Rn. 42; *Schulz*, in: Gola/Heckmann, DSGVO/BDSG, Art. 6 DS-GVO Rn. 48; *Schwartmann*, in: Schwartmann/Jaspers/Thüsing/Kugelmann, DS-GVO, BDSG, Art. 6 Rn. 87; zur Relevanz der Subsidiarität im Rahmen des Straßenverkehrs, *Raith*, Das vernetzte Automobil, S. 178.

710 *Albers/Veit*, in: Wolff/Brink, BeckOK DatenschutzR, 41. Ed. 1.11.2021, Art. 6 Rn. 51; *Frenzel*, in: Paal/Pauly, DSGVO BDSG, Art. 6 Rn. 20; *Heberlein*, in: Ehmann/Selmayr, DS-GVO, Art. 6 Rn. 18; *Schwartmann*, in: Schwartmann/Jaspers/Thüsing/Kugelmann, DS-GVO, BDSG, Art. 6 Rn. 82; *Wedde*, in: Däubler/Wedde/Weichert/Sommer: EU-DSGVO u. BDSG, Art. 6 Rn. 83 f.

711 *Albers/Veit*, in: Wolff/Brink, BeckOK DatenschutzR, 41. Ed. 1.11.2021, Art. 6 Rn. 51; *Schulz*, in: Gola/Heckmann, DSGVO/BDSG, Art. 6 DS-GVO Rn. 50.

712 *Buchner/Petri*, in: Kühling/Buchner, DS-GVO/BDSG, Art. 6 Rn. 107; *Heberlein*, in: Ehmann/Selmayr, DS-GVO, Art. 6 Rn. 19; *Reimer*, in: Sydow/Marsch, DSGVO/BDSG, Art. 6 Rn. 52; *Schulz*, in: Gola/Heckmann, DSGVO/BDSG, Art. 6 DS-GVO Rn. 48; *Schwartmann*, in: Schwartmann/Jaspers/Thüsing/Kugelmann, DS-GVO, BDSG, Art. 6 Rn. 83.

erforderlich sind, um konkrete Gefährdungslagen von der betroffenen Person abzuwenden, in denen sie selbst nicht handlungsfähig ist.[713]

Die Voraussetzung einer mutmaßlichen Einwilligung der betroffenen Person, die noch unter der Vorgängerreglung von Art. 7 lit. d) Datenschutz-RiLi diskutiert wurde, besteht nach überwiegender Meinung unter der DSGVO nicht mehr.[714]

b. Verarbeitung von Fahrerdaten auf Grundlage von Art. 6 Abs. 1 lit. d) DSGVO

Der Schutz lebenswichtiger Interessen in Gestalt der körperlichen Unversehrtheit bzw. des Lebens wird grundsätzlich auch mit der Datenverarbeitung im Rahmen der Sicherheitsfunktionen sowie des eCall Systems verfolgt, da diese Systeme die Erhöhung der Verkehrssicherheit bezwecken und dadurch Unfälle vermeiden oder reduzieren können.[715]

Soweit diese Systeme aber rein präventiv wirken, wie viele der Sicherheitsfunktionen, die darauf ausgelegt sind, Gefahren generell zu vermeiden, wird wohl eine für die Anwendung von Art. 6 Abs. 1 lit. d) DSGVO erforderliche konkrete Gefährdungslage[716], wie dies bei Epidemien oder Naturkatastrophen der Fall ist, nicht bestehen. Aufgrund des subsidiären Charakters der Vorschrift in Bezug auf den Schutz Dritter ist eine restriktive Auslegung geboten, die eine Ausweitung auf rein präventive Maßnahmen ohne konkrete Gefährdungslage verbietet.[717]

Soweit es sich um Sicherheitsfunktionen handelt, die in einer konkreten Gefahrenlage greifen, wie zum Beispiel Notbremsassistenten, die darauf

---

713 *Frenzel*, in: Paal/Pauly, DSGVO BDSG, Art. 6 Rn. 20; *Kramer*, in: Auernhammer, DSGVO/BDSG, Art. 6 Rn. 57; *Plath*, in: Plath, DSGVO/BDSG, Art. 6 Rn. 43; *Schulz*, in: Gola/Heckmann, DSGVO/BDSG, Art. 6 DS-GVO Rn. 49; *Wedde*, in: Däubler/Wedde/Weichert/Sommer: EU-DSGVO u. BDSG, Art. 6 Rn. 84.

714 *Albers/Veit*, in: Wolff/Brink, BeckOK DatenschutzR, 41. Ed. 1.11.2021, Art. 6 Rn. 51; *Buchner/Petri*, in: Kühling/Buchner, DS-GVO/BDSG, Art. 6 Rn. 110; *Frenzel*, in: Paal/Pauly, DSGVO BDSG, Art. 6 Rn. 21; *Heberlein*, in: Ehmann/Selmayr, DS-GVO, Art. 6 Rn. 18; *Reimer*, in: Sydow/Marsch, DSGVO/BDSG, Art. 6 Rn. 54; a.A. wohl *Schwartmann*, in: Schwartmann/Jaspers/Thüsing/Kugelmann, DS-GVO, BDSG, Art. 6 Rn. 85.

715 So auch: *Raith*, Das vernetzte Automobil, S. 178.

716 *Raith*, Das vernetzte Automobil, S. 179 will hingegen eine abstrakte Gefahr genügen lassen.

717 So auch: *Schwartmann*, in: Schwartmann/Jaspers/Thüsing/Kugelmann, DS-GVO, BDSG, Art. 6 Rn. 83.

ausgerichtet sind, einen Zusammenprall mit anderen Verkehrsteilnehmern in letzter Sekunde zu vermeiden, ist die Zulässigkeit einer entsprechenden hierfür erforderlichen Datenverarbeitung auf Grundlage von Art. 6 Abs. 1 lit. d) DSGVO hingegen denkbar.[718] Auch für die Datenverarbeitung im Rahmen des eCall, der nach einem Unfall schnelle Rettung und Hilfe sicherstellen soll, kommt Art. 6 Abs. 1 lit. d) DSGVO grundsätzlich in Betracht.

Art. 6 Abs. 1 lit. d) DSGVO spielt daher für die Rechtfertigung der Datenverarbeitung von Fahrerdaten nur dann eine Rolle, wenn es sich um Datenverarbeitungen im Rahmen von Notfallfunktionen handelt.

5. *Einwilligung der betroffenen Person, Art. 6 Abs. 1 lit. a) DSGVO*

Neben den dargestellten und diskutierten gesetzlichen Erlaubnistatbeständen kann auch die Einwilligung der betroffenen Person die Datenverarbeitung legitimieren. Allerdings eignet sich die Einwilligung für die Anwendung in vernetzten und automatisierten Kfz nicht als „Allheilmittel" und auch nur bedingt als Instrument zur Legitimierung anderweitig nicht erlaubter Verarbeitungen. Zunächst aber sollen auch hier die allgemeinen Voraussetzungen dargestellt werden, bevor anschließend auf die Anwendbarkeit in vernetzten und automatisierten Kfz näher eingegangen wird.

a. Allgemeines

Als Ausdruck des Selbstbestimmungsrechts ist eine Datenverarbeitung immer dann zulässig, wenn die betroffene Person in diese eingewilligt hat.[719]

Gemäß Art. 4 Nr. 11 DSGVO bedarf es für eine wirksame Einwilligung einer freiwilligen, für den bestimmten Fall und in Kenntnis der Sachlage abgegebenen, unmissverständlichen Willensbekundung. Die Wirksamkeitsvoraussetzungen hat der Gesetzgeber in Art. 7 und 8 DSGVO sowie in mehreren Erwägungsgründen ausgestaltet.[720]

---

718 Siehe hierzu auch: *Raith*, Das vernetzte Automobil, S. 179, die aber keine Unterscheidung zwischen präventiven Sicherheitsfunktionen und Notfallfunktionen trifft.

719 *Albers/Veit*, in: Wolff/Brink, BeckOK DatenschutzR, 41. Ed. 1.11.2021, Art. 6 Rn. 29; *Buchner/Petri*, in: Kühling/Buchner, DS-GVO/BDSG, Art. 6 Rn. 17; *Schulz*, in: Gola/Heckmann, DSGVO/BDSG, Art. 6 DS-GVO Rn. 21; *Däubler*, in: Däubler/Wedde/Weichert/Sommer: EU-DSGVO u. BDSG, Art. 7 Rn. 8; *Ingold*, in: Sydow/Marsch, DSGVO/BDSG, Art. 7 Rn. 2.

720 *Buchner/Petri*, in: Kühling/Buchner, DS-GVO/BDSG, Art. 6 Rn. 18; *Schulz*, in: Gola/Heckmann, DSGVO/BDSG, Art. 6 DS-GVO Rn. 21; *Schwartmann/Klein*,

aa. Informierte und unmissverständliche Willensbekundung

Da die Einwilligung Ausdruck des Selbstbestimmungsrechts der betroffenen Person ist, muss diese vor Abgabe der Erklärung zunächst über die wesentlichen Aspekte der Datenverarbeitung, in die sie einwilligen soll, aufgeklärt werden.[721] Nur so kann die Einwilligung „in Kenntnis der Sachlage" erfolgen.[722] Der Umfang dieser Aufklärungspflicht ist in der DSGVO nicht explizit geregelt. Nach EG 42 Satz 4 DSGVO sollte diese aber zumindest Informationen über die Identität des Verantwortlichen sowie die Zwecke der Verarbeitung umfassen.[723] Darüber hinaus ergeben sich weitere aufklärungsbedürftige Aspekte je nach Art, Umfang und Risiko der Verarbeitung, um den Grundsätzen von Fairness und Transparenz gemäß Art. 5 Abs. 1 lit. a) DSGVO zu entsprechen.[724]

Die Form der Aufklärung ist in der DSGVO nicht bestimmt,[725] wird sich aber ebenfalls am Grundsatz der Transparenz orientieren müssen, sodass zum Beispiel Informationen, die als Grundlage der Entscheidungsfindung dienen sollen, nicht in Geschäftsbedingungen oder im „Kleingedruckten" versteckt werden dürfen.[726] Auch muss der Verantwortliche die Informationen adressaten- und zielgruppengerecht ausgestalten.[727]

---

in: Schwartmann/Jaspers/Thüsing/Kugelmann, DS-GVO, BDSG, Art. 6 Rn. 13; EDSA, Guidelines 05/2020 on consent under Regulation 2016/679, Rn. 9.

721 *Buchner/Kühling* in: Kühling/Buchner, DS-GVO/BDSG, Art. 7 Rn. 21; *Heckmann/Paschke,* in: Ehmann/Selmayr, DS-GVO, Art. 7 Rn. 40; *Schulz,* in: Gola/Heckmann, DSGVO/BDSG, Art. 7 DS-GVO Rn. 35; *Stemmer,* in: Wolff/Brink, BeckOK DatenschutzR, 41. Ed. 1.11.2021, Art. 7 Rn. 36.

722 *Däubler,* in: in: Däubler/Wedde/Weichert/Sommer: EU-DSGVO u. BDSG, Art. 7 Rn. 15; *Heckmann/Paschke,* in: Ehmann/Selmayr, DS-GVO, Art. 7 Rn. 57; *Ingold,* in: Sydow/Marsch, DSGVO/BDSG, Art. 7 Rn. 34; EDSA, Guidelines 05/2020 on consent under Regulation 2016/679, Rn. 62.

723 *Ingold,* in: Sydow/Marsch, DSGVO/BDSG, Art. 7 Rn. 35; *Schulz,* in: Gola/Heckmann, DSGVO/BDSG, Art. 7 DS-GVO Rn. 38.

724 So auch: EuGH, Urt. v 01.10.2019 - C-673/17, ECLI:EU:C:2019:801 (Planet49), Rn. 77; *Heberlein,* in: Ehmann/Selmayr, DS-GVO, Art. 6 Rn. 8; *Däubler,* in: in: Däubler/Wedde/Weichert/Sommer: EU-DSGVO u. BDSG, Art. 7 Rn. 15; EDSA, Guidelines 05/2020 on consent under Regulation 2016/679, Rn. 65.

725 *Heckmann/Paschke,* in: Ehmann/Selmayr, DS-GVO, Art. 7 Rn. 59.

726 EDSA, Guidelines 05/2020 on consent under Regulation 2016/679, Rn. 67.

727 *Buchner/Kühling* in: Kühling/Buchner, DS-GVO/BDSG, Art. 7 Rn. 60; *Heckmann/Paschke,* in: Ehmann/Selmayr, DS-GVO, Art. 7 Rn. 59; *Stemmer,* in: Wolff/Brink, BeckOK DatenschutzR, 41. Ed. 1.5.2022, Art. 7 Rn. 66; EDSA, Guidelines 05/2020 on consent under Regulation 2016/679, Rn. 70.

Die Einwilligung muss zudem gemäß Art. 4 Nr. 11 DSGVO unmissverständlich erklärt werden. Gemäß EG 32 Satz 1-3 DSGVO stellt sich der europäische Gesetzgeber hierunter eine „eindeutige bestätigende Handlung“ vor, mit der die betroffene Person in dem jeweiligen Kontext eindeutig ihr Einverständnis mit der beabsichtigten Verarbeitung signalisiert.[728] Stillschweigen oder Untätigkeit der betroffenen Person sollen keine Einwilligung darstellen.[729] Dementsprechend liegt bei der Verwendung von Cookies im Internet keine wirksame Einwilligung vor, wenn die betroffene Person ein voreingestelltes Ankreuzkästchen abwählen muss, um die Einwilligung zu verweigern (sogenanntes „Opt-out“).[730] Auch das Akzeptieren von Geschäftsbedingungen kann nicht als unmissverständliche Willensbekundung für die Datenverarbeitung verstanden werden.[731] An einer solchen fehlt es zudem, wenn Dienste oder Leistungen mit dem Hinweis, dass die Inanspruchnahme die Erklärung der Einwilligung bedeuteten soll, versehen werden.[732]

Die Erklärung der Einwilligung muss vor dem Beginn der Datenverarbeitung erfolgen.[733] Aufgrund ihres höchstpersönlichen Charakters muss sie von der betroffenen Person erklärt werden, sodass eine Stellvertretung außer in den Fällen gesetzlich angeordneter Vertretung ausscheidet.[734]

---

728 *Frenzel*, in: Paal/Pauly, DSGVO BDSG, Art. 6 Rn. 11; *Buchner/Kühling* in: Kühling/Buchner, DS-GVO/BDSG, Art. 7 Rn. 57; *Schwartmann/Klein*, in: Schwartmann/Jaspers/Thüsing/Kugelmann, DS-GVO, BDSG, Art. 7 Rn. 30.

729 *Schwartmann/Klein*, in: Schwartmann/Jaspers/Thüsing/Kugelmann, DS-GVO, BDSG, Art. 6 Rn. 25; *Däubler*, in: in: Däubler/Wedde/Weichert/Sommer: EU-DSGVO u. BDSG, Art. 7 Rn. 20; *Stemmer*, in: Wolff/Brink, BeckOK DatenschutzR, 41. Ed. 1.5.2022, Art. 7 Rn. 86.

730 EuGH, Urt. v 01.10.2019 - C-673/17, ECLI:EU:C:2019:801 (Planet49), Rn. 49 ff. u. 62.

731 EDSA, Guidelines 05/2020 on consent under Regulation 2016/679, Rn. 81.

732 *Buchner/Kühling* in: Kühling/Buchner, DS-GVO/BDSG, Art. 7 Rn. 58a; *Däubler*, in: Däubler/Wedde/Weichert/Sommer, EU-DSGVO u. BDSG, Art. 7 Rn. 20; *Stemmer*, in: Wolff/Brink, BeckOK DatenschutzR, 41. Ed. 1.5.2022, Art. 7 Rn. 86.

733 *Däubler*, in: in: Däubler/Wedde/Weichert/Sommer: EU-DSGVO u. BDSG, Art. 7 Rn. 12; *Heckmann/Paschke*, in: Ehmann/Selmayr, Art. 7 Rn. 43; *Ingold*, in: Sydow/Marsch, DSGVO/BDSG, Art. 7 Rn. 17; *Schwartmann/Klein*, in: Schwartmann/Jaspers/Thüsing/Kugelmann, DS-GVO, BDSG, Art. 7 Rn. 19; *Stemmer*, in: Wolff/Brink, BeckOK DatenschutzR, 41. Ed. 1.5.2022, Art. 7 Rn. 88.

734 *Däubler*, in: Däubler/Wedde/Weichert/Sommer, EU-DSGVO u. BDSG, Art. 7 Rn. 13 f.; *Heckmann/Paschke*, in: Ehmann/Selmayr, Art. 7 Rn. 34; *Ingold* hält eine Stellvertretung dann für möglich, wenn sie aufgrund einer ausdrücklichen und hinreichend bestimmten, auf die datenschutzrechtliche Einwilligung bezogene Vollmacht beruht, *Ingold*, in: Sydow/Marsch, DSGVO/BDSG, Art. 7 Rn. 19; *Schulz*, in: Gola/Heckmann,

bb. Bestimmtheit und Zweckgebundenheit der Einwilligungserklärung

Die Einwilligung muss zudem für den bestimmten Fall erklärt werden. Hier fragt sich, wie granular die Einwilligungsmöglichkeiten ausgestaltet werden müssen. Insoweit bestimmt Art. 6 Abs. 1 lit. a) DSGVO, dass die Einwilligung „für einen oder mehrere bestimmte Zwecke" erteilt werden muss.[735] Nach EG 32 Satz 4 DSGVO sollte sich die Einwilligung auf alle zu demselben Zweck oder denselben Zwecken vorgenommenen Verarbeitungsvorgängen beziehen.[736] Wenn die Verarbeitung mehreren Zwecken dient, sollte für alle diese Verarbeitungszwecke eine Einwilligung abgegeben werden, EG 32 Satz 5 DSGVO.[737]

Im Ergebnis muss die Erklärung so ausgestaltet sein, dass sie klar von anderen Datenverarbeitungsvorgängen abgegrenzt ist und sich nur auf die zu dem bestimmten Zweck verfolgten Datenverarbeitungsvorgänge bezieht.[738]

Einer „Blankoeinwilligung" für nicht näher bestimmte Zwecke wird damit eine klare Absage erteilt,[739] auch wenn solche in der Praxis noch sehr häufig vorkommen.

cc. Freiwilligkeit

Fast schon selbstverständlich ist, dass die Einwilligung freiwillig und ohne Zwang erklärt wird.

Hier ist zum einen die Beziehung der betroffenen Person zum Verantwortlichen zu betrachten. So kann es an der Freiwilligkeit nach EG 43 Satz 1 DSGVO fehlen, wenn zwischen der betroffenen Person und dem Verantwortlichen ein klares Ungleichgewicht besteht und daher vermutet werden kann, dass die

---

DSGVO/BDSG, Art. 7 DS-GVO Rn. 8; *Buchner/Kühling* halten eine Vollmachtserteilung auch grds. für möglich, die dann aber denselben Voraussetzungen wie die Einwilligung unterliegt, in: Kühling/Buchner, DS-GVO/BDSG, Art. 7 Rn. 31.

735 *Albers/Veit*, in: Wolff/Brink, BeckOK DatenschutzR, 41. Ed. 1.11.2021, Art. 6 Rn. 32.

736 *Schulz*, in: Gola/Heckmann, DSGVO/BDSG, Art. 7 DS-GVO Rn. 38; *Stemmer*, in: Wolff/Brink, BeckOK DatenschutzR, 41. Ed. 1.5.2022, Art. 7 Rn. 80.

737 *Stemmer*, in: Wolff/Brink, BeckOK DatenschutzR, 41. Ed. 1.5.2022, Art. 7 Rn. 80.

738 *Kramer*, in: Auernhammer, DSGVO/BDSG, 2018, Art. 6 Rn. 20; *Ingold*, in: Sydow/Marsch, DSGVO/BDSG, Art. 7 Rn. 39; EDSA, Guidelines 05/2020 on consent under Regulation 2016/679, Rn. 44.

739 *Heberlein*, in: Ehmann/Selmayr, DS-GVO, Art. 6 Rn. 9; *Schulz*, in: Gola/Heckmann, DSGVO/BDSG, Art. 6 DS-GVO Rn. 35; *Däubler*, in: Däubler/Wedde/Weichert/Sommer, EU-DSGVO u. BDSG, Art. 7 Rn. 23; *Frenzel*, in: Paal/Pauly, DSGVO BDSG, Art. 7 Rn. 8; *Ingold*, in: Sydow/Marsch, DSGVO/BDSG, Art. 7 Rn. 39; *Stemmer*, in: Wolff/Brink, BeckOK DatenschutzR, 41. Ed. 1.5.2022, Art. 7 Rn. 79.

Einwilligung nur abgegeben wurde, weil die betroffene Person der Ansicht war, keine andere Wahl zu haben.[740] Dies kann vor allem in Situationen mit einem erheblichen Verhandlungsungleichgewicht gegeben sein.[741] Zu weitgehend wäre es allerdings, die Freiwilligkeit schon deshalb zu verneinen, weil es sich um ein Verhältnis zwischen Verbraucher und Unternehmer handelt.[742]

Zum anderen besteht Freiwilligkeit nur dann, wenn die betroffene Person eine echte Wahlmöglichkeit hat und in der Lage ist, die Einwilligung zu verweigern oder zurückzuziehen, ohne dadurch Nachteile zu erleiden, EG 42 Satz 5 DSGVO.[743] Gemäß EG 43 Satz 2 soll diese Wahlmöglichkeit dann nicht bestehen, wenn zu verschiedenen Verarbeitungsvorgängen keine gesonderte Einwilligungserklärung abgegeben werden kann, obwohl dies angebracht wäre,[744] oder wenn die Erfüllung eines Vertrages von der Erteilung der Einwilligung abhängig gemacht wird, obwohl diese Einwilligung nicht für die Erfüllung erforderlich ist. Der letztgenannte Fall ist als sogenanntes Kopplungsverbot in Art. 7 Abs. 4 enthalten und kommt insbesondere dann zur Anwendung, wenn die Einwilligung als Gegenleistung für die Erfüllung eines Vertrages oder für die Erbringung einer Dienstleistung abgegeben werden soll, ohne dass die Verarbeitung, in die eingewilligt wird, zur Erfüllung des Vertrages oder zur Erbringung der Dienstleistung notwendig wäre.[745] Ist hingegen die Preisgabe von personenbezogenen

740 *Buchner/Kühling* in: Kühling/Buchner, DS-GVO/BDSG, Art. 7 Rn. 42; *Frenzel*, in: Paal/Pauly, DSGVO BDSG, Art. 7 Rn. 18; *Heckmann/Paschke*, in: Ehmann/Selmayr, DS-GVO, Art. 7 Rn. 51; *Ingold*, in: Sydow/Marsch, DSGVO/BDSG, Art. 7 Rn. 28; *Plath*, in: Plath, DSGVO/BDSG, Art. 7 Rn. 20; *Schulz*, in: Gola/Heckmann, DSGVO/BDSG, Art. 7 DS-GVO Rn. 21.

741 *Buchner/Kühling* in: Kühling/Buchner, DS-GVO/BDSG, Art. 7 Rn. 43; *Däubler*, in: Däubler/Wedde/Weichert/Sommer: EU-DSGVO u. BDSG, Art. 7 Rn. 40.

742 *Buchner/Kühling* in: Kühling/Buchner, DS-GVO/BDSG, Art. 7 Rn. 44; dies kann anders sein, wenn der Unternehmer über eine Monopolstellung am Markt verfügt: *Heckmann/Paschke*, in: Ehmann/Selmayr, DS-GVO, Art. 7 Rn. 52; *Schwartmann/Klein*, in: Schwartmann/Jaspers/Thüsing/Kugelmann, DS-GVO, BDSG, Art. 7 Rn. 50.

743 *Heberlein*, in: Ehmann/Selmayr, DS-GVO, Art. 6 Rn. 7; *Frenzel*, in: Paal/Pauly, DSGVO BDSG, Art. 7 Rn. 18; *Ingold*, in: Sydow/Marsch, DSGVO/BDSG, Art. 7 Rn. 29; *Kramer*, in: Auernhammer, DSGVO/BDSG, Art. 7 Rn. 45; *Schwartmann/Klein*, in: Schwartmann/Jaspers/Thüsing/Kugelmann, DS-GVO, BDSG, Art, 7 Rn. 46; EDSA: Guidelines 05/2020 on consent under Regulation 2016/679 Rn. 24.

744 *Heckmann/Paschke*, in: Ehmann/Selmayr, DS-GVO, Art. 7 Rn. 53; *Plath*, in: Plath, DSGVO/BDSG, Art. 7 Rn. 22.

745 *Frenzel*, in: Paal/Pauly, DSGVO BDSG, Art. 7 Rn. 20; *Heckmann/Paschke, in:* Ehmann/Selmayr, DS-GVO, Art. 7 Rn. 94; *Ingold*, in: Sydow/Marsch, DSGVO/BDSG, Art. 7 Rn. 32; EDSA: Guidelines 05/2020 on consent under Regulation 2016/679, Rn. 26.

Daten selbst Hauptleistungspflicht des Austauschverhältnisses, greift das Kopplungsverbot nicht („Bezahlen mit Daten“).[746]

Sofern die betroffene Person die Wahl zwischen einer Leistung mit Datenverarbeitung zu zusätzlichen Zwecken und einer vergleichbaren Leistung ohne Datenverarbeitung zu zusätzlichen Zwecken hat, ist die Verknüpfung von Leistungserbringung und Einwilligung grundsätzlich nicht zu beanstanden.[747] Hierbei müssen die beiden Dienstleistungen aber tatsächlich gleichwertig sein.[748]

Auch dann, wenn die Einwilligung Teil nicht verhandelbarer, vom Verantwortlichen vorgegebener Geschäftsbedingungen ist, kann nicht von einer Freiwilligkeit ausgegangen werden.[749] Gleiches gilt, wenn die betroffene Person durch die Abgabe der Einwilligung und die Datenverarbeitung unangemessen benachteiligt wird.[750]

dd. Form der Einwilligungserklärung und Nachweispflicht

Die DSGVO sieht für die Einwilligungserklärung vor dem Hintergrund des technologieneutralen Ansatzes keine bestimmte Form vor.[751] Beispielhaft werden in EG 32 Satz 1 und 2 DSGVO die schriftliche Erklärung, die auch elektronisch erfolgen kann, die mündliche Erklärung und andere Verhaltensweisen, mit denen die betroffene Person ihre Einwilligung zur Verarbeitung signalisiert (zum Beispiel die Auswahl bestimmter Einstellungen für Dienste der

---

746 *Frenzel*, in: Paal/Pauly, DSGVO BDSG, Art. 7 Rn. 21; *Heckmann/Paschke*, in: Ehmann/Selmayr, DS-GVO, Art. 7 Rn. 96; *Ingold*, in: Sydow/Marsch, DSGVO/BDSG, Art. 7 Rn. 33; *Plath*, in: Plath, DSGVO/BDSG, Art. 7 Rn. 21; *Schulz*, in: Gola/Heckmann, DSGVO/BDSG, Art. 7 DS-GVO Rn. 30; *Schwartmann*, in: Schwartmann/Jaspers/Thüsing/Kugelmann, DS-GVO, BDSG, Art. 7 Rn. 48; kritisch hierzu *Stemmer*, in: Wolff/Brink, BeckOK DatenschutzR, 41. Ed. 1.5.2022, Art. 7 Rn. 44.2.

747 *Buchner/Kühling* in: Kühling/Buchner, DS-GVO/BDSG, Art. 7 Rn. 52; *Heckmann/Paschke*, in: Ehmann/Selmayr, DS-GVO, Art. 7 Rn. 96; *Plath*, in: Plath, DSGVO/BDSG, Art. 7 Rn. 19; a.A. *Stemmer*, in: Wolff/Brink, BeckOK DatenschutzR, 41. Ed. 1.5.2022, Art. 7 Rn. 46.

748 *Buchner/Kühling* in: Kühling/Buchner, DS-GVO/BDSG, Art. 7 Rn. 53; EDSA, Guidelines 05/2020 on consent under Regulation 2016/679, Rn. 37.

749 EDSA, Guidelines 05/2020 on consent under Regulation 2016/679, Rn. 13.

750 *Buchner/Kühling* in: Kühling/Buchner, DS-GVO/BDSG, Art. 7 Rn. 54.

751 *Heberlein*, in: Ehmann/Selmayr, DS-GVO, Art. 6 Rn. 11; *Heckmann/Paschke, in:* Ehmann/Selmayr, DS-GVO, Art. 7 Rn. 35; *Ingold*, in: Sydow/Marsch, DSGVO/BDSG, Art. 7 Rn. 22; *Plath*, in: Plath, DSGVO/BDSG, Art. 7 Rn. 7; *Schulz*, in: Gola/Heckmann, DSGVO/BDSG, Art. 7 DS-GVO Rn. 41; *Schwartmann/Klein*, in: Schwartmann/Jaspers/Thüsing/Kugelmann, DS-GVO, BDSG, 1. Auflage 2018, Art. 7 Rn. 31.

Informationsgesellschaft) aufgeführt.[752] Daher kann auch schlüssiges Verhalten im Rahmen eines bestimmten Kontextes als Einwilligung gewertet werden.[753] Praktische Grenze dieser Möglichkeiten stellt lediglich die Nachweispflicht nach Art. 7 Abs. 1 DSGVO dar.[754] Die Einwilligungserklärung muss im Rahmen eines Mediums erfolgen, das dem Verantwortlichen den Nachweis der Einwilligungserteilung ermöglicht.[755]

Soll die Einwilligung im Rahmen einer schriftlichen Erklärung abgegeben werden, die noch andere Sachverhalte betrifft, muss die Einwilligungserklärung von diesen anderen Sachverhalten klar abgegrenzt sein und in verständlicher und leicht zugänglicher Form erfolgen, Art. 7 Abs. 2 DSGVO.[756] Hiermit soll den in der Praxis häufig anzutreffenden „untergeschobenen" Einwilligungserklärungen in AGB entgegengewirkt werden.[757]

---

752 *Ingold*, in: Sydow/Marsch, DSGVO/BDSG, Art. 7 Rn. 22; *Plath*, in: Plath, DSGVO/BDSG, Art. 7 Rn. 7.

753 *Frenzel*, in: Paal/Pauly, DSGVO BDSG, Art. 6 Rn. 11; *Schwartmann/Klein*, in: Schwartmann/Jaspers/Thüsing/Kugelmann, DS-GVO, BDSG, Art. 7 Rn. 36; *Däubler*, in: Däubler/Wedde/Weichert/Sommer: EU-DSGVO u. BDSG, Art. 7 Rn. 19; *Heckmann/Paschke*, in: Ehmann/Selmayr, DS-GVO, Art. 7 Rn. 37; *Ingold*, in: Sydow/Marsch, DSGVO/BDSG, Art. 7 Rn. 23; *Stemmer*, in: Wolff/Brink, BeckOK DatenschutzR, 41. Ed. 1.5.2022, Art. 7 Rn. 84; EDSA, Guidelines 05/2020 on consent under Regulation 2016/679, Rn. 83.

754 *Schwartmann/Klein*, in: Schwartmann/Jaspers/Thüsing/Kugelmann, DS-GVO, BDSG, Art. 6 Rn. 23; *Heckmann/Paschke*, in: Ehmann/Selmayr, DS-GVO, Art. 7 Rn. 69; *Ingold*, in: Sydow/Marsch, DSGVO/BDSG, Art. 7 Rn. 21.

755 *Schulz*, in: Gola/Heckmann, DSGVO/BDSG, Art. 7 DS-GVO Rn. 66; EDSA, Guidelines 05/2020 on consent under Regulation 2016/679, Rn. 107.

756 *Däubler*, in: in: Däubler/Wedde/Weichert/Sommer: EU-DSGVO u. BDSG, Art. 7 Rn. 21; Heckmann/Paschke, in: Ehmann/Selmayr, Art. 7 Rn. 42; *Ingold*, in: Sydow/Marsch, DSGVO/BDSG, Art. 7 Rn. 36; *Schulz*, in: Gola/Heckmann, DSGVO/BDSG, Art. 7 DS-GVO Rn. 45; *Schwartmann/Klein*, in: Schwartmann/Jaspers/Thüsing/Kugelmann, DS-GVO, BDSG, Art. 7 Rn. 25.

757 *Albers/Veit*, in: Wolff/Brink, BeckOK DatenschutzR, 41. Ed. 1.11.2021, Art. 6 Rn. 38; *Frenzel*, in: Paal/Pauly, DSGVO BDSG, Art. 7 Rn. 12; *Ingold*, in: Sydow/Marsch, DSGVO/BDSG, Art. 7 Rn. 24; *Schulz*, in: Gola/Heckmann, DSGVO/BDSG, Art. 7 DS-GVO Rn. 46.

ee. Widerrufsrecht

Schließlich und auch wiederum als Ausdruck des Selbstbestimmungsrechts, kann die Einwilligung gemäß Art. 7 Abs. 3 DSGVO jederzeit widerrufen werden.[758] Der Widerruf wirkt ausschließlich für die Zukunft und berührt die Rechtmäßigkeit der Verarbeitung bis zum Widerruf nicht.[759] Der Widerruf muss so einfach wie die Erteilung der Einwilligung sein, der betroffenen Person darf dieser nicht erschwert werden um sie hiervon abzuhalten.[760] Wird die Einwilligung im Rahmen einer Schnittstelle über eine Website oder eine App abgegeben, muss auch der Widerruf über dieselbe Schnittstelle möglich sein.[761]

Daten sind nach dem Widerruf gemäß Art. 17 Abs. 1 lit. b) DSGVO zu löschen, wenn für ihre weitere Speicherung keine andere Rechtsgrundlage besteht.[762]

Über das Widerrufsrecht ist die betroffene Person zudem vor Abgabe der Einwilligungserklärung zu informieren, Art. 7 Abs. 3 Satz 3 DSGVO.[763]

---

758 *Buchner/Kühling* in: Kühling/Buchner, DS-GVO/BDSG, Art. 7 Rn. 34; *Däubler*, in: Däubler/Wedde/Weichert/Sommer: EU-DSGVO und BDSG, Art. 7 Rn. 46; *Heckmann/Paschke, in: Ehmann/Selmayr,* DS-GVO, Art. 7 Rn. 66; *Ingold*, in: Sydow/Marsch, DSGVO/BDSG, Art. 7 Rn. 46; *Kramer*, in: Auernhammer, DSGVO/BDSG, Art. 7 Rn. 32; *Schwartmann/Klein*, in: Schwartmann/Jaspers/Thüsing/Kugelmann, DS-GVO, BDSG, Art. 7 Rn. 38.

759 *Däubler*, in: in: Däubler/Wedde/Weichert/Sommer: EU-DSGVO u. BDSG, Art. 7 Rn. 48; *Frenzel*, in: Paal/Pauly, DSGVO BDSG, Art. 7 Rn. 16; *Heckmann/Paschke,* in: Ehmann/Selmayr, DS-GVO, Art. 7 Rn. 87; *Ingold*, in: Sydow/Marsch, DSGVO/BDSG, Art. 7 Rn. 48; *Plath*, in: Plath, DSGVO/BDSG, Art. 7 Rn. 15; *Schulz*, in: Gola/Heckmann, DSGVO/BDSG, Art. 7 DS-GVO Rn. 57; *Schwartmann/Klein*, in: Schwartmann/Jaspers/Thüsing/Kugelmann, DS-GVO, BDSG, 2018, Art. 7 Rn. 40.

760 *Däubler*, in: in: Däubler/Wedde/Weichert/Sommer: EU-DSGVO u. BDSG, Art. 7 Rn. 47; *Frenzel*, in: Paal/Pauly, DSGVO BDSG, Art. 7 Rn. 17; *Heckmann/Paschke, in:* Ehmann/Selmayr, DS-GVO, Art. 7 Rn. 91; *Ingold*, in: Sydow/Marsch, DSGVO/BDSG, Art. 7 Rn. 47; *Plath*, in: Plath, DSGVO/BDSG, Art. 7 Rn. 17; *Schulz*, in: Gola/Heckmann, DSGVO/BDSG, Art. 7 DS-GVO Rn. 56.

761 EDSA, Guidelines 05/2020 on consent under Regulation 2016/679, Rn. 114.

762 *Däubler*, in: in: Däubler/Wedde/Weichert/Sommer: EU-DSGVO u. BDSG, Art. 7 Rn. 48; *Ingold*, in: Sydow/Marsch, DSGVO/BDSG, Art. 7 Rn. 48; *Kramer*, in: Auernhammer, DSGVO/BDSG, Art. 7 Rn. 35; *Schulz*, in: Gola/Heckmann, DSGVO/BDSG, Art. 7 DS-GVO Rn. 59; *Schwartmann/Klein*, in: Schwartmann/Jaspers/Thüsing/Kugelmann, DS-GVO, BDSG, Art. 7 Rn. 41.

763 *Heckmann/Paschke,* in: Ehmann/Selmayr, DS-GVO, Art. 7 Rn, 88; *Kramer*, in: Auernhammer, DSGVO/BDSG, Art. 7 Rn. 37; *Plath*, in: Plath, DSGVO/BDSG, Art. 7 Rn. 16; *Schulz*, in: Gola/Heckmann, DSGVO/BDSG, Art. 7 DS-GVO Rn. 55; *Schwartmann/Klein*, in: Schwartmann/Jaspers/Thüsing/Kugelmann, DS-GVO, BDSG, Art, 7 Rn. 41.

b. Verarbeitung von Fahrerdaten auf Grundlage einer Einwilligung

Der Verantwortliche kann zur Legitimierung der jeweiligen Datenverarbeitung eine Einwilligung des Fahrers einholen. Wie vorgehend dargestellt, ist die Einwilligung an strenge Voraussetzungen geknüpft, deren Einhaltung gegenüber vom Halter oder Eigentümer abweichenden Fahrern einige Probleme aufwirft:

aa. Erfüllung der Aufklärungspflichten

Vor Abgabe der Einwilligung muss der Fahrer in klarer, verständlicher und transparenter Weise über die wesentlichen Punkte in Bezug auf Art und Umfang der Verarbeitung informiert werden. Eine Herausforderung dürfte hierbei insbesondere darin liegen, die teilweise komplexen Verarbeitungsvorgänge mit zumindest allen wesentlichen Akteuren in kurzer Form (um den Fahrvorgang nicht zu verzögern), aber dennoch verständlich darzustellen.[764] Hier bietet es sich an, auf die situationsbedingte und mehrschichtige Informationsarchitektur zur Erfüllung der Informationspflichten nach Art. 13 und 14 DSGVO (hierzu sogleich ausführlich unter Abschnitt V.2.) zurückzugreifen.[765]

Eine Informationserteilung gegenüber dem Halter bzw. Eigentümer ist nicht ausreichend, da der Fahrer als betroffene Person aufgeklärt werden muss. Darüber hinaus reicht es vor dem Hintergrund wechselnder Fahrer nicht aus, die Information einmalig zu erteilen. Es muss sichergestellt sein, dass jeder (neue) Fahrer die Informationen zur Kenntnis nehmen kann.

bb. Zeitpunkt der Einwilligungserteilung

Die Einwilligung ist vor Beginn der jeweiligen Datenverarbeitung zu erklären. Es muss technisch sichergestellt sein, dass eine Verarbeitung vor Erklärung der Einwilligung durch den konkreten Fahrer als betroffener Person nicht erfolgt. Dies bedeutet im Ergebnis, dass einzelne Funktionen, die eine Verarbeitung personenbezogener Daten beinhalten, vor Abgabe der Einwilligungserklärung nicht aktiv sein dürfen.

---

764 So auch: *Forgó*, in: Oppermann/Stender-Vorwachs (Hrsg.): Autonomes Fahren, Kap. 3.5 Rn. 29; *von Bodungen*, in: Specht/Mantz (Hrsg.): Handbuch Europäisches und deutsches Datenschutzrecht, § 16 Rn. 32; *Metzger*, GRUR 2019, 129 (132); *Lüdemann*, ZD 2015, 247 (252); siehe zur Informationserteilung durch Car Sharing Anbieter: *Bockslaff/Kadler*, ZD 2017, 166 (168).

765 So auch: *Karikari*, Big Data in der Automobilindustrie, S. 130 f; *Brockmeyer*, in: Hoeren/Sieber/Holznagel (Hrsg.), Multimedia Recht, 56. EL Mai 2021, Teil 15.5 Rn. 33.

cc. Höchstpersönlichkeit der Einwilligung

Da die Einwilligung persönlich erklärt werden muss, reicht es nicht, wenn der Halter oder Käufer eine solche im Rahmen des Kaufvorgangs für den Fahrer abgibt. Da zu diesem Zeitpunkt noch überhaupt nicht alle jemals denkbaren Fahrer feststehen können, kommt auch eine Stellvertretung praktisch nicht in Betracht.[766] Gleiches gilt bei dem Abschluss von Nutzungsverträgen über Connectivity Dienste. Eine Einwilligung, die sich auf die Verarbeitung von Daten Dritter bezieht, ist nicht wirksam.[767] Dies bedeutet, dass von jedem (neuen) Fahrer vor Beginn der Datenverarbeitung eine Einwilligung eingeholt werden muss.[768]

dd. Unmissverständliche Willensbekundung

Der Fahrer muss zudem durch eine Handlung unmissverständlich signalisieren, dass er in die Datenverarbeitung einwilligt. Hierzu bieten sich entsprechende elektronische Funktionen im Kfz an, zum Beispiel das Anklicken von Bestätigungstasten im MMI.[769] Nicht ausreichend dürfte der Hinweis sein, dass mit dem Starten der Fahrt bzw. der Inanspruchnahme von bestimmten Funktionen in die Datenverarbeitung eingewilligt wird.

ee. Granularität und Bestimmtheit der Einwilligungserklärung

Da eine Generaleinwilligung in jegliche Verarbeitung nicht wirksam ist, sind bei verschiedenen Funktionen auch jeweils eigenständige Einwilligungen

---

766 A.A. *Karikari*, Big Data in der Automobilindustrie, S. 128 f. und *Specht*, Datenverwertungsverträge zwischen Datenschutz und Vertragsfreiheit - Eckpfeiler eines neuen Datenschuldrechts, DGRI Jahrbuch 2017, S. 14.

767 *Buchner/Kühling*, in: Kühling/Buchner, DS-GVO/BDSG, Art. 7 Rn. 18c; *Däubler*, in: in: Däubler/Wedde/Weichert/Sommer: EU-DSGVO u. BDSG, Art. 7 Rn. 24; *Brink/Hertfelder*: in: Roßnagel/Hornung (Hrsg.), Grundrechtsschutz im Smart Car, S. 84.

768 So auch: *Eul*: 10.2 Connected Cars, in: Leupold /Wieb/Glosser (Hrsg.), IT-Recht, Rn. 35; *von Bodungen*, in: Specht/Mantz (Hrsg.): Handbuch Europäisches und deutsches Datenschutzrecht, § 16 Rn. 35; *Brockmeyer*, in: Hoeren/Sieber/Holznagel (Hrsg.), Multimedia Recht, 56. EL Mai 2021, Teil 15.5 Rn. 36; Brink/ Hertfelder, in: Roßnagel/ Hornung (Hrsg.), Grundrechtsschutz im Smart Car, S. 85; *Klink-Straub/Straub*, NJW 2018, 3201 (3204 f.); *Lüdemann*, ZD 2015, 247 (252).

769 So auch: *Brockmeyer*, in: Hoeren/Sieber/Holznagel (Hrsg.), Multimedia Recht, 56. EL Mai 2021, Teil 15.5 Rn. 34; *von Bodungen*, in: Specht/Mantz (Hrsg.): Handbuch Europäisches und deutsches Datenschutzrecht, § 16 Rn. 31; *Klink-Straub/Straub*, NJW 2018, 3201 (3205).

einzuholen. Hier muss von dem Verantwortlichen ein vertretbarer Mittelweg gefunden werden, um einerseits dem Bestimmtheitsgrundsatz zu genügen und andererseits den Fahrtantritt bzw. Fahrtvorgang nicht zu verzögern oder zu stören. Hierbei besteht insbesondere die Gefahr, dass Einwilligungen nicht zur Kenntnis genommen und durch unreflektiertes „Klicken“ erteilt werden, wenn sie als Störfaktor empfunden werden.

Die Einhaltung des Bestimmtheitsgrundsatzes ist insbesondere dann problematisch, wenn die Verarbeitung zu Sekundärzwecken über eine Einwilligung legitimiert werden soll, da hierzu die Sekundärzwecke im Vorfeld definiert und hinreichend beschrieben werden müssen.

ff. Freiwilligkeit und Kopplungsverbot

Dem Grundsatz der Freiwilligkeit wird nicht genüge getan, wenn dem Fahrer die Nutzung bestimmter Funktionen oder des jeweiligen Dienstes verweigert würde, falls er die verlangte Einwilligung zur Datenverarbeitung nicht abgibt.[770] Soweit die Datenverarbeitung zur Erbringung der Funktion oder des Dienstes erforderlich ist, ist diese bereits über Art. 6 Abs. 1 lit. b), falls ein Vertragsverhältnis zum Fahrer fehlt, über Art. 6 Abs. 1 lit. f) DSGVO gerechtfertigt oder für bestimmte Funktionen auch über Art. 6 Abs. 1 lit. c) DSGVO.[771] Insoweit bedarf es keiner Einwilligung.

Soll die Einwilligung als Rechtsgrundlage für darüberhinausgehende Verarbeitungen dienen, ist das Kopplungsverbot zu beachten. Sachfremde Datenverarbeitungen können über Art. 6 Abs. 1 lit. a) DSGCO nicht gerechtfertigt werden, wenn die Einwilligung in diese zur Voraussetzung für die Erbringung der Funktion oder des Dienstes gemacht wird.[772] Bei Verarbeitungen zu Sekundärzwecken muss daher im Einzelfall geprüft werden, ob diese im Wege der Einwilligung einbezogen werden können.

gg. Folgen eines Widerrufs

Stützt der Hersteller, Dienstanbieter oder Car Sharing- bzw. Mietwagenanbieter die Datenverarbeitung auf eine Einwilligung stellt sich zudem die Frage, wie er

770 So auch: *Lüdemann*, ZD 2015, 247 (252); zum Druck auf betroffene Personen, der Datenverarbeitung aufgrund der Machtstellung der Fahrzeughersteller zuzustimmen siehe: *Kumpf*, Smart Cars, S. 143 f.

771 Siehe hierzu Kap. 3 A.IV.1, 2 und 3.

772 So auch: *Forgó*, in: Oppermann/Stender-Vorwachs (Hrsg.): Autonomes Fahren, Kap. 3.5 Rn. 28.

mit einem Widerruf der Einwilligung umgeht. Dieser kann jederzeit erklärt werden und ist, anders als der Widerspruch nach Art. 21 Abs. 1 DSGVO, an keine Voraussetzung geknüpft. Konsequenterweise müsste der Widerruf der Einwilligung dazu führen, dass die jeweilige Funktion oder der Dienst nicht mehr genutzt werden kann, zumindest dann, wenn die hierfür erforderliche Datenverarbeitung auf keine andere Rechtsgrundlage gestützt werden kann.[773] Zumindest für gesetzlich angeordnete Sicherheitsfunktionen wie den eCall scheidet die Einwilligung daher als Rechtsgrundlage per se aus, da dieser als nicht deaktivierbare Funktion[774] ausgestaltet ist.

Zudem stellt sich die Frage, wie sich der Widerruf der datenschutzrechtlichen Einwilligung auf das zugrundeliegende zivilrechtliche Vertragsverhältnis auswirkt, wenn Einwilligung und Leistungserbringung in einem synallagmatischen Verhältnis stehen.[775] Hierzu wird vertreten, dass, trotz Bedingungslosigkeit des Widerrufs, dieser nur wirksam werden soll, wenn die Fortsetzung der Datenverarbeitung dem Betroffenen nicht mehr zumutbar sei oder sich die für die Datenverarbeitung maßgeblichen Umstände wesentlich geändert haben.[776] Verantwortliche müssten also auch für solche Folgefragen Lösungen finden. Im Verbraucherrecht über digitale Verträge ist nunmehr geregelt, dass bei einem Widerruf des Verbrauchers der Unternehmer unter den Voraussetzungen des § 327q Abs. 2 BGB den Vertrag kündigen kann.

hh. Ergebnis

Die Einwilligung kann aufgrund ihrer hohen Wirksamkeitsanforderungen nicht als letztes Mittel verwendet werden, um Datenverarbeitungen, die nicht über die gesetzlichen Erlaubnistatbestände zulässige sind, doch noch zu legitimieren. Insbesondere in Hinblick auf Fahrer stellen sich praktische Umsetzungsprobleme, die durch technische Gestaltung in vernetzen und automatisieren Kfz

---

773 So auch: *von Bodungen*, in: Specht/Mantz (Hrsg.): Handbuch Europäisches und deutsches Datenschutzrecht, § 16 Rn. 34; zum Verhältnis der Rechtsgrundlagen untereinander sowie zur Frage des Rückgriffs auf einen gesetzlichen Erlaubnistatbestand bei widerrufener Einwilligung siehe Kap. 3 A.IV.6.

774 *Lüdemann/Sengstacken*, RDV 2014, 177 (179).

775 Hierzu ausführlich: *Specht*, JZ 2017, 763 (767).

776 Buchner/Kühling in: Kühling/Buchner, DS-GVO/BDSG, Art. 7 Rn. 38; Schwartmann/Klein, in: Schwartmann/Jaspers/Thüsing/Kugelmann, DS-GVO, BDSG, Art. 7 Rn. 42; a.A.: Däubler, in: in: Däubler/Wedde/Weichert/Sommer, EU-DSGVO u. BDSG, Art. 7 Rn. 50; Heckmann/Paschke, in: Ehmann/Selmayr, DS-GVO, Art. 7 Rn. 93; Stemmer, in: Wolff/Brink, BeckOK DatenschutzR, 341. Ed. 1.5.20221, Art. 7 Rn. 930.

gelöst werden müssen. Hierbei ist Vorsicht geboten und ein ausgeglichenes Konzept zu finden, damit die Einwilligung tatsächlich Ausdruck einer informierten und freie Entscheidung ist und nicht zu einer für den Betroffenen lästigen Hürde vor Fahrtantritt wird.

Die Einholung einer rechtswirksamen Einwilligung im Rahmen vernetzter und automatisierter Fahrzeuge dürfte in der Praxis kaum möglich bzw. auf bestimmte Funktionen beschränkt sein.[777]

6. *Zusammenfassung und Verhältnis der Erlaubnistatbestände*

Die Untersuchung hat gezeigt, dass für die verschiedenen Datenverarbeitungen im Rahmen der Funktionen, Systeme und Dienste im vernetzten und automatisierten Kfz keine pauschale und allgemeingültige Rechtsgrundlage besteht. Häufig hängt das Ergebnis von einer Einzelfallbetrachtung ab. Dies gilt insbesondere für die Rechtfertigung von Verarbeitungen auf Grundlage eines Vertrages oder einer Interessenabwägung in Hinblick auf das Tatbestandsmerkmal der Erforderlichkeit. Die Einwilligung taugt aufgrund der hohen Anforderungen an ihre Wirksamkeit in Fällen der Unsicherheit ebenfalls nur bedingt als „Lückenfüller" zur Legitimation der Verarbeitung.

Vor diesem Hintergrund stellt sich die Frage, ob Verantwortliche die jeweilige Verarbeitung auf verschiedene Rechtsgrundlagen stützen können. Können Sie zum Beispiel für den Fall, dass es an der Erforderlichkeit im Rahmen von Art. 6 Abs. 1 lit. b) oder f) DSGVO fehlt, alternativ zusätzlich eine Einwilligung einholen, um so eine höhere Rechtssicherheit zu schaffen?

Weitgehende Einigkeit besteht insoweit, als zwischen den Erlaubnistatbeständen ein Alternativverhältnis besteht. Dies ergibt sich aus dem Wortlaut von Art. 6 Abs. 1 Satz 1 DSGVO („Die Verarbeitung ist nur rechtmäßig, wenn *mindestens* einer der nachstehenden Bedingungen erfüllt ist"). Eine Einwilligung kann daher „sicherheitshalber" eingeholt werden, auch wenn bereits ein gesetzlicher Erlaubnistatbestand einschlägig ist.[778]

---

777 So auch: *Forgó*, in: Oppermann/Stender-Vorwachs (Hrsg.): Autonomes Fahren, Kap. 3.5 Rn. 28; *Steinrötter*, ZD 2021, 513 (515); *Straub/Straub*, NJW 2018, 3201 (3205); *Wagner*, ZD-Aktuell 2018, 06103; *Lüdemann*, ZD 2015, 247 (252); *Hornung/Goeble*, CR 2015, 265 (272); *Cebulla*, ZD 2015, 507 (510).

778 *Schwartmann/Jacquemain*, in: Schwartmann/Jaspers/Thüsing/Kugelmann, DS-GVO, BDSG, Art. 6 Rn. 7; *Plath*, in: Plath, DSGVO/BDSG, Art. 6 Rn. 5; *Buchner/Petri*, in: Kühling/Buchner, DS-GVO/BDSG, Art. 6 Rn. 22; *Heckmann/Paschke*, in: Ehmann/Selmayr, DS-GVO, Art. 7 Rn. 19 f; *Kramer*, in: Auernhammer, DSGVO/BDSG, Art. 6 Rn. 23; *Schulz*, in: Gola/Heckmann, DSGVO/BDSG, Art. 6 DS-GVO Rn. 12;

Schwieriger ist die Frage zu beantworten, ob im Falle einer verweigerten, unwirksamen oder widerrufenen Einwilligung die Verarbeitung (weiterhin) auf einen einschlägigen gesetzlichen Erlaubnistatbestand gestützt werden kann.

Der EDSA sowie vereinzelte Meinungen in der Literatur vertreten hierzu die Auffassung, dass ein Rückgriff auf einen gesetzlichen Erlaubnistatbestand nicht zulässig sei, da es gegen das Gebot von Fairness und Transparenz verstoße, wenn dem Betroffenen suggeriert werde, dass eine Verarbeitung nur mit seiner Einwilligung stattfinde und dann im Falle einer Verweigerung, der Unwirksamkeit oder des Widerrufs dennoch die Verarbeitung zulässig sein solle.[779] Dieses Problem kann aber dadurch umgangen werden, dass die betroffene Person im Rahmen der Aufklärungspflichten eben auch darüber informiert wird, dass die Verarbeitung auf Grundlage eines gesetzlichen Erlaubnistatbestandes gerechtfertigt ist, weshalb die Ansicht des EDSA überwiegend ablehnt wird, wenn die Transparenz entsprechend gewahrt bleibt.[780]

Verantwortliche für Datenverarbeitungen in vernetzten und automatisierten Kfz könnten und sollten diese Möglichkeit nutzen, um mehr Rechtssicherheit zu erlangen. Auf der anderen Seite führt dies dazu, dass Informationstexte länger und komplexer werden, wenn mehrere mögliche Rechtsgrundlagen dargestellt werden müssen. Diese Lösung dürfte dann zu Lasten der Verständlichkeit der Informationserteilung gehen.

Wedde, in: Däubler/Wedde/Weichert/Sommer, EU-DSGVO u. BDSG, Art. 6 Rn. 6; a. A.: *Ingold*, in: Sydow/Marsch, DSGVO/BDSG, Art. 7 Rn. 51; *Brink/Hertfelder*, in: Roßnagel/ Hornung (Hrsg.), Grundrechtsschutz im Smart Car, S. 83; EDSA, Guidelines 05/2020 on consent under Regulation 2016/679 Rn. 121.

779 EDSA, Guidelines 05/2020 on consent under Regulation 2016/679 Rn. 123; *Brink/ Hertfelder*, in: Roßnagel/ Hornung (Hrsg.), Grundrechtsschutz im Smart Car, S. 83; *Frenzel*, in: Paal/Pauly, DSGVO BDSG, Art. 7 Rn. 17a.

780 *Schwartmann/Jacquemain*, in: Schwartmann/Jaspers/Thüsing/Kugelmann, DS-GVO, BDSG, Art. 6 Rn. 8; *Plath*, in: Plath, DSGVO/BDSG, Art. 6 Rn. 6f.; *Albers/Veit*, in: Wolff/Brink, BeckOK DatenschutzR, 41. Ed. 1.11.2021, Art. 6 Rn. 25; *Buchner/ Kühling*, in: Kühling/Buchner, DS-GVO/BDSG, Art. 7 Rn. 18; *Heckmann/Paschke*, in: Ehmann/Selmayr, DS-GVO, Art. 7 Rn. 20; *Kramer*, in: Auernhammer, DSGVO/ BDSG, Art. 6 Rn. 24; *Schulz*, in: Gola/Heckmann, DSGVO/BDSG, Art. 6 DS-GVO Rn. 12; *Wedde*, in: Däubler/Wedde/Weichert/Sommer, EU-DSGVO u. BDSG, Art. 6 Rn. 7.

7. *Zweckänderung, Art. 6 Abs. 4 DSGVO*

Wie bereits erwähnt, sind bei einer Verarbeitung von Fahrerdaten zu Sekundärzwecken die Voraussetzungen der Zweckänderung zu beachten, wenn die Sekundärzwecke nicht schon bei Datenerhebung festgelegt waren. Dies wird in der Regel der Fall sein, da sich Anwendungsfelder für gesammelte Daten typischerweise erst im Laufe der Zeit für Verantwortliche ergeben, dies gilt insbesondere für Big Data Anwendungen, die für Hersteller besonders interessant sein können.[781]

Aufgrund des Zweckbindungsgrundsatzes (hierzu unter Abschnitt V mehr) ist der Verantwortliche gehindert, Daten zu beliebigen Zwecken zu verarbeiten, die sich erst im Laufe der Zeit ergeben.[782] Soweit die Verarbeitung nicht auf einer Einwilligung der betroffenen Person oder einer europarechtlichen oder nationalen Rechtsgrundlage zum Schutz der in Art. 23 Abs. 1 DSGVO genannten Ziele beruht, ist die Verarbeitung für sich im Nachgang der Erhebung ergebenden Zwecken nur zulässig, wenn diese mit den ursprünglichen Zwecken vereinbar ist.[783] Art. 6 Abs. 4 lit. a-e DSGVO nennen hierzu nicht abschließend verschiedene Kriterien, die der Verantwortliche bei dieser Bewertung zu berücksichtigen hat, wie die Verbindung zwischen den Zwecken, der Erhebungszusammenhang der Daten, die Art der personenbezogenen Daten, die möglichen Folgen der Weiterverarbeitung sowie das Vorhandensein geeigneter Sicherheitsmaßnahmen.[784]

Im Ergebnis werden Hersteller, Connectivity Anbieter sowie Mietwagen- bzw. Car Sharing Anbieter auch diese Punkte im Sinne einer Einzelfallabwägung prüfen und das Ergebnis dokumentieren müssen, bevor Daten zu Sekundärzwecken

---

781 Siehe unter Kap. 3 A.IV.2.b.aa. (2). (a).

782 *Albers/Veit*, in: Wolff/Brink, BeckOK DatenschutzR, 41. Ed. 1.11.2021, Art. 6 Rn. 96; *Heberlein*, in: Ehmann/Selmayr, DS-GVO, Art. 6 Rn. 48; *Plath*, in: Plath, DSGVO/BDSG, Art. 6 Rn. 130.

783 *Reimer*, in: Sydow/Marsch, DSGVO/BDSG, Art. 6 Rn. 96; *Schwartmann/Pieper/Mühlenbeck*, in: Schwartmann/Jaspers/Thüsing/Kugelmann, DS-GVO, BDSG, Art. 6 Rn. 238; *Wedde*, in: Däubler/Wedde/Weichert/Sommer, EU-DSGVO u. BDSG, Art. 6 Rn. 123; zum Erfordernis einer gesonderten Legitimation bei Vorliegen einer Privilegierung ausführlich: *Karikari*, Big Data in der Automobilindustrie, S. 137 ff.

784 *Albers/Veit*, in: Wolff/Brink, BeckOK DatenschutzR, 41. Ed. 1.11.2021, Art. 6 Rn. 104; *Buchner/Petri*, in: Kühling/Buchner, DS-GVO/BDSG, Art. 6 Rn. 186; *Frenzel*, in: Paal/Pauly, DSGVO BDSG, Art. 6 Rn. 48; *Kramer*, in: Auernhammer, DSGVO/BDSG, Art. 6 Rn. 110; *Schulz*, in: Gola/Heckmann, DSGVO/BDSG, Art. 6 DS-GVO Rn. 136; *Schwartmann/Pieper/Mühlenbeck*, in: Schwartmann/Jaspers/Thüsing/Kugelmann, DS-GVO, BDSG, Art. 6 Rn. 240.

verwenden werden können. Jedenfalls bei Verwendungen, die dem ursprünglichen Erhebungszweck entgegenlaufen, sowie bei Big Data Anwendungen mit dem Ziel individualisierter Maßnahmen, dürfte der Zweckbindungsgrundsatz in der Regel verletzt sein.[785]

8. *Verarbeitung von besonderen Kategorien personenbezogener Daten, Art. 9 DSGVO*

Einige Funktionen erfordern die Verarbeitung von Daten, der die DSGVO eine erhöhte Sensibilität zuordnet, da deren Verarbeitung mit erheblichen Risiken für die betroffene Person verbunden sein können.[786] So handelt sich bei dem Ergebnis der Atemalkoholkontrolle bei Nutzung der alkoholempfindlichen Wegfahrsperre um Gesundheitsdaten, da die Intoxikation des Körpers festgestellt wird.[787] Für die Nutzung der Smart Cabin Technologie wird das Bild des Fahrers in Hinblick auf physiologische Merkmale ausgewertet (Gesichtserkennung), um diesen eindeutig zu identifizieren, sodass es sich hierbei um biometrische Daten handelt.[788]

Gemäß Art. 9 Abs. 2 DSGVO ist die Verarbeitung von Gesundheitsdaten und biometrischen Daten zur eindeutigen Identifizierung einer Person nur in bestimmten Fällen zulässig. Sofern eine angemessene Rechtsgrundlage im Unionsrecht oder im Recht des Mitgliedstaates nach Art. 9 Abs. 2 lit. g) DSGVO

785 *Karikari*: Big Data in der Automobilindustrie, S. 142; *Specht*, GRUR Int. 2017, 1040 (1043); *Weichert*, ZD 2013, 251 (256).

786 *Albers/Veit*, in: Wolff/Brink, BeckOK DatenschutzR, 41. Ed. 1.11.2021, Art. 9 Rn. 2; *Kampert*, in: Sydow/Marsch, DSGVO/BDSG, Art. 9 Rn. 1; *Plath*, in: Plath, DSGVO/BDSG, Art. 9 Rn. 1; *Schiff*, in: Ehmann/Selmayr, DS-GVO, Art. 9 Rn. 1; *Schulz*, in: Gola/Heckmann, DSGVO/BDSG, Art. 9 DS-GVO Rn. 1; *Wedde*, in: Däubler/Wedde/Weichert/Sommer, EU-DSGVO u. BDSG, Art. 9 Rn. 1.

787 Dies ergibt sich aus der Legaldefinition in Art. 4 Nr. 15 DSGVO, wobei es sich um Informationen über den Gesundheitszustand handeln muss: *Wedde*, in: Däubler/Wedde/Weichert/Sommer, EU-DSGVO u. BDSG, Art. 9 Rn. 39; so auch: *Frinken*, Die Verwendung von Daten aus vernetzten Fahrzeugen, S. 75.

788 Dies ergibt sich aus der Legaldefinition in Art. 4 Nr. 14 DSGVO, die Gesichtsbilder zur Identifizierung ausdrücklich nennt: *Jaspers/Schwartmann/Mühlenbeck*, in: Schwartmann/Jaspers/Thüsing/Kugelmann, DS-GVO, BDSG, Art. 9 Rn. 78; *Plath*, in: Plath, DSGVO/BDSG, Art. 9 Rn. 8; *Schiff*, in: Ehmann/Selmayr, DS-GVO, Art. 9 Rn. 27; *Wedde*, in: Däubler/Wedde/Weichert/Sommer, EU-DSGVO u. BDSG, Art. 9 Rn. 32; *Kumpf*, Smart Cars, S. 130; *Schwenke*, NJW 2018, 823 (825); *Schneider/Schindler*, ZD 2018, 463 (468); *Ehmann*, ZD 2020, 65 (67).

fehlt, kann die Verarbeitung insbesondere auf eine ausdrückliche Einwilligung der betroffenen Person nach Art. 9 Abs. 2 lit. a) DSGVO gestützt werden. Bei einer Komfortfunktion wie der Smart Cabin Technologie mag dies noch einleuchten. Bei einer Sicherheitsfunktion wie der Wegfahrsperre bei Fahruntüchtigkeit führt Art. 9 DSGVO dazu, dass die Nutzung wiederum optional wird, was der ursprünglichen Intention einer verpflichtenden Wegfahrsperre zuwiderläuft. Einziger Ausweg ist, dass der Gesetzgeber für solche Funktionen Rechtsgrundlagen außerhalb der DSGVO schafft, die den Anforderungen von Art. 9 Abs. 2 lit. g) DSGVO genügen. Ob Art. 6 EU VO 2019/2144, der unter anderem den verpflichtenden Einbau alkoholempfindlicher Wegfahrsperren anordnet, diesen Anforderungen genügen kann, wenn er noch nicht mal die Hürde der Art. 6 Abs. 2 und 3 DSGVO nimmt,[789] ist überaus fraglich. Hier zeigt sich, dass der Gesetzgeber in Zukunft mehr Sorgfalt bei datenschutzrechtlichen Berührungspunkten walten lassen muss, um das Rechtfertigungsregime der DSGVO sinnvoll umsetzen zu können.

Auch die weiteren in Art. 9 Abs. 2 DSGVO formulierten Ausnahmen werden in den meisten Fällen für Datenverarbeitungen in vernetzten und automatisierten Kfz nicht greifen. Insbesondere soweit Verarbeitungen im Rahmen von Sicherheitsfunktionen besonders sensible Datenkategorien nach Art. 9 Abs. 1 DSGVO beinhalten sollten, kann Art. 9 Abs. 2 lit. c) DSGVO, der eine Ausnahme zur Verarbeitung zum Schutz lebenswichtiger Interessen vorsieht, nicht angewandt werden, da hierzu die betroffene Person aus körperlichen oder rechtlichen Gründen außerstande sein muss, ihre Einwilligung erteilen zu können.[790] Dieser Sachverhalt wird zumindest bei rein bei präventiv wirkenden Sicherheitsfunktionen nicht zutreffen.

Für solche Funktionen, die sensible Daten verarbeiten, muss daher im Vorfeld eine *ausdrückliche* Einwilligung eingeholt werden. Neben den allgemeinen Voraussetzungen der Einwilligung nach Art. 6 Abs. 1 lit. a) DSGVO, sind an eine Einwilligung in die Verarbeitung sensibler Daten also gesteigerte Anforderungen zu stellen, sowohl in Hinblick auf die Form der Willensbekundung[791] (eine

789 Siehe hierzu Kap. 3 A. IV.3.b.cc.

790 *Frenzel*, in: Paal/Pauly, DS-GVO BDSG, Art. 9 Rn. 29; *Albers/Veit*, in: Wolff/Brink, BeckOK DatenschutzR, 41. Ed. 1.11.2021, Art. 9 Rn. 66.

791 Der EDSA sieht eine ausdrückliche Einwilligung zum Beispiel in Form einer schriftlichen Erklärung, durch Ausfüllen eines elektronischen Formulars, Senden einer E-Mail, Hochladen eines eingescannten Dokuments, dass die Unterschrift der betroffenen Person trägt oder Verwenden einer elektronischen Signatur: EDSA, Guidelines 05/2020 on consent under Regulation 2016/679, Rn. 93 f.

Einwilligung durch schlüssiges Verhalten scheidet aus) als auch in Hinblick auf die Bestimmtheit der Erklärung sowie die Aufklärungspflichten.[792]

9. *Sonderproblem: Begleitetes Fahren*

Zur Senkung des Unfallrisikos junger Autofahrer wurde im Jahr 2004 erstmals das begleitete Fahren eingeführt. Gemäß § 6e StVG i.V.m. § 48a FeV darf der Fahrer ab einem Mindestalter von 17 Jahren das Fahrzeug in Begleitung einer qualifizierten Person führen. Vor diesem Hintergrund stellen sich verschiedene Fragen in Hinblick auf die Rechtgrundlage der Verarbeitung personenbezogener Daten minderjähriger Fahrer.

a. *Erfüllung eines Vertrages, Art. 6 Abs. 1 lit. b) DSGVO*

Soweit Art. 6 Abs. 1 lit. b) DSGVO überhaupt anwendbar ist, der minderjährigen Fahrer also Partei eines Vertrages ist, welcher die Datenverarbeitung stützt, sind die Regelungen zur beschränkten Geschäftsfähigkeit nach §§ 106 ff. BGB zu beachten.[793] Wenn die Eingehung des Vertrages nicht nur einen rechtlichen Vorteil für den Minderjährigen darstellt, bedarf es zur Wirksamkeit der Einwilligung oder Genehmigung des gesetzlichen Vertreters. Ob diese bereits dann anzunehmen ist, wenn die Begleitperson gleichzeitig der gesetzliche Vertreter des minderjährigen Fahrers ist, ist eine Wertung des Einzelfalls. So wird man zum Beispiel bei Nutzung eines Car Sharing Angebots wohl auch gleichzeitig davon ausgehen können, dass der begleitende gesetzliche Vertreter in die Schließung des Mietvertrages und die damit einhergehende Datenverarbeitung einwilligt, soweit entsprechende Informationen hierzu erteilt wurden.

Ist der Vertrag aufgrund der beschränkten Geschäftsfähigkeit des minderjährigen Fahrers nichtig, scheidet Art. 6 Abs. 1 lit. b) DSGVO als Rechtsgrundlage aus.[794]

---

792 *Albers/Veit*, in: Wolff/Brink, BeckOK DatenschutzR, 41. Ed. 1.11.2021, Art. 9 Rn. 59; *Jaspers/Schwartmann/Mühlenbeck*, in: Schwartmann/Jaspers/Thüsing/Kugelmann, DS-GVO, BDSG, Art. 9 Rn. 123; *Plath*, in: Plath, DSGVO/BDSG, Art. 9 Rn. 13; *Schulz*, in: Gola/Heckmann, DSGVO/BDSG, Art. 9 DS-GVO Rn. 23; *Wedde*, in: Däubler/Wedde/Weichert/Sommer: EU-DSGVO u. BDSG, Art. 9 Rn. 52.

793 Gemäß Art. 8 Abs. 3 DSGVO wird das allgemeine Vertragsrecht der Mitgliedstaaten durch Art. 8 Abs. 1 DSGVO nicht berührt: *Buchner/Kühling*, in: Kühling/Buchner, DS-GVO/BDSG, Art. 7 Rn. 69; *Heckmann/Paschke*, in: Ehmann/Selmayr, DS-GVO, Art. 8 Rn. 7.

794 So auch: *Buchner/Petri*, in: Kühling/Buchner, DS-GVO/BDSG, Art. 6 Rn. 31;

b. Interessenabwägung, Art. 6 Abs. 1 lit. f) DSGVO

Im Rahmen der Interessenabwägung ordnet Art. 6 Abs. 1 lit. f) DSGVO an, dass bei der Verarbeitung von Daten eines Kindes zu vermuten ist, dass dessen Rechte die Interessen des Verantwortlichen überwiegen.[795]

Der Begriff des Kindes ist in der DSGVO nicht definiert, sodass dieser unionsrechtlich autonom auszulegen ist.[796] Aus einem Umkehrschluss von Art. 8 Abs. 1 DSGVO ergibt sich,[797] dass die Altersgrenze beim vollendeten 13. Lebensjahr[798] oder jedenfalls beim vollendeten 16. Lebensjahr liegt,[799] sodass die Vermutung im Rahmen des begleiteten Fahrens nicht greift. Dennoch ist der Umstand, dass die betroffene Person minderjährig ist, im Rahmen der Interessenabwägung generell zu berücksichtigen.[800] Handelt es sich also um sehr komplexe Datenverarbeitungsvorgänge, deren Reichweite und Risiken der betroffenen Person aufgrund ihrer altersbedingten verminderten Einsichtsfähigkeit nicht verständlich erklärt werden können, kann die Interessenabwägung zu Lasten des Verantwortlichen ausfallen und die Verarbeitung nicht auf Art. 6 Abs. 1 lit. f) DSGVO gestützt werden.

c. Einwilligung, Art. 6 Abs. 1 lit. a) DSGVO

Soweit die Datenverarbeitung des minderjährigen Fahrers auf eine Einwilligung gestützt werden soll, muss dieser nach den allgemeinen Grundsätzen einsichtsfähig sein, was im Einzelfall unter Berücksichtigung der Art sowie der Risiken der Datenverarbeitung zu beurteilen ist.[801]

795 *Albers/Veit*, in: Wolff/Brink, BeckOK DatenschutzR, 41. Ed. 1.11.2021, Art. 6 Rn. 71; *Buchner/Petri*, in: Kühling/Buchner, DS-GVO/BDSG, Art. 6 Rn. 155; *Reimer*, in: Sydow/Marsch, DSGVO/BDSG, Art. 6 Rn. 88;

796 *Schwartmann/Klein*, in: Schwartmann/Jaspers/Thüsing/Kugelmann, DS-GVO, BDSG, Art. 6 Rn. 163.

797 A.A. *Heberlein*, in: Ehmann/Selmayr, DS-GVO, 6 Rn. 31, der die Altersgrenzen von Art. 8 Abs. 1 DSGVO nur auf Angebote von Diensten der Informationsgesellschaft anwenden will. Aber gerade diese Angebote werden vom Gesetzgeber als besonders risikoreich für Minderjährige betrachtete (sonst bedürfte es Art. 8 DSGVO nicht), weshalb nicht einzusehen ist, wieso für andere, ggf. weniger risikoreiche Verarbeitungen eine höhere Altersgrenze gelten sollte.

798 *Albers/Veit*, in: Wolff/Brink, BeckOK DatenschutzR, 41. Ed. 1.11.2021, Art. 6 Rn. 71.

799 *Buchner/Petri*, in: Kühling/Buchner, DS-GVO/BDSG, Art. 6 Rn. 155; *Schwartmann/Klein*, in: Schwartmann/Jaspers/Thüsing/Kugelmann, DS-GVO, BDSG, Art. 6 Rn. 163.

800 *Buchner/Petri*, in: Kühling/Buchner, DS-GVO/BDSG, Art. 6 Rn. 155.

801 *Buchner/Kühling*, in: Kühling/Buchner, DS-GVO/BDSG, Art. 7 Rn. 70; *Däubler*, in: Däubler/Wedde/Weichert/Sommer, EU-DSGVO u. BDSG, Art. 7 Rn. 13;

In den Fällen, in denen ein minderjähriger Betroffener Dienste der Informationsgesellschaft in Anspruch nimmt, liegt gemäß Art. 8 Abs. 1 DSGVO eine Einsichtsfähigkeit ab dem vollendeten 16. Lebensjahr vor, soweit die Mitgliedstaaten keine abweichende Regelung treffen,[802] wobei dabei die Vollendung des 13. Lebensjahrs als Grenze nicht unterschritten werden darf.[803] Unterhalb dieser Altersgrenzen muss gemäß Art. 8 Abs. 1 Satz 2 DSGVO der Träger der elterlichen Verantwortung der Datenverarbeitung zustimmen.[804]

Dienste der Informationsgesellschaft sind gemäß Art. 4 Nr. 25 DSGVO, der auf Richtlinie (EU) 2015/1535 verweist, Dienstleistungen, die im Fernabsatz auf elektronischem Wege und aufgrund individuellen Abrufs sowie im Regelfall gegen Entgelt erbracht werden.[805] Connectivity Dienste können hierunter fallen. Soweit die damit verbundene Datenverarbeitung auf Grundlage einer Einwilligung zulässig sein soll, müssen bei minderjährigen Fahrern die Altersgrenzen beachtet werden. Da das begleitete Fahren aber erst ab einem Alter von 17 Jahren möglich ist, ist die Einsichtsfähigkeit zumindest nach Art. 8 Abs. 1 DSGVO

Heckmann/Paschke, in: Ehmann/Selmayr, DS-GVO, Art. 7 Rn. 32; *Stemmer*, in: Wolff/Brink, BeckOK DatenschutzR, 41. Ed. 1.5.2022, Art. 7 Rn. 38.

802 Die Bundesrepublik Deutschland hat bislang von dieser Möglichkeit keinen Gebrauch gemacht: *Däubler*, in: Däubler/Wedde/Weichert/Sommer, EU-DSGVO u. BDSG, Art. 8 Rn. 7; *Karg*, in: Wolff/Brink, BeckOK DatenschutzR, 41. Ed. 1.8.2022, Art. 8 Rn. 19; *Schulz*, in: Gola/Heckmann, DSGVO/BDSG, Art. DS-GVO 8 Rn. 8; *Schwartmann/Hilgert* in: Schwartmann/Jaspers/Thüsing/Kugelmann, DS-GVO, BDSG, Art. 8 Rn. 46.

803 *Buchner/Kühling*, in: Kühling/Buchner, DS-GVO/BDSG, Art. 7 Rn. 68; *Stemmer*, in: Wolff/Brink, BeckOK DatenschutzR, 41. Ed. 1.5.2022, Art. 7 Rn. 36; *Heckmann/Paschke,* in: Ehmann/Selmayr, DS-GVO, Art. 8 Rn. 4; *Schulz*, in: Gola/Heckmann, DSGVO/BDSG, Art. 8 DS-GVO Rn. 8; EDSA, Guidelines 05/2020 on consent under Regulation 2016/679, Rn. 125.

804 *Däubler*, in: Däubler/Wedde/Weichert/Sommer, EU-DSGVO u. BDSG, Art. 8 Rn. 7; *Buchner/Kühling*, in: Kühling/Buchner, DS-GVO/BDSG, Art. 8 Rn. 20; *Frenzel*, in: Paal/Pauly, DSGVO BDSG, Art. 8 Rn. 11; *Greve*, in: Auernhammer, DSGVO/BDSG, 8 Rn. 12; *Heckmann/Paschke,* in: Ehmann/Selmayr, DS-GVO, Art. 8 Rn. 26.

805 *Däubler*, in: Däubler/Wedde/Weichert/Sommer, EU-DSGVO u. BDSG, Art. 8 Rn. 3; *Heckmann/Paschke,* in: Ehmann/Selmayr, Art. 8 Rn. 17 f.; *Karg*, in: Wolff/Brink, BeckOK DatenschutzR, 41. Ed. 1.8.2022, Art. 8 Rn. 46; *Plath*, in: Plath, DSGVO/BDSG, Art. 8 Rn. 5; *Schulz*, in: Gola/Heckmann, DSGVO/BDSG, Art. 8 DS-GVO Rn. 12; *Schwartmann/Hilgert* in: Schwartmann/Jaspers/Thüsing/Kugelmann, DS-GVO, BDSG, Art. 8 Rn. 18.

gegeben, sodass diese nur im Einzelfall nach den allgemeinen Regeln verneint werden könnte.[806]

10. Ergebnis

Festhalten lässt sich, dass für die Verarbeitung von Daten des vom Halter oder Eigentümer abweichenden Fahrers nicht die eine, universell geltende Rechtsgrundlage zur Verfügung steht. Welche der in Art. 6 Abs. 1 DSGVO normierten Erlaubnistatbestände anwendbar ist, bestimmt sich danach, wer Verantwortlicher der Verarbeitung ist und wie sich das Verhältnis zum Fahrer darstellt; wie die Datenverarbeitung konkret ausgestaltet ist, insbesondere ob diese der reinen Leistungserbringung dient, oder ob mit ihr auch Sekundärzwecke verfolgt werden; ob eine europarechtliche oder mitgliedstaatliche Rechtsgrundlage besteht, die die Verarbeitung anordnet und schließlich ob im Falle einer Einwilligung alle Wirksamkeitsvoraussetzungen für den Verantwortlichen in der Praxis umsetzbar sind. Im Ergebnis bleibt es dem jeweiligen Verantwortlichen im Rahmen von Einzelfallprüfung überlassen, die richtige bzw. überhaupt einschlägige Rechtsgrundlage für die beabsichtigte Datenverarbeitung zu finden. Dies birgt Unsicherheiten für den Verantwortlichen als auch für die betroffenen Personen, ist aber letztlich logische Konsequenz des technologieneutralen Ansatzes der DSGVO, der eine gewisse Flexibilität erfordert.

Für die hier untersuchten Phänomene können zumindest die nachfolgenden Ergebnisse festgehalten werden:

Assistenz- und Sicherheitssysteme: Die Verarbeitung von Fahrerdaten, die zur Erbringung der Assistenz- und Sicherheitssysteme erforderlich ist, kann nicht auf Art. 6 Abs. 1 lit. b) DSGVO gestützt werden, da der drittbetroffene Fahrer nicht Partei eines Vertrages ist, der die Datenverarbeitung erfordert. Hier kommen derzeit nur Art. 6 Abs. 1 lit. f) DSGVO (bei entsprechender Ausgestaltung) oder eine Einwilligung in Frage. Soweit es sich um Systeme handelt, die sensible Daten verarbeiten, wie zum Beispiel die alkoholempfindlichen Wegfahrsperre oder die Smart Cabin Technologie, ist dies nur mit ausdrücklicher Einwilligung der betroffenen Person zulässig. Auch in Bezug auf das begleitete Fahren muss eine ggf. verringerte Einsichtsfähigkeit des minderjährigen Fahrers berücksichtigt werden.
Sollte der Gesetzgeber eine Rechtsgrundlage für die Verarbeitung von Fahrerdaten in solchen Systemen schaffen, die zumindest auch der Verkehrssicherheit dienen und den Anforderungen von Art. 6 Abs. 2 und 3 DSGVO genügen, könnten diese zukünftig auf Art. 6 Abs. 1 lit. c) oder e) DSGVO gestützt werden.

---

806 I.E. wohl auch: *Kumpf*, Smart Cars, S. 146.

Connectivity Dienste: Für die zur Erbringung der Connectivity Dienste erforderliche Datenverarbeitung auf Grundlage von Art. 6 Abs. 1 lit. b) DSGVO durch Hersteller, Drittanbieter sowie Mietwagen- und Car Sharing Anbieter (teilweise in gemeinsamer Verantwortung) wird es darauf ankommen, ob der Fahrer den eigenen Account nutzt oder die Nutzung eines allgemeinen Accounts Leistungsgegenstand des Mietvertrages ist. Im Rahmen des begleiteten Fahrens ist zudem zu berücksichtigen, dass der minderjährige Fahrer nur beschränkt geschäftsfähig ist und daher mit diesem geschlossene Verträge der Zustimmung oder Genehmigung des gesetzlichen Vertreters bedürfen.
Soweit diese Voraussetzungen nicht erfüllt sind, kommt als Rechtsgrundlage Art. 6 Abs. 1 lit. f) DSGVO bei entsprechender Begrenzung der Verarbeitung auf das für die Leistungserbringung erforderliche Maß oder eine Einwilligung in Betracht.
Komfort- und Überwachungsfunktionen: Die für die Erbringung der Komfort- und Überwachungsfunktionen erforderliche Verarbeitung der Fahrerdaten durch Hersteller kann wiederum mangels Vertragsbeziehung zum Fahrer nur auf Art. 6 Abs. 1 lit. f) DSGVO (bei entsprechender Ausgestaltung) oder auf eine Einwilligung gestützt werden. Insbesondere bei solchen Funktionen, die nicht der Verkehrssicherheit dienen, bedarf es einer sorgfältigen Abwägung mit dem Rechten und Freiheiten betroffener Personen. Dies gilt vor allem dann, wenn es sich bei diesen um minderjährige Fahrer handelt, die ggf. aufgrund altersbedingter verringerter Einsichtsfähigkeit die Tragweite bestimmter Verarbeitungen nicht überblicken können.
Für Mietwagen- und Car Sharing Anbieter eröffnet sich zusätzlich die Möglichkeit, diese Verarbeitung auf Art. 6 Abs. 1 lit. b) DSGVO zu stützen, wenn die Funktionen als Leistungsgegenstand vom Mietvertrag umfasst sind.
Unfalldatenspeicher und eCall: Mangels einer den Anforderungen von Art. 6 Abs. 2 und 3 DSGVO entsprechenden Rechtsgrundlage kommt eine Verarbeitung von Fahrerdaten im Rahmen von Unfalldatenspeichern auf Grundlage von Art. 6 Abs. 1 lit. c) oder e) DSGVO derzeit nicht in Betracht. Hersteller können solche Verarbeitungen nur auf Art. 6 Abs. 1 lit. f) DSGVO bei entsprechender Ausgestaltung oder auf eine Einwilligung stützen. Für die Verarbeitung durch Mietwagen- und Car Sharing Anbieter kommt zudem Art. 6 Abs. 1 lit. b) DSGVO in Betracht, wenn diese der Klärung von eigenen Ansprüchen zwischen den Vertragsparteien dienen soll.
Die Verarbeitung von Fahrerdaten im Rahmen des eCall stützt sich auf die eCall-VO und ist daher nach Art. 6 Abs. 1 lit. c) DSGVO zulässig.
Verarbeitung von Fahrerdaten zu Sekundärzwecken: Die Verarbeitung zu Sekundärzwecken kann nur sehr bedingt auf Art. 6 Abs. 1 lit. b) und f) DSGVO gestützt werden, da diese meist nicht zur eigentlichen vertraglich vereinbarten Leistungserbringung erforderlich sind oder je nach Ausgestaltung und Zweck Rechte der betroffenen Person überwiegen. Konkretisieren sich die Sekundärzweck erst nach Erhebung der Daten, muss zudem geprüft werden, ob diese mit dem ursprünglichen Zweck vereinbar sind.
In diesen Fällen wird häufig nur die Einwilligung als Rechtsgrundlage in Betracht kommen, wobei die Verarbeitungsmöglichkeiten insbesondere durch die Anforderungen an die Bestimmtheit sowie an die Freiwilligkeit beschränkt werden.

V. Grundsätze rechtmäßiger Datenverarbeitung & Rechte der betroffenen Person

Neben der Identifizierung der einschlägigen Rechtsgrundlage muss der Verantwortliche zudem verschiedene Anforderungen bei der Verarbeitung von Fahrerdaten beachten, die im Folgenden dargestellt und sodann Probleme bei der Umsetzung besprochen werden. Der Verantwortliche muss die Einhaltung dieser Anforderungen gemäß Art. 5 Abs. 2 DSGVO nachweisen können, was unter anderem umfangreiche Dokumentationspflichten beinhaltet.[807]

Es handelt sich hierbei im Wesentlichen um die Grundsätze der Zweckbestimmung und Datenminimierung (hierzu unter 1.), der Transparenz und Fairness (hierzu unter 2.), sowie der Erfüllung der Betroffenenrechte (hierzu unter 3.). Auch hier werden zunächst zu jedem Punkt die allgemeinen Anforderungen dargestellt, bevor diese in Hinblick auf Verarbeitungen von Fahrerdaten subsumiert werden.

1. Zweckbindung und Datenminimierung

a. Allgemeines

Zwei zentrale Grundsätze des Datenschutzrechts sind Zweckbindung und Datenminimierung, welche vom Verantwortlichen bei jeder Verarbeitungsaktivität zu berücksichtigen sind.

Der Zweckbindungsgrundsatz gemäß Art. 5 Abs. 1 lit. b) DSGVO besagt, dass personenbezogene Daten nur für festgelegte, eindeutige und legitime Zwecke erhoben werden und nicht in einer mit diesen Zwecken nicht zu vereinbarenden Weise weiterverarbeitet werden dürfen.[808] Konkret bedeutet dies, dass der Verantwortliche vor der Verarbeitung festlegen muss, für welche Zwecke er die Daten verarbeitet.[809] Dies ist Voraussetzung für die zur Bestimmung der „Erforderlichkeit" nach Art. 6 Abs. 1 DSGVO durchzuführende Zweck-Mittel-Relation.[810]

---

807 *Jaspers/Schwartmann*, in: Schwartmann/Jaspers/Thüsing/Kugelmann, DS-GVO, BDSG, Art. 5 Rn. 12; *Pötters*, in: Gola/Heckmann, DSGVO/BDSG, Art. 5 DS-GVO Rn. 3.

808 *Herbst*, in: Kühling/Buchner, DS-GVO/BDSG, Art. 5 Rn. 30; *Kramer*, in: Auernhammer, DSGVO/BDSG, Art. 5 Rn. 22; *Pötters*, in: Gola/Heckmann, DSGVO/BDSG, Art. 5 DS-GVO Rn. 13.

809 *Herbst*, in: Kühling/Buchner, DS-GVO/BDSG, Art. 5 Rn. 21; *Jaspers/Schwartmann*, in: Schwartmann/Jaspers/Thüsing/Kugelmann, DS-GVO, BDSG, Art. 5 Rn. 44; *Schantz*, in: Wolff/Brink, BeckOK DatenschutzR, 41. Ed. 1.11.2021, Art. 5 Rn. 14; *Weichert*, in: Däubler/Wedde/Weichert/Sommer, EU-DSGVO u. BDSG, Art. 5 Rn. 33.

810 *Pötters*, in: Gola/Heckmann, DSGVO/BDSG, Art. 5 DS-GVO Rn. 14.

Bei einer Weiterverarbeitung zu Sekundärzwecken wird dieser Grundsatz durch Art. 6 Abs. 4 DSGVO und die Kompatibilitätsprüfung konkretisiert.[811]

Eng verknüpft mit dem Zweckbindungsgrundsatz ist die Datenminimierung nach Art. 5 Abs. 1 lit. c) DSGVO.[812] Hiernach müssen personenbezogene Daten dem Zweck entsprechend angemessen und erheblich sowie auf das für die Zwecke der Verarbeitung notwendige Maß beschränkt sein.[813] Dies bedeutet, dass die Anzahl sowie die Art der verarbeiteten Daten, die Anzahl der Nutzungen sowie die Anzahl der Betroffenen in Relation zum Zweck möglichst weit einzuschränken sind.[814] Dies ist bereits im Rahmen der Technikgestaltung (Privacy-by-Design, Art. 25 Abs. 1 DSGVO) sowie der getroffenen Voreinstellungen (Privacy-by-Default, Art. 25 Abs. 2 DSGVO) zu berücksichtigen.[815] Insbesondere ist zu prüfen, ob eine Pseudonymisierung oder Anonymisierung von Daten möglich ist.[816]

b. Bedeutung von Zweckbindung und Datenminimierung in Hinblick auf Fahrerdaten

Aus diesen beiden Grundsätzen folgt für Hersteller, Drittdienstanbieter sowie Mietwagen- und Car Sharing Anbieter, dass diese vor Beginn der Verarbeitung die jeweiligen Zwecke festlegen und dokumentieren[817] sowie die Funktionen,

---

811 Siehe hierzu Kap. 3 A.IV.7; *Herbst*, in: Kühling/Buchner, DS-GVO/BDSG, Art. 5 Rn. 45; *Jaspers/Schwartmann*, in: Schwartmann/Jaspers/Thüsing/Kugelmann, DS-GVO, BDSG, Art. 5 Rn. 47 f.; *Pötters*, in: Gola/Heckmann, DSGVO/BDSG, Art. 5 DS-GVO Rn. 19; *Schantz*, in: Wolff/Brink, BeckOK DatenschutzR, 41. Ed. 1.11.2021, Art. 5 Rn. 21.

812 *Herbst*, in: Kühling/Buchner, DS-GVO/BDSG, Art. 5 Rn. 56.

813 *Pötters*, in: G Gola/Heckmann, DSGVO/BDSG, Art. 5 DS-GVO Rn. 22; *Weichert*, in: Däubler/Wedde/Weichert/Sommer, EU-DSGVO u. BDSG, Art. 5 Rn. 45.

814 *Pötters*, in: Gola/Heckmann, DSGVO/BDSG, Art. 5 DS-GVO Rn. 23; *Herbst*, in: Kühling/Buchner, DS-GVO/BDSG, Art. 5 Rn. 57.

815 *Kramer*, in: Auernhammer, DSGVO/BDSG, Art. 5 Rn. 4; *Pötters*, in: Gola/Heckmann, DSGVO/BDSG, Art. 5 DSGVO Rn. 24; *Weichert*, in: Däubler/Wedde/Weichert/Sommer, EU-DSGVO u. BDSG, Art. 5 Rn. 50.

816 *Herbst*, in: Kühling/Buchner, DS-GVO/BDSG, Art. 5 Rn. 58; *Pötters*, in: Gola/Heckmann, DSGVO/BDSG, Art. 5 DS-GVO Rn. 24; *Weichert*, in: Däubler/Wedde/Weichert/Sommer, EU-DSGVO u. BDSG, Art. 5 Rn. 45.

817 *Herbst*, in: Kühling/Buchner, DS-GVO/BDSG, Art. 5 Rn. 32; *Jaspers/Schwartmann*, in: Schwartmann/Jaspers/Thüsing/Kugelmann, DS-GVO, BDSG, Art. 5 Rn. 45; *Schantz*, in: Wolff/Brink, BeckOK DatenschutzR, 41. Ed. 1.11.2021, Art. 5 Rn.14; *Hinrichs/Becker*, ITRB 2015, 191 (192).

Systeme und Dienste so ausgestalten müssen, dass die Verarbeitung auf das für die Erreichung des jeweiligen Zweckes erforderliche Maß beschränkt wird.[818] Eine Erhebung von Daten „auf Vorrat" ist nicht zulässig.[819] Soweit verschiedene Konfigurationen der Systeme und Funktionen möglich sind, müssen diese datenschutzfreundlich voreingestellt sein.[820] Ist eine Pseudonymisierung oder Anonymisierung von Fahrerdaten möglich, muss von diesen Instrumenten Gebrauch gemacht werden, indem hierzu entsprechende technische Möglichkeiten im Kfz als auch außerhalb im Fall einer Übermittlung von Daten implementiert werden.[821] Die Berücksichtigung des Datenschutzes wird damit unverzichtbares Element im Rahmen der Entwicklung von Kfz sowie der Ausgestaltung der damit verbundenen Dienste und Angebote.[822]

Insbesondere muss von Herstellern geprüft werden, ob und welche Daten tatsächlich das Kfz verlassen und im Backend gespeichert oder weiterverarbeitet werden dürfen.[823] So ist die Übermittlung von aggregierten Sensordaten sowie Betriebsdaten an den Hersteller zur Planung von Inspektionen problematisch, wenn diese nicht auf das hierzu erforderliche Maß beschränkt werden, sondern alle im Kfz durch den Fahrer erzeugten Daten übertragen und dort gegebenenfalls auch noch für andere Zwecke ausgewertet werden (zum Beispiel zur generellen Produktbeobachtung).

---

818 So auch: Entschließung der 88. Konferenz der Datenschutzbeauftragten des Bundes und der Länder am 08. und 09.10.2014 in Hamburg: Datenschutz im Kraftfahrzeug-Automobilindustrie ist gefordert, abrufbar unter: *www.bfdi.bund.de/SharedDocs/Publikationen/Entschliessungssammlung/DSBundLaender/88DSK_DatenschutzImKfz.pdf;jsessionid=D19DFD68556AD7C81C0288D1AFD04E54.2_cid319?__blob=publicationFile&v=5* (zuletzt abgerufen am 04.12.2022).

819 So auch: *Schantz*, in: Wolff/Brink, BeckOK DatenschutzR, 41. Ed. 1.11.2021, Art. 5 Rn.13; EDSA, Guidelines 01/2020 on processing personal data in the context of connected vehicles and mobility related applications, Rn. 70.

820 So auch: EDSA, Guidelines 01/2020 on processing personal data in the context of connected vehicles and mobility related applications, Rn. 71; *von Bodungen*, in: Specht/Mantz (Hrsg.): Handbuch Europäisches und deutsches Datenschutzrecht, § 16 Rn. 46; *Hinrichs/Becker*, ITRB 2015, 191 (192).

821 Beispiele siehe: *von Bodungen*, in: Specht/Mantz (Hrsg.): Handbuch Europäisches und deutsches Datenschutzrecht, § 16 Rn. 44 f.

822 So auch: *von Bodungen*, in: Specht/Mantz (Hrsg.): Handbuch Europäisches und deutsches Datenschutzrecht, § 16 Rn. 42.

823 So auch: EDSA, Guidelines 01/2020 on processing personal data in the context of connected vehicles and mobility related applications, Rn. 73; *von Bodungen*, in: Specht/Mantz (Hrsg.): Handbuch Europäisches und deutsches Datenschutzrecht, § 16 Rn. 43.

2. *Transparenz, Fairness und Informationspflichten*

a. *Allgemeines*

Gemäß Art. 5 Abs. 1 lit. a) DSGVO müssen personenbezogene Daten auf rechtmäßige Weise, nach Treu und Glauben und in einer für die betroffene Person nachvollziehbaren Weise verarbeitet werden. Dem Grundsatz der Transparenz und Fairness liegt der Gedanke zugrunde, dass der Betroffene ohne Information darüber, dass und wie seine Daten verarbeitet werden, Rechtsverstöße nicht bemerken und seine Rechte nicht ausüben könnte.[824] Der Grundsatz der Transparenz stellt mithin die Basis für die Ausübung der Betroffenenrechte dar.[825]

Dieser Grundsatz wird in den Art. 12-14 DSGVO durch Informationspflichten des Verantwortlichen konkretisiert:[826]

aa. *Inhalt und Zeitpunkt der Informationserteilung*

Der Inhalt sowie der Zeitpunkt der Informationserteilung bestimmen sich danach, ob es sich um eine Direkterhebung beim Betroffenen handelt (Art. 13 DSGVO) oder ob dem Verantwortlichen die Daten von einer anderen Stelle übermittelt wurden (Art. 14 DSGVO).[827] Im ersten Fall müssen der betroffenen Person die Informationen bei Erhebung ihrer Daten zur Verfügung gestellt werden,[828] im zweiten Fall abhängig von der Weiterverarbeitungssituation, aber jedenfalls innerhalb eines Monats nach Erlangung der Daten.[829]

---

824 *Pötters*, in: Gola/Heckmann, DSGVO/BDSG, Art. 5 DS-GVO Rn. 12; *Jaspers/Schwartmann*, in: Schwartmann/Jaspers/Thüsing/Kugelmann, DS-GVO, BDSG, Art. 5 Rn. 33; *Kramer*, in: Auernhammer, DSGVO/BDSG, Art. 5 Rn. 18.

825 *Herbst*, in: Kühling/Buchner, DS-GVO/BDSG, Art. 5 Rn. 18; *Weichert*, in: Däubler/Wedde/Weichert/Sommer, EU-DSGVO u. BDSG, Art. 5 Rn. 23.

826 *Jaspers/Schwartmann*, in: Schwartmann/Jaspers/Thüsing/Kugelmann, DS-GVO, BDSG, Art. 5 Rn. 40; *Kramer*, in: Auernhammer, DSGVO/BDSG, Art. 5 Rn. 19.

827 *Eßer*, in: Auernhammer, DSGVO/BDSG, Art. 13 Rn. 1; *Schwartmann/Schneider*, in: Schwartmann/Jaspers/Thüsing/Kugelmann, DS-GVO, BDSG, Art. 13 Rn. 12.

828 *Bäcker* interpretiert dies als „vor Beginn der Datenerhebung“, in: Kühling/Buchner, DS-GVO/BDSG, Art. 13 Rn. 56; *Eßer* in: Auernhammer, DSGVO/BDSG, Art. 13 Rn. 17; *Franck*, in: Gola/Heckmann, DSGVO/BDSG, Art. 13 DS-GVO Rn. 39; *Schmidt-Wudy*, in: Wolff/Brink, BeckOK DatenschutzR, 41. Ed. 1.8.2022, Art. 13 Rn. 79; *Schwartmann/Schneider*, in: Schwartmann/Jaspers/Thüsing/Kugelmann, DS-GVO, BDSG, Art. 13 Rn. 32.

829 *Bäcker*, in: Kühling/Buchner, DS-GVO/BDSG, Art. 14 Rn. 27, 31; *Däubler*, in: Däubler/Wedde/Weichert/Sommer, EU-DSGVO u. BDSG, Art. 14 Rn. 20; *Eßer*, in: Auernhammer, DSGVO/BDSG, Art. 14 Rn. 33; *Franck*, in: Gola/Heckmann, DSGVO/BDSG,

Die betroffene Person muss gemäß Art. 13 Abs. 1 lit. a) – c), e), f) und Art. 14 Abs. 1 lit. a) – c), e), f) DSGVO über den Namen und die Kontaktdaten des Verantwortlichen, gegebenenfalls auch des Datenschutzbeauftragten, über die Zwecke der Verarbeitung sowie die Rechtsgrundlagen, über Empfänger und die Absicht, Daten in ein Drittland zu übermitteln, informiert werden.[830] Erfolgt die Verarbeitung auf Grundlage von Art. 6 Abs. 1 lit. f) DSGVO, sind die berechtigten Interessen anzugeben, Art. 13 Abs. 1 lit. d) und Art. 14 Abs. 2 lit. b) DSGVO.[831] Zudem müssen – falls dies zur Wahrung der Transparenz erforderlich ist – zusätzliche Angaben z.B. über die Dauer der Speicherung, über bestehende Betroffenenrechte oder das Vorliegen einer automatisierten Entscheidungsfindung einschließlich Profiling gemacht werden, Art. 13 Abs. 2 und Art. 14 Abs. 2 DSGVO.[832] Im Rahmen von VAF werden betroffene Personen ohne diese zusätzlichen Angaben wohl nur schwer die Art und das Ausmaß der Datenverarbeitung absehen, sodass davon auszugehen ist, dass diese Informationen in der Regel mitzuteilen sind.[833] Liegt eine Weiterverarbeitung zu Sekundärzwecken vor, muss die betroffene Person vor der Weiterverarbeitung über alle wesentlichen Aspekte, insbesondere den neuen Zweck der Verarbeitung, informiert werden, Art. 13 Abs. 3 und Art. 14 Abs. 4 DSGVO.[834]

Es besteht keine Pflicht, die betroffene Person über jedes Detail der Verarbeitung aufzuklären, Ziel muss es aber sein, die Verarbeitung so weit zu erklären, dass die betroffene Person die Risiken bzw. Auswirkungen der Verarbeitung

---

Art. 14 DS-GVO Rn. 18; *Schmidt-Wudy*, in: Wolff/Brink, BeckOK DatenschutzR, 41. Ed. 1.8.2022, Art. 14 Rn. 80.

830 Eßer, in: Auernhammer, DSGVO/BDSG, Art. 13 Rn. 13.

831 Eßer, in: Auernhammer, DSGVO/BDSG, Art. 13 Rn. 13.

832 *Däubler*, in: Däubler/Wedde/Weichert/Sommer, EU-DSGVO u. BDSG, Art. 13 Rn. 17; *Eßer*, in: Auernhammer, DSGVO/BDSG, Art. 13 Rn. 9, 13; *Schwartmann/Schneider*, in: Schwartmann/Jaspers/Thüsing/Kugelmann, DS-GVO, BDSG, Art. 13 Rn. 45; die Art. 29-Datenschutzgruppe vertritt zudem die Auffassung, dass auch über die Folgen der Verarbeitung aufzuklären ist, wenn es sich um komplexe, technische oder unerwartete Verarbeitungsvorgänge handelt, Art. 29-Datenschutzgruppe, Leitlinien für Transparenz unter Verordnung 2016/679, Rn. 10.

833 *Mantz/Spittka*: §6 Datenschutz und IT-Sicherheit, in: Sassenberg/Faber (Hrsg.): Rechtshandbuch Industrie 4.0 und Internet of Things, Rn. 58.

834 *Däubler*, in: Däubler/Wedde/Weichert/Sommer, EU-DSGVO u. BDSG, Art. 13 Rn. 24; *Eßer*, in: Auernhammer, DSGVO/BDSG, Art. 13 Rn. 51 f; *Franck*, in: Gola/Heckmann, DSGVO/BDSG, Art. 13 DS-GVO Rn. 36; *Schmidt-Wudy*, in: Wolff/Brink, BeckOK DatenschutzR, 41. Ed. 1.8.2022, Art. 13 Rn. 88; *Schwartmann/Schneider*, in: Schwartmann/Jaspers/Thüsing/Kugelmann, DS-GVO, BDSG, Art. 13 Rn. 63.

absehen kann und sie in die Lage versetzt wird, effektiv ihre Rechte nach Art. 15 ff. DSGVO ausüben zu können.[835] Je komplexer, unübersichtlicher und risikoreicher eine Datenverarbeitung ist, desto höher sind die Anforderungen an die Detailtiefe der Information.

bb. Form der Informationserteilung

Die Informationen müssen nach Art. 12 Abs. 1 Satz 1 und Abs. 5 Satz 1 DSGVO in präziser, transparenter, verständlicher, klarer und leicht zugänglicher Form in einer klaren und einfachen Sprache sowie unentgeltlich vermittelt werden.[836] Um diese Anforderungen zu erfüllen, können die Informationen nach Art. 12 Abs. 7 mit standardisierten Bildsymbolen kombiniert werden.[837] Der Verantwortliche muss die Informationen adressatengerecht ausgestalten.[838] Nach Art. 12 Abs. 1 Satz 2, 3 DSGVO sind Informationen schriftlich oder in anderer Form zu übermitteln, was insbesondere auch elektronisch oder mündlich geschehen kann.[839]

Art. 13 und 14 DSGVO verlangen darüber hinaus eine aktive Unterrichtung der betroffenen Person, was das rein passive Bereithalten von Informationen zum Abruf beispielsweise ausschließt.[840] Die Ausgestaltung einer aktiven

---

835 *Kramer*, in: Auernhammer, DSGVO/BDSG, Art. 5 Rn. 20; *Jaspers/Schwartmann*, in: Schwartmann/Jaspers/Thüsing/Kugelmann, DS-GVO, BDSG, Art. 5 Rn. 39.

836 *Däubler*, in: Däubler/Wedde/Weichert/Sommer, EU-DSGVO u. BDSG, Art. 12 Rn. 4, 14; *Eßer*, in: Auernhammer, DSGVO/BDSG, Art. 12 Rn. 5, 34; *Franck*, in: Gola/Heckmann, DSGVO/BDSG, Art. 12 DS-GVO Rn. 17; *Schwartmann/Schneider*, in: Schwartmann/Jaspers/Thüsing/Kugelmann, DS-GVO, BDSG, Art. 12 Rn. 23, 63.

837 *Däubler*, in: Däubler/Wedde/Weichert/Sommer, EU-DSGVO u. BDSG, Art. 12 Rn. 21; *Eßer*, in: Auernhammer, DSGVO/BDSG, Art. 12 Rn. 40; *Franck*, in: Gola/Heckmann, DSGVO/BDSG, Art. 12 DS-GVO Rn. 46; *Quaas*, in: Wolff/Brink, BeckOK DatenschutzR, 41. Ed. 1.8.2022, Art. 12 Rn. 53; *Schwartmann/Schneider*, in: Schwartmann/Jaspers/Thüsing/Kugelmann, DS-GVO, BDSG, Art. 12 Rn. 74.

838 *Däubler*, in: Däubler/Wedde/Weichert/Sommer, EU-DSGVO u. BDSG, Art. 12 Rn. 5; *Quaas*, in: Wolff/Brink, BeckOK DatenschutzR, 41. Ed. 1.8.2022, Art. 12 Rn. 12; *Schwartmann/Schneider*, in: Schwartmann/Jaspers/Thüsing/Kugelmann, DS-GVO, BDSG, Art. 12 Rn. 31; Art. 29-Datenschutzgruppe, Leitlinien für Transparenz unter Verordnung 2016/679, Rn. 9.

839 *Däubler*, in: Däubler/Wedde/Weichert/Sommer, EU-DSGVO u. BDSG, Art. 12 Rn. 9; *Eßer*, in: Auernhammer, DSGVO/BDSG, Art. 12 Rn. 13; *Franck*, in: Gola/Heckmann, DSGVO/BDSG, Art. 12 DS-GVO Rn. 24; *Quaas*, in: Wolff/Brink, BeckOK DatenschutzR, 41. Ed. 1.8.2022, Art. 12 Rn. 27.

840 *Bäcker*, in: Kühling/Buchner, DS-GVO/BDSG, Art. 13 Rn. 59; Art. 29-Datenschutzgruppe, Leitlinien für Transparenz unter Verordnung 2016/679, Rn. 33.

Unterrichtung richtet sich maßgeblich nach dem konkreten Kontext der Erhebung bzw. Verarbeitung.[841] So können Informationen schriftlich in Verträgen oder Datenschutzerklärungen, durch mündliche Erläuterungen, durch Info-Tafeln oder Beschilderungen und im digitalen Umfeld auch durch kontextbezogene Push- oder Pull-Hinweise oder Datenschutz-Dashboards zur Verfügung gestellt werden.[842] Anerkannt in der Praxis ist zudem die zweistufige Informationserteilung im Sinne eines Medienbruchs. Hierbei werden der betroffenen Person zunächst die Informationen zur Verfügung gestellt, die essenziell für ihre Entscheidung sind, Daten preiszugeben oder sich für Leistungen zu entscheiden, die einer Verarbeitung ihrer Daten unterliegen. An anderer Stelle, auf einer zweiten Ebene, werden dann zusätzliche Informationen vorgehalten.[843] Begrenzt werden die Möglichkeiten zudem durch die Nachweispflicht gemäß Art. 5 Abs. 2 DSGVO, die eine gewisse Dokumentation der Informationserteilung verlangt.[844]

cc. Ausnahmen von der Informationspflicht

Gemäß Art. 13 Abs. 4 DSGVO ist die betroffene Person nicht zu informieren, wenn sie bereits über die Informationen verfügt.[845]

Gemäß Art. 14 Abs. 5 lit. b) DSGVO gilt dies für die Informationspflichten nach Art. 14 DSGVO darüber hinaus auch dann, wenn die Erteilung der Information sich als unmöglich erweist oder einen unverhältnismäßigen Aufwand erfordern würde.[846] Der erste Fall ist gegeben, wenn der Verantwortliche

---

841 *Schmidt-Wudy* schlägt sogar „eine mit der Datenerhebung korrespondierende Form" vor, in: Wolff/Brink, BeckOK DatenschutzR, 14. Ed. 1.8.2022, Art. 13 Rn. 85.1.

842 *Eßer*, in: Auernhammer, DSGVO/BDSG, Art. 13 Rn. 20 f; Art. 29-Datenschutzgruppe, Leitlinien für Transparenz unter Verordnung 2016/679, Rn. 18.

843 *Eßer*, in: Auernhammer, DSGVO/BDSG, Art. 13 Rn. 19; *Franck*, in: Gola/Heckmann, DSGVO/BDSG, Art. 13 DS-GVO Rn. 43; *Schwartmann/Schneider*, in: Schwartmann/Jaspers/Thüsing/Kugelmann, DS-GVO, BDSG, Art. 13 Rn. 25 f.; Art. 29-Datenschutzgruppe, Leitlinien für Transparenz unter Verordnung 2016/679, Rn. 35.

844 *Eßer*, in: Auernhammer, DSGVO/BDSG, Art. 12 Rn. 15.

845 *Däubler*, in: Däubler/Wedde/Weichert/Sommer, EU-DSGVO u. BDSG, Art. 13 Rn. 28; *Eßer*, in: Auernhammer, DSGVO/BDSG, Art. 13 Rn. 57; *Franck*, in: Gola/Heckmann, DSGVO/BDSG, Art. 13 DS-GVO Rn. 48; *Schmidt-Wudy*, in: Wolff/Brink, BeckOK DatenschutzR, 41. Ed. 1.8.2021, Art. 13 Rn. Rn. 93.

846 *Schmidt-Wudy*, in: Wolff/Brink, BeckOK DatenschutzR, 41. Ed. 1.8.2022, Art. 14 Rn. 98; *Paal/Hennemann*, in: Paal/Pauly, DS-GVO BDSG, Art. 14 Rn. 40; *Schwartmann/Schneider*, in: Schwartmann/Jaspers/Thüsing/Kugelmann, DS-GVO/BDSG, Art. 14 Rn. 72.

die betroffene Person nicht kontaktieren kann.[847] Der zweite Fall erfordert eine Abwägung des voraussichtlichen Aufwandes mit dem Informationsinteresse der betroffenen Person, wobei der Verantwortliche umso höhere Anstrengungen unternehmen muss, je wichtiger die Mitteilung der Informationen ist, damit die betroffene Person ihre Rechte effektiv ausüben kann.[848]

b. Umsetzung der Informationspflichten in Hinblick auf Fahrerdaten

Die Erfüllung dieser Anforderungen an die Informationserteilung stellt sich in Hinblick auf komplexe und mehrpolige Datenverarbeitungsvorgänge, wie sie bei automatisierten und vernetzten Kfz anzutreffen sind, als schwierig dar.[849] *Hansen* umschreibt das Grundproblem so: „Wie kann sich ein Betroffener überhaupt einer allgegenwärtigen Datenverarbeitung ausreichend gut bewusst sein, die per Definition im Hintergrund ablaufen und möglichst wenig Aufmerksamkeit binden soll?"[850]. Dies gilt für Kfz besonders, da der Fahrer zum einen nicht vom Fahrgeschehen abgelenkt werden, zum anderen das Ziel des immer weiter automatisierten und vernetzten Fahrens ja gerade ein ungestörtes Fahrerlebnis sein soll.[851]

Hier zeigt sich insbesondere der von der DSGVO ungelöste Zielkonflikt zwischen dem durch Art. 12 Abs. 1 Satz 1 DSGVO statuierten Genauigkeits- und Verständlichkeitsgebot.[852] Verantwortliche müssen ein ausgewogenes Verhältnis zwischen einer möglichst genauen Beschreibung der komplexen Datenverarbeitungsvorgänge der einzelnen Funktionen, Systeme und Dienste und einer

---

847 *Bäcker*, in: Kühling/Buchner, DS-GVO/BDSG, Art. 14 Rn. 54; *Däubler*, in: Däubler/Wedde/Weichert/Sommer, EU-DSGVO u. BDSG, Art. 14 Rn. 25; *Eßer*, in: Auernhammer, DSGVO/BDSG, Art. 14 Rn. 43;

848 *Bäcker*, in: Kühling/Buchner, DS-GVO/BDSG, Art. 14 Rn. 55; *Däubler*, in: Däubler/Wedde/Weichert/Sommer, EU-DSGVO u. BDSG, Art. 14 Rn. 26; *Eßer*, in: Auernhammer, DSGVO/BDSG, Art. 14 Rn. 46; Art. 29-Datenschutzgruppe, Leitlinien für Transparenz unter Verordnung 2016/679, Rn. 64.

849 *Schwartmann/Schneider*, in: Schwartmann/Jaspers/Thüsing/Kugelmann, DS-GVO/BDSG, Art. 13 Rn. 93.

850 *Hansen*, DuD 2015, 435 (438).

851 So auch grundsätzlich zu IoT: *Mantz/Spittka*: §6 Datenschutz und IT-Sicherheit, in: Sassenberg/Faber (Hrsg.): Rechtshandbuch Industrie 4.0 und Internet of Things, Rn. 53.

852 Siehe hierzu *Bäcker*, in: Kühling/Buchner, DS-GVO/BDSG, Art. 12 Rn. 12; *Däubler*, in: Däubler/Wedde/Weichert/Sommer, EU-DSGVO u. BDSG, Art. 12 Rn. 6; *Franck*, in: Gola/Heckmann, DSGVO/BDSG Art. 12 DS-GVO Rn. 23.

für den jeweiligen Fahrer verständlichen Darstellungsweise finden. Die Gruppe der drittbetroffenen Fahrer ist dabei nicht homogen – sie beinhaltete viele verschieden Altersgruppen (was insbesondere bei minderjährigen Fahrern im Rahmen des begleiteten Fahrens zu berücksichtigen ist) sowie eine große Bandbreite an individueller Auffassungsgabe. Denn Kfz gehören zu unserem Alltag, und fast jeder ist hiervon entweder als Fahrer, Passagier oder Verkehrsteilnehmer betroffen.

Hinzu kommt, dass Kfz im Zeitalter der *shared mobility* von wechselnden und vielen verschiedenen Fahrern genutzt werden.[853] Dieser Umstand muss bei der Frage des Zeitpunktes sowie der Frequenz der Informationserteilung berücksichtigt werden. Es reicht bei wechselnden Fahrern nicht aus, die Information nur einmalig, zum Beispiel bei Inbetriebnahme des Kfz oder des Dienstes, auszuspielen. Jeder neue Fahrer muss die Gelegenheit haben, die Informationen zur Kenntnis zu nehmen. Dieser Punkt spielt auch eine Rolle bei der Frage, ob die Ausnahmen nach Art. 13 Abs. 4 und Art. 14 Abs. 5 lit. a) DSGVO greifen, die Information also nicht nochmal erteilt werden muss, weil der Fahrer bereits über diese verfügt. Vor dem Hintergrund eines ungestörten Fahrerlebnisses sollte die Häufigkeit der Informationserteilung auf das nötige Maß reduziert werden, was aber nur dann möglich ist, wenn der Verantwortliche sicherstellen kann, dass der jeweilige Fahrer die Information bereits erhalten hat, woran es bei wechselnden Fahrern regelmäßig fehlt.[854]

Darüber hinaus müssen die verschiedenen Verantwortlichen geeignete Mittel finden, um die Information situationsgerecht und maßgabenkonform zu erteilen,[855] welche nachfolgend erörtert werden.

aa. Erfüllung der Informationspflichten des Herstellers

Hersteller erheben Daten des Fahrers über die verschiedenen Sensoren der Assistenz- und Sicherheitssysteme sowie bei Nutzung von Connectivity Diensten. Es handelt sich insoweit überwiegend um eine Direkterhebung beim Fahrer, sodass der Hersteller diesen im Zeitpunkt der Erhebung der Daten über die in Art. 13 Abs. 1 und 2 DSGVO genannten Punkte zu informieren hat.

---

853 So auch: *Husemann*, in: Roßnagel/Hornung (Hrsg.), Grundrechtsschutz im Smart Car, S. 367 (378).

854 So auch: *Grigorian/Tribess*, InTer 2020, 214 (210).

855 *Roßnagel/Hornung* sehen zusätzlich auch den privaten Halter sowie den Fahrer in der Pflicht, Fahrer bzw. Mitfahrer über Datenverarbeitungen aufzuklären, in: Roßnagel/Hornung (Hrsg.), Grundrechtsschutz im Smart Car, S. 469 (475).

Dies bedeutet, dass dem Fahrer, der nicht Eigentümer bzw. Halter des Fahrzeugs ist, die Informationen vor oder bei der erstmaligen Inbetriebnahme zur Verfügung gestellt werden müssen. Hierzu ist wie bereits dargestellt zumindest ein gewisses aktives Hinweisen auf Informationen durch den Hersteller erforderlich. Nicht ausreichend ist es, wenn der Fahrer selbst nach Informationen suchen oder sich Informationen aus verschiedenen Dokumenten und Quellen zusammensuchen muss.[856] Insofern bieten sich verschiedene Medien an, um den Fahrer zu informieren:

Zum einen kann dies durch das Betriebshandbuch geschehen, da sich dieses regelmäßig im Kfz selbst befindet.[857] Allerdings ist in Hinblick auf eine aktive Informationserteilung zu fordern, dass zumindest bei Start des Kfz ein Hinweis auf vorhandene Informationen im Betriebshandbuch erfolgt, zum Beispiel durch entsprechende Anzeige im Display.[858] Auch dürften Informationen allein im Betriebshandbuch aufgrund der dynamischen Entwicklung von Datenverarbeitungen in vernetzten und automatisierten Kfz nicht ausreichend sein, sodass dies nur einen Teil der Informationserteilung darstellen kann.[859]

Als zweite Option kann der vom Halter bzw. Eigentümer abweichende Fahrer über das Kundenportal des Herstellers Informationen erhalten, soweit er dort auch tatsächlich ein Kundenkonto einrichtet.[860] Dies kann, muss aber nicht immer der Fall sein. Insbesondere bei Fahrern, die das Kfz gelegentlich oder einmalig nutzen, ist nicht davon auszugehen, dass sie ein Kundenkonto bei dem Hersteller unterhalten. Auch müsste wegen des Zeitpunktes der Informationserteilung „bei Erhebung" sichergestellt sein, dass der Fahrer das Kundenkonto zumindest vor dem ersten Fahrtantritt besucht und die entsprechenden Informationen erhält.

Schließlich bietet sich eine Informationserteilung über die Anzeige im Fahrzeug selbst

856 Art. 29-Datenschutzgruppe, Leitlinien für Transparenz unter Verordnung 2016/679, Rn. 33; *Schwartmann/Jacquemain*, RDV 2018, 247 (249).

857 So auch: *von Bodungen*, in: Specht /Mantz (Hrsg.): Handbuch Europäisches und deutsches Datenschutzrecht, § 16 Rn. 48; EDSA, Guidelines 01/2020 on processing personal data in the context of connected vehicles and mobility related applications, Rn. 88; *Rieß/Greß*, DuD 2015, 391 (394); *Weichert*, SVR 2014, 241 (242); *Pohle/Zoch*, CR 2014, 409 (410).

858 Siehe hierzu: *Hinrichs/Becker*, ITRB 2015, 191 (194).

859 *Hansen*: in: Roßnagel/Hornung (Hrsg.), Grundrechtsschutz im Smart Car, S. 273 (288).

860 *Rieß/Greß*, DuD 2015, 391 (394).

an.[861] Hierdurch kann relativ einfach sichergestellt werden, dass der Fahrer auf die verfügbaren Informationen hingewiesen wird (ob er sie auch tatsächlich zur Kenntnis nimmt, bleibt ihm überlassen) und, sofern sie bei jedem Start des Kfz angezeigt werden, auch Fahrerwechsel berücksichtigt werden. Diese Möglichkeit ist aber wiederum stark durch die Größe des Displays im Kfz beschränkt.[862] Es wird nicht möglich sein, die Informationen über die verschiedenen Verarbeitungen in den einzelnen Systemen, Funktionen und Diensten aufgrund der Länge allein im Display anzuzeigen. Es ist auch lebensfremd anzunehmen, dass Fahrer sich zunächst durch seitenlange „Datenschutzerklärungen" im Display scrollen, bevor sie die Fahrt beginnen. Situationsbezogene, just-in-time bzw. Push-Hinweise können hingegen gut im Display angezeigt werden, um auf besondere Verarbeitungssituationen hinzuweisen (zum Beispiel Aktivierung der Standortortung oder der Innenraumkameras).[863] Hierzu würde es sich insbesondere anbieten, von standardisierten Bildsymbolen nach Art. 12 Abs. 7 DSGVO Gebrauch zu machen.[864]

Grundsätzlich ist in Hinblick auf die Komplexität und Länge von Informationen zu empfehlen, eine zweistufige Informationserteilung zu wählen.[865] Zunächst kann der Fahrer durch Anzeige im Display bei Start des Kfz über die wesentlichen Punkte der Datenverarbeitung einschließlich eines Hinweises darauf, wo die Informationen der zweiten Stufe zu finden sind, hingewiesen werden.

---

861 So auch: EDSA, Guidelines 01/2020 on processing personal data in the context of connected vehicles and mobility related applications, Rn. Rn. 88; *Weichert,* SVR 2014, 241 (242).

862 So auch: *Mantz/Spittka*: §6 Datenschutz und IT-Sicherheit, in: Sassenberg/Faber (Hrsg.): Rechtshandbuch Industrie 4.0 und Internet of Things, Rn. 61; *von Bodungen* fordert hingegen, dass Hersteller die Displays vergrößern, um die Informationen darstellen zu können, in: Specht /Mantz (Hrsg.): Handbuch Europäisches und deutsches Datenschutzrecht, § 16 Rn. Rn. 48.

863 So auch: Art. 29-Datenschutzgruppe, Leitlinien für Transparenz unter Verordnung 2016/679, Rn. 39; *von Bodungen,* in: Specht /Mantz (Hrsg.): Handbuch Europäisches und deutsches Datenschutzrecht, § 16 Rn. Rn. 48; *Hinrichs/Becker,* ITRB 2015, 191 (194); *Rieß/Greß,* DuD 2015, 391 (394); *Pohle/Zoch,* CR 2014, 409 (411).

864 EDSA, Guidelines 01/2020 on processing personal data in the context of connected vehicles and mobility related applications, Rn. Rn. 89.

865 So auch: *Karikari,* Big Data in der Automobilindustrie, S. 130 f.; EDSA, Guidelines 01/2020 on processing personal data in the context of connected vehicles and mobility related applications, Rn. 87; *Buchner,* DuD 2015, 372 (373, 377); *Weichert,* SVR 2014, 241 (242 f.); differenzierter mit drei Stufen *Roßnagel/Hornung,* in: Roßnagel/ Hornung (Hrsg.), Grundrechtsschutz im Smart Car, S. 469 (475)

Umfassende Informationen können dann zum Beispiel im Betriebshandbuch oder auf einer Website zu finden sein.

Für die Datenverarbeitung im Rahmen des gesetzlichen eCalls legt Art. 6 Abs. 9 eCall-VO zudem fest, wie und über welche Punkte die betroffene Person zu informieren ist.[866]

bb. Erfüllung der Informationspflichten der Drittanbieter von Connectivity Diensten

Drittanbieter von Connectivity Diensten erheben entweder Daten des Fahrers direkt bei diesem über die Nutzung der App bzw. des Dienstes oder erhalten diese über das Backend des Herstellers, wenn der Dienst im Kfz über die Systeme des Herstellers eingebunden ist. Im zweiten Fall handelt es sich um eine Fremderhebung nach Art. 14 DSGVO.

Im ersten Fall hat die Informationserteilung nach Art. 13 DSGVO bei Erhebung zu erfolgen. Dies kann z.B. über Anzeigen im Display beim Starten des Dienstes geschehen. Wenn ein Account von verschiedenen Fahrern genutzt wird (dies kann z.B. bei der Nutzung von Car Sharing oder Mietwagen der Fall sein), wäre ein Informationserteilung allein gegenüber dem Hauptnutzer im Rahmen des Vertragsschlusses nicht ausreichend. Es müssen daher auch Informationen bei Nutzung des Dienstes zur Verfügung gestellt werden.

Im zweiten Fall, also wenn der Drittanbieter Daten über den Hersteller erhält, müssen betroffene Personen innerhalb eines Monats nach Erlangung der Daten informiert werden, Art. 14 Abs. 3 lit. a) DSGVO. Dies ist dem Drittanbieter gegenüber dem Hauptnutzer mit eigenem Account ohne Probleme möglich (da Kontaktdaten aus dem Vertragsverhältnis bekannt sind). Gegenüber Fahrern, die keinen eigenen Account nutzen, ist dies praktisch unmöglich, da weder deren Identität noch Kontaktmöglichkeiten bekannt sind. Gemäß Art. 11 Abs. 1 DSGVO muss der Verantwortliche in diesem Fall auch keine weiteren Informationen einholen, um die Person zu identifizieren.[867] Für diesen Fall würde daher die Ausnahme nach Art. 14 Abs. 5 lit. a) DSGVO greifen. Auf der anderen Seite würde dieses Ergebnis aber dazu führen, dass Fahrer, die nicht gleichzeitig Accountinhaber sind, nie von Drittanbietern über die Datenverarbeitung zu informieren wären. Dies widerspricht dem Ziel der Informationspflichten,

---

866 Siehe hierzu: CNIL, Compliance Package. Connected Vehicles and personal data, S. 27 f.

867 *Quaas*, in: Brink/Wolff, DatenschutzR, 34. Ed. 1.11.2020, Art. 12 Rn. 51; *Schwartmann/Jaspers/Jacquemain*, in: Schwartmann/Jaspers/Thüsing/Kugelmann, Art. 11 Rn. 8.

einen effektiven Schutz der durch Artikel 8 GrCh geschützten Rechtspositionen zu gewährleisten. Zudem haben Drittanbieter die Möglichkeit, den Fahrer bei Start des Dienstes über eine entsprechende Anzeige in der App bzw. im Display des Kfz zu informieren, sodass ihnen praktisch eine Informationserteilung bei Erhebung möglich ist. Da die Ausnahmetatbestände eng auszulegen sind,[868] muss der Drittanbieter auf diese Möglichkeit verwiesen werden, sodass jeder Fahrer bei Nutzung des Dienstes über entsprechende Anzeigen zu informieren ist. Hierbei kann auch von einer zweistufigen Informationserteilung Gebrauch gemacht werden.

Darüber hinaus ist im Rahmen von Connectivity Diensten zu beachten, dass gemeinsame Verantwortlichkeiten mit dem Hersteller für die Erhebung sowie den Datenaustausch sowie mit kommerziellen Eigentümern, Halter oder Nutzern für die Bereitstellung des Dienstes bestehen können.[869] Art. 26 Abs. 1 Satz 2 DSGVO verlangt insoweit, dass die Verantwortlichen in einer Vereinbarung in transparenter Form festlegen, wer welche Informationspflichten erfüllt.[870] Dies erhöht die Komplexität für Verantwortliche deutlich, da dies eine Kommunikation und Einigung zwischen den Verantwortlichen über den Prozess der Informationserteilung in Bezug auf die unter gemeinsamer Verantwortlichkeit durchgeführte Verarbeitung voraussetzt. Zudem müssen der Information zwangsläufig weitere Punkte hinzufügt werden, was zu Lasten der Verständlichkeit gehen dürfte.

cc. *Erfüllung der Informationspflichten des Mietwagen- bzw. Car Sharing Anbieters*

Fahrer können von kommerziellen Eigentümern oder Haltern, da zu ihnen ein direktes Vertragsverhältnis besteht, im Rahmen der Überlassung des Fahrzeugs oder bei Vertragsschluss über die Verarbeitung ihrer Daten nach Art. 13 DSGVO informiert werden.

---

868 Art. 29-Datenschutzgruppe, Leitlinien für Transparenz unter Verordnung 2016/679, Rn. 34.

869 Siehe hierzu Kap. 3 A.II.2.b. und c.bb.

870 *Bäcker*, in: Kühling/Buchner, DS-GVO/BDSG, Art. 13 Rn. 18; nach EuGH, Urt. v. 29.07.2019 - C-40/17, ECLI:EU:C:2019:629 (Fashion ID), Rn. 103 haben die gemeinsam Verantwortlichen hingegen nicht Informationspflichten des jeweils anderen Verantwortlichen zu erfüllen, die sich nur auf Verarbeitungen in alleiniger Verantwortung beziehen.

Auch sind bei der Informationserteilung das Bestehen gemeinsamer Verantwortlichkeiten zum Beispiel zwischen Hersteller und Mietwagen- bzw. Car Sharing Anbieter im Rahmen der Überwachungsfunktionen zu berücksichtigen.[871]

dd. Ergebnis

Aufgrund des Umstandes, dass viele verschiedene Akteure für Datenverarbeitungen in vernetzten und automatisierten Kfz verantwortlich sind (insbesondere die Kategorie der Drittanbieter dürfte mehrere Verantwortliche beinhalten, je nachdem wie viele Drittdienste genutzt werden) und jeder dieser Akteure entweder alleine oder gemeinsam mit anderen den Informationspflichten der Art. 13, 14 DSGVO unterliegt, sind Fahrer vor Fahrtantritt mit der Kenntnisnahme zahlreicher Informationen für die verschiedenen Funktionen und Systeme konfrontiert. Aufgrund der Fülle an Informationen wird es zwangsläufig zu einem information overload für Fahrer kommen, was in der Praxis dazu führt, dass Informationen automatisch vom Betroffenen „weggeklickt" werden, ohne diese zur Kenntnis zu nehmen.[872] Auch bei einer Reduktion der Informationsflut durch eine gestufte Informationserteilung ist davon auszugehen, dass Informationen der zweiten Stufe in den meisten Fällen überhaupt nicht beachtet werden. Dies hat zur Folge, dass die Pflichten nach Art. 13, 14 DSGVO zwar formal erfüllt werden, in der Praxis aber keinen Mehrwert für die Betroffenen bringen und somit die Intention des Gesetzgebers, Transparenz zu schaffen, in der Informationsflut untergeht.[873]

Das zweite, zentrale Problem der Informationspflichten ist, dass angesichts der vielen verschiedene Datenkategorien, die auf verschiedene Art und Weise zu verschiedenen Zwecken und auf jeweils unterschiedlichen Rechtsgrundlagen verarbeitet werden, ein Konflikt zwischen umfassender und verständlicher Informationserteilung entsteht, der von der DSGVO nicht aufgelöst wird, sondern dessen Lösung vielmehr Verantwortlichen selbst überlassen bleibt.[874]

---

871 Siehe hierzu Kap. 3 A.II.2.c.aa.

872 *Eßer*, in: Auernhammer, DSGVO/BDSG, Art. 13 Rn. 4; so auch *Husemann*, Roßnagel/Hornung (Hrsg.), Grundrechtsschutz im Smart Car, S. 367 (377); *Metzger*, GRUR 2019, 129 (134); *Buchner*, DuD 2015, 372 (372).

873 So im Ergebnis auch: *Husemann*, Roßnagel/Hornung (Hrsg.), Grundrechtsschutz im Smart Car, S. 367 (378).

874 Siehe hierzu auch den Appell der Europäischen Kommission, neue und kreative Transparenzlösungen zu etablieren: Europäische Kommission, Report on Ethics of Connected and Automated Vehicles (2020), Recommendation 10, S. 42.

3. *Betroffenenrechte*

Neben den dargestellten Informationspflichten sind die Betroffenenrechte in Art. 15 ff. DSGVO zentraler Bestandteil des Schutzregimes der DSGVO. Die Grundsätze nach Art. 5 DSGVO werden durch die Betroffenenrechte konkretisiert, die nachfolgend dargestellt werden. Anschließend wird diskutiert, wie diese Rechte der Fahrer in vernetzten und automatisierten Kfz umgesetzt werden können.

a. *Allgemeines*

Art. 12 enthält allgemeine Vorgaben für die Betroffenenrechte.[875] Mitteilungen, die aufgrund der Ausübung dieser Rechte gegenüber der betroffenen Person gemacht werden, müssen dem Genauigkeits- und Verständlichkeitsprinzip nach Art. 12 Abs. 1 Satz 1 DSGVO genügen.[876] Mitteilungen müssen grundsätzlich unentgeltlich erfolgen.[877] Zudem müssen Verantwortliche geeignete Maßnahmen treffen, um der betroffenen Person die Ausübung ihrer Rechte zu erleichtern und diese nicht zu behindern.[878]

Vor Erfüllung eines Betroffenenrechts muss der Verantwortliche prüfen, ob der Antrag auch tatsächlich von der betroffenen Person gestellt wurde.[879] Eine Auskunft personenbezogener Daten an die nicht betroffene Person oder die Löschung von Daten auf Antrag einer anderen Person, würden Datenschutzverstöße nach

---

875 *Quaas*, in: Brink/Wolff, DatenschutzR, 34. Ed. 1.11.2020, Art. 12 Rn. 10.

876 Siehe hierzu unter Kap. 3 A.V.2.a.bb.

877 *Bäcker*, in: Kühling/Buchner, DS-GVO/BDSG, Art. 12 Rn. 35 ff.; *Eßer*, in: Auernhammer, DSGVO/BDSG, Art. 12 Rn. 34 f.; *Franck*, in: Gola/Heckmann, DSGVO/BDSG, Art. 12 DS-GVO Rn. 36; *Quaas*, in: Brink/Wolff, DatenschutzR, 34. Ed. 1.11.2020, Art. 12 Rn. 43; *Schwartmann/Schneider*, in: Schwartmann/Jaspers/Thüsing/Kugelmann, DS-GVO, BDSG, Art. 12 Rn. 62; Siehe auch Art. 12 Abs. 5 DSGVO, der eine Ausnahme von der Unentgeltlichkeit bei offensichtlich unbegründeten oder exzessiven Anträgen vorsieht.

878 *Däubler*, in: Däubler/Wedde/Weichert/Sommer, EU-DSGVO u. BDSG, Art. 12 Rn. 10; *Eßer*, in: Auernhammer, DSGVO/BDSG, Art. 12 Rn. 20; *Franck*, in: Gola/Heckmann, DSGVO/BDSG, Art. 12 DS-GVO Rn. 13; *Quaas*, in: Brink/Wolff, DatenschutzR, 34. Ed. 1.11.2020, Art. 12 Rn. 32; *Schwartmann/Schneider*, in: Schwartmann/Jaspers/Thüsing/Kugelmann, DS-GVO, BDSG, Art. 12 Rn. 41 f.

879 *Bäcker*, in: Kühling/Buchner, DS-GVO/BDSG, Art. 12 Rn. 28; *Däubler*, in: Däubler/Wedde/Weichert/Sommer, EU-DSGVO u. BDSG, Art. 12 Rn. 11; *Eßer*, in: Auernhammer, DSGVO/BDSG, Art. 12 Rn. 38.

Art. 34 DSGVO darstellen.[880] Lassen sich Daten einer Person zuordnen, ist aber zweifelhaft, ob die antragstellende Person mit der betroffenen Person identisch ist, darf der Verantwortliche nach Art. 12 Abs. 6 DSGVO weitere Informationen anfordern, die zur Bestätigung der Identität erforderlich sind.[881] Ist hingegen die Identität der antragstellenden Person klar, der Verantwortliche kann aber glaubhaft machen, dass er die antragstellende Person (trotz weiterer Zusatzinformationen) im Datenbestand nicht identifizieren kann, so darf er die Erfüllung des Antrags nach Art. 12 Abs. 2 Satz 2 DSGVO verweigern.[882]

Ansonsten muss der Verantwortliche Informationen über die auf Antrag ergriffenen Maßnahmen unverzüglich, aber spätestens innerhalb eines Monats nach Eingang des Antrags zur Verfügung stellen.[883] Wird er auf den Antrag hin nicht tätig, zum Beispiel weil er den Antragsteller nicht identifizieren kann oder keine Daten über diesen vorliegen, muss er auch dies unverzüglich, spätestens innerhalb eines Monats unter Angabe der Gründe mitteilen, Art. 12 Abs. 4 DSGVO.[884]

---

880 *Bienemann*, in: Sydow/Marsch, DSGVO/BDSG, Art. 15 Rn. 22; siehe hierzu auch: Tätigkeitsbericht des BayLDA 2009/2010, S. 62.

881 *Bäcker*, in: Kühling/Buchner, DS-GVO/BDSG, Art. 12 Rn. 30; *Däubler*, in: Däubler/Wedde/Weichert/Sommer, EU-DSGVO u. BDSG, Art. 12 Rn. 20; *Franck*, in: Gola/Heckmann, DSGVO/BDSG, Art. 12 DS-GVO Rn. 42; *Quaas*, in: Brink/Wolff, DatenschutzR, 34. Ed. 1.11.2020, Art. 12 Rn. 49 f.; *Schwartmann/Schneider*, in: Schwartmann/Jaspers/Thüsing/Kugelmann, DS-GVO, BDSG, Art. 12 Rn. 70.

882 *Bäcker*, in: Kühling/Buchner, DS-GVO/BDSG, Art. 12 Rn. 29; *Däubler*, in: Däubler/Wedde/Weichert/Sommer, EU-DSGVO u. BDSG, Art. 12 Rn. 11; *Eßer*, in: Auernhammer, DSGVO/BDSG, Art. 12 Rn. 24;

883 *Däubler*, in: Däubler/Wedde/Weichert/Sommer, EU-DSGVO u. BDSG, Art. 12 Rn. 12; *Eßer*, in: Auernhammer, DSGVO/BDSG, Art. 12 Rn. 25, 28; *Franck*, in: Gola/Heckmann, DSGVO/BDSG, Art. 12 DS-GVO Rn. 25 f.; *Quaas*, in: Brink/Wolff, DatenschutzR, 34. Ed. 1.11.2020, Art. 12 Rn. Rn. 35 f.; *Schwartmann/Schneider*, in: Schwartmann/Jaspers/Thüsing/Kugelmann, DS-GVO, BDSG, Art. 12 Rn. 53, 55; Siehe auch Art. 12 Abs. 3 DSGVO, der u.U. auch eine Fristverlängerung um weitere zwei Monate ermöglicht.

884 Zudem muss der Antragsteller auf die Möglichkeit, eine Beschwerde einzureichen, hingewiesen werden; *Däubler*, in: Däubler/Wedde/Weichert/Sommer, EU-DSGVO u. BDSG, Art. 12 Rn. 13; *Eßer*, in: Auernhammer, DSGVO/BDSG, Art. 12 Rn. 30 f.; *Franck*, in: Gola/Heckmann, DSGVO/BDSG, Art. 12 DS-GVO Rn. 30; *Quaas*, in: Brink/Wolff, DatenschutzR, 34. Ed. 1.11.2020, Art. 12 Rn. 40 f.; *Schwartmann/Schneider*, in: Schwartmann/Jaspers/Thüsing/Kugelmann, DS-GVO, BDSG, Art. 12 Rn. 58.

Im Übrigen ergeben sich spezifische Anforderungen aus den einzelnen Betroffenenrechten:

aa. Recht auf Auskunft

Die Informationspflichten werden vom Auskunftsrecht nach Art. 15 DSGVO flankiert.[885] Hiernach kann der Betroffene Auskunft über die beim Verantwortlichen verarbeiteten personenbezogenen Daten verlangen, also ob und welche Daten verarbeitet werden.[886] Darüber hinaus ist der Betroffene über Verarbeitungszwecke, Kategorien der verarbeiteten Daten, Empfänger von Daten, Speicherdauer, Rechte nach Art. 16-18 DSGVO, Beschwerdemöglichkeiten, Herkunft der Daten, gegebenenfalls über eine automatisierte Entscheidung nach Art. 22 DSGVO sowie über geeignete Garantien im Falle eines Drittstaatentransfers zu informieren (sogenannte Metadaten, Art. 15 Abs. 1 und 2 DSGVO).[887] Gemäß Art. 15 Abs. 3 DSGVO stellt der Verantwortliche dem Betroffenen eine Kopie der Daten zur Verfügung.[888] Gegenstand und Umfang des Rechts auf Kopie sind im Einzelnen streitig.[889] Die Auskunftserteilung darf nach Art. 15 Abs. 4 DSGVO nicht die Rechte und Freiheiten anderer Personen beeinträchtigen.[890]

---

885 *Bienemann,* in: Sydow/Marsch, DSGVO/BDSG, Art. 15 Rn. 3.

886 *Bienemann*, in: Sydow/Marsch, DSGVO/BDSG, Art. 15 Rn. 15; *Bäcker*, in: Kühling/Buchner, DS-GVO/BDSG, Art. 15 Rn. 8; *Däubler*, in: Däubler/Wedde/Weichert/Sommer, EU-DSGVO u. BDSG, Art. 15 Rn. 6, 8; *Schmidt-Wudy*, in: Wolff/Brink, BeckOK DatenschutzR, 41. Ed. 1.8.2022, Art. 15 Rn. 50 f.; *Stollhoff*, in: Auernhammer, DSGVO/BDSG, Art. 15 Rn. 12 f.

887 *Bäcker*, in: Kühling/Buchner, DS-GVO/BDSG, Art. 15 Rn. 10 ff.; *Däubler*, in: Däubler/Wedde/Weichert/Sommer, EU-DSGVO u. BDSG, Art. 15 Rn. 10 ff; *Schmidt-Wudy*, in: Wolff/Brink, BeckOK DatenschutzR, 41. Ed. 1.8.2022, Art. 15 Rn. 53 ff.

888 *Bienemann*, in: Sydow/Marsch, DSGVO/BDSG, Art. 15 Rn. 45; *Bäcker*, in: Kühling/Buchner, DS-GVO/BDSG, Art. 15 Rn. 39; *Däubler*, in: Däubler/Wedde/Weichert/Sommer, EU-DSGVO u. BDSG, Art. 15 Rn. 27; *Franck*, in: Gola/Heckmann, DSGVO/BDSG, Art. 15 DS-GVO Rn. 35; *Stollhoff*, in: Auernhammer, DSGVO/BDSG, 2020, Art. 15 Rn. 28.

889 Siehe hierzu: *Stollhoff*, in: Auernhammer, DSGVO/BDSG, Art. 15 Rn. 29 ff.

890 Dies gilt sowohl für die Auskunftserteilung nach Art. 15 Abs. 1 DSGVO als auch die Herausgabe von Kopien nach Art. 15 Abs. 3 DSGVO: *Bienemann*, in: Sydow/Marsch, DSGVO/BDSG, Art. 15 Rn. 56; *Schmidt-Wudy*, in: Wolff/Brink, BeckOK DatenschutzR, 41. Ed. 1.8.2022, Art. 15 Rn. 97; *Stollhoff*, in: Auernhammer, DSGVO/BDSG, Art. 15 Rn. 38; a.A. nur für das Recht auf Kopie: *Bäcker*, in: Kühling/Buchner, DS-GVO/BDSG, Art. 15 Rn. 42; *Däubler*, in: Däubler/Wedde/Weichert/Sommer, EU-DSGVO u. BDSG, Art. 15 Rn. 31; *Franck*, in: Gola/Heckmann, DSGVO/BDSG, Art. 15 DS-GVO Rn. 46.

Dies erfordert eine Gegenprüfung im Einzelfall, insbesondere ob eine Wahrung der Rechte Dritter durch Schwärzung oder Entfernung der entsprechenden Daten möglich ist, da die Auskunft nicht mit einem pauschalen Hinweis auf möglicherweise betroffene Drittrechte verweigert werden darf.[891]

bb. Speicherbegrenzung und Recht auf Löschung sowie Einschränkung der Verarbeitung

Gemäß Art. 5 Abs. 1 lit. e) DSGVO dürfen personenbezogene Daten nur so lange gespeichert werden, wie es für die Zwecke, für die sie verarbeitet werden, erforderlich ist.[892] Dies kann zum einen durch komplette Löschung der betreffenden Datensätze oder durch Entfernung der identifizierenden Merkmale im Sinne der Anonymisierung geschehen.[893] Um sicherzustellen, dass personenbezogene Daten nicht länger als nötig gespeichert werden, soll der Verantwortliche Fristen für ihre Löschung oder regelmäßige Überprüfung vorsehen (Erwägungsgrund 39 Satz 10 DSGVO).[894] Der Grundsatz der Speicherbegrenzung wird durch das Recht auf Löschung in Art. 17 DSGVO sowie auf Einschränkung der Verarbeitung in Art. 18 DSGVO näher konkretisiert.[895]

Unter den Voraussetzungen von Art. 17 Abs. 1 DSGVO hat der Verantwortliche personenbezogene Daten zu löschen. Dies ist insbesondere dann der Fall,

---

891 *Bienemann*, in: Sydow/Marsch, DSGVO/BDSG, Art. 15 Rn. 65; *Bäcker*, in: Kühling/Buchner, DS-GVO/BDSG, Art. 15 Rn. 42; *Däubler*, in: Däubler/Wedde/Weichert/Sommer, EU-DSGVO u. BDSG, Art. 15 Rn. 30; *Franck*, in: Gola/Heckmann, DSGVO/BDSG, Art. 15 DS-GVO Rn. 49.

892 *Herbst*, in: Kühling/Buchner, DS-GVO/BDSG, Art. 5 Rn. 64; *Jaspers/Schwartmann*, in: Schwartmann/Jaspers/Thüsing/Kugelmann, DS-GVO, BDSG, Art. 5 Rn. 67; *Kramer*, in: Auernhammer, DSGVO/BDSG, Art. 5 Rn. 50; *Schantz*, in: Wolff/Brink, BeckOK DatenschutzR, 41. Ed. 1.11.2021, Art. 5 Rn. 33.

893 *Herbst*, in: Kühling/Buchner, DS-GVO/BDSG, Art. 5 Rn. 66; *Jaspers/Schwartmann*, in: Schwartmann/Jaspers/Thüsing/Kugelmann, DS-GVO, BDSG, Art. 5 Rn. 69; *Weichert*, in: Däubler/Wedde/Weichert/Sommer, EU-DSGVO u. BDSG, 2. Art. 5 Rn. 61.

894 *Herbst*, in: Kühling/Buchner, DS-GVO/BDSG, Art. 5 Rn. 67; *Jaspers/Schwartmann*, in: Schwartmann/Jaspers/Thüsing/Kugelmann, DS-GVO, BDSG, Art. 5 Rn. 71; *Pötters*, in: Gola/Heckmann, DSGVO/BDSG, Art. 5 DS-GVO Rn. 26 *Weichert*, in: Däubler/Wedde/Weichert/Sommer, EU-DSGVO u. BDSG, Art. 5 Rn. 60; *Schantz*, in: Wolff/Brink, BeckOK DatenschutzR, 41. Ed. 1.11.2021, Art. 5 Rn. 33.

895 *Herbst*, in: Kühling/Buchner, DS-GVO/BDSG, Art. 5 Rn. 68; *Jaspers/Schwartmann*, in: Schwartmann/Jaspers/Thüsing/Kugelmann, DS-GVO, BDSG, Art. 5 Rn. 71; *Kramer*, in: Auernhammer, DSGVO/BDSG, Art. 5 Rn. 50; *Pötters*, in: Gola/Heckmann, DSGVO/BDSG, Art. 5 DS-GVO Rn. 27.

wenn die Verarbeitung zur Zweckerreichung nicht mehr erforderlich ist, der Betroffene seine Einwilligung widerruft und keine andere Rechtsgrundlage für die Speicherung besteht, er der Verarbeitung berechtigterweise widerspricht oder wenn die Daten unrechtmäßig, also insbesondere ohne Rechtsgrundlage, erhoben wurden.[896] Dieses Recht wird unter anderem dann eingeschränkt, wenn der Verantwortliche einer Rechtspflicht zur Aufbewahrung unterliegt (z.B. Aufbewahrungspflichten nach § 257 HGB) oder die Daten zur Geltendmachung, Ausübung oder Verteidigung von Rechtsansprüchen benötigt werden, Art. 17 Abs. 3 DSGVO.[897]

Als Minus zum Recht auf Löschung besteht das Recht auf Einschränkung der Verarbeitung, was gemäß Art. 18 Abs. 2 DSGVO bewirkt, dass der Verantwortliche die Daten weiterhin speichern, aber darüber hinaus, außer zu den in Art. 18 Abs. 2 DSGVO genannten Zwecken, nicht verarbeiten darf.[898] Zur Erreichung dieses Ziels müssen die entsprechenden Daten markiert werden, um diese von übrigen Daten zu separieren und so die weitere Verarbeitung zu verhindern.[899] Hierzu ist der Verantwortliche insbesondere dann verpflichtet, wenn er die Rechtmäßigkeit eines Antrags auf Berichtigung oder eines Widerspruchs prüft oder wenn die betroffene Person dies explizit von ihm anstatt der Löschung

896 *Däubler*, in: Däubler/Wedde/Weichert/Sommer, EU-DSGVO u. BDSG, Art. 17 Rn. 4, 11, 13, 14; *Leutheusser-Schnarrenberger*, in: Schwartmann/Jaspers/Thüsing/Kugelmann, DS-GVO, BDSG, Art. 17 Rn. 22, 25, 26, 31; *Nolte/Werkmeister*, in: Gola/Heckmann, DSGVO/BDSG, Art. 17 DS-GVO Rn. 11, 15, 17, 22, 23; *Worms*, in: Wolff/Brink, BeckOK DatenschutzR, 41. Ed. 1.11.2021, Art. 17 Rn. 25, 30, 37, 43; *Stollhoff*, in: Auernhammer, DSGVO/BDSG, Art. 17 Rn. 13, 15, 20, 30.

897 *Däubler*, in: Däubler/Wedde/Weichert/Sommer, EU-DSGVO u. BDSG, Art. 17 Rn. 40, 44; *Leutheusser-Schnarrenberger*, in: Schwartmann/Jaspers/Thüsing/Kugelmann, DS-GVO, BDSG, Art. 17 Rn. 68, 71; *Nolte/Werkmeister*, in: Gola/Heckmann, DSGVO/BDSG, Art. 17 DS-GVO Rn. 46, 48; *Worms*, in: Wolff/Brink, BeckOK DatenschutzR, 41. Ed. 1.11.2021, Art. 17 Rn. 83, 87; *Stollhoff*, in: Auernhammer, DSGVO/BDSG, Art. 17 Rn. 72, 75.

898 *Gola*, in: Gola/Heckmann, DSGVO/BDSG, Art. 18 DS-GVO Rn. 24 f.; *Herbst*, in: Kühling/Buchner, DS-GVO/BDSG, Art. 18 Rn. 29, 34; *Keber/Keppeler*, in: Schwartmann/Jaspers/Thüsing/Kugelmann, DS-GVO, BDSG, Art. 18 Rn. 15; *Stollhoff*, in: Auernhammer, DSGVO/BDSG, Art. 18 Rn. 25.

899 Siehe auch die Definition in Art. 4 Nr. 3 DSGVO; *Däubler*, in: Däubler/Wedde/Weichert/Sommer, EU-DSGVO u. BDSG, Art. 18 Rn. 9 f.; *Herbst*, in: Kühling/Buchner, DS-GVO/BDSG, Art. 18 Rn. 28; *Worms*, in: Wolff/Brink, BeckOK DatenschutzR, 41. Ed. 1.11.2021, Art. 18 Rn. 47; *Stollhoff*, in: Auernhammer, DSGVO/BDSG, Art. 18 Rn. 27.

verlangt.[900] Die Pflicht zu Einschränkung der Verarbeitung kann auch dann ausgelöst werden, wenn ein Datum für verschiedene Zwecke verarbeitet wird und nicht alle Zwecke zeitgleich entfallen. In diesem Fall muss das Datum für eine Verarbeitung im Rahmen der weggefallenen Zwecke gesperrt werden.[901]

Für beide Rechte gilt zudem, dass der Verantwortliche allen Empfängern, denen er die betroffenen Daten offengelegt hat, die Löschung oder Einschränkung mitzuteilen sowie die betroffene Person auf Verlangen über diese Empfänger zu informieren hat, Art. 19 DSGVO.[902]

cc. Richtigkeit und Recht auf Berichtigung

Gemäß Art. 5 Abs. 1 lit. d) DSGVO müssen personenbezogene Daten sachlich richtig und erforderlichenfalls auf dem neuesten Stand sein.[903] Es sind alle angemessenen Maßnahmen zu treffen, damit personenbezogene Daten, die im Hinblick auf die Zwecke ihrer Verarbeitung unrichtig sind, unverzüglich gelöscht oder berichtigt werden.[904] Der Verantwortliche hat damit die Richtigkeit der verarbeiteten Daten aktiv zu prüfen und diese gegebenenfalls von sich aus zu korrigieren.[905]

---

900 *Däubler*, in: Däubler/Wedde/Weichert/Sommer, EU-DSGVO u. BDSG, Art. 18 Rn. 3, 5, 7,8; *Gola*, in: Gola/Heckmann, DSGVO/BDSG, Art. 18 DS-GVO Rn. 11; *Keber/Keppeler*, in: Schwartmann/Jaspers/Thüsing/Kugelmann, DS-GVO, BDSG, Art. 18 Rn. 6 ff.; *Worms*, in: Wolff/Brink, BeckOK DatenschutzR, 41. Ed. 1.11.2021, Art. 18 Rn. 29, 38, 40, 43; *Stollhoff*, in: Auernhammer, DSGVO/BDSG, Art. 18 Rn. 9, 16, 20, 22.

901 *Weichert*, in: Däubler/Wedde/Weichert/Sommer, EU-DSGVO u. BDSG, Art. 5 Rn. 62.

902 *Stollhoff*, in: Auernhammer, DSGVO/BDSG, Art. 19 Rn. 5; *Worms*, in: Wolff/Brink, BeckOK DatenschutzR, 41. Ed. 1.11.2021, Art. 19 Rn. 13; Eine Ausnahme gilt nur dann, wenn dies unmöglich bzw. nur mit unverhältnismäßigem Aufwand möglich ist.

903 *Schantz*, in: Wolff/Brink, BeckOK DatenschutzR, 41. Ed. 1.11.2021, Art. 5 Rn. 28; *Herbst*, in: Kühling/Buchner, DS-GVO/BDSG, Art. 5 Rn. 60; *Jaspers/Schwartmann*, in: Schwartmann/Jaspers/Thüsing/Kugelmann, DS-GVO, BDSG, Art. 5 Rn. 59; *Pötters*, in: Gola/Heckmann, DSGVO/BDSG, Art. 5 DS-GVO Rn. 25.

904 *Schantz*, in: Wolff/Brink, BeckOK DatenschutzR, 41. Ed. 1.11.2021, Art. 5 Rn. 28; *Jaspers/Schwartmann*, in: Schwartmann/Jaspers/Thüsing/Kugelmann, DS-GVO, BDSG, Art. 5 Rn. 59; *Pötters*, in: Gola/Heckmann, DSGVO/BDSG, Art. 5 DS-GVO Rn. 25; zu den verschiedenen Mitteln in Bezug auf Zweck der Speicherung und Datenlage: *Weichert*, in: Däubler/Wedde/Weichert/Sommer, EU-DSGVO u. BDSG, Art. 5 Rn. 55.

905 *Jaspers/Schwartmann*, in: Schwartmann/Jaspers/Thüsing/Kugelmann, DS-GVO, BDSG, Art. 5 Rn. 66; *Reif*, in: Gola/Heckmann, DSGVO/BDSG, Art. 16 DS-GVO Rn. 4; *Keber/Keppeler*, in: Schwartmann/Jaspers/Thüsing/Kugelmann, DS-GVO, BDSG, Art. 16 Rn. 4; *Stollhoff*, in: Auernhammer, DSGVO/BDSG, Art. 16 Rn. 6.

Gemäß Art. 16 DSGVO hat die betroffene Person das Recht, unverzüglich die Berichtigung sie betreffender unrichtiger personenbezogener Daten zu verlangen.[906] Die Berichtigung kann auch in einer Vervollständigung von Daten liegen, wenn die Zwecke der Verarbeitung dies gebieten.[907] Auch bezüglich der Berichtigung gilt die Mitteilungspflicht an Empfänger gemäß Art. 19 DSGVO.[908]

dd. Recht auf Datenübertragbarkeit

Das Recht auf Datenübertragbarkeit ist eine Neuerung der DSGVO und soll insbesondere Lock in-Effekte in sozialen Netzwerken verhindern, indem der Anbieterwechsel erleichtert wird.[909] Zum einen kann die betroffene Person gemäß Art. 20 Abs. 1 Var. 1 DSGVO verlangen, ihre Daten, die sie dem Verantwortlichen aufgrund eines Vertrages oder einer Einwilligung bereitgestellt hat und die in einem automatisierten Verfahren verarbeitet werden, in einem strukturierten, gängigen und maschinenlesbaren Format zu erhalten und darf diese auf einen anderen Verantwortlichen übertragen.[910] Zum andere kann sie

---

906 *Däubler*, in: Däubler/Wedde/Weichert/Sommer, EU-DSGVO u. BDSG, Art. 16 Rn. 2; *Reif*, in: Gola/Heckmann, DSGVO/BDSG, Art. 16 DS-GVO Rn. 1; *Keber/Keppeler*, in: Schwartmann/Jaspers/Thüsing/Kugelmann, DS-GVO, BDSG, Art. 16 Rn. 3; *Stollhoff*, in: Auernhammer, DSGVO/BDSG, Art. 16 Rn. 1; *Worms*, in: Wolff/Brink, BeckOK DatenschutzR, 41. Ed. 1.11.2021, Art. 16 Rn. 43.

907 *Däubler*, in: Däubler/Wedde/Weichert/Sommer, EU-DSGVO u. BDSG, Art. 5 Rn. 2; *Reif*, in: Gola/Heckmann, DSGVO/BDSG, Art. 16 DS-GVO Rn. 1; *Keber/Keppeler*, in: Schwartmann/Jaspers/Thüsing/Kugelmann, DS-GVO, BDSG, Art. 16 Rn. 3; *Stollhoff*, in: Auernhammer, DSGVO/BDSG, Art. 16 Rn. 4; *Worms*, in: Wolff/Brink, BeckOK DatenschutzR, 41. Ed. 1.11.2021, Art. 16 Rn. 43.

908 *Weichert*, in: Däubler/Wedde/Weichert/Sommer, EU-DSGVO u. BDSG, Art. 5 Rn. 56; *Keber/Keppeler*, in: Schwartmann/Jaspers/Thüsing/Kugelmann, DS-GVO, BDSG, Art. 16 Rn. 4; *Stollhoff*, in: Auernhammer, DSGVO/BDSG, Art. 16 Rn. 26.

909 *Däubler*, in: Däubler/Wedde/Weichert/Sommer, EU-DSGVO u. BDSG, Art. 20 Rn. 1; *Herbst*, in: Kühling/Buchner, DS-GVO/BDSG, Art. 20 Rn. 2; *Rudolph*, in: Schwartmann/Jaspers/Thüsing/Kugelmann, DS-GVO, BDSG, Art. 20 Rn. 9, 26; *von Lewinski*, in: Wolff/Brink, BeckOK DatenschutzR, 41. Ed. 1.8.2022, Art. 20 Rn. 11; *Schürmann*, in: Auernhammer, DSGVO/BDSG, Art. 20 Rn. 1, 7.

910 *Däubler*, in: Däubler/Wedde/Weichert/Sommer, EU-DSGVO u. BDSG, Art. 20 Rn. 3; *Herbst*, in: Kühling/Buchner, DS-GVO/BDSG, Art. 20 Rn. 6; *Piltz*, in: Gola/Heckmann, DSGVO/BDSG, Art. 20 DS-GVO Rn. 9 f.; *Schürmann*, in: Auernhammer, DSGVO/BDSG, Art. 20 Rn. 21.

verlangen, dass die Übermittlung direkt zwischen den Verantwortlichen erfolgt, soweit dies technisch möglich ist, Art. 20 Abs. 1 Var. 2, Abs. 2 DSGVO.[911]

Die Anwendbarkeit dieses Rechts im Rahmen vernetzter und automatisierter Fahrzeuge hängt davon ab, ob die Daten von der betroffenen Person „bereitgestellt" werden. Jedenfalls verbietet sich aufgrund der bereits dargestellten Komplexität der Datenverarbeitungsvorgänge in den hier beschriebenen Phänomenen die pauschale Verneinung der Anwendbarkeit von Art. 20 DSGVO.[912] So werden zum Beispiel in vielen Connectivity Diensten Daten vom Fahrer selbst und bewusst eingebracht und damit bereitgestellt.[913] Die Frage der Anwendbarkeit muss auch hier konkret in Bezug auf die Funktion bzw. das jeweilige System gesehen werden und hängt dann auch davon ab, ob die Bereitstellung auf Grundlage eines Vertrages oder einer Einwilligung erfolgt ist. Ausgeschlossen ist das Recht auf Datenübertragbarkeit für solche Daten, die Verantwortliche mit Hilfe der bereitgestellten Daten neu generieren.[914]

b. Umsetzung der Betroffenenrechte des Fahrers

Es stellt sich die Frage, wie die soeben beschriebenen Betroffenenrechte erfüllt werden können, wenn der vom Eigentümer oder Halter abweichende Fahrer diese geltend macht. Jeder der im Rahmen dieser Untersuchung betrachteten Verantwortlichen Hersteller, Drittanbieter und kommerziellen Eigentümer bzw. Besitzer muss für die in seinem Verantwortungsbereich liegenden Verarbeitungen in

---

911 *Däubler*, in: Däubler/Wedde/Weichert/Sommer, EU-DSGVO u. BDSG, Art. 20 Rn. 18; *Herbst*, in: Kühling/Buchner, DS-GVO/BDSG, Art. 20 Rn. 6; *Piltz*, in: Gola/Heckmann, DSGVO/BDSG, Art. 20 DS-GVO Rn. 28; *Rudolph*, in: Schwartmann/Jaspers/Thüsing/Kugelmann, DS-GVO, BDSG, Art. 20 Rn. 89; *Schürmann*, in: Auernhammer, DSGVO/BDSG, Art. 20 Rn. 45.

912 So aber: *Herbst*, in: Kühling/Buchner, DS-GVO/BDSG, Art. 20 Rn. 11, der den Ursprung der Daten in vernetzten Fahrzeugen als Erhebung und nicht als Bereitstellung sieht; auf der anderen Seite geht die Ansicht von *Däubler* zu weit, der allein die Entscheidung, ein vernetztes Kfz zu nutzen ausreichen lässt, um die Anwendbarkeit von Art. 20 DSGVO zu bejahen, da dadurch im Ergebnis gar keine Abgrenzung mehr möglich ist, *Däubler*, in: Däubler/Wedde/Weichert/Sommer, EU-DSGVO u. BDSG, Art. 20 Rn. 7.

913 So auch: *Raith*, Das vernetzte Automobil, S. 229 und *Klink-Straub/Straub*, ZD 2018, 459 (461).

914 *Rudolph*, in: Schwartmann/Jaspers/Thüsing/Kugelmann, DS-GVO, BDSG, Art. 20 Rn. 53; *von Lewinski*, in: Wolff/Brink, BeckOK DatenschutzR, 41. Ed. 1.8.2022, Art. 20 Rn. 47.

der Lage sein, die verschiedenen Betroffenenrechte zu erfüllen. Betrachtet man die Vielzahl der automatisiert ablaufenden Datenverarbeitungen in den verschiedenen Systemen und Funktionen, erscheint es sinnvoll, die Erfüllung von Betroffenenrechten im Sinne von Privacy-by-Design im Entwicklungsprozess mitzudenken und entsprechende Möglichkeiten im Fahrzeug selbst zu integrieren.[915] Die manuelle ad-hoc Erfüllung von Betroffenenrechten dürfte praktisch nicht umsetzbar sein, vor allem da die Art. 15 ff. DSGVO keine nach Art. 14 Abs. 5 lit. b DSGVO vergleichbare Ausnahme für unverhältnismäßigen Aufwand oder praktische Unmöglichkeit vorsehen.[916]

Self-Service-Funktionen im Kfz müssen einige Anforderungen erfüllen, um den Erfordernissen der Art. 15 ff. DSGVO gerecht zu werden:

aa. Identitätsprüfung und Zuordnung der Daten zur betroffenen Person

Vor Erfüllung des geltend gemachten Rechtes muss das System die Identität desjenigen prüfen, der Auskunft, Löschung, Berichtigung oder Datenübertragung verlangt. Hierbei sollte, um die Praktikabilität zu wahren, nur in Ausnahmefällen eine Person beim Verantwortlichen diese Prüfung vornehmen (zum Beispiel durch Anforderung weiterer Dokumente bei der antragstellenden Person). Die Authentifizierung im Rahmen technischer Funktionen erfolgt heutzutage meist durch Eingabe eines Benutzernamens sowie eines Passwortes oder eines PINs. Dies setzt aber wiederum voraus, dass die antragstellende Person dem System bereits bekannt ist. Bei dem von Halter oder Eigentümer abweichenden Fahrer ist dies grundsätzlich nicht der Fall, wenn kein Vertragsverhältnis zum Verantwortlichen besteht, was insbesondere bei Gelegenheitsfahrern der Fall sein dürfte.

Als zweiten Schritt muss das System zudem alle verarbeiteten personenbezogenen Daten eindeutig der antragstellenden Person zuordnen können. Fehler hierbei würden, wie bereits erwähnt, zu Datenschutzverstößen führen, wenn Daten einer anderen Person dem Antragsteller zugänglich gemacht würden.

---

915 So auch: Entschließung der 88. Konferenz der Datenschutzbeauftragten des Bundes und der Länder am 08. und 09.10.2014 in Hamburg: Datenschutz im Kraftfahrzeug-Automobilindustrie ist gefordert, abrufbar unter: *www.bfdi.bund.de/SharedDocs/Publikationen/Entschliessungssammlung/DSBundLaender/88DSK_DatenschutzImKfz.pdf;jsessionid=D19DFD68556AD7C81C0288D1AFD04E54.2_cid319?__blob=publicationFile&v=5* (zuletzt abgerufen am 04.12.2022); *Bönninger/Eichelmann/Methner*, in: Roßnagel/ Hornung (Hrsg.), Grundrechtsschutz im Smart Car, S. 355 (360).

916 *Franck*, in: Gola/Heckmann, DSGVO/BDSG, Art. 15 DS-GVO Rn. 51; *Stollhoff*, in: Auernhammer, DSGVO/BDSG, Art. 15 Rn 39.

Nutzen verschiedene Fahrer das Kfz, so müssen die Datensätze der unterschiedlichen Fahrer also auch voneinander getrennt werden und dürfen nicht als Datensatz eines einzigen Fahrers behandelt werden.[917]

bb. Lokalisierung der betroffenen Daten in den verschiedenen Systemen

Die Systeme müssen zudem so ausgestaltet sein, dass die Daten der antragstellenden, betroffenen Person möglichst vollständig identifiziert werden. Von einer Auskunft nach Art. 15 DSGVO zum Beispiel müssen möglichst alle gespeicherten Daten aus allen Systemen umfasst sein.[918] Auch hierauf müssen die verschiedenen Systeme im Kfz ausgelegt sein, damit sie alle vorhandenen Daten der antragstellenden Person zuordnen können. Soweit Daten an das Backend des Herstellers übermittelt werden und von dort gegebenenfalls auch weiter an Dritte, sind auch diese Daten miteinzubeziehen.

cc. Prüfung der Voraussetzungen im Einzelfall

Wie dargestellt haben die verschiedenen Betroffenenrechte auch jeweils eigenständige Voraussetzungen, die im Einzelfall erfüllt sein müssen. Neben der grundsätzlichen Frage, ob eine solche Einzelfallprüfung im Kfz überhaupt automatisiert ablaufen kann, was sicherlich mit erheblichem technischem Aufwand an die dahinterliegenden Algorithmen verbunden ist, müssten Selbstdatenschutz-Funktionen folgende Punkte erfüllen:

Auskunft nach Art. 15 DSGVO: Prüfung gegenläufiger Rechte Dritter (insbesondere Datenschutzrecht anderer Fahrer, wenn einzelne Fahrer nicht eindeutig unterscheidbar sind);[919]

Berichtigung nach Art. 16 DSGVO: Prüfung, ob unrichtige Daten der antragstellenden Person vorliegen und wie sie zu berichtigen sind;[920]

---

917 *Werkmeister/Brandt*, RAW 2017, 99 (101) wollen daher den Halter zur Abgabe einer Erklärung verpflichten, mit der er versichert, die Einwilligung des/der Fahrer in die Übermittlung von Daten, die auch sie betreffen können, eingeholt zu habe. Die Praktikabilität dieses Vorschlags im Falle von sehr vielen verschiedenen Fahrer ist allerdings fragwürdig.

918 So auch: *Schwartmann/Jacquemain*, RDV 2018, 247 (251); *Weichert*, SVR 2014, 241 (244); *Hinzpeter*, DSRITB 2014, 471 (478).

919 Franck, in: Gola/Heckmann, DSGVO/BDSG, Art. 15 DS-GVO Rn. 46.

920 *Keber/Keppeler* wollen hingegen bei nicht eindeutig zuordenbaren Daten eine gewisse Wahrscheinlichkeit, dass Daten (auch) der antragstellenden Person zugeordnet

Löschung nach Art. 17 DSGVO: Gegenprüfung bestehender Aufbewahrungspflichten oder Notwendigkeit der Verarbeitung der Daten für andere Zwecke bzw. Prozesse im Kfz;
Einschränkung der Verarbeitung nach Art. 18 DSGVO: Prüfung, ob eine der dort genannten Fallgruppen einschlägig ist und Daten entsprechend markiert werden müssen;
Datenübertragbarkeit nach Art. 20 DSGVO: Abgrenzung zwischen Daten, die die Person eingebracht hat und sie selbst betreffen und Daten, die im Laufe des Prozesses erzeugt wurden; Abgrenzung zwischen Daten, die auf Grundlage eines Vertrages oder einer Einwilligung und Daten, die aufgrund anderer Rechtsgrundlagen verarbeitet werden.

Aufgrund der Komplexität einzelner Fallgestaltungen wird man die Prüfung der Voraussetzungen nicht gänzlich automatisierten Systemen überlassen können. Dies gilt insbesondere für die Löschung von Daten, die der Hersteller für Rechtstreitigkeiten verwenden könnte (zum Beispiel bei Produkthaftungsansprüchen). Hier kann es nicht einfach dem Fahrer, Halter oder Eigentümer überlassen bleiben, diese Daten im Rahmen von Selbstdatenschutz-Funktionen zu vernichten und sich so gegebenenfalls einen Vorteil im Rechtsstreit zu verschaffen. Andererseits wird das System im Kfz nicht wissen, dass ein Rechtsstreit im Raum steht, sodass eine manuelle Überprüfung von Daten unabwendbar erscheint.

Dem Nutzer selbst die Möglichkeit zur Löschung aller Daten zur Verfügung zu stellen, wäre zum einen, wegen gegebenenfalls bestehender Aufbewahrungspflichten oder Aufbewahrungsinteressen der Verantwortlichen, von vornherein nur auf die im Kfz selbst gespeicherten Daten beschränkt.[921] Die Speicherung von Daten beim Verantwortlichen (z.B. im Backend) kann hingegen weiterhin zulässig sein, wenn hierfür eine Rechtsgrundlage besteht.[922]

Zudem muss auch hier vorab eine Trennung der Daten verschiedener Betroffener technisch sichergestellt sein, damit jeder Betroffene auch nur seine Daten löschen kann. Ein besonderes Problem stellt sich dann beim Verkauf des Kfz, denn vor dem Verkauf müssen alle im Kfz gespeicherten personenbezogenen Daten gelöscht werden. Im Ergebnis müssten dann alle Betroffenen, die das VAF jemals genutzt haben, eine entsprechende Löschung veranlassen.

---

werden können genügen lassen, in: Schwartmann/Jaspers/Thüsing/Kugelmann, DS-GVO, BDSG, Art. 16 Rn. 12 f.

921 So auch: *Eul*: 10.2 Connected Cars, in: Leupold /Wieb/Glosser (Hrsg.), IT-Recht, Rn. 39; a.A. *Hinrichs/Becker*, ITRB 2015, 191 (195), die auch die Löschung von Daten im Backend des Herstellers bei Löschung aus dem Kfz fordern.

922 Siehe zur Löschung auch: *Weichert*, SVR 2014, 241 (244).

Zur Erfüllung des Rechts auf Auskunft ist es naheliegend, dem Fahrer über das Kundenportal oder eine App alle im Kfz verarbeiteten Daten zur Verfügung zu stellen.[923] Hierbei wird der zugriffsberechtigte Nutzer aber zwangsläufig auch Kenntnis über Daten erlangen, die nicht ihm, sondern einem anderen Fahrer zuzuordnen sind. Der Verantwortliche würde durch diese Möglichkeit permanent Datenschutzverletzungen begehen, soweit eine technische Trennung von Daten verschiedener Betroffener nicht möglich ist. Dem Verantwortlichen bliebe dann nur die Möglichkeit, bei jedem Antrag manuell tätig zu werden, was mit einem entsprechend hohen personellen Aufwand verbunden wäre oder von Anfang an eine saubere Trennung der Daten verschiedener Fahrer vorzunehmen.[924]

Schließlich verlangt Art. 19 Abs. 1 DSGVO, dass allen Empfängern von Daten durch den Verantwortlichen Löschungen, Berichtigungen und Einschränkungen der Verarbeitung angezeigt werden. Bei großen Datenmengen, die an viele verschiedene Empfänger übermittelt werden, stellt sich die Frage, wie dies in der Praxis umgesetzt werden kann.

dd. Mitteilungen an die betroffene Person

Alle aufgrund des jeweiligen Begehrens getroffenen Maßnahmen sind der betroffenen Person mitzuteilen. Die Selbstdatenschutz-Funktion muss daher auch hierfür eine entsprechende Lösung bereithalten. Eine Anzeige im Display wäre aus zwei Gründen keine gute Wahl. Zum einen ist diese nicht dauerhaft und die betroffene Person müsste die Möglichkeit haben, diese zu speichern. Zum anderen würde wohl auch die Anzeigemöglichkeit im Rahmen einer Auskunft gesprengt, wenn sehr viele Informationen vorhanden sind. Für eine Zusendung der Mitteilung per Post oder E-Mail müssen entsprechende Kontaktdaten beim Verantwortlichen hinterlegt sein, was bei abweichenden Fahrern regelmäßig nicht der Fall ist.

---

923 So auch: *Hinrichs/Becker*, ITRB 2015, 191 (195).

924 *Hinrichs/Becker*, ITRB 2015, 191 (195) schlagen hingegen vor, den Rechtsgedanken von § 99 Abs. 1 S. 3, 4 TKG anzuwenden und in diesem Fall eine Erklärung der antragstellenden Person einzuholen, dass sie alle anderen betroffenen Personen über das Auskunftsbegehren informiert hat.

ee. *Erfüllung der Betroffenenrechte im Fall gemeinsamer Verantwortlichkeiten*

Liegt ein Fall gemeinsamer Verantwortung vor, verlangt Art. 26 Abs. 1 S. 2, dass die Verantwortlichen in einer Vereinbarung festlegen, wer von ihnen die Erfüllung der Betroffenenrechte wahrnimmt, sofern die jeweilige Aufgabe nicht durch Rechtsvorschrift der Union oder der Mitgliedstaaten festgelegt ist.[925] Die Komplexität und der Arbeitsaufwand für Verantwortliche steigt also in diesem Fall, da es einer entsprechenden Einigung und Implementierung Bedarf.

ff. *Ergebnis*

Wie also können diese Anforderungen erfüllt werden, ohne dass Hersteller, Drittanbieter oder kommerzielle Eigentümer bzw. Halter in Zukunft ganze Abteilungen beschäftigen müssen, die sich nur mit der manuellen Erfüllung von Betroffenenrechten befassen?

Zumindest einige der aufgezeigten Probleme können dadurch umgangen werden, dass zu jedem Fahrer ein entsprechendes Profil im System angelegt wird und dieser sich vor der Fahrt im Kfz anmelden muss, so wie wir es schon seit Jahren von etlichen Apps und anderen Anwendungen im Internet kennen.[926] Nur so kann sichergestellt werden, dass die Daten verschiedener Fahrer richtig zugeordnet werden und eine Identitätsprüfung vor Erfüllung von Betroffenenrechten erfolgt. Daneben werden Verantwortliche, insbesondere Hersteller, nicht umhinkommen, die Systeme intelligent auszugestalten, in der Art, als sie Daten kategorisieren können (zum Beispiel nach verschiedenen Löschfristen entsprechend der Aufbewahrungspflichten oder nach der Verarbeitungsgrundlage). Einige Fragen werden aber trotz allem wohl auch zukünftig einer manuellen Prüfung vorbehalten bleiben, zum Beispiel die Frage der gegenläufigen Rechte Dritter oder der Unrichtigkeit von Daten. Dies ist mit entsprechendem Aufwand bei den Verantwortlichen verbunden.

---

925 *Spoerr*, in: Wolff/Brink, BeckOK DatenschutzR, 41. Ed. 1.5.2022, Art. 26 Rn. 52; *Martini*, in: Paal/Pauly, DS-GVO BDSG, Art. 26 Rn. 26; *Däubler*, in: Däubler/Wedde/Weichert/Sommer, EU-DSGVO u. BDSG, Art. 26 Rn. 8.

926 So auch: *Eul*: 10.2 Connected Cars, in: Leupold /Wieb/Glosser (Hrsg.), IT-Recht, Rn. 40; *Bönninger/Eichelmann/Methner*, in: Roßnagel/Gerrit (Hrsg.), Grundrechtsschutz im Smart Car, S. 355 (361); *Brink/ Hertfelder*, in: Roßnagel/Gerrit (Hrsg.), Grundrechtsschutz im Smart Car, S. 75 (86); EDSA, Guidelines 01/2020 on processing personal data in the context of connected vehicles and mobility related applications, Rn. 91.

Auch für die Erfüllung des Grundsatzes der Speicherbegrenzung sowie der Richtigkeit müssen technische Lösungen gefunden werden. So könnten zum Beispiel verschieden Arten von Speichern verbaut werden, die Daten nur so lange speichern, wie dies für die jeweilige Funktion erforderlich ist (zum Beispiel durch Einsatz von Ringspeichern, die Daten regelmäßig und in kurzen Abständen überschreiben).[927] Darüber hinaus könnten auch definierte Ereignisse eine automatische Löschung von Daten veranlassen, die nicht länger benötigt werden (zum Beispiel das Verschließen des KFZ als Zeichen, dass ein Fahrtvorgang abgeschlossen ist und die Daten, die nur für die Dauer der Fahrt benötigt werden, gelöscht werden können; der Verkauf des Kfz als Ereignis, dass die Löschung aller Fahrerdaten im Kfz veranlasst[928]). Aber auch hier ist eine Kategorisierung der Daten nach Aufbewahrungsfristen in Vorfeld erforderlich, was nur im Rahmen des technischen Entwicklungsprozesses erfolgen kann.[929]

Eine solche Datentrennung und Zuordnung nach Fahrern bedarf also der Anlage von Fahrerprofilen inklusive Authentifizierung in Form einer Anmeldung. Dies führt dazu, dass personenbezogene Daten wie Name, Pseudonym und Anmeldedaten von Fahrern „hinzugespeichert" werden, ohne dass dies für die Funktionsfähigkeit der Systeme an sich erforderlich wäre, sondern nur für den Zweck, die Betroffenenrechte erfüllen zu können.

Hier kollidiert der Grundsatz der Datenminimierung also mit der Pflicht zur Erfüllung der Betroffenenrechte.[930] Zur Lösung dieses Konflikts könnte Art. 11 DSGVO dienen, der in Hinblick auf Datenminimierung und Speicherbegrenzung den Verantwortlichen von der Pflicht befreit, weitere Daten einzuholen, nur um die DSGVO einzuhalten.[931] Gemäß Art. 11 Abs. 2 DSGVO ist der Verantwortliche von der Erfüllung der Betroffenenrechte befreit, wenn dieser nachweisen kann, dass er die betroffene Person nicht identifizieren kann.[932] Art. 11 DSGVO liegt der Gedanke zu Grunde, dass der Verantwortliche Daten nicht

927 *Rieß/Greß*, DuD 2015, 391 (394).

928 So auch: EDSA, Guidelines 01/2020 on processing personal data in the context of connected vehicles and mobility related applications, Rn. 92.

929 Siehe hierzu auch: *Rannenberg*, in: Maurer/Gerdes, Christian/Lenz/Winner (Hrsg.): Autonomes Fahren, S. 515 (534).

930 *Weichert*, in: Kühling/Buchner, DS-GVO/BDSG, Art. 11 Rn. 1.

931 *Eßer*, in: Auernhammer, DSGVO/BDSG, Art. 11 Rn. 9; *Gola*, in: Gola/Heckmann, DSGVO/BDSG, Art. 11 DS-GVO Rn. 1; *Weichert*, in: Kühling/Buchner, DS-GVO/BDSG, Art. 11 Rn. 2.

932 *Däubler*, in: Däubler/Wedde/Weichert/Sommer, EU-DSGVO u. BDSG, Art. 11 Rn. 1;

weiterhin speichern oder zusätzlich erheben muss, nur um die Vorgaben der DSGVO einhalten zu können.[933]

Art. 11 DSGVO kommt allerdings nur dann zur Anwendung, wenn der Verantwortliche die betroffene Person nicht identifizieren kann. Was genau dies vor dem Hintergrund des weiten Begriffs der Identifizierbarkeit nach Art. 4 Nr. 1 DSGVO[934] und des daraus resultierenden Personenbezugs nahezu aller Daten von drittbetroffenen Fahrern bedeutet,[935] ist unklar. Denn die Kenntnis eines Namens oder eines Pseudonyms als eindeutiges Zuordnungsmerkmal ist nicht erforderlich. Es reicht zum Beispiel eine Identifizierbarkeit durch Aussondern, ohne dass dabei der Name oder ein Pseudonym des Fahrers bekannt wäre. In diesem Sinne ist keine scharfe Zuordnung von Daten möglich, weil mehrere Personen in Frage kommen, obwohl man wohl den Personenbezug bejahen muss.[936] Im Rahmen der Identitätsprüfung im Vorfeld der Erfüllung von Betroffenenrechten ist eine eindeutige Zuordnung von Daten zu einer identifizierten Person hingegen notwendig.[937] Art. 11 DSGVO bezieht sich demnach auf solche Fälle, in welchen zwar Mittel bestehen, die nach allgemeinem Ermessen wahrscheinlich zur Identifizierung genutzt werden können, der Verantwortliche diese Mittel aber nicht nutzt, die Person also identifizierbar ist und daher personenbezogene Daten vorliegen, der Verantwortliche diese aber tatsächlich nicht zur Identifizierung einsetzt.[938] Dies ist in Bezug auf drittbetroffene Fahrer regelmäßig der Fall. Für sie würde daher Art. 11 Abs. 2 DSGVO zur Anwendung kommen mit dem Ergebnis, dass der Verantwortliche die antragstellende Person

---

933 *Däubler*, in: Däubler/Wedde/Weichert/Sommer, EU-DSGVO u. BDSG, Art. 11 Rn. 7; *Eßer*, in: Auernhammer, DSGVO/BDSG, Art. 11 Rn. 3; *Weichert*, in: Kühling/Buchner, DS-GVO/BDSG, Art. 11 Rn. 1; *Schwartmann/Jaspers/Jacquemain*, in: Schwartmann/Jaspers/Thüsing/Kugelmann, DS-GVO, BDSG, Art. 11 Rn. 4; *Kampert*, in: Sydow/Marsch, DSGVO/BDSG, Art. 11 Rn. 1.

934 Siehe hierzu Kap. 3 A.I.1.b.aa. (2). (f).

935 Siehe hierzu Kap. 3 A.III.4.

936 Zu den Anwendungsfällen: *Wolff*, in: Wolff/Brink, BeckOK DatenschutzR, 41. Ed. 1.11.2021, Art. 11 Rn. 11; *Schwartmann/Jaspers/Jacquemain*, in: Schwartmann/Jaspers/Thüsing/Kugelmann, DS-GVO, BDSG, Art. 11 Rn. 17.

937 *Däubler*, in: Däubler/Wedde/Weichert/Sommer, EU-DSGVO u. BDSG, Art. 11 Rn. 22; *Weichert*, in: Kühling/Buchner, DS-GVO/BDSG, Art. 11 Rn. 15.

938 *Wolff*, in: Wolff/Brink, BeckOK DatenschutzR, 41. Ed. 1.11.2021, Art. 11 Rn. 13; *Kampert*, in: Sydow/Marsch, DSGVO/BDSG, Art. 11 Rn. 4; *Klabunde*, in: Ehmann/Selmayr, DS-GVO, Art. 11 Rn. 5; *Plath*, in: Plath, DSGVO/BDSG, Art. 11 Rn. 3.

darüber informieren muss, dass eine Zuordnung von Daten nicht möglich ist und das geltend gemachte Recht nicht erfüllt werden kann.[939]

Dies führt dazu, dass in Bezug auf Drittbetroffene regelmäßig der Personenbezug zwar bejaht, dann aber Kernelemente des Selbstbestimmungsrechts in Form der Betroffenenrechte grundsätzlich entfallen würden, weil man Art. 11 DSGVO anwenden könnte.[940] Ob dieses Ergebnis als Regelfall für bestimmte Datenverarbeitungssysteme gewollt ist, ist fraglich, zumal dies zu einem 2-Klassen-System von Betroffenen führen würde, nämlich den identifiziert Betroffenen und den nur identifizierbar Drittbetroffenen, denen Schutzelemente der DSGVO verwehrt blieben. Dies ist zumindest in dieser Ausdrücklichkeit nicht in der DSGVO angelegt, da diese keine Unterscheidung zwischen Betroffenen und Drittbetroffenen trifft.

Schließlich ist zu bedenken, dass Art. 11 DSGVO dann nicht anwendbar ist, wenn die betroffene Person zur Ausübung ihrer Rechte zusätzliche Informationen bereitstellt, die ihre Identifizierung ermöglichen, Art. 11 Abs. 2 Satz 2.[941] Dies dürfte häufig der Fall sein, da eine Antragstellung in anonymisierter Form eine Beantwortung des Antrags denklogisch nicht ermöglicht. Die antragstellende Person wird daher häufig weitere Details zur Eingrenzung nennen, beispielsweise den Zeitpunkt zu welchem das Kfz genutzt wurde. In diesem Fall wäre der Verantwortliche dann nicht von der Erfüllung der Betroffenenrechte befreit, welche wiederum nur dann möglich wäre, wenn er vorher durch entsprechende Technikgestaltung für eine Trennung und Zuordnung von Daten verschiedener Fahrer gesorgt hat.

Vor diesem Hintergrund ist fraglich, ob sich Verantwortliche in der Praxis tatsächlich auf die Befreiung nach Art. 11 DSGVO verlassen wollen oder ob es nicht – auch zuletzt in Hinblick auf den Schutzzweck der DSGVO – mehr Rechtssicherheit bietet, durch Profile im Kfz Daten verschiedener Fahrer klar voneinander zu trennen und zuzuordnen. Denn zu bedenken ist, dass Art. 11 DSGVO keinesfalls erlaubt, Daten anderer Betroffener – auch wenn sie nur identifizierbar aber nicht identifiziert sind – als Daten der antragstellenden Person

---

939 *Eßer*, in: Auernhammer, DSGVO/BDSG, Art. 11 Rn. 11; *Gola*, in: Gola/Heckmann, DSGVO/BDSG, Art. 11 DS-GVO Rn. 11;

940 So auch: *Grigorian/Tribess*, InTer 2020, 214 (220).

941 *Eßer*, in: Auernhammer, DSGVO/BDSG, Art. 11 Rn. 19; *Wolff*, in: Wolff/Brink, BeckOK DatenschutzR, 41. Ed. 1.11.2021, Art. 11 Rn. 27; *Schwartmann/Jaspers/Jacquemain*, in: Schwartmann/Jaspers/Thüsing/Kugelmann, DS-GVO, BDSG, Art. 11 Rn. 20; *Plath*, in: Plath, DSGVO/BDSG, Art. 11 Rn. 13.

zu behandeln und diese zu beauskunften, zu löschen oder zu berichtigen. Die Anwendung von Art. 11 DSGVO dürfte daher für den hier vorliegenden Untersuchungsgegenstand vernetzter und automatisierter Kfz in der Praxis ins Leere laufen.[942]

4. *Mitgliedstaatliche Ausnahmen nach Art. 23 DSGVO*

Wie gezeigt, stellen die Transparenzpflichten sowie die Betroffenenrechte die Verantwortlichen vor erhebliche Herausforderungen und praktische Probleme. Eine Lösung könnte über Art. 23 DSGVO bestehen, der vorsieht, dass die Union sowie die Mitgliedstaaten zur Erfüllung festgelegter Zwecke Ausnahmen von den Betroffenenrechten im Wege entsprechender Gesetzgebungsverfahren erlassen können.[943] Solche Ausnahmen sind aber nur für die in Art. 23 Abs. 1 DSGVO abschließend festgelegten Ziele zulässig,[944] die im Hinblick auf den hier vorliegenden Untersuchungsgegenstand nicht einschlägig sein dürften (zum Beispiel nationale und öffentliche Sicherheit, Landesverteidigung, Schutz der Unabhängigkeit der Justiz).

Zudem ist zu bedenken, dass Ausnahmen auf mitgliedstaatlicher Ebene nicht zielführend wären für ein Produkt, das europaweit vertrieben und grenzüberschreitend genutzt wird. Hersteller müssten Funktionen und Dienste für die Nutzung in jedem Mitgliedstaat entsprechend vorhandener Ausnahmen anpassen, was wirtschaftlich wenig sinnvoll erscheint. Hier wären nur unionsweite Ausnahmeregelungen zielführend.

5. *Ergebnis*

Die Untersuchung hat gezeigt, dass die Umsetzung der Datenschutzgrundsätze, der Transparenzpflichten sowie der Betroffenenrechte ein komplexes

---

942 In der Literatur werden ausdrücklich technischen Lösungen im Sinne von Fahrerprofilen zur Verwaltung der Datenschutzeinstellungen gefordert, siehe hierzu ausführlich unter Kap. 4 C.

943 *Bäcker*, in: Kühling/Buchner, DS-GVO/BDSG, Art. 23 Rn. 1; *Gola*, in: Gola/Heckmann, DSGVO/BDSG, Art. 23 DS-GVO Rn. 1; *Stender-Vorwachs/Wolff*, in: Wolff/Brink, BeckOK DatenschutzR, 41. Ed. 1.11.2021, Art. 23 Rn. 1; *Wedde*, in: Däubler/Wedde/Weichert/Sommer, EU-DSGVO u. BDSG, Art. 23 Rn. 1; *Pabst*, in: Schwartmann/Jaspers/Thüsing/Kugelmann, DS-GVO, BDSG, Art. 23 Rn. 3.

944 *Bäcker*, in: Kühling/Buchner, DS-GVO/BDSG, Art. 23 Rn. 11; *Stender-Vorwachs/Wolff*, in: Wolff/Brink, BeckOK DatenschutzR, 41. Ed. 1.11.2021, Art. 23 Rn. 20; *Pabst*, in: Schwartmann/Jaspers/Thüsing/Kugelmann, DS-GVO, BDSG, Art. 23 Rn. 23.

Unterfangen ist, welches von den Verantwortlichen eine eingehende Analyse und Planung der Datenverarbeitungsvorgänge sowie intelligente technische Umsetzungsmöglichkeiten verlangt. Die DSGVO beschreibt in Verfolgung des technologieneutralen Ansatzes zwar die grundlegenden Pflichten, überlässt den Verantwortlichen aber vollständig die Umsetzung.

So ist im Rahmen von Zweckbindung und Datenminimierung zwar klar, dass nicht wahllos nach Belieben Daten erhoben, übertragen und verarbeitet werden dürfen. Einen konkreten Rahmen setzt die DSGVO aber für das einschränkende Merkmal der Erforderlichkeit nicht. In Bezug auf die Transparenzanforderungen und Informationspflichten legt die DSGVO die einzelnen aufklärungsbedürftigen Punkte fest, versäumt aber das Problem von information overload im Rahmen komplexer Verarbeitungen zu berücksichtigen und löst auch den selbst geschaffenen Konflikt zwischen umfassender und verständlicher Informationserteilung nicht. Schließlich normiert die DSGVO als Ausdruck des Selbstbestimmungsrechts umfangreiche Rechte der betroffenen Person, will sie aber unter Umständen auf der anderen Seite für Drittbetroffene nicht zur Anwendung kommen lassen.

In Hinblick auf die Verarbeitung von Fahrerdaten müssen daher neben der Bewältigung materiellrechtliche Inkonsistenzen auch intelligente technische Lösungsmöglichkeiten gefunden werden.

VI. Zusammenfassung der Ergebnisse für die Verarbeitung von Fahrerdaten

Die Ergebnisse der Untersuchung der verschiedenen Voraussetzungen für eine rechtmäßige Verarbeitung von Fahrerdaten lässt sich wie folgt zusammenfassen:

> In Bezug auf die Verarbeitung von Daten des vom Halter bzw. Eigentümers abweichenden Fahrers als Drittbetroffenen trifft die DSGVO auf der einen Seite keine expliziten Regelungen. Auf der anderen Seite reichen die allgemeinen Vorschriften in einigen Punkten nicht aus, um die Besonderheiten bei der Verarbeitung von Drittbetroffenendaten ausreichend zu berücksichtigen.

Anwendbarkeit der DSGVO auf Daten des abweichenden Fahrers

- Reichweite der Identifizierbarkeit im Sinne von Art. 4 Nr. 1 DSGVO im Allgemeinen weiterhin unklar
- Zuordnung der Daten zum tatsächlichen Fahrer oder zum (bekannten) Halter, Eigentümer oder Nutzer?

- Prüfung des Personenbezugs erfordert Einbeziehung aller Identifizierungsmöglichkeiten auch bei Dritten soweit hierauf tatsächlich oder rechtlich zulässig zugegriffen werden kann
- Folge: Rechtsunsicherheit auf Seiten der Verantwortlichen

Verantwortliche für die Verarbeitung von Fahrerdaten

- Komplexes Geflecht verschiedener Verantwortlicher mit unterschiedlichem Beteiligungsbeitrag an der Verarbeitung
- Bestehen von gemeinsamen Verantwortlichkeiten für bestimmte Verarbeitungsvorgänge
- Folge: Rechtsunsicherheit auf Seiten der Verantwortlichen, fehlende Transparenz auf Betroffenenseite

Rechtsgrundlage für die Verarbeitung von Daten des abweichenden Fahrers

- Eingeschränkte Anwendbarkeit von Art. 6 Abs. 1 lit. b) DSGVO, da der vom Halter oder Eigentümer abweichende Fahrer meist nicht Partei eines Vertrages ist, auf dessen Grundlage die Verarbeitung gestützt werden könnte
- Interessenabwägung im Sinne von Art. 6 Abs. 1 lit. f) DSGVO erfordert genaue Prüfung der konkreten Ausgestaltung der Datenverarbeitung
- Einwilligung in den meisten Fällen aufgrund der hohen Anforderungen bezüglich Aufklärungspflichten nicht tauglich; Widerruf der Einwilligung muss sich in einer Deaktivierung des Systems oder der Funktion widerspiegeln, was problematisch sein kann
- Folge: Rechtsunsicherheit auf Seiten der Verantwortlichen, fehlende Transparenz auf Betroffenenseite

Wahrung von Transparenz und Betroffenenrechten

- Gefahr des information overload bei Erfüllung der Informationspflichten
- Wahrung der Betroffenenrechte erfordert grundlegend andere Gestaltung der technischen Systeme und die Etablierung einer Anmelderoutine vor Fahrtbeginn
- Folge: Investitionskosten auf Seiten der Verantwortlichen, Gefahr der Überforderung auf Betroffenenseite

B. Verarbeitung personenbezogener Daten des Mitfahrers und anderer Passagiere

Nachdem die Verarbeitung von Daten des vom Halter bzw. Eigentümer abweichenden Fahrers untersucht wurde, widmet sich dieser Abschnitt nun der

Verarbeitung von Daten des Mitfahrers sowie weiterer Passagiere im Kfz. Die Untersuchung folgt der Struktur aus dem vorangegangenen Abschnitt, indem zunächst die betroffenen Phänomene sowie die beteiligten Verantwortlichen (unter I.) beschrieben und anschließend der Personenbezug (unter II.), die Rechtsgrundlagen (unter III.) sowie die Erfüllung der Datenschutzgrundsätze und der Betroffenenrechte (unter IV.) in Hinblick auf Mitfahrer und andere Passagiere untersucht werden. Auf die Darstellung der allgemeinen Anforderungen der DSGVO zu jedem Punkt wird, soweit sich keine spezifischen Abweichungen ergeben, verzichtet, da diese bereits im vorgegangenen Abschnitt erörtert wurden.

I. Relevante Phänomene und datenschutzrechtlich Verantwortliche

Da Mitfahrer und Passagiere vom eigentlichen Fahrtvorgang weiter entfernt sind als der Fahrer, werden ihre Daten in den jeweiligen Funktionen und Systemen auch nur eingeschränkt verarbeitet. Nachfolgend wird dargestellt, was dies für die einzelnen Phänomene bedeutet.

1. Sicherheits- und Assistenzfunktionen

Im Rahmen der Sicherheits- und Assistenzfunktionen ist in Bezug auf Mitfahrer und andere Passagiere vor allem die Innenraumüberwachung im Rahmen des Passagierschutzes relevant. Hierbei wird der Innenraum durch Kameras erfasst, um zum Beispiel die Sitzposition der Passagiere zu ermitteln und im Falle eines drohenden Unfalls die Sitze und Airbags so einzustellen, dass sie die höchste Sicherheit gewährleisten.[945]

Für solche Funktionen sind die Hersteller primär verantwortlich, da sie die Mittel und Zwecke einer solchen Datenverarbeitung bestimmen.[946] Darüber hinaus kann grundsätzlich auch eine gemeinsame Verantwortlichkeit mit dem Eigentümer, Halter oder Fahrer[947] bestehen, soweit die Haushaltsausnahme nicht greift, da diese durch die Entscheidung, ein Kfz mit entsprechenden Funktionen zu betreiben, die Datenverarbeitung durch den Hersteller kausal ermöglichen.[948] Wie aber bereits untersucht, ist dies nur für solche Verarbeitungen der

945 Siehe hierzu Kap. 2 C.II.2.b.
946 Siehe hierzu Kap. 3 A.II.2.a.aa.
947 Als Anwendungsbeispiel kommt der Taxifahrer in Betracht.
948 Siehe hierzu Kap. 3 II.2.c.aa.

Fall, für welche beide Verantwortliche tatsächlich gemeinsam über Zwecke und Mittel entscheiden, was für die reine Bereitstellung von Sicherheits- und Assistenzfunktionen zumindest dann nicht der Fall sein dürfte, wenn der Eigentümer, Halter oder Fahrer hieraus keinen Nutzen zieht, da die Daten im alleinigen Einflussbereich der Hersteller verbleiben, was in Hinblick auf den Passagierschutz wohl bejaht werden kann.

2. *Connectivity Dienste*

Im Rahmen der verschiedenen Connectivity Dienste können Daten des Mitfahrers oder anderer Passagiere in Form von Standortdaten, die zum Beispiel im Rahmen von Navigationsdiensten erhoben werden, oder in Form von Inhaltsdaten, die bei der Bedienung der Dienste durch den Mitfahrer entstehen, anfallen.

Verantwortlich für die Datenverarbeitung sind primär der Hersteller[949], wenn es sich um eigene Dienste handelt, oder der jeweilige Anbieter[950] bei Drittdiensten. Auch hier können gemeinsame Verantwortlichkeiten bestehen. Bei Drittdiensten wird dies regelmäßig der Fall sein zwischen Hersteller und Drittdienstanbieter für die Erhebung im Kfz sowie den Datenaustausch über das Backend des Herstellers an den Drittanbieter.[951] Zudem kann zumindest bei kommerziellen Eigentümern oder Haltern, die zugleich als Hauptnutzer des Dienstes diesen im Kfz anbieten, von einer gemeinsamen Verantwortlichkeit mit Drittdienstanbietern ausgegangen werden, soweit es um die Bereitstellung des Dienstes und die damit verbundene Erhebung von Daten geht.[952]

3. *Komfort- und Überwachungsfunktionen*

Im Rahmen der Smart Cabin Funktion ist es denkbar, dass der Fahrer den Innenraum nicht nur für sich selbst konfiguriert, sondern zum Beispiel auch die Sitze des Mitfahrers oder anderer Passagiere einstellt. Die Smart Cabin Technologie lässt sich natürlich auch auf alle Sitzplätze im Kfz ausweiten, sodass dann auch Bilddaten der übrigen Passagiere erhoben würden. Primär verantwortlich für die entsprechende Datenverarbeitung ist wiederum der Hersteller.[953]

---

949 Siehe hierzu Kap. 3 II.2.a.bb.
950 Siehe hierzu Kap. 3 II.2.b.
951 Siehe hierzu Kap. 3 II.2.b.
952 Siehe hierzu Kap. 3 II.2.c.bb.
953 Siehe hierzu Kap. 3 II.2.a.aa.

Im Rahmen der Überwachungsfunktionen können Daten des Mitfahrers sowie der Passagiere zum Beispiel in Form von Positionsdaten erfasst werden. Bei der Nutzung dieser Funktionen ist neben dem Hersteller wohl auch, soweit die Haushaltsausnahme nicht greift, der Nutzer der Funktion (dies wird wohl primär der Fahrer sein) als Verantwortlicher anzusehen. Denn die Funktionen geben Aufschluss zum Beispiel über die mit dem Fahrzeug zurückgelegte Strecke, was wiederum auch Passagiere betrifft, wenn sie mitgefahren sind.[954] Werden diese Daten für eigene, sekundäre Zwecke verwendet, besteht hierfür eine Alleinverantwortung des Nutzers bzw. Fahrers. Für die Bereitstellung der Funktion sowie die damit verbundene Datenerhebung kann hingegen eine gemeinsame Verantwortung zwischen Hersteller und Nutzer bzw. Fahrer bestehen.[955]

4. *Unfalldatenspeicher und eCall*

Im Rahmen von Unfalldatenspeicher und eCall können insbesondere Standortdaten sowie bei eCall auch Daten über das Unfallgeschehen, wie zum Beispiel Verletzungen des Mitfahrers oder anderer Passagiere, erfasst werden.

Wie bereits untersucht, sind Hersteller für die Speicherung der Daten im Unfalldatenspeicher sowie für die Speicherung und Übermittlung von Daten im Rahmen des eCall verantwortlich.[956] Der Eigentümer oder Halter kann für das Auslesen und die weitere Verwendung von Daten aus dem Unfalldatenspeicher verantwortlich sein.[957] Der Fahrer hat grundsätzlich nicht die Befugnis, Daten aus dem Unfalldatenspeicher auszulesen, da diese dem Eigentümer oder Halter als Inhaber der sachenrechtlichen Herrschaftsbefugnis zusteht. Er kann also nicht ohne weiteres über die Mittel und Zwecke entscheiden, sodass eine Qualifikation als Verantwortlicher entfällt. Liest der Fahrer die Daten aber, unabhängig ob berechtigt oder unberechtigt, tatsächlich aus, so ist er als Verantwortlicher für die Daten von Mitfahrer und Passagieren anzusehen, da er in diesem Fall tatsächlich über die Mittel und Zwecke der weiteren Verwendung entscheidet.

5. *Ergebnis*

Es lässt sich festhalten, dass Hersteller für die Datenverarbeitung im Rahmen der Assistenz- und Sicherheitssysteme, der Komfort- und Überwachungsfunktionen,

954 Siehe hierzu Kap. 3 II.2.c. aa; so auch: *Hansen*, DuD 2015, 367 (370).
955 Siehe hierzu Kap. 3 II.2.c.aa.
956 Siehe hierzu Kap. 3 A. II.2.a.cc.
957 Siehe hierzu Kap. 3 A. II.2.c.cc. (1).

der Connectivity Dienste sowie für die Speicherung von Daten in herstellereigenen Unfalldatenspeichern und die Speicherung und Übermittlung von Daten im gesetzlichen eCall System datenschutzrechtlich verantwortlich sind. Drittdienstanbieter sind für die Datenverarbeitung im Rahmen der Connectivity Dienste verantwortlich, wobei sowohl zusammen mit Herstellern eine gemeinsame Verantwortlichkeit für die Erhebung und den Datenaustausch über das Backend, also auch eine gemeinsame Verantwortlichkeit mit Nutzern und Fahrern für die Erhebung und Bereitstellung von Mitfahrerdaten bestehen können.

Eigentümer, Halter, Nutzer und teilweise auch der Fahrer sind grundsätzlich für jede Verwendung von Mitfahrer- und Passagierdaten aus den verschiedenen Systemen für eigene, sekundäre Zwecke verantwortlich. In Hinblick auf Datenverarbeitungen zum Primärzweck der Leistungserbringung können Verantwortlichkeiten bezüglich Connectivity Diensten für die Erhebung und Bereitstellung (gemeinsam mit dem Drittdienstanbieter), bezüglich Überwachungsfunktionen für die Erhebung und Bereitstellung (gemeinsam mit dem Hersteller) sowie bezüglich Unfalldatenspeichern für das Auslesen und die weitere Verwendung bestehen.

II. Personenbezug von Daten des Mitfahrers und anderer Passagiere

Auf die zuvor dargestellten Datenverarbeitungen ist die DSGVO nur dann anwendbar, wenn es sich um personenbezogene Daten handelt. Hierzu müssen Mitfahrer und andere Passagiere für den jeweiligen Verantwortlichen nach den bereits definierten Kriterien identifizierbar sein.[958]

Dies setzt insbesondere voraus, dass Mitfahrer und Passagiere durch

- eine Kennung;
- einen Standort in Verbindung mit Zusatzwissen, welches eine Person bestimmt;
- Aussonderung aus einer Gruppe, die eine Person individualisierbar macht;

für den jeweiligen Verantwortlichen oder einen Dritten, auf dessen Wissen der Verantwortliche tatsächlich oder rechtlich zugreifen könnte, identifizierbar sind.

958 Siehe hierzu Kap. 3. I.1.b.bb.

1. *Passagierschutz und Komfortfunktionen*

Soweit im Innenraum Kameras zur Erhebung der für den Passierschutz sowie die Komfortfunktionen erforderlichen Daten eingesetzt werden, können Mitfahrer und Passagiere anhand der Bilddaten identifiziert werden[959], zumindest dann, wenn die Bilddaten an den Hersteller übermittelt werden. Insbesondere wenn die Smart Cabin Technologie eingesetzt wird, sind diese unproblematisch für den Hersteller identifizierbar, da hierzu eine Verknüpfung der Bilddaten mir Profildaten erforderlich ist.

Soweit keine Bilddatenerhebung des Mitfahrers sowie der übrigen Passagiere erfolgt, wird eine Identifizierbarkeit wohl nur in Ausnahmefällen zu bejahen sein, wenn zum Beispiel aufgrund der Menge an individuellen Einstellungen, die Mitfahrer und Passagiere im Kfz vornehmen, eine Aussonderung einzelner Personen möglich ist. Zwar können durch Sensoren im Sitz die Belegung der Sitze oder die angelegten Sicherheitsgurte erfasst werden, allerdings ermöglicht dies – unabhängig davon, ob diese Informationen auch an das Backend des Herstellers übertragen werden – nur die Kenntnis über das Faktum der Sitzplatzbelegung. Da aber typischerweise Mitfahrer und Passagiere, im Gegensatz zum Fahrer, keine ergänzenden Sensor- und Betriebsdaten als Fahrzeugführer erzeugen, dürfte keine ausreichende Menge an Daten vorliegen, die für eine Aussonderung geeignet ist, insbesondere wenn Mitfahrer und Passagiere nur vereinzelt an Fahrten teilnehmen.

Schließlich könnten Mitfahrer und Passagiere für den Hersteller identifizierbar sein, wenn er sich des Wissens des Fahrers bedient oder rechtlich zulässig bedienen könnte. Dieses Szenario ist aber für Funktionen zum Passagierschutz sowie für Komforteinstellungen fernliegend.

Soweit Eigentümer, Halter oder Fahrer Daten auslesen lassen, die sich auf Funktionen zum Passagierschutz oder auf die getroffenen Komforteinstellungen beziehen, können diese personenbezogen sein, wenn ihnen bekannt ist, welche Personen zu welchem Zeitpunkt im Kfz mitgefahren sind. Eine Identifizierung über eine Aussonderung wird ihnen hingegen nicht möglich sein, wenn die Datenlage zu gering ist, um eine Individualisierung herbeiführen zu können.

---

959 So auch: *von Bodungen*, in: Specht/Mantz (Hrsg.): Handbuch Europäisches und deutsches Datenschutzrecht, § 16 Rn. 17.

2. *Connectivity Dienste*

Soweit Mitfahrer oder Passagiere bei Nutzung von Connectivity Diensten ihre eigenen Accounts nutzen, sind sie für Drittanbieter oder Hersteller über die entsprechenden Registrierungsdaten identifizierbar.[960] Sonderlich wahrscheinlich dürfte dieser Fall nicht sein, es ist eher davon auszugehen, dass Connectivity Dienste über den Account des Eigentümers, Halters oder Hauptnutzers (eventuell Fahrers) genutzt werden.

Dann kommt es wiederum darauf an, ob dieser den Mitfahrer oder Passagier identifizieren kann. Bei kommerziellen Eigentümern, Haltern oder Hauptnutzern wie Mietwagen- oder Car Sharing Anbietern, besteht zwischen ihnen und Mitfahrern oder Passagieren, anders als beim Fahrer, kein Vertragsverhältnis, worüber sie identifizierbar sein könnten. Hier müsste dann wiederum auf das beim Fahrer vorhandene Wissen zurückgegriffen werden, was aber unwahrscheinlich ist.

Auch über Standortdaten sind Mitfahrer und Passagiere, soweit diese von dem jeweiligen Dienst erhoben werden, nur identifizierbar, wenn entsprechendes Zusatzwissen hinzutritt, dass den Standort einer individualisierbaren Person zuordnet.[961] Auch dies erscheint in Bezug auf Mitfahrer und andere Passagiere fernliegend.

3. *Überwachungsfunktionen & Unfalldatenspeicher und eCall*

In Bezug auf Überwachungsfunktionen, Unfalldatenspeicher und eCall kommt eine Identifizierung von Mitfahrern und Passagieren über Standortdaten in Betracht, die von allen Funktionen erhoben werden. Aber auch hier muss entsprechendes Zusatzwissen für den Verantwortlichen hinzutreten, um den Standort einer Person zuordnen zu können.

Für Überwachungsfunktionen kommt es darauf an, ob der Fahrer weiß, welche Personen zu welchem Zeitpunkt mitgefahren sind. Dann kann er den Standort entsprechend zuordnen. Der Fahrer selbst kommt für diese Daten nur dann als Verantwortlicher in Betracht, wenn die Haushaltsausnahme nicht greift, was zum Beispiel bei Taxifahrern der Fall wäre. Für kommerzielle Eigentümer bzw. Halter sind diese Daten dann personenbezogen, wenn sie auf das Wissen beim Fahrer zugreifen können. Bei Mietwagen- bzw. Car Sharing Anbietern

---

960 So wohl auch: *Raith*, Das vernetzte Automobil, S. 110.

961 Siehe hierzu Kap.3 A.I.1.b.bb. (2).

ist dies wohl zu verneinen, da ein entsprechender Auskunftsanspruch nicht ersichtlich ist.

Bei Unfalldatenspeicher und eCall werden meist im weiteren Geschehen, wenn es zu einem Ereignis kommt, noch weitere Daten erhoben, zum Beispiel Namen der verunfallten Personen, sodass hierüber Mitfahrer und Passagiere identifiziert werden können, soweit die Daten aus dem Unfalldatenspeicher oder eCall dem Verantwortlichen bekannt sind.

4. Ergebnis

Ähnlich wie für den vom Eigentümer oder Halter abweichenden Fahrer ist die Frage des Personenbezugs von Daten des Mitfahrers und anderer Passagiere stark von der tatsächlichen technischen Ausgestaltung sowie der Beziehung der verschiedenen Akteure zueinander abhängig. Grundsätzlich dürfte ein Personenbezug von Daten des Mitfahrers und der Passagiere nur in wenigen Fällen vorliegen, da diese Gruppe von Drittbetroffenen weiter von der eigentlichen Datenverarbeitung im Kfz entfernt ist und daher auch weniger Zuordnungsmöglichkeiten bestehen. Hingegen kann auch hier der Personenbezug nicht pauschal verneint werden, sodass Verantwortliche in Hinblick auf Rechtssicherheit dazu gezwungen werden, auch Daten von Mitfahrern und Passagieren als personenbezogene Daten zu behandeln und entsprechend der DSGVO zu schützen.

III. Rechtsgrundlagen für die Verarbeitung von Daten des Mitfahrers sowie anderer Passagiere

Die jeweilige Verarbeitung von Daten des Mitfahrers sowie anderer Passagiere muss auf eine Rechtsgrundlage nach Art. 6 DSGVO gestützt werden können. Auch hier bietet es sich an, zwischen den verschiedenen Verantwortlichen sowie nach Primär- und Sekundärzwecken der Datenverarbeitung zu unterscheiden.

1. Datenverarbeitung durch Hersteller

Ausgeschlossen werden kann zunächst der Erlaubnistatbestand der Vertragserfüllung nach Art. 6 Abs. 1 lit. b) DSGVO, da es hierzu, wie bereits für den vom Eigentümer oder Halter abweichenden Fahrer untersucht wurde, an einem Vertragsverhältnis fehlen dürfte, welches die Datenverarbeitung abdeckt und dessen Partei der Mitfahrer oder Passagier ist.[962] Gleiches gilt für Mitfahrer und

962 Siehe hierzu unter Kap. 3 A.IV.1.b.aa.

Passagiere, die ebenfalls nicht Partei solcher Verträge sind. Eine Ausnahme bildet nur der Fall, in welchem Mitfahrer oder Passagiere ihren eigenen Account für Drittdienste nutzen und der Vertrag zwischen Drittdienstanbieter und Mitfahrer/Passagier auch die Erhebung und den Datenaustausch in gemeinsamer Verantwortung von Hersteller und Drittdienstanbieter abdeckt.

Auch Art. 6 Abs. 1 lit. c) – e) DSGVO kommen nur in bestimmten Fällen und unter besonderen Voraussetzungen zur Anwendung, die im Fall von Mitfahrern oder Passagieren nicht von den bereits gefundenen Ergebnissen abweichen.[963]

Es verbleiben als Rechtfertigungsgrundlagen für die Verarbeitung von Daten des Mitfahrers sowie der Passagiere die Interessenabwägung nach Art. 6 Abs. 1 lit. f) DSGVO oder eine Einwilligung, was nachfolgend näher betrachtet wird.

a. Datenverarbeitung zum Primärzweck der Leistungserbringung

Im Rahmen der Interessenabwägung nach Art. 6 Abs. 1 lit. f) DSGVO gelten zunächst die bereits dargestellten Grundsätze.[964] Insbesondere muss sich die Verarbeitung von Daten des Mitfahrers sowie der Passagiere auf das zur Leistungserbringung erforderliche Maß beschränken.[965] Bei der Frage ob überwiegende Rechte von Mitfahrern und Passagieren bestehen, wird es vor allem darauf ankommen, ob diese sich der jeweiligen Datenverarbeitung bewusst sind und inwieweit sie in transparenter Weise erfolgt. Problematisch ist, dass Mitfahrer und Passagiere, anders als der Fahrer, in der Regel nicht direkt in die Bedienung der Systeme eingebunden sind. Damit ist ihnen eine Datenverarbeitung auch nicht automatisch bewusst. Es wird also bei der Frage, ob Art. 6 Abs. 1 lit. f) DSGVO für die Datenverarbeitung von Mitfahrer- und Passagierdaten als Rechtsgrundlage herangezogen werden kann, darauf ankommen, ob und inwieweit Mitfahrern und Passagieren Informationen über die Datenverarbeitung im Kfz zur Verfügung gestellt werden können, um damit das entsprechende Bewusstsein für eine Datenverarbeitung zu schaffen.

Soweit dies nicht machbar ist, könnte die Einwilligung als Rechtsgrundlage in Betracht kommen. Soweit im Rahmen der Smart Cabin Technologie auch eine Gesichtserkennung des Mitfahrers sowie der Passagiere erfolgt, ist dies aufgrund von Art. 9 DSGVO nur auf Grundlage einer entsprechenden Einwilligung zulässig.[966] Auch hier besteht das Problem der Transparenz, da die Einwilligung in

---

963 Siehe hierzu unter Kap. 3 A.VI. 3 und 4.; demnach kann derzeit lediglich die Datenverarbeitung im Rahmen des eCall auf Art. 6 Abs. 1 lit. c) DSGVO gestützt werden.

964 Siehe hierzu Kap. 3 A.IV.2.a.

965 Siehe hierzu Kap. 3 A.IV.2.b.aa. (1).

966 Siehe hierzu Kap. 3 A.IV.8.

informierter Weise erfolgen muss, was wiederum die Bereitstellung von entsprechenden Informationen vor Beginn der Datenverarbeitung voraussetzt.[967] Hinzu kommt die Frage, wie solche Einwilligungen eingeholt werden können. Hierzu ist eine unmissverständliche Willensbekundung erforderlich.[968] Zumindest derzeit steht nicht jedem Passagier ein eigenes Display zur Verfügung, zudem würde dies auch voraussetzen, dass die Einwilligung einem bestimmten Mitfahrer bzw. Passagier zugeordnet werden kann, was wiederum eine vorherige Identifizierung voraussetzen würde. Daher scheint auch eine Einwilligungserteilung über das zentrale MII nicht praktikabel. Zudem würde auch der Fahrvorgang erheblich verzögert, wenn zunächst jeder Passagier zusätzlich zum Fahrer die Informationen über die Datenverarbeitung lesen und diese durch eine entsprechende Handlung genehmigen oder ablehnen müsste. Da die Einwilligungserklärung höchstpersönlicher Natur ist[969], kommt, außer in den Fällen der gesetzlichen Vertretung zum Beispiel bei Kindern, eine Erteilung von Einwilligungen durch den Fahrer für die Passagiere nicht in Betracht. Es wäre auch davon auszugehen, dass dies nur pro forma erfolgen würde, ohne dass der Fahrer die Passagiere hiervon in Kenntnis setzt. Die Anforderungen an eine wirksame Einwilligung von Mitfahrer und Passagieren scheinen damit im Kfz kaum erfüllbar.[970]

b. Datenverarbeitung zu Sekundärzwecken

Daten von Mitfahrern und Passagieren können grundsätzlich auch für weitere Zwecke als die eigentliche Leistungserbringung verwendet werden, auch wenn die Einsatzfelder sicherlich begrenzter sind als in Bezug auf Fahrerdaten. Die Verwendung von Mitfahrer- und Passagierdaten wäre aber zum Beispiel zur Verbesserung der Funktionen oder zur Identifizierung von Fehlerquellen möglich.[971] Soweit diese Daten nicht auf anonymer Basis verarbeitet werden, weil für konkrete Funktionen kein Personenbezug herstellbar ist oder Daten in rein aggregierter Form für den Zweck ausreichen, bedarf es auch hierfür einer Rechtsgrundlage. Wie bereits anhand der Datenverarbeitung von Fahrerdaten zu Sekundärzwecken gezeigt, kommt es hierbei entscheidend auf die jeweiligen verfolgten Sekundärzwecke sowie die Ausgestaltung der Datenverarbeitung

---

967 Siehe hierzu Kap. 3 A.IV. 5.a.aa.

968 Siehe hierzu Kap. 3 A.IV.5.a.aa. und dd.

969 Siehe hierzu Kap. 3 A.IV.5.a.aa.

970 So auch: *Cebulla*, ZD 2015, 507 (510).

971 Siehe hierzu Kap. 3 A.IV.2.b.aa. (2).

an[972], sodass hier keine abschließenden Aussagen über die Zulässigkeit gemacht werden können.

Will man Art. 6 Abs. 1 lit. f) DSGVO als Rechtsgrundlage heranziehen, so muss jedenfalls in die Interessenabwägung einbezogen werden, in welchem Verhältnis Mitfahrer und Passagiere zur Verarbeitung und zum Verantwortlichen stehen und inwieweit die konkrete Verarbeitung für sie erwartbar ist.[973] Mitfahrer und Passagiere stehen zum Hersteller in einem eher entfernten Verhältnis, auch werden von ihnen wohl zumindest derzeit Daten nicht in einem Ausmaß erfasst, welches eine umfassende Auswertung des Verhaltens erlaubt. Schließlich ist zu prüfen, inwieweit die verfolgten Sekundärzwecke mit dem Erhebungszweck vereinbar sind, Art. 6 Abs. 4 DSGVO.[974]

Die Verarbeitung von Daten zu Sekundärzwecken ist auf Grundlage einer Einwilligung möglich, allerdings ergeben sich diesbezüglich die zuvor dargestellten Schwierigkeiten, sodass die Umsetzbarkeit bezweifelt werden muss.

2. Datenverarbeitung durch Drittanbieter von Connectivity Diensten

a. Datenverarbeitung zum Primärzweck der Leistungserbringung

Ein Personenbezug von Daten des Mitfahrers sowie der Passagiere dürfte für Anbieter von Connectivity Diensten wohl nur dann vorliegen, wenn diese Dienste über ihren eigenen Account nutzen. Auch wenn dieser Fall derzeit wohl nicht sonderlich wahrscheinlich ist, da eher davon auszugehen ist, dass die Dienste über Accounts des regelmäßigen Fahrers oder des Eigentümers/Halters genutzt werden, müsste eine solche Datenverarbeitung ebenfalls auf eine Rechtsgrundlage gestützt werden. Hierzu käme Art. 6 Abs. 1 lit. b) DSGVO zur Anwendung, da in diesem Fall ein Vertragsverhältnis zwischen Anbieter und Mitfahrer oder Passagier besteht und dieses die zur Leistungserbringung erforderliche Datenverarbeitung rechtfertigt.[975] Hiervon umfasst wäre auch die Erhebung im Kfz sowie die Übermittlung der Daten über das Backend des Herstellers, welche in gemeinsamer Verantwortung erfolgen, da der Vertrag auch die Datenverarbeitung eines Dritten rechtfertigen kann, soweit diese erforderlich ist.[976]

---

972 Siehe hierzu Kap. 3 A.IV.2.b.aa. (2).
973 Siehe hierzu Kap. 3 A.IV.2.b.aa. (2).
974 Siehe hierzu Kap. 3 A.IV.7.
975 Siehe hierzu Kap. 3 A. IV.1.b.bb.
976 Siehe hierzu Kap. 3 A. IV.1.b.bb.

b. Datenverarbeitung zu Sekundärzwecken

Die Datenverarbeitung zu Sekundärzwecken ist in der Regel nicht zur Erfüllung des Vertragszweckes erforderlich, sodass hierfür Art. 6 Abs. 1 lit. b) DSGVO als Rechtsgrundlage ausscheidet.[977]

In Betracht kommt die Interessenabwägung nach Art. 6 Abs. 1 lit. f) DSGVO, deren Ergebnis wiederum von den konkreten Sekundärzwecken sowie der Ausgestaltung der Verarbeitung abhängt. Jedenfalls das Problem der Transparenz besteht hier nicht in dem wie zuvor beschriebenen Ausmaß, da im Rahmen des Vertragsverhältnisses Raum und Möglichkeiten für eine entsprechende Information des Nutzers bestehen. Daneben wäre die Rechtfertigung über eine Einwilligung auch grundsätzlich möglich, müsste aber in der Praxis umsetzbar sein.

3. Datenverarbeitung durch Eigentümer, Halter oder Fahrer

a. Datenverarbeitung zum Primärzweck der Leistungserbringung

Wie in Abschnitt I. erläutert, sind kommerzielle Eigentümer, Halter und Fahrer gemeinsam mit dem Hersteller für die Erhebung sowie gegebenenfalls die Bereitstellung von Mitfahrer- und Passagierdaten im Rahmen der Überwachungsfunktionen verantwortlich. Daneben kann auch eine gemeinsame Verantwortlichkeit mit Drittdienstanbietern für Daten, die im Rahmen der Connectivity Dienste verarbeitet werden, bestehen. Schließlich sind Eigentümer, Halter und ggf. Fahrer für das Auslesen sowie die weitere Verwendung von Daten aus Unfalldatenspeichern verantwortlich. Für diese Verarbeitung von Mitfahrer- und Passagierdaten zu Primärzwecken müssen entsprechende Rechtsgrundlagen bestehen.

Soweit der Mitfahrer oder die Passagiere nicht Partei eines Vertrages sind, deren Gegenstand die Datenverarbeitung rechtfertigt, kommt Art. 6 Abs. 1 lit. b) DSGVO als Rechtsgrundlage nicht in Betracht. Mitfahrer und Passagiere werden nur in bestimmten Konstellationen Vertragsparteien sein, zum Beispiel im Rahmen eines Beförderungsvertrages mit einem Taxiunternehmen. Von daher ist der Anwendungsbereich von Art. 6 Abs. 1 lit. b) DSGVO von vornherein sehr beschränkt. Zudem müsste die Datenverarbeitung auch zur Erfüllung des Vertrages erforderlich sein. Im Rahmen der hier untersuchten Phänomene – Überwachungsfunktionen, Connectivity Dienste sowie Unfalldatenspeicher – erscheint dies nicht der Fall zu sein, da diese Funktionen sowie die damit verbundene Verarbeitung nicht zur Erfüllung eines Beförderungsvertrages erforderlich sind.

---

977 Siehe hierzu Kap. 3 A. IV.1.b.bb.

Im Rahmen der Interessenabwägung nach Art. 6 Abs. 1 lit. f) DSGVO ist fraglich, ob überhaupt berechtigte Interessen des Eigentümers, Halters oder Fahrers an der „Miterfassung" von Mitfahrer- und Passagierdaten in Hinblick auf Überwachungsfunktionen, Connectivity Dienste oder Unfalldatenspeicher bestehen. Schließlich handelt es sich bei den verarbeiteten Daten primär um Positionsdaten, die eine Nachverfolgung von Mitfahrern und Passagieren ermöglichen. Aufgrund der Sensibilität der Daten spricht vieles dafür, ein Überwiegen der Rechte von Mitfahrer und Passagieren anzunehmen. Jedenfalls käme es auch hier darauf an, zu welchen Zwecken und in welcher konkreten Ausgestaltung die Datenverarbeitung erfolgt.

Soweit Art. 6 Abs. 1 lit. f) DSGVO die Verarbeitung nicht trägt, käme nur eine Einwilligung in Betracht. Die Probleme bei der Einhaltung der von Art. 7 DSGVO geforderten Anforderungen wurden bereits dargestellt. Anders als bei dem vom Eigentümer oder Halter abweichende Fahrer, stehen Mitfahrer und Passagiere häufig in keiner Vertragsbeziehung zum Beispiel zu Mietwagen- oder Car Sharing Anbietern, was Möglichkeiten für eine Einwilligungseinholung bieten würde. Die Einholung einer Einwilligung wird daher auch hier in der Praxis kaum umsetzbar sein.

b. Datenverarbeitung zu Sekundärzwecken

Da Art. 6 Abs. 1 lit. b) DSGVO, soweit überhaupt anwendbar, eine Verarbeitung zu Sekundärzwecken mangels Erforderlichkeit zur Vertragserfüllung nicht trägt und auch die Interessenabwägung nach Art. 6 Abs. 1 lit. f) DSGVO aufgrund der Sensibilität der Daten und der Verwendung für Sekundärzwecke häufig zu Lasten des Verantwortlichen ausfallen würde, verbleibt hierfür nur die Einwilligung, die kaum umsetzbar sein dürfte. Für Eigentümer, Halter und Fahrer wird daher keine Rechtsgrundlage für die Verarbeitung von Mitfahrer- und Passagierdaten zu Sekundärzwecken bestehen.

4. Ergebnis

Für die Verarbeitung von Mitfahrer- und Passagierdaten durch Hersteller und Drittanbieter von Connectivity Diensten kommt es darauf an, ob die Verarbeitung Mitfahrern und Passagieren hinreichend bewusst und für sie erwartbar ist. Hierzu sind entsprechende Vorkehrungen im Kfz zu treffen, um Informationen bereitzustellen. Darüber hinaus ist davon auszugehen, dass die Einhaltung der Anforderungen an eine Einwilligungseinholung gegenüber Mitfahrern- und Passagieren in der Praxis scheitert, da diese zu umständlich sind.

Für Datenverarbeitungen durch Eigentümer, Halter und Fahrer wird hingegen nur im Einzelfall eine Rechtsgrundlage bestehen.

IV. Wahrung von Transparenz und Betroffenenrechten in Bezug auf Mitfahrer und andere Passagiere

Schließlich müssen auch Anforderungen an die Transparenz der Verarbeitung sowie die Erfüllung der Rechte nach Art. 15 – 20 DSGVO, die von Mitfahrern oder Passagieren geltend gemacht werden, von den Verantwortlichen beachtet werden. Nachfolgend wird diskutiert, wie diese Punkte umgesetzt werden können.

1. Umsetzung von Transparenz und Informationspflichten in Hinblick auf Mitfahrer und Passagiere

Da insbesondere die Anwendbarkeit von Art. 6 Abs. 1 lit. f) DSGVO als Rechtsgrundlage für die Verarbeitung von Mitfahrer- und Passagierdaten nur in Frage kommt, wenn Mitfahrern und Passagieren diese hinreichend bewusst ist, müssen Verantwortliche eine gewisse Transparenz vor Fahrtbeginn schaffen. Gleiches gilt dann, wenn die Einwilligung als Rechtsgrundlage dienen soll, denn diese erfordert eine Aufklärung über die wesentlichen Punkte der Verarbeitung. Schließlich statuieren auch Art. 13 und 14 DSGVO konkrete Informationspflichten. Es erscheint insoweit sinnvoll, die verschiedenen Anforderungen zu bündeln und an einer Stelle und zu einem Zeitpunkt gemeinsam zu erfüllen.

Die für den Fahrer bereits diskutierte Umsetzungsmöglichkeit in Form einer gestuften Informationserteilung mit entsprechenden Anzeigen im Display[978] setzt voraus, dass auch Mitfahrer und Passagiere die Möglichkeit haben, diese wahrzunehmen bzw. hierauf entsprechend hingewiesen zu werden. Hierzu bedarf es geschickter technischer Lösungen im Kfz. Auch die Informationen der zweiten Stufe müssen für Mitfahrer und Passagiere abrufbar sein, zum Beispiel über eine allgemein zugängliche Website. Eine Zugänglichkeit nur für den Fahrer ist nicht ausreichend.

In diesem Zusammenhang könnte überlegt werden, die Informationserteilung auf den Fahrer zu delegieren.[979] Er verfügt meist über die entsprechende Kenntnis und weiß, wo Informationen der Verantwortlichen zu finden sind.

---

978 Siehe hierzu Kap. 3 A.V.2.b.aa.

979 *Roßnagel/Hornung* in: Roßnagel/ Hornung (Hrsg.), Grundrechtsschutz im Smart Car, S. 469 (475).

Eine solche Delegation wird in der Praxis über entsprechende Bedingungen in einem Vertrag zwischen Hersteller bzw. Drittanbieter und dem Fahrer, Eigentümer oder Halter geregelt. Es ist fraglich, ob dies im Rahmen von AGB überhaupt zulässig ist, denn hierin könnte eine unangemessene Benachteiligung gemäß § 307 Abs. 2 Nr. 1 BGB liegen, da die DSGVO klar den für die Datenverarbeitung Verantwortlichen zur Informationserteilung verpflichtet und mit einer Delegation wesentlich von diesem Grundgedanken abgewichen würde. Selbst wenn man die Delegation von wesentlichen Pflichten der DSGVO als zulässig erachten würde, so würde dies im Außenverhältnis nicht dazu führen, dass Hersteller, Dienstanbieter und kommerzielle Eigentümer oder Halter für die rechtmäßige Erfüllung nicht mehr verantwortlich sind. Denn an der formellen Eigenschaft als datenschutzrechtlich Verantwortlicher würde auch eine Delegation nichts ändern. Verantwortliche hätten daher hiermit nichts gewonnen.

Schließlich ist zu überlegen, ob es sich bei der Datenerhebung bei Mitfahrern und Passagieren um einen Fall der Fremderhebung nach Art. 14 DSGVO handelt. Falls dem so ist, könnte ausnahmsweise von der Informationserteilung gegenüber Mitfahrern und Passagieren abgesehen werden, wenn diese sich als unmöglich erweist oder einen unverhältnismäßigen Aufwand erfordern würde, Art. 14 Abs. 5 lit. b) DSGVO.[980] Eine Fremderhebung liegt dann vor, wenn der Betroffene weder Kenntnis von ihr hat noch in irgendeiner Form an ihr mitwirkt.[981] Typische Fälle sind die Erhebung von Daten bei einem Dritten oder aus öffentlich zugänglichen Quellen.[982] Die Erhebung von Daten des Mitfahrers sowie der Passagiere fällt nicht hierunter, da diese - wie der Fahrer - direkte Quelle der Daten sind und ihnen aus Gründen der Transparenz zumindest die grundsätzliche Möglichkeit einer Datenerhebung bewusst sein wird. Es handelt sich daher auch in Bezug auf Mitfahrer- und Passagierdaten um eine Direkterhebung nach Art. 13 DSGVO, für die eine entsprechende Ausnahme nicht vorgesehen ist. Die Umsetzung der Transparenz- und Informationspflichten wird sich in der Praxis als schwierig erweisen.

---

980 Siehe hierzu Kap. 3 A.V.2.a.cc.

981 *Schwartmann/Schneider*, in: Schwartmann/Jaspers/Thüsing/Kugelmann, DS-GVO, BDSG, Art. 14 Rn. 14; *Franck*, in: Gola/Heckmann, DSGVO/BDSG, Art. 13 DS-GVO Rn. 4; *Bäcker* stellt hingegen nur darauf ab, ob die betroffene Person die Datenquelle ist, wobei es irrelevant sein soll, ob diese an der Erhebung mitwirkt oder von ihr weiß, in: Kühling/Buchner, DS-GVO/BDSG, Art. 13 Rn. 13.

982 *Schwartmann/Schneider*, in: Schwartmann/Jaspers/Thüsing/Kugelmann, DS-GVO, BDSG, Art. 14 Rn. 14; *Bäcker*, in: Kühling/Buchner, DS-GVO/BDSG, Art. 14 Rn. 9.

2. *Umsetzung der Betroffenenrechte von Mitfahrern und Passagieren*

Um die Betroffenenrechte in Hinblick auf Mitfahrer und Passagiere nach Art. 15 – 20 DSGVO erfüllen zu können, müssen Daten auch hier entsprechend getrennt gespeichert und dem einzelnen Antragsteller zuordbar sein.[983] Dies führt wiederum dazu, dass technische Möglichkeiten zur Anmeldung im Kfz auch für Mitfahrer und Passagiere bereitgehalten werden müssen. Diese Anforderung entfällt dann, wenn Art. 11 DSGVO bezgl. Mitfahrern und Passagieren als Drittbetroffene angewendet wird.[984] Solange die Menge an Daten, die bezüglich Mitfahrern und Passagieren gesammelt werden, deutlich geringer ist als beim Fahrer, ist ihnen daher auch ein geringeres Risiko für die Rechte und Freiheiten der betroffenen Personen immanent. Da zudem häufig auch kein Personenbezug herstellbar ist (siehe hierzu Abschnitt II.), könnte die Anwendung von Art. 11 DSGVO ein gangbarer Weg sein. Fraglich ist dann weiterhin, wie Verantwortliche mit der Situation umgehen, wenn ihnen von Mitfahrern oder Passagieren weitere Informationen zur Identifikation zur Verfügung gestellt werden. In einem solchen Fall müssten sie die Betroffenenrechte erfüllen, was wiederum nur dann möglich ist, wenn im Vorfeld Daten verschiedener Betroffener sauber voneinander getrennt wurden.

3. *Ergebnis*

Verantwortliche müssen sicherstellen, dass Informationen in Bezug auf die verschiedenen Datenverarbeitungen auch für Mitfahrer und sonstige Passagiere leicht zugänglich zur Verfügung stehen. Hierzu müssen noch entsprechende Umsetzungsmöglichkeiten in der Praxis gefunden werden. Auch die rechtskonforme Erfüllung von Betroffenenrechten bedarf entsprechender technischer Lösungen im Kfz, die insbesondere in Form der Datentrennung nach verschiedenen Betroffenen heute noch nicht existieren.

V. Zusammenfassung der Ergebnisse für die Verarbeitung von Daten des Mitfahrers und anderer Passagiere

Auch Daten des Mitfahrers sowie der Passagiere, die bei Nutzung bestimmter Funktionen im Kfz anfallen und erzeugt werden, können einen Personenbezug aufweisen, womit sie vom Anwendungsbereich der DSGVO umfasst sind.

---

983 Siehe hierzu Kap. 3 A.V.3.b.

984 Siehe hierzu Kap. 3 A.V.3.b.ff.(2).

Neben den bereits diskutierten Akteuren kann der Fahrer als Verantwortlicher für bestimmte Funktionen hinzutreten, zumindest soweit die Haushaltsausnahme nicht greift. Gerade dieser Gruppe an Verantwortlichen wird es aber häufig an einer Rechtsgrundlage für die Verarbeitung fehlen, falls die Einholung einer Einwilligung nicht möglich ist. Generell sind die möglichen Rechtsgrundlagen in Hinblick auf die Verarbeitung von Mitfahrer- und Passagierdaten auf die Interessenabwägung sowie die Einwilligung beschränkt. Erste ist nur dann anwendbar, wenn Mitfahrern und Passagieren zumindest die Grundzüge der Datenverarbeitung bewusst ist, was schlaue Transparenzlösungen erfordert. Die Einholung einer Einwilligung bei Mitfahrern und Passagieren erscheint hingegen grundsätzlich unpraktikable. Dieses Problem setzt sich bei der Erfüllung der Informationspflichten sowie der Betroffenenrechte fort. Es ist unklar, wie die Anforderungen der DSGVO erfüllt werden können.

C. Verarbeitung personenbezogener Daten Dritter im Kfz

Dieser Abschnitt befasst sich mit der Verarbeitung von Daten Dritter, die durch den Fahrer oder andere Personen in die Systeme des Kfz und hierdurch womöglich auch in die damit verbundenen Systeme der restlichen Akteure rund um das Kfz eingebracht werden.

Die Darstellung folgt der Struktur der vorangegangenen Abschnitte, indem zunächst die betroffenen Phänomene sowie die datenschutzrechtlich Verantwortlichen (unter I.) dargestellt werden um in Anschluss den Personenbezug solcher Daten (unter II.), die Rechtsgrundlagen (unter III.) sowie die Umsetzung von Transparenz und Betroffenenrechten (unter VI.) zu erörtern. Auf die Darstellung der allgemeinen Anforderungen der DSGVO zu jedem Punkt wird, soweit sich keine spezifischen Abweichungen ergeben, verzichtet, da diese bereits im Abschnitt A ausführlich beschrieben wurden.

I. Relevante Phänomene und datenschutzrechtlich Verantwortliche

1. Phänomene und Untersuchungsgegenstand

Untersuchungsgegenstand in Bezug auf diese Kategorie von Drittbetroffenen sind ausschließlich Connectivity Dienste, in welche Daten Dritter eingespeist werden. Dies können vor allen Dingen Navigations- und Kommunikationsdienste sein. Hierbei werden Daten Dritter durch den Fahrer, gegebenenfalls auch durch andere Passagiere, meist in Form von Kontaktdaten (wie Name, Anschrift, Telefonnummer, E-Mail-Adresse) in das Kfz übertragen und dort gespeichert. Auch die Übertragung von Kalendereinträgen aus dem Smartphone ist möglich. Je nach Funktion können noch weitere Daten übertragen oder genutzt werden, wie zum Beispiel Standortdaten. Die Übertragung solcher Daten in das Kfz ermöglicht es dem Fahrer, komfortabel und ohne große Ablenkung vom Fahrtgeschehen, Anrufe zu tätigen oder über das Navigationssystem den schnellsten Weg zu einem Termin zu ermitteln.

2. Verantwortliche für die Datenverarbeitung

Auch bezüglich solcher Funktionen muss der datenschutzrechtlich Verantwortliche ermittelt werden. Hierzu kommen vor allem der die Daten einbringende Nutzer, der von diesem abweichende Eigentümer bzw. Halter, sowie Drittdienstanbieter und Hersteller in Betracht:

a. Verantwortlichkeit des Nutzers

In diesem Szenario ist in erster Linie die Person, die die Systeme nutzt und Daten überträgt, verantwortlich, denn sie entscheidet wofür sie die Daten verwendet (Zweck) und wie sie eingesetzt werden (Mittel).[985] Nutzer können hierbei Halter bzw. Eigentümer, die das Kfz auch selbst nutzen, oder ein von diesen abweichender Fahrer sein. Sie unterliegen den Pflichten der DSGVO, soweit die Haushaltsausnahme nicht greift, die Übertragung und Verwendung Daten Dritter also nicht nur zu ausschließlich privaten Zwecken erfolgt.[986] Der (selbständige) Taxifahrer könnte daher als datenschutzrechtlich Verantwortlicher eingestuft werden, wenn er Kontaktdaten zu geschäftlichen Zwecken, zum Beispiel von Geschäftspartnern, in das Kfz überträgt. Im privaten Bereich werden Nutzer wegen der Haushaltsausnahme regelmäßig nicht als Verantwortliche in Frage kommen.

b. Verantwortlichkeit von Eigentümer bzw. Halter

Zu überlegen ist, ob (kommerzielle) Eigentümer und Halter auch dann als datenschutzrechtlich Verantwortliche einzustufen sind, wenn sie das Kfz nicht nutzen,

---

985 So auch: *Raith*, Das vernetzte Automobil, S. 175; i.E. auch: *Wagner*, der nochmal zwischen Nutzungs- und Inhaltsdaten unterscheidet, ZD 2018, 307 (309 f.).

986 Siehe hierzu Kap. 3 A.II.1.a; so auch: *Hansen*, DuD 2015, 367 (370); *Rieß/Greß*, DuD 2015, 391 (395); *von Bodungen*, in: Specht/Mantz (Hrsg.): Handbuch Europäisches und deutsches Datenschutzrecht, § 16 Rn.18.

bzw. ob sie für Daten Dritter verantwortlich sind, wenn diese durch einen anderen Fahrer in das Kfz übertragen wurden.

Für die Beantwortung ist entscheidend, inwieweit sie die Zwecke und Mittel der Verarbeitung bestimmen.[987] Am Verarbeitungsschritt der Übertragung sind sie nicht beteiligt und werden hiervon in der Regel auch keine Kenntnis haben. Eine Bestimmung der Zwecke und Mittel scheidet daher aus. Befinden sich die Daten aber einmal im Kfz, können Halter und Eigentümer aufgrund ihrer tatsächlichen Zugriffsmöglichkeiten über das „Schicksal" der Daten entscheiden, also zum Beispiel ob sie für andere Zwecke verwendet werden, ob sie gelöscht oder exportiert werden, oder ob sie im Kfz verbleiben. Insofern können Sie über Zwecke und Mittel der Speicherung sowie der weiteren Verwendung entscheiden. Kommerzielle Eigentümer und Halter wie Car Sharing- und Mietwagenanbieter können daher hierfür datenschutzrechtlich verantwortlich sein.

Zu diskutieren ist auch, ob und inwieweit in diesem Fall gemeinsame Verantwortlichkeiten zwischen kommerziellen Eigentümern und Haltern und Nutzern bestehen können. Nach dem Facebook-Urteil des EuGHs reicht hierzu bereits aus, wenn ein Verantwortlicher einem anderen Verantwortlichen die Verarbeitung von Daten im Sinne eines Kausalzusammenhangs ermöglicht.[988] Dies wäre hier der Fall, da ohne das vorherige Einbringen der Daten Dritter in das Kfz durch den Nutzer Eigentümer bzw. Halter diese nicht verarbeiten könnten. Damit aber eine gemeinsame Entscheidung über die Zwecke und Mittel der Verarbeitung vorliegt, muss der Nutzer zumindest durch entsprechende Einstellungsmöglichkeiten einen Einfluss auf die spätere Verarbeitung durch Eigentümer und Halter haben.[989] Dies kann nur für den jeweiligen Einzelfall abschließend bewertet werden. Grundsätzlich zu bedenken ist hierbei, dass die Zwecke, für welche Daten Dritter verwendet werden, stark zwischen Nutzer und Eigentümer/Halter abweichen können. Nutzer werden die Daten häufig zu reinen Kommunikations- oder Navigationszwecken innerhalb der entsprechenden Dienste verwenden. Die Interessen von kommerziellen Eigentümern und Haltern wie Car Sharing- oder Mietwagenanbieter werden sich hingegen eher auf die Nutzung der Daten zu Sekundärzwecken, wie zum Beispiel Werbe- und Marketingmaßnahmen für eigene Angebote beschränken. Insofern kann es an einer der Facebook Entscheidung vergleichbaren wechselseitigen Einflussmöglichkeit auf die Verarbeitung fehlen, wenn zwischen den Zwecken keinerlei Verbindung

987 Siehe hierzu Kap. 3 A.II.1.a.

988 Siehe hierzu Kap. 3 A.II.1.b.aa.

989 Siehe hierzu Kap. 3 A.II.1.b.aa.

besteht.[990] Es entspricht dann eher der Interessenlage, Nutzer als auch Eigentümer und Halter jeweils für die von ihnen durchgeführte Datenverarbeitung als selbständige Verantwortliche anzusehen.[991]

c. Verantwortlichkeit von Drittdienstanbietern

Drittdienstanbieter, die Dienste anbieten, bei denen Daten Dritter eingegeben werden können, um diese im Kfz verwalten und nutzen zu können, entscheiden über die Zwecke und Mittel der Verarbeitung, da sie die Systeme entsprechend gestalten und konfigurieren. Sie sind daher für die gesamte Verarbeitung, die der Bereitstellung und Ausführung der Dienste dient, datenschutzrechtlich verantwortlich.[992]

Soweit die Eingabe der Daten und die Nutzung der Dienste nicht nur rein privaten Zwecken dienen und daher nicht der Haushaltsausnahme unterfallen, können auch gemeinsame Verantwortlichkeiten von Nutzer und Drittdienstanbieter vorliegen. Denn ohne die Eingabe der Daten durch den Nutzer wäre eine Datenverarbeitung durch den Drittdienstanbieter nicht möglich. Aber auch hier dürfte die reine Nutzung nach den Systemvorgaben des Drittdienstanbieters ohne die Möglichkeit für den Nutzer, weitere Konfigurationen vorzunehmen, nicht ausreichen, um eine gemeinsame Entscheidung über Zwecke und Mittel zu begründen. Es liegt daher näher, hier von getrennten Verantwortlichkeiten auszugehen.

Schließlich sind Drittdienstanbieter auch für die Verarbeitung von Daten Dritter zu eigenen, sekundären Zwecken wie zum Beispiel Werbe- und Marketingmaßnahmen, alleinverantwortlich, denn diesbezüglich bestimmten sie allein die Mittel und Zwecke der Verwendung.

d. Verantwortlichkeit des Herstellers

Für herstellereigene Dienste gilt zunächst das zu Drittdiensten Gesagte. Für die Verarbeitung, die zur Erbringung des Dienstes erforderlich ist, ist der Hersteller allein verantwortlich. Eine gemeinsame Verantwortlichkeit mit dem Nutzer wird in der Regel nicht bestehen. Erfolgt eine Übertragung der Daten an das Backend des Herstellers, kann dieser die Daten wiederum theoretisch zu eigenen, sekundären Zwecken verwenden. Auch hierfür wäre er allein verantwortlich.

---

990 So auch: *Rothkegel/Strassemeyer*, CRi 2019, 161 (169).

991 So auch: *Rothkegel/Strassemeyer*, CRi 2019, 161 (170).

992 So im Ergebnis auch: *Wagner*, der nochmal zwischen Nutzungs- und Inhaltsdaten unterscheidet, ZD 2018, 307 (310).

Bei Drittdiensten stellt sich zudem auch die Frage, ob eine gemeinsame Verantwortlichkeit zwischen Hersteller und Drittdienstanbieter besteht. Soweit die Daten über das Backend des Herstellers an den Drittdienstanbieter übertragen werden[993], ist dieses Zusammenwirken von Hersteller und Drittdienstanbieter zwar kausal für die Verarbeitung der Daten, die gemeinsame Verantwortlichkeit erstreckt sich aber nur auf die Verarbeitungsphasen der Erhebung im Kfz und den Datenaustausch über das Backend.[994]

3. *Ergebnis*

Der Nutzer, der Daten Dritter in Connectivity Dienste einbringt, ist hierfür sowie für die Verwendung datenschutzrechtlich verantwortlich, soweit dies nicht nur rein privaten Zwecken dient. Eigentümer oder Halter des Kfz, wenn sie nicht zugleich Nutzer sind, sind für eine sekundäre Verwendung der Daten Dritter verantwortlich, wenn sie hierauf zugreifen.

Drittdienstanbieter und Hersteller sind für die Verarbeitung von Daten Dritter im Rahmen der Erbringung des Dienstes verantwortlich. Eine gemeinsame Verantwortlichkeit besteht bei Drittdiensten für die Erhebung und den Datenaustausch. Verwenden Drittdienstanbieter und Hersteller Daten Dritter zu eigenen Sekundärzwecken, sind sie hierfür jeweils alleinverantwortlich.

II. Personenbezug von Daten Dritter innerhalb des Kfz

Die hier gegenständlichen Daten Dritter sind häufig aus ihrer Natur heraus der jeweiligen Person zuordbar, wenn es sich um Identifikatoren wie Name, Anschrift, E-Mail-Adresse und Inhaltsinformationen zu einem konkret bestimmten Ereignis oder Termin handelt.

Die Daten selbst erlauben also die Identifikation der Person, auf welche sie sich beziehen. Dies bedeutet, dass der Anwendungsbereich der DSGVO für diejenigen Verantwortlichen eröffnet ist, die Zugriff auf oder Kenntnis von diesen haben, weil diese per se personenbezogen sind. Soweit Zugriff oder Kenntnis fehlen, ist hingegen davon auszugehen, dass kein Bezug zu einer Person herstellbar ist, sofern keine weiteren Daten Dritter erhoben werden, über die sie anhand der aufgestellten Kriterien[995], insbesondere der Aussonderung, identifiziert werden könnten.

993 Siehe hierzu Kap. 2 C.I.2.

994 Siehe hierzu Kap. 3 A.II.2.b.

995 Siehe hierzu unter Kap. 3 A.I.1.b.bb. (4).

Insofern ist unproblematisch ein Personenbezug für Nutzer, Eigentümer bzw. Halter, und Drittdienstanbieter zu bejahen, da sie tatsächlichen Zugriff auf das Kfz sowie die dort gespeicherten Daten haben. Insbesondere bei der Fallgruppe der Car Sharing Anbieter ändert auch der Umstand, dass sie sehr viele Fahrzeuge in Betrieb haben und sich diese nicht im direkten tatsächlichen Herrschaftsbereich befinden, hieran nichts. Denn es ist ihnen mit wenig Aufwand möglich, die Fahrzeuge zu orten und auf gespeicherte Daten zuzugreifen.

Beim Hersteller ist in Bezug auf die Identifizierbarkeit zu unterscheiden: Werden die Daten für eigene Dienste nur im Kfz gespeichert und nicht an das Backend übermittelt, hat der Hersteller weder Zugriff hierauf noch Kenntnis, womit Daten Dritter für ihn nicht personenbezogen sind. Die Möglichkeit, einen Personenbezug über einen Anspruch auf Herausgabe der Kontaktdaten Dritter herzustellen, ist fernliegend, da diese zum Beispiel zur Durchsetzung oder Abwehr von Haftungsansprüchen nicht erforderlich sind. Werden Daten hingegen für eigene Dienste auch an das Backend übermittelt, kann der Personenbezug bejaht werden, da Hersteller dadurch Kenntnis von den Daten selbst erlangen. Hinsichtlich der Drittdienste ist ein Personenbezug ebenfalls zu bejahen, soweit eine Übertragung an den Drittdienstanbieter erfolgt.

III. Rechtsgrundlagen für die Verarbeitung

Jeder der Verantwortlichen muss die Verarbeitung von Daten Dritter zudem auf eine Rechtsgrundlage stützen können. Im Wesentlichen kommen hierfür die Vertragserfüllung nach Art. 6 Abs. 1 lit. b) DGVO, die berechtigten Interessen nach Art. 6 Abs. 1 lit. f) DSGVO sowie die Einwilligung in Betracht. Denn in Bezug auf die hier allein relevanten Connectivity Dienste ist derzeit eine Rechtsgrundlage im Sinne von Art. 6 Abs. 3 DSGVO nicht ersichtlich, sodass eine Anwendung von Art. 6 Abs. 1 lit. c) und e) DSGVO ausscheidet.[996] Die gegenständliche Verarbeitung ist auch nicht zum Schutz lebenswichtiger Interessen erforderlich, womit auch Art. 6 Abs. 1 lit. d) DSGVO nicht anwendbar ist.

1. Vertragserfüllung, Art. 6 Abs. 1 lit. b) DSGVO

Damit Art. 6 Abs. 1 lit. b) DSGVO anwendbar ist, müsste die dritte Person, deren Daten verarbeitet werden, Partei eines Vertrages sein, zu dessen Erfüllung die

996 Im Übrigen ist fraglich, wieweit Connectivity Dienste überhaupt einen im öffentlichen Interesse liegenden Zweck erfüllen können, was Voraussetzung für Art. 6 Abs. 1 lit. c) und e) DSGVO wäre.

Übertragung und Verwendung der Daten im Kfz erforderlich wäre. Selbst wenn zwischen der dritten Person und zum Beispiel dem Nutzer eine geschäftliche Beziehung besteht, der ein Vertragsverhältnis zugrunde liegt, wäre es für die Geschäftsbeziehung an sich nicht erforderlich, Kommunikationsdaten ins Kfz zu übertragen und dort weiter in verschiedenen Diensten zu verarbeiten. Art. 6 Abs. 1 lit. b) DSGVO wird daher in aller Regel als Rechtsgrundlage ausscheiden.

2. Berechtigte Interessen, Art. 6 Abs. 1 lit. f) DSGVO

Art. 6 Abs. 1 lit. f) DSGVO ist anwendbar, wenn berechtigte Interessen des Verantwortlichen oder eines Dritten bestehen und die Übertragung und Verwaltung der Daten Dritter im Kfz hierzu erforderlich ist und ihre Rechte nicht überwiegen.[997] Die Erleichterung der Kontaktpflege oder der Terminplanung und -verwaltung stellen grundsätzlich berechtigte Interessen des Nutzers dar. Werden die Daten allein zu diesem Zweck im Kfz gespeichert, dürften in der Regel auch keine überwiegenden schutzwürdigen Interessen des Dritten bestehen. Auf diese Grundlage könnten sich auch die vom dateneinbringenden Nutzer abweichenden Eigentümer bzw. Halter berufen, da die berechtigten Interessen eines Dritten (= Nutzer) ausreichen.[998]

Anders kann dies zu bewerten sein, wenn das Fahrzeug nur einmalig oder kurz genutzt wird. Dann ist nicht ersichtlich, wieso der Nutzer ein überwiegendes berechtigtes Interesse hat, Daten im Kfz zu speichern. Dies gilt vor allem im Kontext von Car Sharing, wenn das Fahrzeug von vielen verschiedenen Personen genutzt wird und jeder Fahrer Zugriff auf die gespeicherten Kontaktdaten fremder Personen hätte. In diesem Fall greift Art. 6 Abs. 1 lit. f) DSGVO weder für den dateneinbringenden Nutzer noch für den Car Sharing Anbieter, da die Interessen der betroffenen dritten Person überwiegen.

In Bezug auf Drittdienste besteht für die Übermittlung der Daten an das Backend des Herstellers zur Weiterleitung an einen Drittdienstanbieter ebenfalls nur dann kein überwiegendes berechtigtes Interesse des betroffenen Dritten, wenn dies erforderlich ist, um die Leistung zu erbringen und wenn geeignete Schutzmaßnahmen getroffen werden, um den unberechtigten Zugriff auf diese Daten zu unterbinden.

Die Übermittlung von Daten Dritter an den Hersteller bei herstellereigenen Diensten hingegen kann dann nicht über Art. 6 Abs. 1 lit. f) DSGVO legitimiert

997 Siehe hierzu Kap. 3 A.IV.2.a.

998 Siehe hierzu Kap. 3 A.IV.2.a.aa.

werden, wenn eine Speicherung der Daten im Kfz selbst ausreichend ist, um den Dienst zu erbringen.

Soweit eine Verarbeitung Daten Dritter zu weiteren, sekundären Zwecken möglich wäre, dürfte eine solche kaum zu rechtfertigen sein. Zwar stellen Werbe- und Marketingmaßnahmen grundsätzlich berechtigte Interessen dar. Allerdings werden die Rechte der betroffenen Personen hier im Regelfall überwiegen, soweit sie in keinem Kontakt oder Näheverhältnis zum Verantwortlichen steht und eine sekundäre Verarbeitung ihrer Daten überraschend und für sie im Vorfeld nicht erkennbar wäre.

3. *Einwilligung, Art. 6 Abs. 1 lit. a) DSGVO*

Soweit keine der vorgenannten Rechtsgrundlagen in Frage kommt, ist die Verarbeitung nur nach vorheriger Einwilligung durch die dritte Person, deren Daten verarbeitet werden sollen, zulässig.

In der Praxis stößt dies auf erhebliche Probleme, da der Dritte zum Zeitpunkt der Übertragung seiner Daten in das Kfz nicht anwesend ist und auch häufig überhaupt nichts davon wissen wird. Fraglich ist, wie in einer solchen Situation eine Einwilligung eingeholt werden kann. Eine Kontaktaufnahme zum Dritten zu diesem Zweck wäre letztlich irritierend, bürokratisch und nicht zielführend. Man stelle sich die Flut an Einwilligungsaufforderungen vor, die jeder von uns zu bewältigen hätte, wenn z.B. Kontaktdaten in ein System übertragen werden. Die Einwilligung müsste daher weit im Vorfeld, z.B. bei Begründung einer Geschäftsbeziehung, eingeholt werden. Soweit aber zwischen dem Verantwortlichen und dem Dritten keinerlei Verbindung besteht (was insbesondere auf Hersteller, Drittanbieter von Connectivity Diensten sowie Car Sharing und Mietwagen Anbieter zutrifft) scheidet diese Möglichkeit praktisch aus. Sie könnten letztlich nur den Nutzer dazu verpflichten, eine entsprechende Einwilligung, die auch die Verarbeitung von Daten Dritter abdeckt, bei dem Dritten einzuholen. In der Praxis werden sich Verantwortliche hierauf aber vor dem Hintergrund des hohen Bußgeldrahmens und des damit einhergehenden Risikos eines gegebenenfalls nicht erfüllbaren Regressanspruches gegen den Nutzer nicht verlassen können.

4. *Ergebnis*

Für die Verarbeitung von Daten Dritter kommt für alle Verantwortlichen als gesetzlicher Erlaubnistatbestand lediglich die Interessenabwägung nach Art. 6 Abs. 1 lit. f) DSGVO in Betracht, da regelmäßig kein Vertrag existiert, zu dessen Erfüllung das Einbringen und Speichern von Daten Dritter im Kfz erforderlich ist und dessen Partei der Dritte ist. Hierbei muss der Erforderlichkeitsgrundsatz beachtet werden, sodass Verarbeitungen zu Sekundärzwecken nur in Ausnahmefällen auf die Interessenabwägung gestützt werden können.

Zwar ist es grundsätzlich möglich, die Verarbeitung auf eine Einwilligung zu stützen, allerdings dürfte die rechtskonforme Einholung in der Praxis scheitern.

IV. Wahrung von Transparenz und Betroffenenrechten

Schließlich sind auch bei der Verarbeitung von Daten Dritter die Informationspflichten und Betroffenenrechte zu beachten. Auch hier stellt sich die Frage, wie die Vorgaben der DSGVO sinnvoll umgesetzt werden können.

1. Umsetzung von Transparenz und Informationspflichten in Hinblick auf Dritte

Daten Dritter werden typischerweise vom Fahrer in das System eingegeben, ohne dass der Dritte hieran beteiligt ist oder davon Kenntnis hat. Es handelt sich daher für vom Nutzer personenverschiedenen Eigentümer oder Halter, Hersteller sowie Drittanbieter um eine Fremderhebung, sodass sich die Informationspflicht nach Art. 14 DSGVO richtet.[999] Dem Dritten sind die Informationen innerhalb eines Monats zur Verfügung zu stellen. Dies kann per Post oder E-Mail erfolgen, falls entsprechende Kontaktdaten bekannt sind. Falls keine Kontaktdaten vorhanden sind und sich die Informationserteilung aus diesem Grund als praktisch unmöglich erweist, kann hiervon gemäß Art. 14 Abs. 5 lit. b) DSGVO abgesehen werden.[1000] Da es sich bei den Daten Dritter, die in das Kfz eingebracht werden, aber typischerweise um Kontaktdaten handelt, wird diese Ausnahme nur selten greifen.

Erfolgt die Speicherung bzw. Übermittlung der Daten aufgrund einer Einwilligung, ist der Dritte im Vorfeld über die wesentlichen Punkte der Verarbeitung aufzuklären.[1001] Dies dürfte sich in der Praxis als nahezu unmöglich erweisen, da der Dritte sich weder im Fahrzeug befindet noch eine Kontaktaufnahme zur entsprechenden Informationserteilung erwartet. Hier bliebe nur die Möglichkeit, den Dritten z.B. bei Begründung der Geschäftsbeziehung mit dem Nutzer darauf

---

999 Siehe hierzu Kap. 3 A.V.2.a; *Bäcker*, in: Kühling/Buchner, DS-GVO/BDSG, Art. 13 Rn. 17.

1000 Siehe hierzu Kap. 3 A.V.2.a.cc; *Eßer*, in: Auernhammer, DSGVO/BDSG, Art. 14 Rn. 43.

1001 Siehe hierzu Kap. 3 A.IV.5.a.aa.

hinzuweisen, dass gegebenenfalls seine Kontaktdaten in Fahrzeugen gespeichert und an andere übermittelt werden. Eine solche Möglichkeit hätte aber letztlich nur der Nutzer, der ein entsprechendes Näheverhältnis zum Dritten hat.

2. *Umsetzung der Betroffenenrechte in Hinblick auf Dritte*

Auch bei der Umsetzung der Betroffenenrechte ergeben sich erhebliche Probleme. Zunächst ist zu bedenken, dass Dritte ihre Rechte überhaupt nur dann geltend machen können, wenn zuvor die Informationspflichten nach Art. 14 DSGVO vom Verantwortlichen erfüllt wurden, da sie erst dadurch erfahren, dass ihre Daten verarbeitet werden. Erst durch Erfüllung der Informationspflichten werden betroffene Dritte in diesem Szenario in die Lage versetzt, von ihren Betroffenenrechten Gebrauch zu machen. Dies ist wie zuvor erörtert in der Praxis schwer umsetzbar.

Neben den Problemen, die die Beachtung der allgemeinen Anforderungen an die Erfüllung von Betroffenenrechten mit sich bringt und bereits dargestellt wurden[1002], ist hier insbesondere die Löschung von Daten Dritter relevant. Zunächst muss technisch sichergestellt sein, dass eine Löschung im Kfz möglich ist, und zwar nicht nur für den Nutzer, sondern auch für Halter oder Eigentümer. Gerade im Falle von Car Sharing und Mietwagennutzung müssen Daten Dritter nach dem Ende des Mietvertrages aus dem Kfz gelöscht werden, damit nachfolgende Nutzer hierauf keinen Zugriff haben. Soweit in diesem Fall für den Nutzer bzw. Fahrer die Haushaltsausnahme greift, sind hierfür die Car Sharing bzw. Mietwagenanbieter verantwortlich. Sie müssen entsprechende technische oder organisatorische Maßnahmen hierfür vorsehen. Zudem müssen die Daten dann gegebenenfalls auch bei anderen Stellen, an welche sie übertragen wurden (wie zum Beispiel an den Hersteller) gelöscht werden. Auch dies muss entsprechend technisch sichergestellt werden.

Erfolgt die Verarbeitung auf Grundlage einer Einwilligung und wird diese widerrufen, dürfen die entsprechenden Daten für die Zukunft nicht mehr verarbeitet werden. Auch dies setzt eine Löschung bei allen Beteiligten voraus.

3. *Ergebnis*

Zur Erfüllung der Informationspflichten müssten Dritte jedes Mal, wenn ihre Daten in Systeme eingebracht werden, hierüber gemäß Art. 14 DSGVO informiert werden. Jeder von uns würde damit in der Praxis mit entsprechenden

---

1002 Siehe hierzu Kap. 3 A.V.3.b.

Informationen überflutet werden. Die im Vorfeld einer Einwilligungseinholung erforderliche Aufklärung über die wesentlichen Punkte der Datenverarbeitung ist gegenüber Dritten ebenso wenig in der Praxis umsetzbar, wie die Einholung der Einwilligung selbst. Besondere Herausforderungen bei der Erfüllung von Betroffenenrechten stellen sich in Hinblick auf technische Möglichkeiten zur Löschung von Daten Dritter.

V. Zusammenfassung der Ergebnisse für die Verarbeitung von Daten Dritter im Kfz

Die in das vernetzte und automatisierte Kfz eingebrachten Daten Dritter sind aufgrund ihrer Art personenbezogen und unterfallen dem Datenschutzrecht, soweit sie nicht nur zu rein privaten Zwecken verarbeitet werden. Die Verarbeitung ist für den Nutzer nur dann ohne Einwilligung aufgrund von Art. 6 Abs. 1 lit. f) DSGVO erlaubt, wenn er das Fahrzeug regelmäßig nutzt und die Daten ausschließlich im Fahrzeug gespeichert werden oder eine Weiterleitung an den Drittdienstanbieter zur Leistungserbringung erforderlich ist. Die Übermittlung der Daten an den Hersteller sowie die Speicherung von Daten in Car Sharing- oder Mietwagenfahrzeugen ist hingegen nur nach vorheriger Einwilligung rechtmäßig. Weder die Vorabinformation noch die Einholung der Einwilligung scheinen in der Praxis umsetzbar. Dritte sind gemäß Art. 14 DSGVO innerhalb eines Monats nach Eingabe der Daten im Kfz zu informieren. Bei einem Wechsel des Nutzers bzw. Fahrers muss sichergestellt werden, dass Daten Dritter gelöscht werden.

Die Eingabe von Daten Dritter in Systeme ist in der Praxis weit verbreitet und wird derzeit ohne große Überlegungen in Hinblick auf ihre Rechtmäßigkeit betrieben. Die Anforderungen der DSGVO hingegen erfordern einen grundlegend anderen Umgang mit dieser Gewohnheit, zumindest im Rahmen vernetzter und automatisierter Kfz.

D. Verarbeitung personenbezogener Daten Dritter außerhalb des Kfz

Als letzte Kategorie von Drittbetroffenen werden nachfolgend Dritte, die sich außerhalb des Kfz aufhalten und durch die Außensensoren des Kfz erfasst werden, untersucht. Auch dieser Abschnitt folgt dem vorangegangenen Aufbau, indem zunächst die relevanten Phänomene und Datenverarbeitungen sowie die datenschutzrechtlich Verantwortlichen (unter I.) dargestellt werden. Anschließend werden der Personenbezug der Daten (unter II.), die Rechtsgrundlagen (unter III:) sowie die Möglichkeiten zur Umsetzung von Transparenz und Betroffenenrechten (unter IV.) erörtert.

Auf die Darstellung der allgemeinen Anforderungen der DSGVO zu jedem Punkt wird, soweit sich keine spezifischen Abweichungen ergeben, verzichtet, da diese bereits im Abschnitt A ausführlich beschrieben wurden.

I. Relevante Phänomene und datenschutzrechtlich Verantwortliche

Daten Dritter, die sich außerhalb des VAF befinden, werden insbesondere im Rahmen der Sicherheit- und Assistenzsysteme durch die hierfür erforderliche Erfassung der Umwelt über Sensoren und Kamerabilder verarbeitet. Sie kommen daher auch als (Dritt)Betroffene in Betracht.[1003]

Verantwortlich für die Umgebungserfassung durch Sensoren und Kameras der Sicherheits- und Assistenzfunktionen sind die Hersteller, da diese bestimmen, wie, mit welchen Mitteln und zu welchen Zwecken die Umgebung und damit Dritte erfasst werden.[1004]

Daneben können auch der Fahrer als Nutzer oder der Halter bzw. Eigentümer des Kfz als Verantwortlicher in Frage kommen, soweit das Kfz nicht nur zu rein privaten Zwecken genutzt wird und daher die Haushaltsausnahme nach Art. 2 Abs. 2 lit. c) DSGVO nicht greift. In Bezug auf Videoüberwachung hat der EuGH für den gleichlautenden Art. 3 Abs. 2 Datenschutz-Richtlinie entschieden, dass der Betrieb eines Kamerasystems durch eine Privatperson zum Schutz des Eigentums dann nicht unter die Haushaltsausnahme fällt, wenn Bilddaten kontinuierlich gespeichert werden und auch der öffentliche Raum erfasst wird.[1005] Da die Umgebungskameras des Kfz denklogisch den öffentlichen Raum miterfassen, wenn sie sich in diesem bewegen, kommt es für die Anwendung der Haushaltsausnahme entscheidend auf die Ausgestaltung der Technik an, insbesondere ob eine kontinuierliche Speicherung der Bilddaten erfolgt. Daneben fordert der EDSA für die Prüfung der Anwendbarkeit der Haushaltsausnahme die Einbeziehung weiterer Faktoren wie die Beziehung zum Betroffenen, das Ausmaß und die Häufigkeit der Videoüberwachung oder die Auswirkungen der Videoüberwachung auf die betroffene Person.[1006] Grundsätzlich ist es also durchaus

---

1003 So auch: *Kumpf*, Smart Cars, S. 39.

1004 Siehe hierzu Kap. 3 A.II.2.a.aa.

1005 EuGH, Urt. vom 11.12.2014 – C-212/13, ECLI:EU:C:2014:2428 (Rynes), Rn. 33; *Schulz*, in: Gola/Heckmann, DSGVO/BDSG, Art. 6 DS-GVO Rn. 122.

1006 EDSA, Guidelines 03/2019 on processing of personal data through video devices, Rn. 13.

möglich, dass auch Privatpersonen bei Nutzung von Kfz mit Kameratechnik hierfür als Verantwortliche in Frage kommen.

Zu beachten ist aber dass, wie bereits untersucht, für Halter oder Eigentümer, die das Kfz nicht selbst nutzen, eine Verantwortlichkeit für Datenverarbeitungen zum Betrieb der Sicherheits- und Assistenzfunktionen nicht in Frage kommt, da sie diesbezüglich weder alleine noch gemeinsam mit dem Hersteller über die Zwecke und Mittel entscheiden.[1007] Die eigentliche Erfassung der Umwelt und der sich dort befindlichen Personen durch Sensoren oder Kameras sowie die Auswertung dieser Daten zum Betrieb der Systeme fällt damit nicht in ihren Verantwortungsbereich, sondern in den der Hersteller.[1008] Soweit sie aber Zugriff auf solche Umweltdaten haben und diese zu anderen, eigenen Zwecken weiterverwenden, könne sie hierfür datenschutzrechtlich verantwortlich sein.

Für den Fahrer ergibt sich keine abweichende Bewertung. Durch die von den Herstellern vorgegebene und nicht beeinflussbare technische Ausgestaltung der Systeme kann dieser weder alleine noch gemeinsam mit dem Hersteller über die Zwecke und Mittel der Umwelterfassung zum Betrieb der Sicherheits- und Assistenzfunktionen entscheiden.[1009] Die Thematik der dash cams ist hiermit nicht vergleichbar.[1010] Denn hierbei installiert der Fahrer (oder auch der Halter bzw. Eigentümer) nachträglich eine Kamera im Kfz, um damit im Falle eines Unfalls zum Zwecke der Beweissicherung entsprechendes Bildmaterial aufzuzeichnen. Hierbei entscheidet er über die Zwecke (Beweissicherung) als auch die Mittel der Verarbeitung durch entsprechende Auswahl eines bestimmten Kamerasystems und ist hierfür datenschutzrechtlich verantwortlich.[1011] Dieser Einfluss besteht bei als Standard verbauten Sicherheits- und Assistenzsystemen im Kfz nicht, dieser verbleibt vollständig beim Hersteller. Anders zu bewerten ist dies nur dann, wenn der Fahrer (eigenmächtig) auf Daten aus den vorinstallierten Systemen zugreift und diese zu eigenen Zwecken verwendet. In diesem Fall ist er hierfür datenschutzrechtlich verantwortlich. Die Thematik der dash cams wird im Folgenden nicht weiter erörtert, da sie nicht Untersuchungsgegenstand sind.

1007 Siehe hierzu Kap. 3 A.II.2.c.aa.

1008 So auch: *Raith*, Das vernetzte Automobil, S. 174.

1009 So auch: *Raith*, Das vernetzte Automobil, S. 174; wohl i.E. a.A. aber ohne genau Differenzierung zwischen den unterschiedlichen Verarbeitungen: *Hansen*, DuD 2015, 367 (370).

1010 So auch: *Stoklas*, ZD-Aktuell 2018, 06268.

1011 So auch: *von Bodungen*, in: Specht/Mantz (Hrsg.): Handbuch Europäisches und deutsches Datenschutzrecht, § 16 Rn. 18; DSK, Orientierungshilfe Videoüberwachung durch nicht-öffentliche Stellen, S. 33 f.

II. Personenbezug von Daten Dritter außerhalb des VAF

Wie bereits dargestellt wird die Umwelt durch verschiedene Sensoren und Kameras erfasst. Daten aus Radar- und Ultraschallsensoren sind dabei in der Regel nicht geeignet, um Personen identifizieren zu können.[1012]

Bilddaten hingegen erlauben grundsätzlich die Unterscheidung und das Erkennen von Personen, soweit sie nicht lediglich flüchtig gespeichert werden.[1013]

Bilddaten sind personenbezogen, wenn sie die Identifikation der betroffenen Person ermöglichen.[1014] Hierzu reicht es aus, wenn Personen durch die aufgenommenen bildlichen oder audiovisuellen Informationen anhand ihres Aussehens oder anderer spezifischer Merkmale identifizierbar sind.[1015] Da über das Kennzeichen grundsätzlich eine Verknüpfung mit den Halterdaten möglich ist[1016], reicht die Erfassung fremder Kfz-Kennzeichen schon aus, um das Vorliegen personenbezogener Daten zu bejahen. Als Verknüpfungsmöglichkeiten von Bild und weiteren Informationen zu einer Person stehen heutzutage auch der automatisierte Abgleich mit Datenbanken oder Social Media Profilen zur Verfügung, sodass Bilddaten grundsätzlich als personenbezogene Daten zu behandeln sind.[1017]

Dies gilt aber auch hier nur dann, soweit die Bilddaten an den Verantwortlichen übertragen werden oder dieser einen Anspruch auf Herausgabe der Daten hätte, da nur dann die Bilddaten mit identifizierenden Merkmalen zusammengeführt werden können. Soweit also Bilddaten ausschließlich im Kfz gespeichert werden bzw. kurzfristig ohne Übermittlung nach außen gelöscht werden, dürfte ein Personenbezug zumindest für Hersteller zu verneinen sein.[1018]

Zu klären ist zudem, ob es sich bei den im Rahmen der Umwelterfassung erhobenen Bilddaten zudem um besondere Kategorien von personenbezogenen

---

1012 Siehe hierzu Kap. 3 A.I.1.b.cc. (6).

1013 Siehe hierzu Kap. 3 A.I.1.b.cc. (6).

1014 EuGH Urt. v. 11.12.2014 – C-212/13, ECLI:EU:C:2014:2428 (Rynes), Rn. 22; BVerwG, Urt. v. 27.03.2019 - 6 C 2.18 –Rn. 43; *Schulz*, in: Gola/Heckmann, DSGVO/BDSG, Art. 6 DS-GVO Rn. 115.

1015 EDSA, Guidelines 03/2019 on processing of personal data through video devices, Rn. 7.

1016 Siehe hierzu Kap.3 A.I.1.b.bb. (1).

1017 So auch: *Eul*: 10.2 Connected Cars, in: Leupold /Wieb/Glosser (Hrsg.), IT-Recht, Rn. 30; *von Bodungen*, in: Specht/Mantz (Hrsg.): Handbuch Europäisches und deutsches Datenschutzrecht, § 16 Rn. 17.

1018 So auch: *Schröder*, ZD 2021, 302 (304 f.).

Daten gemäß Art. 9 Abs. 1 DSGVO handelt. Denn aus der Hautfarbe oder Gesichtsform lassen sich Rückschlüsse auf die rassische oder ethische Herkunft ableiten; aus dem Tragen bestimmter Kleidungsstücke oder Accessoires (Kopftuch, Kreuz) auf die religiöse Überzeugung; aus der Nutzung von Brillen, Prothesen oder Rollstühlen auf die Gesundheit.[1019] Um dem Zweck von Art. 9 DSGVO allerdings gerecht zu werden, der eine Verarbeitung solch sensibler Datenkategorien grundsätzlich verbietet, muss die Erfassung der Bilder durch das Kfz im Licht des Verwendungskontextes gesehen und entsprechend teleologisch reduziert werden.[1020] Soweit die Aufnahmen nur dazu dienen, die entsprechenden Systeme mit sensorischen Daten versorgen zu können, ohne das sensible Daten gezielt ausgewertet werden, erzeugt dies für betroffene Personen keine besonderen Risiken, die die Anwendung von Art. 9 DSGVO rechtfertigen würden.[1021] Es handelt sich mithin bei den Bildaufnahmen der Umgebungserfassung nicht um besondere Kategorien von personenbezogenen Daten.

III. Rechtsgrundlagen für die Verarbeitung

Hersteller müssen eine Rechtsgrundlage für die Bilddatenerfassung und -verarbeitung im Rahmen der Sicherheits- und Assistenzfunktionen nachweisen können. § 4 BDSG ist aufgrund des Anwendungsvorrangs der DSGVO nicht anwendbar.[1022] Art. 6 Abs. 1 lit. b) DSGVO scheidet aus, da außenstehende Dritte als Betroffene nicht Partei eines Vertrages sind, der diese Art der Datenverarbeitung abdecken könnte.

Soweit die Umwelterfassung auch der Verkehrssicherheit dient, könnten Rechtsgrundlagen im Unionsrecht oder im Recht der Mitgliedstaaten eine entsprechende Datenverarbeitung auf Grundlage von Art. 6 Abs. 1 lit. c) oder e) DSGVO rechtfertigen.[1023] Solche Rechtsgrundlagen, die insbesondere auch den Anforderungen von Art. 6 Abs. 3 DSGVO gerecht werden, sind derzeit weder in Deutschland noch auf europäischer Ebene ersichtlich.[1024]

1019 *Schneider/Schindler*, ZD 2018, 463 (465).

1020 *Frenzel*, Paal/Pauly, DS-GVO BDSG, Art. 9 Rn. 6; *Schneider/Schindler*, ZD 2018, 463 (467); a.A. *Reuter*, ZD 2018, 564 (565 f.).

1021 *Schröder*, ZD 2021, 302 (306); *Schwenke*, NJW 2018, 823 (825); *Schneider/Schindler*, ZD 2018, 463 (467).

1022 *Schröder*, ZD 2021, 302 (303).

1023 Siehe hierzu unter Kap. 3 A.IV.3.a.

1024 Insbesondere sieht VO EU 2019/2144 keine Sicherheitssysteme mit Bilddatenerfassung vor; a.A.: *Schröder*, ZD 2021, 302 (305).

Die Einwilligung nach Art. 6 Abs. 1 lit. a) DSGVO dürfte als Rechtsgrundlage fernliegend sein, da praktisch nicht umsetzbar.[1025] Es ist nicht möglich, jeden Verkehrsteilnehmer zur Abgabe einer Einwilligungserklärung aufzufordern.[1026] Der rein (wissentliche) Aufenthalt in einem videoüberwachten Bereich stellt keine Einwilligung dar.[1027] Auch die jederzeitige Widerrufbarkeit würde zu in der Praxis nicht lösbaren Problemen führen. Gleiches gilt, wenn der Verkehrsteilnehmer die Abgabe der Einwilligung verweigert.

Letztlich verbleibt damit als mögliche Rechtsgrundlage für die Bilddatenerfassung und –verarbeitung im Kfz nur die Interessenabwägung nach Art. 6 Abs. 1 lit. f) DSGVO.[1028] Die Erhöhung der Verkehrssicherheit sowie die Vereinfachung der Navigation des Kfz für den Fahrer durch entsprechende bilddatenverarbeitende Systeme stellen legitime Interessen dar. Im Rahmen der Abwägung kommt es auch hier entscheidend auf die Ausgestaltung der Systeme an. Werden Bilddaten zum Beispiel möglichst schnell wieder gelöscht und verbleiben diese ausschließlich im Kfz, ohne Übertragung an den Hersteller oder Dritte, dürften die widerstreitenden Interessen und Rechte der erfassten Personen als Betroffene nicht überwiegen.[1029] Anhaltspunkte für Grenzen der zulässigen Bilddatenerfassung im Rahmen von Kfz kann auch die Rechtsprechung zu den sogenannten dash cams geben. Hiernach wäre jedenfalls die Grenze überschritten, wenn Kfz anlasslos und permanent die gesamte Umwelt zu nicht definierten Zwecken erfassen und dauerhaft speichern.[1030] In jedem Fall bedarf es einer Einzelfallbetrachtung in Sinne einer Abwägungsentscheidung.[1031]

Auch die Grenzen einer – wie auch immer gearteten – Verarbeitung zu Sekundärzwecken dürften entsprechend eng sein. Zum Schutz unbeteiligter Verkehrsteilnehmer wären zumindest entsprechende Anonymisierungsmaßnahmen durch Verpixelung oder ähnliche Technik anzuwenden, sofern Bilddaten zum Beispiel in einem Verkehrshaftungsprozess verwendet werden sollten.

1025 So auch: DSK, Orientierungshilfe Videoüberwachung durch nicht-öffentliche Stellen, S. 14.

1026 So auch: *Klink*-Straub/*Straub*, NJW 2018, 3201 (3205).

1027 *Reuter*, ZD 2018, 564 (568).

1028 So auch: *Stoklas*, ZD-Aktuell 2018, 06268.

1029 So auch: *Schröder*, ZD 2021, 302 (305).

1030 BGH, Urt. v. 15.05.2018 – VI ZR 233/17.

1031 EDSA, Guidelines 03/2019 on processing of personal data through video devices, Rn. 32; *Schulz*, in: Gola/Heckmann, DSGVO/BDSG, Art. 6 DS-GVO Rn. 123.

IV. Wahrung von Transparenz und Betroffenenrechten

Schließlich müssen Hersteller auch hier die Anforderungen der DSGVO an Transparenz berücksichtigen und Betroffenenrechte erfüllen können.

1. *Umsetzung von Transparenz und Informationspflichten in Hinblick auf außenstehende Dritte*

Ob sich die Transparenz- und Informationspflichten nach Art. 13 oder Art. 14 DSGVO richten, hängt davon ab, ob die Erfassung durch Außenkameras als Direkt- oder Fremderhebung einzustufen ist. Relevanz hat dies, da Art. 14 DSGVO Ausnahmen von der Informationspflicht enthält, die Art. 13 DSGVO nicht vorsieht.[1032] Gerade in Hinblick auf die hier betroffene Personengruppe von nicht weiter definierten und begrenzbaren Verkehrsteilnehmern würde es eine Erleichterung für Verantwortliche darstellen, wenn sie die Informationspflichten wegen tatsächlicher Unmöglichkeit oder unverhältnismäßigem Aufwand nicht zu erfüllen hätten.[1033]

Nach überwiegender Auffassung handelt es sich bei der Videoüberwachung und Bilddatenerfassung um eine Direkterhebung nach Art. 13 DSGVO, da auch bei einer unbemerkten Aufnahme die Daten nicht von einer anderen Quelle als der betroffenen Person stammen.[1034] Eine Ausnahme von der Erfüllung der Informationspflichten scheidet daher aus. Insbesondere wird sich der Verantwortliche auch nicht auf Art. 11 Abs. 1 DSGVO berufen können, da für die Erfüllung der Informationspflichten eine Identifizierung der betroffenen Person nicht erforderlich ist, da diese auch durch entsprechende Hinweise am Ort der Überwachung bzw. an der Kamera erfolgen können.[1035]

Folglich sind die Informationspflichten nach Art. 13 DSGVO bei Erhebung zu erfüllen. Dies bedeutet für die praktische Umsetzung, dass Kfz von außen entsprechend kenntlich machen müssen, dass Kameras eingesetzt werden, zum

---

1032 Siehe hierzu unter Kap. 3 A.V.2.a.cc.

1033 *Schwartmann/Schneider*, in: Schwartmann/Jaspers/Thüsing/Kugelmann, DS-GVO, BDSG, Art. 13 Rn. 101.

1034 *Schwartmann/Schneider*, in: Schwartmann/Jaspers/Thüsing/Kugelmann, DS-GVO, BDSG, Art. 13 Rn. 102; Rn. 110; *Schulz*, in: Gola/Heckmann, DSGVO/BDSG, Art. 6 DS-GVO Rn. 125; EDSA, Guidelines 03/2019 on processing of personal data through video devices, Rn. 110; a.A. *Schröder*, ZD 2021, 302 (306), der eine Interaktionspflicht der betroffenen Person bei der Erhebung für die Anwendung von Art. 13 DSGVO voraussetzt und *Stoklas*, ZD-Aktuell 2018, 06268.

1035 *Reuter*, ZD 2018, 564 (569); a.A. wohl: *Stoklas*, ZD-Aktuell 2018, 06268.

Beispiel durch leicht sichtbare Piktogramme oder andere Warnhinweise.[1036] Zudem müssen weitere Informationen für betroffene Personen vorgehalten werden. Dies kann im Rahmen des zweistufigen Ansatzes[1037] vor allem dadurch geschehen, dass die wichtigsten Informationen auf dem Warnhinweis selbst dargestellt werden und Verantwortliche im Internet oder über eine Hotline zusätzliche Informationen bereithalten, die im Bedarfsfall von betroffenen Personen abgerufen werden können.[1038]

Ob diese Vorgehensweise tatsächlich zu mehr Transparenz beiträgt, ist aber zweifelhaft.[1039] Kfz bewegen sich in der Regel so schnell, dass Warnhinweise oder Piktogramme nur schwer wahrgenommen werden können. Wie Betroffenen dann in der Lage sein sollen, zusätzliche Informationen zur Kenntnis zu nehmen oder auch nur den Ort, an dem diese abrufbar sind, ist fraglich. Die für die „statische" Videoüberwachung gefundene Umsetzungslösung ist für sich bewegende Bilderfassungsobjekte weitgehend unbrauchbar. Hier sind Verantwortliche gefragt neue Lösungen zu entwickeln, soweit die DSGVO diese zulässt.

2. Umsetzung der Betroffenenrechte in Hinblick auf außenstehende Dritte

Personen, deren Daten von einer Bilderfassung betroffen sind, haben wie jede andere betroffene Person die Rechte aus Art. 15 – 21 DSGVO. Sie können also insbesondere Löschung der Daten oder Auskunft über gespeichertes Bildmaterial verlangen. Soweit die Datenverarbeitung auf Grundlage von Art. 6 Abs. 1 lit. f) DSGVO erfolgt, kann der betroffenen Person auch ein Widerspruchsrecht nach Art. 21 DSGVO zustehen.

Verantwortliche müssen Lösungen zur Erfüllung dieser Rechte finden. Es stellen sich insbesondere zwei Probleme: Zum einen müssen außenstehende Personen überhaupt einmal wissen, dass sie von einer Datenverarbeitung betroffen sind und ihnen entsprechende Rechte zu stehen. Dieser Punkt wird eigentlich durch die Informationspflichten sichergestellt, für deren Erfüllung in Hinblick auf Bilddaten der Umwelt aber wie bereits dargestellt derzeit keine Konzepte

1036 So auch: *von Bodungen*, in: Specht/Mantz (Hrsg.): Handbuch Europäisches und deutsches Datenschutzrecht, § 16 Rn. 49; *Werkmeister/Brandt*, RAW 2017, 99 (100).

1037 Siehe hierzu unter Kap. 3 A.V.2.a.bb.

1038 EDSA, Guidelines 03/2019 on processing of personal data through video devices, Rn. 111.

1039 So auch: *Werkmeister/Brandt*, RAW 2017, 99 (100) schon zur Kennzeichnungspflicht nach § 6b Abs. 2 BDSG a.F.

vorhanden sind. Könnte man diesen Punkt lösen, müssten Verantwortliche dann Prozesse entwerfen, die es ihnen erlauben, auf Anfragen von Personen entsprechend zu reagieren. Hier liegt die Schwierigkeit in der Masse der möglichen betroffenen Personen, der Sicherstellung der Authentifizierung solcher Anfragen und dann natürlich auch in der tatsächlichen Umsetzung von Löschungs- oder Auskunftsansprüchen. Gerade für Hersteller, die schon aus Gründen der Erforderlichkeit keinen Zugriff auf Bilddaten haben dürften, ergibt sich daraus ein unlösbarer Konflikt zwischen Erfüllung der Betroffenenrechte und Wahrung der Rechtmäßigkeit der Verarbeitung.

Auch das Widerspruchsrecht, also hier konkret die nachträgliche Unkenntlichmachung einzelner Personen, dürfte für Hersteller als Verantwortliche praktisch nicht umsetzbar sein.

3. *Ergebnis*

Für die Bilddatenerfassung, durch welche eine unbestimmte Anzahl von Personen betroffen ist, die sich außerhalb des Kfz aufhalten, muss die Umsetzbarkeit der Transparenzpflichten sowie der Betroffenenrechte bezweifelt werden. Sie verfehlen zumindest in diesem Szenario ihre Schutzwirkung für die in Artikel 7 und 8 GrCh niedergelegten Rechtsgüter.

Es erscheint daher sinnvoller, die Rechte und Freiheiten betroffener Personen auf der Ebene der technischen Ausgestaltung zu schützen, indem Bildaufnahmen der Umwelt nur dort eingesetzt werden, wo andere, anonym wirkende Verfahren zur Erfassung der Außenwelt (wie z.B. Radarsensoren) nicht ausreichen. Werden Bildaufnahmen für reine Assistenzfunktionen wie die Verkehrszeichenerfassung eingesetzt, muss die Technik so ausgestaltet sein, dass diese einen möglichst geringen Eingriff in die Rechte und Freiheiten der erfassten Personen darstellt. Dies kann durch Einschränkung des erfassten Bereiches, automatisierte Unkenntlichmachung von Gesichtern und Kfz-Kennzeichen sowie – vor allen Dingen – kurzfristige Löschung und ausschließliche Verarbeitung der Bilddaten im Kfz ohne Übertragung an Dritte, sichergestellt werden.

V. Zusammenfassung der Ergebnisse für die Verarbeitung von Daten Dritter außerhalb des Kfz

Das in diesem Szenario untersuchte Phänomen der bildlichen Erfassung eines quasi unbegrenzten und unbekannten Personenkreises stellt Verantwortliche vor große Herausforderungen und bringt auch die Regelungen der DSGVO an ihre Grenzen.

Für die im Rahmen der Sicherheit- und Assistenzsysteme erforderliche Erfassung der Umwelt über Sensoren und Kamerabilder sind die Hersteller als datenschutzrechtlich Verantwortliche einzustufen. Eine Verantwortlichkeit von Fahrer, Eigentümer oder Halter scheitert zwar nicht schon an der Haushaltsausnahme, da diese für die Erfassung des öffentlichen Raums in der Regel nicht gilt. Allerdings sind diese für die Verarbeitung zum Primärzweck der Bereitstellung der Sicherheits- und Assistenzsysteme nicht als Verantwortliche anzusehen, wenn sie weder die technische Ausgestaltung noch den Einsatz der Bilddaten beeinflussen können. Sollten sie Zugriff auf die Bilddaten haben und diese zu Sekundärzwecken einsetzen (zum Beispiel als Verwendung einer dash cam), sind sie hierfür datenschutzrechtlich verantwortlich.

Als Rechtsgrundlage kommt primär die Interessenabwägung nach Art. 6 Abs. 1 lit. f) DSGVO in Betracht, wenn die Art und Weise der Bilddatenerfassung auf das für den Betrieb der einzelnen Funktionen erforderliche Maß beschränkt ist, was für den Einzelfall festzustellen ist.

In Bezug auf die Wahrung von Transparenz und Betroffenenrechten sind die in der DSGVO niedergelegten Pflichten wohl weder erfüllbar noch sinnvoll. Zur Wahrung der Rechte und Freiheiten betroffener Personen müssen andere (technische) Lösungskonzepte gefunden werden.

E. Ergebnis der Untersuchungen

Die Untersuchung hat gezeigt, dass sich Probleme beim Umgang mit Drittbetroffenendaten insbesondere bei der Frage des Personenbezugs, der Rechtsgrundlagen sowie der praxistauglichen Umsetzung der Transparenzpflicht sowie der Betroffenenrechte ergeben. Weniger problematisch ist hingegen die Einordnung der Verantwortlichen sowie der betroffenen Personen. Über die Definition von Art. 4 Nr. 7 DSGVO lässt sich zumindest für die hier untersuchten Phänomene entscheiden, welcher Akteur jeweils als Verantwortlicher anzusehen ist. Schwierigkeiten ergeben sich lediglich, wenn eine gemeinsame Verantwortlichkeit mehrerer Akteure im Raum steht, da es dann auf die konkrete Ausgestaltung der jeweiligen Rollen und Entscheidungshoheiten ankommt. Hier aber helfen zumindest die durch den EuGH bislang aufgestellten Konkretisierungen[1040] bezüglich des Vorliegens gemeinsamer Verantwortlichkeiten weiter und geben gute Leitlinien für die Beurteilung.

Im Übrigen lassen sich die folgenden Problempunkte zusammenfassen:

Personenbezug

1040 Siehe hierzu unter Kap. 3 A.II.1.b.

Aufgrund der Vielzahl verschiedener Akteure, der in vielen Fällen arbeitsteiligen Verarbeitung von Daten sowie der Menge an verarbeiteten Daten aus und im Kfz, ist zunächst schon eine Abgrenzung zwischen rein technischen Daten und personenbezogenen Daten schwierig. Im Ergebnis werden aber – und dies gilt im Hinblick auf die voranschreitende Automatisierung und Vernetzung von Kfz umso mehr – nur im Ausnahmefall Daten als rein technisch zu kategorisieren sein. Nämlich immer nur dann, wenn es sich um reine Sensordaten handelt, die nur den Zweck haben, eine Aktion auszulösen und sodann sofort, unwiederbringlich und ohne das VAF zu verlassen, gelöscht werden. Wie gezeigt, trifft dies nur auf sehr wenige Daten zu[1041], da Automatisierung und Vernetzung zumeist eine Weiterverarbeitung von Daten in anderen Systemen erfordern und damit die Voraussetzung schon nicht mehr erfüllt ist.

Als weiteres Problem tritt die Auslegung des Begriffs des Personenbezugs hinzu. Nachdem man im ersten Schritt festgestellt hat, welche Daten generell personenbezogen sein können, und nicht nur rein technischer Natur sind, muss anschließend entschieden werden, ob der jeweilige Verantwortliche die Daten einer identifizierten oder identifizierbaren Person zuordnen kann. Zum einen ist – auch nach dem Breyer Urteil des EuGH – bislang nicht geklärt, welcher Verursachungsbeitrag ein Dritter, der die betreffende Person identifizieren kann, an der tatsächlichen oder zumindest beabsichtigten Identifizierung leisten muss.[1042] Zum anderen stellt sich in Bezug auf vernetzte und automatisierte Kfz die Frage, wodurch tatsächlich Identifizierungsmöglichkeiten des jeweiligen Verantwortlichen bestehen und wie damit umzugehen ist, wenn zwar die Zuordnung zu „irgendeiner" Person möglich ist, aber unklar bleibt, ob die Daten tatsächlich von dieser stammen oder sich auf diese beziehen.[1043] Die erste Frage konnte im Rahmen der Untersuchung durch eine Auslegung des Begriffs der Identifizierbarkeit dahingehend beantwortet werden, dass das Wissen Dritter dann zu berücksichtigen ist, wenn der Verantwortliche entweder tatsächlich oder mittels eines rechtlich durchsetzbaren Anspruchs hierauf zugreifen kann.[1044] Zur Beantwortung der zweiten Frage wurden für jede Drittbetroffenenkategorie verschiedene konkrete Möglichkeiten der Identifizierung diskutiert. Auch wenn durchaus Möglichkeiten bestehen, ist in den meisten Fällen weiterhin problematisch, dass Verantwortliche zwar die bei ihnen registrierten und bekannten Personen (meist sind dies Eigentümer, Halter oder Hauptnutzer des Kfz) identifizieren

1041 Siehe hierzu unter Kap. 3 A.I.1.b.cc.
1042 Siehe hierzu unter Kap. 3 A.I.1.b.aa. (1) und (2).
1043 Siehe hierzu unter Kap. 3.A.I.1.b.bb.
1044 Siehe hierzu unter Kap. 3.A.I.1.b.aa. (2).

können, aber wiederum nicht die tatsächlichen Drittbetroffenen (also Fahrer und Mitfahrer). Daten werden daher zwangsläufig der bekannten Person zugeordnet, was sie personenbezogen machen, aber auf der Ebene der Betroffenenrechte zu großen Schwierigkeiten führen kann.

Zudem führt dies dazu, dass Daten aus und im Kfz generell als personenbezogen behandelt werden. Fraglich ist insoweit, ob das Kriterium des Personenbezugs im Kontext datenverarbeitender Kfz überhaupt zur Abgrenzung geeignet ist.

Zu den Rechtsgrundlagen

Fraglich bleibt auch weiterhin, ob und unter welchen Voraussetzungen Datenverarbeitungen im Kfz auf eine der Rechtsgrundlagen von Art. 6 DSGVO gestützt werden können.

Da Drittbetroffene zumeist nicht in einem direkten (Vertrags)Verhältnis zu Herstellern, Drittdienstanbietern oder kommerziellen Eigentümern/Haltern stehen, sind sie häufig nicht Partei eines Vertrages, der die Datenverarbeitungen im Kfz rechtfertigen könnte.

Auch außerhalb der DSGVO besteht derzeit nur in Form der eCall Verordnung eine Rechtsgrundlage für bestimmte Verarbeitungen, die über Art. 6 Abs. 1 lit. c) oder e) DSGVO legitimiert werden könnten. Hier bestehen insbesondere in Bezug auf erforderliche Verarbeitungen im Rahmen von Sicherheits- und Assistenzsystemen sowie Unfalldatenspeicher Defizite in der Umsetzung der Anforderungen von Art. 6 Abs. 3 DSGVO bei Rechtsgrundlagen außerhalb der DSGVO.[1045]

Damit verbleiben als mögliche Rechtsgrundlagen für die Verarbeitung von Drittbetroffenendaten im Kfz vor allem die Interessenabwägung nach Art. 6 Abs. 1 lit. f) sowie die Einwilligung. Beide Möglichkeiten stoßen in Bezug auf den vorliegenden Untersuchungsgegenstand an ihre Grenzen.[1046] Die Interessenabwägung erfordert eine Einzelfallentscheidung in Form einer Abwägungsentscheidung zwischen eigenen Interessen des Verantwortlichen und schutzwürdigen Rechten und Freiheiten betroffener Personen. Derzeit obliegt diese Prüfung gänzlich den Verantwortlichen, ohne dass der Gesetzgeber hier Konkretisierungen oder eigene Wertungen zur Verfügung stellt. Dies ist insbesondere deshalb misslich, da es so allein der Automobilbranche überlassen bleibt, einheitliche Standards zu finden. Diese sind aber für ein mobiles Produkt, wie das Kfz, welches überall verwendet werden kann, unbedingt erforderlich, um ein einheitliches Datenschutzniveau in der EU zu erreichen.

1045 Siehe hierzu unter Kap. 3. A.IV.3.b.

1046 Kritisch auch: *Steinrötter*, ZD 2021, 513 (515).

Die Einwilligung unterliegt – zu Recht – einigen Anforderungen in Hinblick auf Aufklärung, Freiwilligkeit und Nachweisbarkeit. Grundsätzlich können diese Anforderungen für Fahrer und Mitfahrer durch Nutzung entsprechender Einwilligungstechnologien im Kfz erfüllt werden. Nichtsdestotrotz stellt insbesondere die Aufklärung über die wesentlichen Umstände der Datenverarbeitung selbst gut durchdachte Lösungen vor erhebliche Probleme, da bei komplexen Funktionen eine klar verständliche Erklärung kaum möglich ist. In anderen Szenarien hingegen ist die Einwilligung praktisch überhaupt nicht umsetzbar: Wenn Daten Dritter in das Kfz übertragen oder Bildaufnahmen von Dritten außerhalb des Kfz aufgenommen werden, ist es nicht möglich, hierfür vorher eine Einwilligung einzuholen.

Zur Umsetzung von Transparenz und Betroffenenrechten

Schließlich sind die in der DSGVO definierten Anforderungen an die Transparenz von Datenverarbeitungen sowie an die Erfüllung von Betroffenenrechten nicht geeignet, die in Art. 7 und 8 GrCh geschützten Rechtspositionen zu stärken, da sie bei der Nutzung von datenverarbeitenden Kfz zu einer für Betroffene nicht zu überschauenden Masse an Informationen und Handlungsaufforderungen, zum Beispiel im Rahmen der Einwilligung, führen.[1047] Der von der DSGVO selbst geschaffene Konflikt zwischen umfassender und verständlicher Informationserteilung mündet bei komplexen Datenverarbeitungssystemen in einer Überforderung von betroffenen Personen. Die Gefahr, dass die von der DSGVO geforderten Datenschutzrechte zu lästigen Formalien verkommen, ist hoch. Unter solchen Bedingungen werden sich betroffene Personen eher für datenschutz*un*freundliche, aber bequemer zu erreichende Einstellungen entscheiden, als datenschutzfreundliche Varianten zu wählen, die eine gewisse Beschäftigung mit der Thematik erfordern. Damit wird das Ziel der DSGVO gerade verfehlt.

In anderen Szenarien, wie der Übertragung von Daten Dritter in das Kfz, sind die Anforderungen der DSGVO in Hinblick auf Transparenz und Betroffenenrechte schlichtweg nicht umsetzbar, da Personen betroffen sind, zu welchen Verantwortliche keinen Kontakt haben. Auch für die Erfassung von Dritten außerhalb des Kfz sind die derzeitigen Regelungen nicht umsetzbar, da Situationen entstehen, in welchen aufgrund der Flüchtigkeit der Begegnung mit datenverarbeitenden Kfz schlicht kein Raum für die Erfüllung besteht. Auch sieht die DSGVO für solche Situationen keine Ausnahmen vor. Unter solchen Umständen muss entweder eine gewisse Non-Compliance mit den datenschutzrechtlichen Anforderungen hingenommen

---

1047 So auch: *Husemann*, in: Roßnagel/ Hornung (Hrsg.), Grundrechtsschutz im Smart Car, S. 367 (378).

oder solche Datenverarbeitungen (die im Übrigen bereits heute in Form von Bilddatenerfassung durch Kfz längst Realität ist) eingestellt werden. Dies führt zwangsläufig zu Beschränkungen wünschenswerter Technologien und zur Hemmung von Innovationen.

Zusammenfassend lässt sich feststellen, dass der technologieneutrale Ansatz der DSGVO für die Datenverarbeitung im Rahmen moderner, vernetzter und automatisierter Kfz verfehlt ist, da die dort stattfindenden Datenverarbeitungen spezifischere Regelungen erfordern, um die dargestellten Probleme zu lösen.[1048]

1048 So i.E. auch: *Roßnagel/Hornung*, in: Roßnagel/ Hornung (Hrsg.), Grundrechtsschutz im Smart Car, S. 469 (473); *Husemann*, in: Roßnagel/ Hornung (Hrsg.), Grundrechtsschutz im Smart Car, S. 367 (380); *Grigorian/Tribess*, InTer 2020, 214 (220); *Kunnert*, CR 2016, 509 (516); *Roßnagel*, DuD 2015, 353 (357); *Lüdemann*, ZD 2015, 247 (254); *Bönninger*, in: Beiträge zum 52. VGT 2014, S. 229 (239); *Sydow/Kring*, ZD 2014, 271 (276) generell zum technologieneutralen Ansatz der DSGVO; *Cebulla*, ZD 2015, 507 (512) generell für Drittbetroffenendaten; *Specht*, GRUR Int. 2017, 1040 (1042) zur DSGVO und Big Data Anwendungen; *Reiter/Methner*, DSRITB 2014, 367 (375) und *Pohle/Zoch*, CR 2014, 409 (416) zum BDSG a.F.; a.A. *Weichert*, SVR 2014, 241 (247), der nur für bestimmte Funktionen spezifische Regelungen fordert.

Kapitel 4 Lösungsansätze

Die Untersuchung im vorangegangenen Kapitel hat gezeigt, dass vielfältige Probleme bei der Anwendung der DSGVO auf den Bereich vernetzter und automatisierter Kfz bestehen. Zur Lösung kommen im Wesentlichen zwei Wege in Betracht. Zum einen könnten Lösungen aus der DSGVO heraus bestehen, z.B. durch entsprechende, primärrechtskonforme Auslegung von Vorschriften, Bildung von Analogien bzw. teleologischer Reduktion oder durch Heranziehung des Datenschutz-durch-Technikgestaltung-Gedankens. Führt dies zu keiner Lösung, bleibt zum anderen der Erlass von bereichsspezifischen Vorschriften für den Umgang mit Drittbetroffenendaten im Kontext des vernetzten und automatisierten Fahrens.

Im Folgenden werden in der Literatur diskutierte Lösungsansätze in den Abschnitten A – D dargestellt und bewertet. Im Anschluss wird unter Abschnitt E ein eigener Lösungsansatz vorgestellt, der alle gefundenen Probleme im Sinne einer Gesamtlösung für den hier untersuchten Bereich vernetzter und automatisierter Kfz adressiert.

A. Lösungen für Probleme bezüglich der Anwendbarkeit des Datenschutzrechts

Die Frage, ob die verschiedenen in vernetzten und automatisierten Kfz verarbeiteten Daten Drittbetroffener dem Anwendungsbereich der DSGVO unterfallen, kann nicht immer eindeutig beantwortet werden. Das Problem ist, dass es hierbei häufig auf den konkreten Einzelfall ankommt, nämlich ob der Verantwortliche die betreffende Person entweder direkt oder über Zusatzwissen eines Dritten, auf welches er Zugriff hat, identifizieren kann. Diese Bewertung ist in manchen Fällen nicht eindeutig möglich, da aufgrund des komplexen Zusammenwirkens verschiedener Akteure gerade in Hinblick auf Drittbetroffene nicht klar ist, wer über welches Wissen verfügt und inwieweit in der Lage ist, verschiedene Informationen aus verschiedenen Quellen einer Person zuzuordnen. Auf der anderen Seite ist die Bejahung des Personenbezugs nicht immer naheliegend, obwohl sich aus einigen Informationen, die der Verantwortliche vielleicht nur einer Gruppe von Personen zuordnen kann (zum Beispiel der Gruppe „Fahrer"), dennoch negative Folgen für jede Person in dieser Gruppe ergeben können. So kann die anonymisierte Auswertung von Geschwindigkeitsdaten aus Navigationsanwendungen zunächst datenschutzrechtlich unbedenklich sein, aber dennoch eine Wirkung auf Einzelpersonen entfalten, wenn aufgrund der Auswertung an bestimmten Stellen Geschwindigkeitsüberwachungen installiert werden.[1049]

Zudem werden viele der Daten erst durch ihre Verkettung mit anderen Informationen und der Möglichkeit hieraus (Teil-)Profile zu erstellen, zu personenbezogenen Daten.[1050] Für Verantwortliche ist es daher schwierig, den Zeitpunkt zu bestimmen, ab welchem nicht personenbeziehbare Informationen zu personenbezogenen Daten werden. Rechtsunsicherheiten bei der Anwendung der DSGVO auf datenverarbeitende Kfz sind damit vorprogrammiert.

Solange Verantwortliche sich in einem gewissen rechtlichen Graubereich bewegen können, ist ein effektiver Schutz des Persönlichkeitsrechts betroffener Personen nicht sichergestellt. Bestes Beispiel ist die von der Automobilindustrie entwickelte Datenkategorisierung[1051], die einen Großteil der im Kfz verarbeiteten Daten als rein technische Daten einordnet und damit den Anwendungsbereich der DSGVO stark verkürzt, obwohl viele dieser Daten sehr wohl Personen zugeordnet werden können. Rechtsunsicherheiten können zum Nachteil für die betroffenen Personen ausgenutzt werden, um dem strengen Regime der DSGVO zu entkommen. Ein effektives Datenschutzrecht darf daher solche Unsicherheiten bei der Anwendung des Rechts nicht zulassen. Insoweit muss das Kriterium des Personenbezugs zumindest für den hier untersuchten Bereich vernetzter und automatisierter Kfz in Frage gestellt und gegebenenfalls durch mögliche Alternativen ersetzt werden. Solche Ansätze auf verschiedenen Ebenen werden nachfolgend dargestellt und diskutiert.

I. Abkehr vom Personenbezug als Abgrenzungskriterium

Um diese Schwächen des Kriteriums des Personenbezugs zu umgehen, werden in der Literatur alternative Abgrenzungstatbestände diskutiert. Da die DSGVO aber auf dem Begriff des personenbezogenen Datums aufgebaut ist, lassen sich diese Lösungsansätze derzeit nicht anwenden, sondern würden eine entsprechende Gesetzesänderung erfordern.

1049 Siehe hierzu die Weitergabe aggregierter Verkehrsdaten an die niederländische Polizei durch den Navigationsdienst TomTom: *Weichert*, ZD 2013, 251 (257 f.).

1050 Siehe hierzu unter Kap. 3 A.I.1.b.bb.; *Karg*, ZD 2012, 255 (258).

1051 Verband der Automobilindustrie, Datenschutz-Prinzipien für vernetzte Fahrzeuge (03.11.2014), S. 2, abrufbar unter: *www.vda.de/dam/vda/Medien/DE/Themen/Innovation-und-Technik/Vernetzung/Datenschutz-Prinzipien/VDA-Datenschutz-Prinzipien-2014/vda-datenschutzprinzipien-2014.pdf* (zuletzt abgerufen am 04.12.2022).

1. *Schutz vor Verarbeitungen mit „information-induced harms"*

Eine solche Alternative, die derzeit im Rahmen des durch den Europäischen Forschungsrat (ERC) geförderten Projekts INFO–LEG[1052] erforscht wird, verwirft den Personenbezug als Abgrenzungskriterium gänzlich. Stattdessen sollen jedes Datum und jede Information grundsätzlich als personenbezogen angesehen werden. Werden Daten so verwendet, dass hieraus „information-induced harms" entstehen, sollen hiergegen Rechtsbehelfe ergriffen werden können.[1053] „Information-induced harms" soll hierbei verstanden werden als jede individuelle oder öffentliche negative Konsequenz, die sich aus einer Datenverarbeitung ergibt.[1054] Dies ist ein der DSGVO fremder Ansatz, da der Schutz hierdurch zeitlich nach hinten verlagert wird. Daten werden nicht präventiv bereits bei der Verarbeitung geschützt, sondern erst über entsprechende Rechtsbehelfe, wenn sich aus der Verarbeitung negative Konsequenzen für Personen ergeben. In Bezug auf Drittbetroffenendaten hat dieser Ansatz sicherlich seinen Charm, denn Drittbetroffene sind sich häufig gar nicht bewusst, dass ihre Daten verarbeitet werden und in den meisten Fällen ist es ihnen wohl auch schlichtweg egal, solange kein Missbrauch stattfindet.[1055] Führt die Verarbeitung von Daten, die sie betreffen aber dazu, dass ihnen Schäden entstehen, könnten sie sich dagegen wehren und zwar unabhängig davon, ob es sich um personenbezogene Daten im Sinne der DSGVO handelt oder nicht. Hierzu wäre aber eine grundlegende Änderung der DSGVO notwendig.

2. *Zwecksetzung eines Verarbeitungsverfahrens als Abgrenzungskriterium*

Karg schlägt zur Lösung der Unsicherheiten des Kriteriums des Personenbezugs vor, primär auf die Zwecksetzung der Verarbeitung abzustellen. Das Pflichten- und Rechteregime des Datenschutzrechts soll hiernach nur dann zur Anwendung kommen, wenn Verarbeitungsverfahren Gefahren für das Persönlichkeitsrecht auslösen.[1056] Dies soll neben der Art der verwendeten Daten insbesondere anhand des Zwecks der Verarbeitung festgestellt werden.[1057] Zwecke,

1052 Siehe hierzu: *http://infolegproject.net/*
1053 *Purtova*, Law, Innovation and Technology 10/2018, S. 80.
1054 *Purtova*, Law, Innovation and Technology 10/2018, S. 80.
1055 Hierunter könnte z.B. die Speicherung von Kontaktdaten Dritter im Kfz fallen, siehe Kap. 3 C.
1056 *Karg*, ZD 2012, 255 (259).
1057 *Karg*, ZD 2012, 255 (259).

die zur Anwendung des Datenschutzrechts führen, bestehen dann, wenn das Verarbeitungsverfahren mit dem Ziel betrieben wird, auf die Rechte oder Interessen einer Person einzuwirken (Ergebnisbezug), Personen durch Klassifizierung zu bewerten (Bewertungsbezug) oder unmittelbar Aussagen über eine Person zu treffen (Inhaltsbezug).[1058]

Der Vorteil dieser Abgrenzungsmethode liegt zum einen darin, dass klare und eindeutige Kriterien oder Szenarien mithilfe der Zwecksetzung gebildet werden können. Die Frage nach dem Ziel ist für Verantwortliche leichter zu beantworten, als die Frage, welche Akteure Zugriff auf Daten haben, welche von ihnen Personen mit welchen Mittel und welcher Wahrscheinlichkeit identifizieren könnten und welche Schlussfolgerungen sich hieraus für den Personenbezug ergeben. Durch den Fokus auf die Gefährdungslage kann zudem sichergestellt werden, dass das strenge Schutzregime des Datenschutzrechts nur dann zur Anwendung kommt, wenn das Risiko für die betroffene Person dies erfordert. Für den Bereich vernetzter und automatisierter Kfz kann dies zu einem risiko- und interessenadäquaten Ausgleich führen, der aber wiederum eine entsprechende Verankerung im Gesetz erfordert.

II. Auslegung des Personenbezugs anhand einer zeitlichen Komponente

Ein weniger radikaler Ansatz wäre, den Personenbezug an eine zeitliche Komponente zu binden und diesen damit einzugrenzen und genauer zu definieren. *Brink/Eckhardt* wollen Daten erst dann dem Anwendungsbereich der DSGVO unterfallen lassen, wenn der Verantwortliche Daten tatsächlich einer Person zuordnet oder zuordnen kann.[1059] Hierfür soll es reichen, wenn der Verantwortliche nach „sicher absehbaren zukünftigen Kenntnisstand" Daten mit einer Person verknüpfen kann.[1060] In Bezug auf Drittbetroffenendaten würde dies das Problem lösen, dass der Verantwortliche im Vorfeld häufig nicht weiß, ob überhaupt noch andere Personen betroffen sind, da für ihn nicht ersichtlich ist, ob das Kfz oder der Dienst von mehreren Personen genutzt wird. Solange er die Daten deshalb nur dem ihm bekannten Hauptbetroffenen zuordnet, sind die Rechte Dritter, auch wenn sie tatsächlich die Datenerzeuger sind, nicht berührt. Sobald der Verantwortliche Daten dann aber richtigerweise dem Datenerzeuger

1058 *Karg*, ZD 2012, 255 (259 f.).
1059 *Brink/Eckhardt*, ZD 2015, 205 (211).
1060 *Brink/Eckhardt*, ZD 2015, 205 (211).

zuordnet oder zuordnen kann, sind diese direkt betroffen und die Daten als personenbezogene Daten des Dritten zu behandeln.

Dieses Ergebnis könnte ohne eine Verordnungsänderung durch eine teleologische Reduktion von Art. 4 Nr.1 DSGVO erreicht werden. Eine teleologische Reduktion nimmt der EuGH dann vor, wenn der Normtext zu weit gefasst ist und eine erforderliche Einschränkung vermissen lässt.[1061] Voraussetzung ist die Planwidrigkeit der überschießenden Regelung.

Eine solche ist für Art. 4 Nr. 1 DSGVO aber nicht zu erkennen: Die DSGVO verlangt, dass sich der Verantwortliche vor Beginn der Verarbeitung klar ist, ob er zum jetzigen Zeitpunkt oder in der Zukunft personenbezogene Daten verarbeitet. So hat der Verantwortliche vor Beginn der Verarbeitung eine entsprechende Risikobewertung durchzuführen (Art. 24 DSGVO) und bereits im Stadium der Entwicklung die Grundsätze Privacy-by-Design und Privacy-by-Default zu berücksichtigen (Art. 25 DSGVO). Auch Erwägungsgrund 26 Satz 4 DSGVO spricht gegen eine Planwidrigkeit der Regelung, da hiernach bei der Feststellung, ob Mittel nach allgemeinem Ermessen wahrscheinlich zur Identifizierung der natürlichen Person genutzt werden, alle objektiven Faktoren herangezogen werden sollen, wobei die zum Zeitpunkt der Verarbeitung verfügbare Technologie und technologische Entwicklungen zu berücksichtigen sind. Innerhalb dieser Grenze verlangt die DSGVO vom Verantwortlichen, dass er auch die Möglichkeit einer zukünftigen Identifizierbarkeit berücksichtigt, mit der Konsequenz, dass diese Daten von Anfang an als personenbezogen zu behandeln sind und es eben nicht erst auf eine tatsächlich erfolgte Identifizierung ankommen kann.[1062] Eine teleologische Reduktion in zeitlicher Hinsicht ist damit ausgeschlossen, sodass sich auch diese Lösung (derzeit) nicht aus der DSGVO selbst ergeben kann.

III. Anonymisierung von Daten

Da die DSGVO nicht auf anonyme oder anonymisierte Daten anwendbar ist (EG 26 S. 5 und 6 DSGVO)[1063], könnte eine Lösung schließlich darin liegen, entweder keine mit einer Person verknüpfbaren Daten zu erheben oder die Verknüpfung nach Erhebung und vor Weiterverarbeitung zu entfernen[1064]. Es handelt sich

---

1061 *Neuner*, in: Riesenhuber, Europäische Methodenlehre, § 12 Rn. 33.

1062 So auch: *Klar/Kühling*, in: Kühling/Buchner, DS-GVO/BDSG, Art. 4 Nr. 1 Rn. 24.

1063 Siehe hierzu Kap. 3 A.I.1.b.aa. (5).

1064 Zum Problem der nachträglichen Anonymisierung nach Erhebung: *Specht*, GRUR Int. 2017, 1040 (1047).

dann nicht um personenbezogene Daten, Verantwortliche unterliegen daher auch nicht dem strengen Pflichten- und Rechteregime des Datenschutzrechts.

Dieser Ansatz ist aber nur eingeschränkt brauchbar. Zum einen ist für einige Funktionen eine anonyme Verarbeitung von Daten nicht möglich, da sie gerader einer Verknüpfung mit einer bestimmbaren Person bedürfen. Das Abspeichern von Kontaktdaten im Kfz ist zum Beispiel nicht in anonymer Form möglich. Darüber hinaus haben Akteure, insbesondere wenn es um die Verwendung von Daten zu Sekundärzwecken geht, gegebenenfalls überhaupt kein Interesse an einer anonymen Verarbeitung, da es ihnen gerade darauf ankommt, bestimmte Personen gezielt anzusprechen (zum Beispiel im Rahmen von Marketing- oder Werbemaßnahmen).[1065] Die Anonymisierung aller Daten im automobilen Ökosystem ist daher meist nicht möglich oder nicht gewollt.

Dies führt zum zweiten Problem dieses Lösungsansatzes: An die Anonymisierung sind hohe Anforderungen zu stellen.[1066] Soll die Konsequenz sein, dass mit anonymen Daten quasi beliebig verfahren werden kann, muss sichergestellt werden, dass ein Personenbezug nicht herstellbar ist und Eingriffe in das Persönlichkeitsrecht nicht stattfinden. Technisch ist eine Anonymisierung umso schwieriger, desto komplexer und vielschichtiger der Verarbeitungszusammenhang ist. Die Gefahr der De-Anonymisierung ist umso größer, je mehr Daten im Verarbeitungssystem weiterhin personenbezogen gespeichert bleiben. Einige Stimmen gehen sogar davon aus, dass eine Anonymisierung von Daten im Zusammenhang mit verflochtenen Verarbeitungsvorgängen und einer großen Anzahl von Daten nicht möglich sei, da dort immer die Gefahr der De-Anonymisierung bestehe.[1067]

Wollte man die Anonymisierung im Rahmen vernetzter und automatisierter Kfz dennoch als Mittel einsetzen, ist dies jedenfalls nur mit einem technisch hohen Aufwand und erprobten Methoden zulässig.[1068] Nicht ohne Grund legt

---

1065 Siehe hierzu auch: *Hornung*, in: Roßnagel/Hornung (Hrsg.), Grundrechtsschutz im Smart Car, S. 109 (110).

1066 Hierzu ausführlich: *Jäschke/Rochow/Tewes/Vogel/Mertens/Reiter/Mether*: Für immer anonym: Wie kann die De-Anonymisierung verhindert werden?, S. 51 ff.

1067 *Purtova*, Law, Innovation and Technology 10/2018, S. 41 f. m.w.N; *Kumpf*, Smart Cars, S. 81.

1068 *Weichert*, ZD 2013, 251 (258) nennt zum Beispiel die Aggregation als geeignete Methode für Big Data Anwendungen; *Roßnagel*, ZD 2013, 562 (566) erachtet eine Aggregation für Big Data Anwendungen hingegen nicht für ausreichend; *Buchner*, DuD 2015, 372 (374); *Jäschke/Rochow/Tewes/Vogel/Mertens/Reiter/Mether*: Für immer anonym: Wie kann die De-Anonymisierung verhindert werden?, S. 65 schlagen einen unabhängigen Datentreuhänder für die Verwaltung anonymer Daten vor.

das japanische Datenschutzrecht Mechanismen für zulässige Anonymisierungsverfahren fest und fordert auch für anonyme Daten gewisse Schutzmaßnahmen (zum Beispiel in Form von Zusammenführungsverboten und Informationspflichten).[1069] Auch die Datenethikkommission der Bundesregierung fordert die Entwicklung von Standards für die Anonymisierung auf EU-Ebene.[1070]

Anonymisierung sollte dort, wo sie technisch sicher möglich, sinnvoll und geeignet ist, als Methode zur Einhaltung des Grundsatzes der Datenminimierung eingesetzt werden. Ein Allheilmittel für datenschutzrechtliche Probleme vernetzter und automatisierter Kfz ist die Anonymisierung hingegen nicht.

IV. Ergebnis

Es lässt sich festhalten, dass derzeit keine adäquaten Lösungen in Bezug auf die Fragen der Anwendbarkeit des Datenschutzrechts, die sich im Zusammenhang mit der Verarbeitung von Daten im und um vernetzte und automatisierte Kfz stellen, existieren. Das Merkmal des Personenbezugs stellt weiterhin das entscheidende Abgrenzungskriterium für die Anwendbarkeit des Datenschutzrechts dar.

B. Lösungen für Probleme bezüglich der Rechtsgrundlagen für die Verarbeitung von Drittbetroffenendaten

Auch in Hinblick auf die anwendbaren Rechtsgrundlagen hat die Untersuchung einige Probleme aufgezeigt. So können Verantwortliche die Verarbeitung von Drittbetroffenendaten häufig – je nach Verarbeitungszweck sowie konkreter Ausführung – nur auf eine Interessenabwägung nach Art. 6 Abs. 1 lit. f) DSGVO oder eine Einwilligung stützen. Beide Rechtsgrundlagen bergen für den Rechtsanwender Unsicherheiten, die es zu lösen gilt.[1071]

I. Konkretisierung von Art. 6 Abs. 1 lit. f) DSGVO

Im Rahmen der Interessenabwägung von Art. 6 Abs. 1 lit. f) DSGVO ist es erforderlich, dass der Verantwortliche für die konkrete Verarbeitungssituation sowie für die verschiedenen Drittbetroffenen das jeweilige berechtigte Interesse mit den Rechten und Freiheiten aller betroffenen Personen abwägt. Für Datenverarbeitungen im Rahmen vernetzter und automatisierter Kfz stößt dies aufgrund

1069 *Geminn/Laubach/Fujiwara*, ZD 2018, 413 (417 ff.).
1070 Gutachten der Datenethikkommission der Bundesregierung, S. 131.
1071 Siehe hierzu unter Kap 3 A. IV.2.b.cc. und Kap. 3 A.IV.5.b.hh.

der komplexen Strukturen in der Praxis schnell an Grenzen. Zudem bestehen Bedenken, dass die Industrie Rechtsunsicherheit und Gestaltungsspielräume bei der Anwendung von Art. 6 Abs. 1 lit. f) DSGVO zum Nachteil betroffener Personen ausnutzen könnte.[1072]

Als Lösung bieten sich vom Gesetzgeber erlassene Leitlinien zur Konkretisierung der Interessenabwägung an.[1073] So könnten bestimmte Verarbeitungssituationen beschrieben und geregelt werden, ob und unter welchen Umständen diese auf Art. 6 Abs. 1 lit. f) DSGVO gestützt werden können. Denkbar wäre es auch, Verarbeitungen zu beschreiben, in denen die Rechte und Interessen der betroffenen Personen überwiegen und daher Art. 6 Abs. 1 lit. f) DSGVO als Rechtsgrundlage nicht in Betracht kommt. Einen ähnlichen Mechanismus sieht die DSGVO bereits für die Datenschutzfolgenabschätzung vor. So sind die Aufsichtsbehörden nach Art. 35 Abs. 4 DSGVO verpflichtet, eine Liste mit Verarbeitungsvorgängen, für die eine Datenschutzfolgenabschätzung durchzuführen ist, zu veröffentlichen.[1074] Zusätzlich können nach Art. 35 Abs. 5 DSGVO auch Listen mit Verarbeitungsvorgängen veröffentlicht werden, für die keine Datenschutzfolgenabschätzung durchzuführen ist.[1075]

Ursprünglich wollte sich die Kommission im Gesetzgebungsverfahren die Befugnis einräumen lassen, die Anwendung von Art. 6 Abs. 1 lit. f) DSGVO für verschiedene Bereiche und Verarbeitungssituationen durch delegierte Rechtsakte näher zu regeln.[1076] Diese Befugnis wurde aber ersatzlos gestrichen, sodass – einen entsprechenden Willen des Gesetzgebers nunmehr vorausgesetzt – hierzu zunächst eine entsprechende Änderung der DSGVO erforderlich wäre.

1072 The European Consumer Organization, Protecting European consumers with connected and automated cars (2017), S. 7, abrufbar unter: *https://www.beuc.eu/publications/beuc-x-2017-138_dve_beuc_connected_autonomous_cars.pdf* (zuletzt abgerufen am 04.12.2022).

1073 *Frenzel*, in: Paal/Pauly, DSGVO BDSG, Art. 6 Rn. 31; *Kramer*, in: Auernhammer, DSGVO/BDSG, Art. 6 Rn. 69; *Specht*, GRUR Int. 2017, 1040 (1047).

1074 *Martini*, in: Paal/Pauly, DSGVO BDSG, Art. 35 Rn. 33; *Hansen*, in: Wolff/Brink, BeckOK DatenschutzR, 41. Ed. 1.11.2021, Art. 35 Rn. 31.

1075 *Martini*, in: Paal/Pauly, DSGVO BDSG, Art. 35 Rn. 38; *Hansen*, in: Wolff/Brink, BeckOK DatenschutzR, 41. Ed. 1.11.2021, Art. 35 Rn. 35.

1076 *Albers/Veit*, in: Wolff/Brink, BeckOK DatenschutzR, 41. Ed. 1.11.2021, Art. 6 Rn. 67.

II. Technische Lösungen für die Einwilligung

In Bezug auf die Einwilligung als Rechtsgrundlage hat die Untersuchung gezeigt, dass die wirksame Einholung in der Praxis entsprechende technische Lösungen für den gesamten Lebenszyklus erfordert.[1077] Soll die Einwilligung als Ausdruck der Selbstbestimmung die Verwendung persönlicher Daten durch Verantwortliche rechtfertigen, so muss man gerade im Rahmen komplexer Datenverarbeitungssysteme praxistaugliche, geeignete und adressatengerechte Lösungen finden. Hierbei müssen alle Phasen abgedeckt werden, von der Aufklärung über die Verarbeitung, über die Einholung bis zum Widerruf und dessen Folgen. Sonst verkommt die Einwilligung zu einer lästigen Formalität, die von betroffenen Personen mit möglichst geringem Aufwand und unreflektiert einfach nur erledigt wird.[1078]

Kumpf schlägt hierzu eine „Buttonlösung" vor.[1079] Hierzu wird ein physikalischer Druckknopf zentral im Fahrzeug platziert. Mittels Betätigung lässt sich die Verarbeitung aktivieren. Nach Beendigung der Fahrt oder bei einem Fahrerprofilwechsel schaltet sich die Funktion aus. Durch erneute Betätigung lässt sich die Verarbeitung deaktivieren, was einem Widerruf der Einwilligung gleichkommt. Erteilte Einwilligungen werden dem Fahrer über einen periodischen Hinweis im MMI angezeigt.

Hierdurch wird zwar das Problem des Widerrufs der Einwilligung gelöst, die rechtwirksame Einholung der Einwilligung kann hierdurch aber nicht sichergestellt werden. Da Generaleinwilligungen nicht wirksam sind, sind granulare Einwilligungserklärungen erforderlich. Aufgrund der Komplexität der Verarbeitungsvorgänge im VAF, der verschiedenen Verantwortlichen sowie der erforderlichen Vorabinformation vor Erteilung einer jeden Einwilligung dürfte der Fahrer vor Fahrtantritt eine geraume Zeit mit der Kenntnisnahme von Datenschutzerklärungen sowie der Betätigung des Knopfes beschäftigt sein. Zudem müsste dieses Prozedere – soweit das System nicht in der Lage ist, unterschiedliche Fahrer und damit „neue" Fahrer zu erkennen – vor jedem Fahrtantritt

1077 Siehe hierzu unter Kap. 3 A.IV.5.b.

1078 Aus diesem Grund wird die Einwilligung als Rechtsgrundlage auch kritisch gesehen: *Heckmann/Paschke*, in: Ehmann/Selmayr, DS-GVO, Art. 7 Rn. 17; *Buchner/Kühling*, in: Kühling/Buchner, DS-GVO/BDSG, Art. 7 Rn. 10 f.; *Specht*, GRUR Int. 2017, 1040 (1046); Art. 29-Datenschutzgruppe, Opinion 8/2014 on the recent developments on the Internet of Things, S. 7; EDSA, Guidelines 05/2020 on consent under Regulation 2016/679, Rn. 87 f.

1079 *Kumpf*, Smart Cars, S. 171 ff.

wiederholt werden. Auch der immer wiederkehrende Hinweis auf den Status erteilter Einwilligung setzt voraus, dass verschiedene Fahrer vom System erkannt werden und dürfte auf Dauer für den Fahrer auch eher ermüdend sein, als einen echten Mehrwert bringen.

Auch wenn durch die Möglichkeit, gewisse Funktionen und Datenverarbeitungen abzuschalten, eine Verwaltung von Einwilligungen durch den Fahrer über das MMI relativ einfach möglich ist, ist dies nur dann effektiv und trifft den jeweils richtigen Adressaten, wenn das System in der Lage ist, verschiedene betroffene Personen zu erkennen und die jeweils gültigen Einwilligungseinstellungen zuzuordnen.[1080] Nur so wird eine immer wiederkehrende „Belästigung“ mit Datenschutzhinweisen und Aufforderungen zur Abgabe von Erklärungen vermieden und der Einwilligung ein echter Wert zugemessen werden können. Ein solches System muss daher ganzheitlich gestaltet sein und sich nahtlos in die anderen Funktionen intelligenter Kfz eingliedern, um vom Nutzer akzeptiert zu werden.

III. Das 3-Stufen-Modell nach Schwichtenberg

Einen gänzlich anderen Ansatz für die Zulässigkeit von Datenverarbeitungen verfolgt *Schwichtenberg* mit seinem 3-Stufen-Modell. Anstatt der Zuweisung von Rechtsgrundlagen mit festgelegten Tatbeständen werden Datenverarbeitungsvorgänge in drei verschiedene Stufen eingeordnet, die verschiedene Wahrscheinlichkeiten eines Schadeneintritts für das Recht auf informationelle Selbstbestimmung darstellen und jeweils entsprechende Schutzmaßnahmen anordnen.[1081]

Der ersten Stufe werden Daten ohne Personenbezug zugeordnet, deren Verwendung nicht oder nur in Form von Vorsorgemaßnahmen zu regulieren ist.[1082] Daten aus und in vernetzten und automatisierten Kfz weisen aber einen Personenbezug auf und sind nicht der ersten Stufe zuzuordnen.[1083]

1080 So auch: *Brink/ Hertfelder*: in: Roßnagel/Hornung (Hrsg.), Grundrechtsschutz im Smart Car, S. 86; *Grigorian/Tribess*, InTer 2020, 214 (219).

1081 *Schwichtenberg*, in: Roßnagel/ Hornung (Hrsg.), Grundrechtsschutz im Smart Car, S. 253 (260 f.).

1082 *Schwichtenberg*, in: Roßnagel/ Hornung (Hrsg.), Grundrechtsschutz im Smart Car, S. 253 (260).

1083 *Schwichtenberg*, in: Roßnagel/ Hornung (Hrsg.), Grundrechtsschutz im Smart Car, S. 253 (263 f.).

Sie unterfallen vielmehr der zweiten und dritten Stufe. Der zweiten Stufe werden Verarbeitungen zugeordnet, die personenbezogene Daten enthalten aber nicht mit dem Zweck betrieben werden, Konsequenzen an eine Verhaltensweise oder ein persönliches Merkmal einer Person zu knüpfen.[1084] Solche Verarbeitungen sind zulässig, da der Einzelne aufgrund fehlender Konsequenzen nicht in seiner Verhaltensfreiheit beeinträchtigt wird, es sind aber gleichwohl Vorsorgemaßnahmen von Verantwortlichen zu treffen, um eine zweckwidrigen Verwendung zu verhindern.[1085] *Schwichtenberg* ordnet in diese Stufe vor allem Datenverarbeitungsvorgänge zum Betrieb intelligenter Fahrassistenzsysteme und Verkehrssysteme ein.[1086] Als Vorsorgemaßnahmen kommen insbesondere automatische Löschroutinen nach Erreichung des Verarbeitungszwecks und die Pseudonymisierung von Daten in Betracht.[1087]

In die dritte Stufe sind schließlich solche Verarbeitungen personenbezogener Daten einzuordnen, deren Zweck mit Konsequenzen für betroffene Personen verbunden ist.[1088] Solche Verarbeitungsvorgänge sind nur in Ausnahmefällen oder auf Grundlage einer Einwilligung zulässig.[1089] In Bezug auf vernetzte und automatisierte Kfz fallen hierunter nach *Schwichtenberg* der Einsatz von Unfalldatenspeichern sowie der Zugriff auf Daten zu Beweiszwecken im Straf- und Zivilverfahren.[1090]

Dieser Ansatz kann sicherlich helfen, die komplexen Datenverarbeitungsvorgänge im Rahmen vernetzter und automatisierter Kfz durch die klare, dreistufige Struktur in Hinblick auf ihre Zulässigkeit einzuordnen. Die Einordnung der einzelnen datenverarbeitenden Systeme und Funktionen in die jeweilige Stufe sowie die dann zu implementierenden Sicherungsmaßnahmen bleibt dennoch weiterhin dem Verantwortlichen überlassen, ohne diesbezüglich Konkretisierungen bereitzustellen. Auch ist fraglich, ob eine klare Einordnung bei

---

1084 *Schwichtenberg*, in: Roßnagel/ Hornung (Hrsg.), Grundrechtsschutz im Smart Car, S. 253 (264).

1085 Wie Fn. zuvor.

1086 *Schwichtenberg*, in: Roßnagel/ Hornung (Hrsg.), Grundrechtsschutz im Smart Car, S. 253 (265).

1087 *Schwichtenberg*, in: Roßnagel/ Hornung (Hrsg.), Grundrechtsschutz im Smart Car, S. 253 (266).

1088 *Schwichtenberg*, in: Roßnagel/ Hornung (Hrsg.), Grundrechtsschutz im Smart Car, S. 253 (266).

1089 Wie Fn. zuvor.

1090 *Schwichtenberg*, in: Roßnagel/ Hornung (Hrsg.), Grundrechtsschutz im Smart Car, S. 253 (267).

komplexen Verarbeitungen, an welchen verschiedene Akteure mit unterschiedlichen Interessen beteiligt sind, sinnvoll möglich ist. Darüber hinaus löst das 3-Stufen-Modell auch nicht die hier festgestellten, grundlegenden Probleme der Interessenabwägung sowie der Einwilligung,[1091] denn deren Wertungen sind auf der zweiten und dritten Stufe weiterhin anzuwenden.

IV. Ergebnis

Es lässt sich festhalten, dass derzeit keine Lösungen zur Konkretisierung der Rechtsgrundlagen in Bezug auf die Verarbeitung von personenbezogenen Daten im und um vernetzte und automatisierte Kfz bestehen. Auch die bislang vorgeschlagenen technischen Lösungsmöglichkeiten sind nicht ausreichend, um eine rechtssichere Anwendung der Rechtsgrundlagen der DSGVO zu gewährleisten.

C. Datenschutz durch Technikgestaltung

Die bislang dargestellten Lösungsansätze spielen sich auf der Ebene der Gesetzesänderung oder der Auslegung ab. Ein methodisch anderer Ansatz stellt „Datenschutz-durch-Technikgestaltung" dar, der die Lösung auf der Ebene der Ausgestaltung der datenverarbeitenden Systeme sucht.

Die Untersuchung hat gezeigt, dass sich insbesondere in Bezug auf die Informationspflichten sowie die Erfüllung der Betroffenenrechte große Umsetzungsprobleme im Kontext des vernetzten und automatisierten Fahrens ergeben. Diese Probleme sollen vor allem durch eine datenschutzfreundliche Gestaltung der Technik, Systeme und Funktionen des Kfz gelöst werden.[1092]

1091 Siehe hierzu unter Kap. 3 A. IV.2.b.cc und Kap. 3 A.IV.5.b.hh.

1092 *Kumpf*, Smart Cars, S. 175 ff.; *von Bodungen*, in: Specht/Mantz (Hrsg.): Handbuch Europäisches und deutsches Datenschutzrecht, § 16 Rn. 42 ff *Hornung*, DuD 2015, 359 (366); *Hansen*, DuD 2015, 367 (371); *Buchner*, DuD 2015, 372 (377); *v. Schönfeld*, DAR 2015, 617 (621); EDSA, Guidelines 01/2020 on processing personal data in the context of connected vehicles and mobility related applications Rn. 68 ff; Entschließung der 88. Konferenz der Datenschutzbeauftragten des Bundes und der Länder am 08. und 09.10.2014 in Hamburg: Datenschutz im Kraftfahrzeug-Automobilindustrie ist gefordert, abrufbar unter: *www.bfdi.bund.de/SharedDocs/Publikationen/Entschliessungssammlung/DSBundLaender/88DSK_DatenschutzImKfz.pdf;jsessionid=D19DFD68556AD7C81C0288D1AFD04E54.2_cid319?__blob=publicationFile&v=5* (zuletzt abgerufen am 04.12.2022); 39th International Conference of Data Protection an Privacy Commissioners, Resolution on Data Protection in automated an connected vehicles, Hong Kong, 25.-29.9.2017, abrufbar unter: https://edps.europa.eu/sites/default/files/publication/resolution-on-data-protection-in-automated-and-connec

Ähnliche Forderungen werden auch in Bezug auf das kanadische Datenschutzrecht gestellt, was zeigt, dass ein rechtsraumübergreifendes Bedürfnis nach einheitlichen Lösungen für datenverarbeitende Kfz besteht.[1093]

Strenggenommen stellt eine datenschutzfreundliche Technikgestaltung keinen eigenen Lösungsansatz dar, da diese ausdrücklich in Art. 25 DSGVO in Form von Privacy-by-Design und Privacy-by-Default von Verantwortlichen gefordert wird.[1094] Welche Maßnahmen genau geeignet sein sollen, um diese Grundsätze zu erfüllen, wird im Sinne der Technikneutralität der DSGVO nicht näher konkretisiert.[1095] Lediglich in EG 78 Satz 3 DSGVO werden die Arten möglicher Maßnahmen umschrieben.[1096] Demnach können solche Maßnahmen unter anderem darin bestehen, dass die Verarbeitung personenbezogener Daten minimiert wird, personenbezogene Daten so schnell wie möglich pseudonymisiert werden, Transparenz hinsichtlich der Verarbeitung personenbezogener Daten hergestellt wird, der betroffenen Person ermöglicht wird, die Verarbeitung personenbezogener Daten zu überwachen, und der Verantwortliche in die Lage versetzt wird, Sicherheitsfunktionen zu schaffen und zu verbessern.[1097] Der EDSA hält daher auch in seiner Leitlinie zu vernetzten Kfz fest, dass spezifische Anleitungen dazu, wie Hersteller und Dienstanbieter den Datenschutz durch Technikgestaltung und durch Voreinstellungen realisieren könnten, für die Branche von Vorteil seien.[1098] Punkte, die hierzu von verschiedenen Autoren und Stellen gefordert werden, sind: Daten sollten soweit wie möglich im Kfz selbst gespeichert und verarbeitet und nur in Ausnahmefällen an das Backend des Herstellers oder Dritte übertragen werden[1099]; wenn Daten übertragen werden, sollten sie

---

ted-vehicles_en_1.pdf (abgerufen am 02.03.2021); Gutachten der Datenethikkommission der Bundesregierung, S. 116 ff.

1093 British Columbia Freedom of Information and Privacy Association, The connected car: Who is in the driver's seat?, S. 119 f.

1094 *Paulus*, in: Wolff/Brink, BeckOK DatenschutzR, 41. Ed. 01.11.2021, Art. 25 Vorbemerkung; *Martini*, in: *Paal*/Pauly, DS-GVO BDSG, Art. 25 Rn. 1; EDSA, Guidelines 04/2019 on Article 25 Data Protection by Design and by Default, Rn. 6.

1095 *Martini*, in: Paal/Pauly, DS-GVO BDSG, Art. 25 Rn. 27; *Kerber/Keppeler* in: Schwartmann/Jaspers/Thüsing/Kugelmann, DS-GVO/BDSG, Art. 25 Rn. 35.

1096 *Paulus*, in: Wolff/Brink, BeckOK DatenschutzR, 41. Ed. 01.11.2021, Art. 25 Rn. 11.

1097 *Paulus*, in: Wolff/Brink, BeckOK DatenschutzR, 41. Ed. 01.11.2021, Art. 25 Rn. 11.

1098 EDSA, Guidelines 01/2020 on processing personal data in the context of connected vehicles and mobility related applications, Rn. 68.

1099 *von Bodungen*, in: Specht /Mantz (Hrsg.): Handbuch Europäisches und deutsches Datenschutzrecht, § 16 Rn. 43; *Roßnagel/Hornung*, in: Roßnagel/Hornung (Hrsg.), Grundrechtsschutz im Smart Car, S. 469 (476); *Pohle/Zoch*, CR 2014, 409 (411);

soweit möglich anonymisiert oder pseudonymisiert sein[1100]; nur die Daten, die für eine Funktion unbedingt erforderlich sind, sollten voreingestellt verarbeitet werden (Aktivierbarkeit bzw. Deaktivierbarkeit von Funktionen)[1101]; Betroffene sollten in der Lage sein, Daten zu löschen und sie sollten direkten Zugang zu den Daten haben[1102]; schließlich sollten Datenschutzfolgenabschätzungen nach Art. 35 DSGVO bereits im Entwicklungsprozess durchgeführt werden[1103].

Ein konkreterer Ansatz wird unter dem Stichwort Privacy Wizard, oder Datenschutzassistent diskutiert.[1104] Hierdurch soll es für Betroffene möglich sein, sich im Sinne eines Self-Service-Portals über das MMI benötigte Informationen bzw. Auskünfte über die Verarbeitung zu beschaffen oder Daten zum Beispiel selbst löschen zu können.[1105] Jeder Fahrer soll in die Lage versetzt werden,

---

EDSA, Guidelines 01/2020 on processing personal data in the context of connected vehicles and mobility related applications, Rn. 70; International Working Group on Data Protection in Telecommunications, Connected Vehicles, 63. Sitzung, Budapest, 9.-10.4.2018, Nr. 49, abrufbar unter: *www.datenschutz-berlin.de/fileadmin/user_upload/pdf/publikationen/working-paper/2018/2018-IWGDPT-Working_Paper_Connected_Vehicles.pdf* (zuletzt abgerufen am 04.12.2022).

1100 *von Bodungen*, in: Specht /Mantz (Hrsg.): Handbuch Europäisches und deutsches Datenschutzrecht, § 16 Rn. 44 f.; *Roßnagel/Hornung*, in: Roßnagel/Hornung (Hrsg.), Grundrechtsschutz im Smart Car, S. 469 (476); EDSA, Guidelines 01/2020 on processing personal data in the context of connected vehicles and mobility related applications Rn. 76 ff.

1101 *Bönninger/Eichelmann/Methner*, in: Roßnagel/Hornung (Hrsg.), Grundrechtsschutz im Smart Car, S. 355 (360); *Pohle/Zoch*, CR 2014, 409 (411); EDSA, Guidelines 01/2020 on processing personal data in the context of connected vehicles and mobility related applications, Rn. 74; International Working Group on Data Protection in Telecommunications, Connected Vehicles, 63. Sitzung, Budapest, 9.-10.4.2018, Nr. 51, abrufbar unter: siehe Fn. 1070.

1102 *Roßnagel/Hornung*, in: Roßnagel/Hornung (Hrsg.), Grundrechtsschutz im Smart Car, S. 469 (477); EDSA, Guidelines 01/2020 on processing personal data in the context of connected vehicles and mobility related applications, Rn. 74; International Working Group on Data Protection in Telecommunications, Connected Vehicles, 63. Sitzung, Budapest, 9.-10.4.2018, Nr. 52, 55, abrufbar unter: siehe Fn. 1070.

1103 EDSA, Guidelines 01/2020 on processing personal data in the context of connected vehicles and mobility related applications, Rn. 79.

1104 British Columbia Freedom of Information and Privacy Association, The connected car: Who is in the driver's seat?, S. 119; *Asaj*, DuD 2011, 558 (564).

1105 *Bönninger/Eichelmann/Methner*, in: Roßnagel/Hornung (Hrsg.), Grundrechtsschutz im Smart Car, S. 355 (362); *Roßnagel/Hornung*, in: Roßnagel/Hornung (Hrsg.), Grundrechtsschutz im Smart Car, S. 469 (474 f.); *Hansen*, in: Roßnagel/Hornung (Hrsg.), Grundrechtsschutz im Smart Car, S. 273 – 291 (289); Europäische

die Datenschutzeinstellungen individuell anpassen zu können, zum Beispiel indem sich datenverarbeitende Funktionen aktivieren oder deaktivieren lassen.[1106] Auch die Verwaltung von Einwilligungen kann hierüber verwirklicht werden.[1107] Die getroffenen Datenschutzeinstellungen im Kfz könnten zudem zukünftig auch als automatisiertes Widerspruchsverfahren nach Art. 21 Abs. 5 DSGVO angesehen werden, soweit die Branche sich auf herstellerübergreifende technische Spezifikationen verständigen kann.[1108]

Voraussetzung für die Nutzung solcher Datenschutzassistenten ist, dass die Daten verschiedener Betroffener getrennt voneinander gespeichert werden.[1109] Hierzu ist es notwendig, dass jeder Fahrer ein eigenes Profil erstellt und dieses vor jeder Fahrt dem richtigen Fahrer zugeordnet wird (zum Beispiel über eine Anmeldung oder eine automatische Erkennung des Fahrers durch die Smart Cabin Technologie)[1110]. Dadurch kann dem Betroffenen über den gesamten Nutzungszyklus ein technischer Assistent zur Verfügung gestellt werden, der Informationen erteilt, Einwilligungen verwaltet und die Ausübung der Rechte nach Art. 15 – 21 DSGVO ermöglicht.

Grundvoraussetzung ist aber, dass Betroffene sich selbst disziplinieren und sich vor- und nach dem Fahrtvorgang an- bzw. abmelden und auch bereit sind, Zeit in die vielen verschiedenen Individualisierungsmöglichkeiten zu investieren. Ob dieser Ansatz daher praxistauglich ist, müsste sich erst zeigen. Zudem wäre dies auch nur eine Lösung für Drittbetroffene, die sich im Kfz befinden,

---

Kommission, Report on Ethics of Connected and Automated Vehicles (2020), S. 36; eine entsprechende Datenschutzarchitektur wurde ausführlich im Projekt SeDaFa erforscht, hierzu: *Krauß*, in: Roßnagel/Hornung (Hrsg.), Grundrechtsschutz im Smart Car, S. 227 (240 ff.).

1106 *Bönninger/Eichelmann/Methner*, in: Roßnagel/Hornung (Hrsg.), Grundrechtsschutz im Smart Car, S. 355 (361 f.).

1107 *Brockmeyer*, in: Hoeren/Sieber/Holznagel (Hrsg.), Multimedia Recht, 56. EL Mai 2021, Teil 15.5 Rn. Rn. 36; International Working Group on Data Protection in Telecommunications, Connected Vehicles, 63. Sitzung, Budapest, 9.-10.4.2018, Nr. 48, abrufbar unter: *www.datenschutz-berlin.de/fileadmin/user_upload/pdf/publikationen/working-paper/2018/2018-IWGDPT-Working_Paper_Connected_Vehicles.pdf* (zuletzt abgerufen am 04.12.2022).

1108 *Atzert*, in: Schwartmann/Jaspers/Thüsing/Kugelmann, DS-GVO, BDSG, Art. 21 Rn. 106.

1109 Siehe hierzu unter Kap. 3 A.V.3.b.ff.

1110 *Bönninger/Eichelmann/Methner*, in: Roßnagel/Hornung (Hrsg.), Grundrechtsschutz im Smart Car, S. 355 (361); *Brockmeyer*, in: Hoeren/Sieber/Holznagel (Hrsg.), Multimedia Recht, 56. EL Mai 2021, Teil 15.5 Rn. 36.

also für Fahrer, Mitfahrer und gegebenenfalls andere Passagiere. Drittbetroffene, die sich außerhalb des Kfz befinden oder deren Daten im Kfz ohne deren Mitwirkung oder Wissen genutzt werden, könnte ein solcher Datenschutzassistent nicht helfen.

Ein weiteres Problem, welches auch durch einen Datenschutzassistenten nur bedingt gelöst werden kann, liegt zudem in der Erfüllung der Informationspflichten nach Art. 13 und 14 DSGVO sowie im Falle der Einwilligung in der vorherigen Aufklärung über wesentliche Aspekte der Datenverarbeitung. Diesbezüglich wurden bereits verschiedene Möglichkeiten dargestellt:[1111] So können, für einen schnellen Überblick gemäß Art. 12 Abs. 7 DSGVO standardisierte Bildsymbole zusätzlich zu den Informationen verwendet werden; auch eine abgeschichtete Informationserteilung über verschiedene Medien wie Onlinedienste und Portale, Betriebshandbücher und Funktionsanzeigen im Fahrzeug[1112] ist grundsätzlich möglich, in der Praxis aber schwierig umsetzbar.

Zusammenfassend können situations- und risikoadäquate Informationen in abgeschichteter Form die Transparenz steigern. Der der DSGVO immanente Konflikt zwischen verständlicher und umfassender Informationserteilung lässt sich aber aufgrund der hohen Komplexität der Datenverarbeitungen in vernetzten und automatisierten Kfz auch durch geschickte Gestaltung nicht vollständig lösen.[1113]

D. Selbstregulierung durch Verhaltensregeln

Sörup/Marquardt schlagen schließlich zur Lösung der Anwendungsprobleme der DSGVO im Bereich vernetzter und automatisierter Kfz vor, Verhaltensregeln nach Art. 40 DSGVO anzuwenden.[1114]

Hiernach können Verbände und andere Vereinigungen, die Kategorien von Verantwortlichen oder Auftragsverarbeitern vertreten, Verhaltensregeln ausarbeiten, ändern oder erweitern, mit denen die Anwendung der DSGVO präzisiert

---

1111 Siehe ausführlich und mit Fundstellennachweis hierzu unter Kap 3. A.V.2.b.

1112 Verband der Automobilindustrie, Datenschutz-Prinzipien für vernetzte Fahrzeuge (03.11.2014), S. 2, abrufbar unter: *www.vda.de/dam/vda/Medien/DE/Themen/Innovation-und-Technik/Vernetzung/Datenschutz-Prinzipien/VDA-Datenschutz-Prinzipien-2014/vda-datenschutzprinzipien-2014.pdf* (zuletzt abgerufen am 04.12.2022).

1113 So auch: *Husemann*, in: Roßnagel/Hornung (Hrsg.), Grundrechtsschutz im Smart Car, S. 367 (378).

1114 *Sörup/Marquardt*, ZD 2015, 310.

wird.[1115] Beispielhaft nennt Art. 40 Abs. 2 DSGVO folgende hier relevante Punkte, die konkretisiert werden können:[1116]

- faire und transparente Verarbeitung;
- die berechtigten Interessen des Verantwortlichen in bestimmten Zusammenhängen;
- Erhebung personenbezogener Daten;
- Pseudonymisierung personenbezogener Daten;
- Ausübung der Rechte betroffener Personen.

Die Verhaltensregeln müssen von der zuständigen Aufsichtsbehörde, bzw. falls die Verhaltensregeln in mehreren Mitgliedstaaten Anwendung finden sollen (was für Kfz durchaus sinnvoll wäre), zusätzlich vom EDSA auf Vereinbarkeit mit der DSGVO überprüft und genehmigt werden.[1117] Zusätzlich kann die Kommission den Verhaltensregeln gemäß Art. 40 Abs. 9 DSGVO allgemeine Gültigkeit zuerkennen.[1118] Da die DSGVO keine Rechtsfolge an die Allgemeingültigkeitserklärung knüpft, ist deren Rechtswirkung unklar und umstritten.[1119] Die Meinungen reichen von einer normativen Wirkung mit entsprechender Bindung der Gerichte und Behörden[1120] bis zu einer bloßen europaweiten Genehmigung

1115 *Jungkind*, in: Wolff/Brink, BeckOK DatenschutzR, 41. Ed. 01.11.2021, Art. 40 Rn. 9; *Reifert*, ZD 2019, 305 (306).

1116 *Jungkind*, in: Wolff/Brink, BeckOK DatenschutzR, 41. Ed. 01.11.2021, Art. 40 Rn. 13; *Paal/Kumkar*, in: Paal/Pauly, DS-GVO BDSG, Art. 40 Rn. 13; *Schwartmann/Weiß*, RDV 2016, 240 (241); *Spindler*, ZD 2016, 407 (408); *Wolff*, ZD 2017, 151 (151).

1117 *Jungkind*, in: Brink/Wolff, BeckOK Datenschutzrecht, 41. Ed. 01.11.2021, Art. 40 Rn. 19 u. 22a; *Paal/Kumkar*, in: Paal/Pauly, DS-GVO BDSG, 3. Auflage 2021, Art. 40 Rn. 21; *Schwartmann/Weiß*, RDV 2016, 240 (242); *Spindler*, ZD 2016, 407 (408); *Wolff*, ZD 2017, 151 (151).

1118 *Jungkind*, in: Wolff/Brink, BeckOK DatenschutzR, 41. Ed. 01.11.2021, Art. 40 Rn. 23; *Schwartmann/Gennen*, in: Schwartmann/Jaspers/Thüsing/Kugelmann, DS-GVO, BDSG, Art. 40 Rn. 90; *Paal/Kumkar*, in: Paal/Pauly, DS-GVO BDSG, Art. 40 Rn. 28; *Reifert*, ZD 2019, 305 (309); *Spindler*, ZD 2016, 407 (408); *Wolff*, ZD 2017, 151 (151).

1119 *Jungkind*, in: Wolff/Brink, BeckOK DatenschutzR, 41. Ed. 01.11.2021, Art. 40 Rn. 32; *Paal/Kumkar*, in: Paal/Pauly, DS-GVO BDSG, Art. 40 Rn. 28a; *Spindler*, ZD 2016, 407 (410 f.); *Wolff*, ZD 2017, 151 (153).

1120 *Jungkind*, in: Wolff/Brink, BeckOK DatenschutzR, 41. Ed. 01.11.2021, Art. 40 Rn. 32; *Paal/Kumkar*, in: Paal/Pauly, DS-GVO BDSG, Art. 40 Rn. 28a; *Reifert*, ZD 2019, 305 (309); *Wolff*, ZD 2017, 151 (153).

ohne Bindungswirkung[1121]. Die Überwachung der Einhaltung der genehmigten Verhaltensregeln erfolgt durch eine nach Art. 41 DSGVO entsprechend akkreditierte Stelle.[1122] Hierzu müssen die Verhaltensregeln Verfahren vorsehen, die die Überwachung der Einhaltung ermöglichen.[1123]

Auf den ersten Blick erscheint dieser Mechanismus ein geeigneter Lösungsweg für die hier aufgezeigten Probleme zu liefern, indem sich die Automobilbranche auf einheitliche Standards verständigt und damit die Vorgaben der DSGVO konkretisiert und praxistauglich ausgestaltet. Da die Verhaltensregeln von der Aufsichtsbehörde geprüft und genehmigt werden, ist auch sichergestellt, dass das Schutzniveau der DSGVO eingehalten wird und Spielräume nicht zu Lasten betroffener Personen ausgenutzt werden. Zudem würde die Einhaltung der Verhaltensregeln auch fortlaufend überprüft. Als Vorbild für solche Verhaltensregeln könnten die Consumer Privacy Protection Principles der Alliance of Automobile Manufacturers and Association of Global Automakers dienen.[1124]

Nachteil dieser Lösung ist, dass sie sich auf eine Konkretisierung bestimmter Regelungen der DSGVO beschränkt. Wie die Untersuchung aber gezeigt hat, lassen sich für den Bereich vernetzter und automatisierter Kfz einige Vorgaben der DSGVO nicht umsetzen, insbesondere die Informationspflichten bedürfen einer grundlegend anderen Regelung als dies derzeit in Art. 13 und 14 DSGVO der Fall ist. Zudem ist zu bedenken, dass Verantwortliche nicht verpflichtet sind, Verhaltensregeln zu erarbeiten bzw. sich diesen zu unterwerfen.[1125] Lediglich die Mitgliedstaaten, die Aufsichtsbehörden, der EDSA sowie die Kommission sind nach Art. 40 Abs. 1 DSGVO angehalten, die Ausarbeitung von Verhaltensregeln

---

1121 *Jungkind*, in: Wolff/Brink, BeckOK DatenschutzR, 41. Ed. 01.11.2021, Art. 40 Rn. 33 m.w.N; *Paal/Kumkar*, in: Paal/Pauly, DS-GVO BDSG, Art. 40 Rn. 28a m.w.N; *Spindler*, ZD 2016, 407 (411).

1122 *Reifert*, ZD 2019, 305 (306).

1123 *Jungkind*, in: Wolff/Brink, BeckOK DatenschutzR, 41. Ed. 01.11.2021, Art. 40 Rn. 14; *Paal/Kumkar*, in: Paal/Pauly, DS-GVO BDSG, Art. 40 Rn. 18; *Schwartmann/Weiß*, RDV 2016, 240 (242); *Spindler*, ZD 2016, 407 (408); *Reifert*, ZD 2019, 305 (307).

1124 *Sörup/Marquardt*, ZD 2015, 310 (310); die CPPP sind abrufbar unter:

https://www.oregon.gov/ODOT/Get-Involved/Documents/Auto%20Alliance%20-%20Oregon%20Privacy%20Presentation.pdf (zuletzt abgerufen am 04.12.2022).

1125 *Jungkind*, in: Wolff/Brink, BeckOK DatenschutzR, 41. Ed. 01.11.2021, Art. 40 Rn. 12.

aktiv zu fördern.[1126] Entscheidet sich die Branche nicht dafür, sondern nutzt weiterhin den bestehenden Spielraum aufgrund mangelnder Konkretisierung zur ihren Gunsten, wird erst ein entsprechender politischer und gesellschaftlicher Druck zu einem Umdenken führen.[1127] Zu Recht wird daher kritisiert, dass die DSGVO keine konkreten Rechtsfolgen an Verhaltensregeln knüpft, außer dass diese im Rahmen der Nachweispflicht sowie der Verhängung von Geldbußen berücksichtigt werden können, und aufgrund dessen das Interesse an solchen bislang eher gering ist.[1128] Da zudem die Wirkung einer Allgemeingültigkeitserklärung durch die Kommission unklar ist, führt auch diese Möglichkeit derzeit nicht zu dem gewünschten Anreiz. Es verwundert daher nicht, dass es derzeit nur sehr wenige genehmigte Verhaltensregeln in der EU gibt, keine davon kommt aus der Automobilwirtschaft.[1129] Die praktische Relevanz dieses Lösungsweges ist daher sehr gering.

Freiwillige Selbstverpflichtungen der Branche können die grundlegenden Probleme bei der Anwendung der DSGVO nicht lösen.[1130]

E. Vorschlag für eine Gesamtlösung

Nachdem einige in der Literatur vorgeschlagene Ansätze für die sich im Rahmen vernetzter und automatisierter Kfz ergebenden datenschutzrechtlichen Probleme entweder zu keinen ausreichenden oder nur zu Teillösungen führen, soll nun ein eigener Vorschlag für eine Gesamtlösung vorgestellt werden, der aus zwei Elementen besteht:

1) Spezifische datenschutzrechtliche Regelungen für den Bereich vernetzter und automatisierter Kfz im Sinne eines „Automobildatenschutzrechts“[1131] und

1126 *Jungkind*, in: Wolff/Brink, BeckOK DatenschutzR, 41. Ed. 01.11.2020, Art. 40 Rn. 7; *Paal/Kumkar*, in: Paal/Pauly, DS-GVO BDSG, Art. 40 Rn. 5; *Spindler*, ZD 2016, 407 (410); *Wolff*, ZD 2017, 151 (154).

1127 So auch: *Seewald*, RAW 2020, 124 (127).

1128 *Jungkind*, in: Wolff/Brink, BeckOK DatenschutzR, 41. Ed. 01.11.2021, Art. 40 Rn. 28 und 30; *Schwartmann/Weiß*, RDV 2016, 240 (245); a.A *Reifert*, ZD 2019, 305 (306) und *Paal/Kumkar*, in: Paal/Pauly, DS-GVO BDSG, Art. 40 Rn. 7 die in der DSGVO ausreichende Anreize für Verhaltensregeln sehen.

1129 Alle genehmigten Verhaltensregeln sind auf der Seite des Europäischen Datenschutzausschusses einsehbar: *https://edpb.europa.eu/our-work-tools/accountability-tools/register-codes-conduct-amendments-and-extensions-art-4011_de.*

1130 So auch: *Lüdemann*, ZD 2015, 247 (254).

1131 So auch: *Kunnert*, CR 2016, 509 (516); *Pohle/Zoch*, CR 2014 409 (416); *Bönninger*, Beiträge zum 52. VGT 2014, 229 (239); *Lüdemann*, ZD 2015, 247 (254) hingegen

2) Aufnahme dieser Regelungen in das Zulassungsverfahren (Typengenehmigungsverfahren) für Kfz[1132]

Diese Lösung adressiert sowohl das Problem fehlender konkreter Vorgaben für Rechtsanwender aufgrund des - zumindest für den hier untersuchten Bereich vernetzter und automatisierter Kfz - verfehlten technologieneutralen Ansatz der DSGVO als auch das Folgeproblem der Überprüfung der Einhaltung der Vorgaben bei einem Masseprodukt wie dem Kfz.

Durch bereichspezifische Regelungen können konkrete datenschutzrechtliche Vorgaben gemacht werden, die Rechtsunsicherheit und damit Anwendungsprobleme weitestgehend reduzieren.[1133]

Durch die Aufnahme der datenschutzrechtlichen Regelungen in das Zulassungsrecht kann sichergestellt werden, dass jedes Kfz die Vorgaben einhält, was das Vertrauen in Datenschutz und in die Automobilbranche stärken kann.[1134]

Die beiden Bestandteile dieser Gesamtlösung werden im Folgenden näher erörtert.

I. Vorschlag für ein bereichspezifisches Datenschutzrecht

Ein bereichspezifisches Datenschutzrecht müsste zum einen Anforderungen an die Zulassungsvoraussetzungen von datenverarbeitenden Kfz enthalten als auch nach dem Ergebnis dieser Untersuchung bereichsspezifische datenschutzrechtliche Regelungen zumindest zu den folgenden Punkten abdecken:

1) Sachlicher Anwendungsbereich des Gesetzes bzw. nähere Bestimmung zum Personenbezug von Daten im Kontext vernetzter und automatisierter Kfz
2) Bestimmung der Verantwortlichen
3) Rechtsgrundlagen für die Verarbeitung von Daten im Kontext vernetzter und automatisierter Kfz bzw. Konkretisierung von Art. 6 Abs. 1 lit. f) DSGVO
4) Umfang von Informationspflichten

---

hält ein eigenes Gesetz für verzichtbar und möchte nur die allgemeinen datenschutzrechtlichen Regelungen ergänzen.

1132 So auch: *Kunnert*, CR 2016, 509 (516); *Roßnagel*, DuD 2015, 353 (358); *Reiter/Methner*, DSRITB 2015, 367 (375); Ethik-Kommission des BMVI, Bericht Automatisiertes und Vernetztes Fahren 2017, S.25.

1133 So auch: *Roßnagel/Hornung*, in: Roßnagel/Hornung (Hrsg.), Grundrechtsschutz im Smart Car, S. 469 (473) und *Lüdemann*, ZD 2015, 247 (254).

1134 So auch: *Bönninger/Eichelmann/Methner* in: Roßnagel/Hornung (Hrsg.), Grundrechtsschutz im Smart Car, S. 355 (363

5) Technische und organisatorische Maßnahmen zur Umsetzung von Informationspflichten und Betroffenenrechten

Um ein einheitliches Schutzniveau in der EU zu erreichen, sollte das Gesetz, wie auch die DSGVO, in Form einer EU-Verordnung erlassen werden.[1135] Auch wenn dies einen erhöhten Abstimmungsbedarf zwischen den Mitgliedstaaten erfordert, sind einheitliche Regelungen entscheidend, um datenschutzrechtlich sichere Kfz in jedem Mitgliedstaat zu gewährleisten und damit einen einheitlichen Standard zu definieren, der gegebenenfalls auch als Vorbild für die Branche global dienen kann.

Nachfolgend werden Vorschläge für die inhaltliche Ausgestaltung der neu zu erlassenden EU-Verordnung gemacht. Als Vorbild können die eCall-VO sowie die EU VO 2019/2144, die in ihren Anwendungsbereichen Zulassungsvoraussetzungen im Typengenehmigungsverfahren (hierzu sogleich mehr) sowie datenschutzrechtliche Spezialregelungen enthalten, als auch der – sich derzeit in den USA im Gesetzgebungsverfahren befindliche – Security and Privacy in Your Car Act of 2019[1136] (im folgenden SPY Car Act) dienen.

1. Regelungen zur Typengenehmigung

Die Zulassung von Kfz, Bauteilen oder technischen Einheiten erfolgt in der EU über sogenannte Typengenehmigungsverfahren auf nationaler oder europäischer Ebene. Diese Verfahren sind in der Verordnung (EU) 2018/858 des Europäischen Parlaments und des Rates vom 30. Mai 2018 über die Genehmigung und die Marktüberwachung von Kraftfahrzeugen und Kraftfahrzeuganhängern sowie von Systemen, Bauteilen und selbstständigen technischen Einheiten für diese Fahrzeuge, zur Änderung der Verordnungen (EG) Nr. 715/2007 und (EG) Nr. 595/2009 und zur Aufhebung der Richtlinie 2007/46/EG (im folgenden EU VO 2018/858) geregelt. Hierbei muss der Hersteller, der Kfz in der EU in den Verkehr bringen will, für jeden Typ eines Kfz bei der Genehmigungsbehörde einen Antrag auf Typengenehmigung stellen, Art. 26 EU VO 2018/858.[1137] Im Rahmen des Typengenehmigungsverfahrens prüft die Behörde, ob der Kfz Typ den einschlägigen rechtlichen Anforderungen, insbesondere an die

1135 So auch: *Steinrötter*, ZD 2021, 513 (516).

1136 Abrufbar unter: *www.congress.gov/bill/116th-congress/senate-bill/2182/text?q=%7B%22search%22%3A%5B%22SPY+Car+Act%22%5D%7D&r=1&s=1*; siehe auch *Seewald*, RAW 2020, 124 (128).

1137 *Arzt/Ruth-Schumacher*, NZV 2017, 57 (58).

Verkehrssicherheit und den Umweltschutz, entspricht, Art. 26 Abs. 2, 30 EU VO 2018/858.[1138] Nach Erteilung der Genehmigung wird zudem fortlaufend überprüft, ob der Hersteller Kfz tatsächlich in Übereinstimmung mit dem geprüften Typ produziert, Art. 31 EU VO 2018/858. Änderungen an dem Kfz Typ muss der Hersteller unverzüglich der Behörde mitteilen, Art. 33 EU VO 2018/858.[1139]

Anforderungen, die im Typengenehmigungsverfahren zu prüfen sind, beinhalten in der Regel folgende Punkte und sollten auch in den neu zu erlassenden Rechtsakt aufgenommen werden:

Anwendungsbereich: Hier wird geregelt, für welche Kfz-Klassen die Anforderungen gelten.[1140] Da nahezu alle Kfz-Klassen mit entsprechend datenverarbeitenden Systemen ausgestattet werden können, würde es Sinn machen, den Anwendungsbereich auf alle Klassen zu erstrecken.

Pflichten der Hersteller: Hier wird geregelt, welche Anforderungen die Hersteller an die technische Ausstattung der Kfz nachzuweisen haben, um die Typengenehmigung zu erhalten.[1141] Neben Bestimmungen zu einer obligatorischen Ausstattung der Kfz mit bestimmten Sicherheitssystemen können hier auch technische Maßnahmen zur Gewährleistung des Datenschutzes aufgenommen werden (hierzu sogleich mehr unter Punkt 2.e.)

Befugnis zum Erlass delegierter Rechtsakte: Der Kommission kann die Befugnis zum Erlass delegierter Rechtsakte übertragen werden, um bestimmte Punkte näher zu regeln.[1142] Gerade dort, wo sich technische Anforderungen regelmäßig ändern oder eine konkretisierende Ausgestaltung erforderlich ist, bietet sich dieses Instrument an, um flexibel auf Veränderungen reagieren zu können. Dieser Mechanismus würde sich auch für die Maßnahmen zur Gewährleistung des Datenschutzes anbieten.

2. *Datenschutzrechtliche Regelungen*

Zudem müsste die neu zu erlassende EU-Verordnung spezifische Punkte in Bezug auf datenschutzrechtliche Anforderungen regeln:

1138 *von Bodungen*: §16 Automatisiertes Fahren (Automotive), in: Sassenberg/Faber (Hrsg.): Rechtshandbuch Industrie 4.0 und Internet of Things, Rn. 11; *Arzt/Ruth-Schumacher*, NZV 2017, 57 (58 f.); *Geber*, NZV 2021, 14 (17).

1139 Zur Problematik von „over-the-air“ Software Updates: *von Bodungen*: §16 Automatisiertes Fahren (Automotive), in: Sassenberg/Faber (Hrsg.): Rechtshandbuch Industrie 4.0 und Internet of Things, Rn. *17; Geber*, NZV 2021, 14 (17).

1140 Siehe zum Beispiel Art. 2 eCall VO oder Art. 2 EU VO 2019/2144.

1141 Siehe zum Beispiel Art. 4, 5 eCall VO oder Art. 4 - 11 EU VO 2019/2144.

1142 Siehe zum Beispiel Art. 8 eCall VO oder Art. 12 EU VO 2019/2144.

a. Sachlicher Anwendungsbereich der datenschutzrechtlichen Regelungen

Der sachliche Anwendungsbereich der datenschutzrechtlichen Regelungen sollte sich weiterhin auf personenbezogene Daten beziehen und damit dem Ansatz der DSGVO folgen. Ein anderes Abgrenzungskriterium scheint derzeit nicht sinnvoll zu sein.[1143]

Die Definition personenbezogener Daten folgt Art. 4 Nr. 1 DSGVO. Da sich aber gezeigt hat, dass die Anwendung für die im Rahmen vernetzter und automatisierter Kfz verarbeiteten personenbezogenen Daten teilweise unklar ist, bietet es sich an, hier Konkretisierungen in Form einer beispielhaften, nicht abschließenden Aufzählung vorzunehmen.[1144] So könnten Daten in Datenkategorien eingeteilt und diesen dann ein Personenbezug zugewiesen werden oder auch nicht. Ein konkreter Vorschlag für eine solche Einteilung wurde bereits im Rahmen dieser Untersuchung gemacht.[1145] Wichtig hierbei ist, dass diese Zuordnung nicht als abschließend verstanden wird, sondern eher als Orientierungshilfe, um den vielen verschiedenen Gestaltungs- und Verwendungsmöglichkeiten der Datenverarbeitung Rechnung zu tragen. Denn letztlich wird die Beurteilung nur im Einzelfall abschließend möglich sein. Alternativ könnte auch auf eine nicht abschließende Aufzählung von nicht personenbezogenen Daten, Verarbeitungskontexten oder Kriterien zur Abgrenzung zurückgegriffen werden (zum Beispiel rein technische Daten, flüchtige Daten, etc.), um den Anwendungsbereich in negativer Richtung zu beschränken und diesen gleichzeitig in Hinblick auf Heterogenität der Ausgestaltungs- und Weiterentwicklungsmöglichkeiten offen zu halten.

Falls eine Einteilung in Datenkategorien erfolgt, könnten den verschiedenen Kategorien zudem gleichzeitig Risikogruppen zugeordnet werden, an welche dann wiederum verschiedenen (Mindest-)Anforderungen an die Sicherheitsmaßnahmen geknüpft werden können. Je höher das Risiko, desto höher wären die (Mindest-)Anforderungen. Dies würde dem risikobasierten Ansatz der DSGVO folgen und diesen für den Anwendungsbereich der neuen EU-Verordnung näher ausgestalten.

1143 Siehe hierzu unter Kap. 4 A.I.

1144 *Lüdemann*, ZD 2015, 247 (254), will hingegen als Lösung dieses Problems alle Daten als personenbezogen einordnen, sofern ein späterer Personenbezug im Zeitpunkt der Erhebung nicht mit Sicherheit ausgeschlossen werden kann.

1145 Sieh hierzu unter Kap. 3 A.I.1.b.cc.

b. Rechtsgrundlagen für die Verarbeitung von Daten im Kontext vernetzter und automatisierter Kfz

Die neu zu erlassende EU-Verordnung sollte zudem die Rechtsgrundlagen für die verschiedenen Systeme und Funktionen im Kfz regeln bzw. näher ausgestalten.

aa. Verpflichtend einzubauende datenverarbeitende Systeme

Soweit Sicherheitsfunktionen oder andere datenverarbeitende Systeme verpflichtend einzubauen sind, stellt die neu zu erlassende EU-Verordnung gemäß Art. 6 Abs. 1 lit. c) oder e) DSGVO selbst die Rechtsgrundlage für die hierzu notwendige Datenverarbeitung dar. Die Regelungen müssen daher Art. 6 Abs. 3 Satz 2 und 4 DSGVO entsprechen, und könnten darüber hinaus noch weitere Regelungen nach Art. 6 Abs. 3 Satz 3 DSGVO enthalten.[1146] In der neu zu erlassenden EU-Verordnung wären damit insbesondere die Zwecke der Verarbeitung festzulegen. Zudem müsste die Verarbeitung ein im öffentlichen Interesse liegendes Ziel verfolgen und in einem angemessenen Verhältnis zum verfolgten Zweck stehen. Die darüber hinaus fakultativ zu regelnden Punkte werden unter c. sogleich dargestellt.

Aufgrund dieser Anforderungen käme die neu zu erlassende EU-Verordnung vor allem für Datenverarbeitungen im Rahmen von Sicherheitsfunktionen, die der Erhöhung der Verkehrssicherheit sowie der Verhinderung oder Aufklärung von Unfällen dienen, als Rechtsgrundlage in Betracht.[1147]

Für den eCall existiert mit der eCall Verordnung bereits ein Art. 6 Abs. 3 DSGVO entsprechendes Gesetz, sodass diese Funktion in der neu zu erlassenden EU-Verordnung nicht zu berücksichtigen wäre.[1148] Für Assistenz- und Sicherheitsfunktionen und Unfalldatenspeicher sind derzeit keine Gesetze ersichtlich, die den Anforderungen von Art. 6 Abs. 3 DSGVO entsprechen.[1149] Durch die neu zu erlassende EU-Verordnung könnte diese Lücke geschlossen werden, indem vor allem die nicht ausreichenden Regelungen der EU VO 2019/2144 nachgebessert werden.

1146 Siehe hierzu Kap. 3 A.IV.3.a.

1147 Vgl. auch die Forderung der Ethik-Kommission des BMVI nach einem Rechtfertigungsgrund für fahrzeugsteuerungserhebliche Daten, Bericht Automatisiertes und Vernetztes Fahren 2017, S. 25.

1148 Siehe hierzu Kap. 3 A. IV.3.b.bb.

1149 Siehe hierzu Kap. 3 A.IV.3.b.aa. und cc.

bb. Connectivity Dienste, Komfort- und Überwachungsfunktionen sowie Verarbeitung zu Sekundärzwecken

Für alle übrigen Funktionen und Verarbeitungszwecke, also insbesondere Connectivity Dienste, Komfort- und Überwachungsfunktionen sowie für die Verarbeitung zu Sekundärzwecken könnte Art. 6 Abs. 1 lit. f) DSGVO als Rechtsgrundlage konkretisiert werden. So könnten legitime Interessen der Verantwortlichen sowie Verarbeitungszwecke, die in der Regel über die Interessenabwägung gerechtfertigt werden können, nicht abschließend aufgezählt werden. Hierunter könnte zum Beispiel die Übertragung von Kontakt- und Adressdaten Dritter in das Kfz unter Bestimmung konkreter Schutzmechanismen (ausschließlich Speicherung um Kfz; Löschmöglichkeiten bei Verkauf, etc.) fallen.

Zudem könnte auch hier eine negative Abgrenzung zur Einwilligung sinnvoll sein. Es könnten Verarbeitungszwecke genannt werden, die nur mit Einwilligung realisiert werden dürfen.[1150] Dies könnte zum Beispiel für die biometrische Gesichtserkennung im Rahmen der Smart Cabin Technologie gelten und generell auch für alle Funktionen, die lediglich der Komfortsteigerung dienen. Auch die Übermittlung von Daten an das Backend des Herstellers sowie die weitere Verwendung zu eigenen Zwecken sollte zumindest nur mit Einwilligung möglich sein, wenn dies nicht zum Betrieb einer Funktion im Kfz notwendig ist.

cc. Zweckbindung und Zweckänderung

Schließlich sollten absolute Grenzen definiert werden, für welche die jeweiligen Datenkategorien genutzt werden dürfen. Dies gilt sowohl für den initialen Zweck bei Erhebung als auch für eine spätere Verwendung zu Sekundärzwecken.

So ließe sich zum Beispiel für Standortdaten, deren Verwendung grundsätzlich ein sehr hohes Potenzial hat, in die Privatsphäre der betroffenen Person einzugreifen, bestimmen, für welche Zwecke diese nicht bzw. nur mit Einwilligung verarbeitet werden dürfen. Als Grenze käme zum Beispiel die Verwendung für Werbe- und Marketingmaßnahmen, bei welchen im Kfz standortabhängige Angebote ausgespielt werden, in Betracht.

Auch in Hinblick auf die Verwendung von Daten zur Unfallforschung oder Strafverfolgung sollten gewisse Regeln in Form von strikter Zweckbindung,

---

1150 Section 4e des SPY Car Acts sieht zum Beispiel explizit eine Einwilligung vor, wenn Hersteller Daten zu Werbe- oder Marketingzwecken verwenden möchten, abrufbar unter: *www.congress.gov/bill/116th-congress/senate-bill/2182/text?q=%7B%22search%22%3A%5B%22SPY+Car+Act%22%5D%7D&r=1&s=1*

Festlegung der zugangsberechtigten Stellen sowie Anonymisierungsverpflichtungen festgelegt werden.[1151]

c. *Nähere Regelungen soweit die Datenverarbeitung auf einer rechtlichen Verpflichtung beruht*

Zudem wäre es sinnvoll, in der neu zu erlassenden EU-Verordnung die folgenden Punkte gemäß Art. 6 Abs. 3 Satz 3 und EG 45 Satz 5 DSGVO näher zu regeln:

Bestimmung der Verantwortlichen: Für die verschiedenen Systeme, Funktionen und Verarbeitungsvorgänge könnte bestimmt werden, wer hierfür jeweils Verantwortlicher im Sinne der DSGVO ist.[1152] Gerade für den Bereich der gemeinsamen Verantwortlichkeit würde das Sinn machen, da hier die Bestimmung der verschiedenen Akteure schwierig ist.[1153]

Art der verarbeitenden Daten: Zur Sicherstellung, dass nur Daten von den verpflichtend einzubauenden Funktionen verarbeitet werden, die zur definierten Zweckbestimmung erforderlich sind, sollten zudem die Datenkategorien bestimmt werden, die zulässigerweise von diesen Systemen verarbeitet werden dürfen. So bestimmt zum Beispiel Art. 6 Abs. 8 eCall VO, welche Daten aus dem Kfz an die Leitstelle übermittelt und Art. 6 Abs. 4 lit. a) EU VO 2019/2144 bestimmt die Daten, die von einem Unfalldatenspeicher aufgezeichnet werden dürfen.

Betroffene Personen: Auch die betroffenen Personen könnten näher konkretisiert werden, die Untersuchung hat aber diesbezüglich keinen Handlungsbedarf ergeben.

Empfänger und Zweck der Offenlegung von Daten; Speicherdauer; Maßnahmen zur Gewährleistung einer rechtmäßigen Verarbeitung: Diese Punkte sind eng mit der Umsetzung des Datenschutz-durch-Technikgestaltung-Grundsatzes verbunden und werden daher unter Punkt e. erläutert.

d. *Umfang von Informationspflichten*

Zur Vermeidung eines information overload könnten die Informationspflichten nach Art. 13, 14 DSGVO zunächst bezüglich ihres Umfangs als auch der zur Information verpflichteten Stelle bzw. der zu informierenden Betroffenen

---

1151 So bestimmt Art. 6 Abs. 4 lit. d) EU VO 2019/2144, dass nationale Behörden die Daten des Unfalldatenspeichers nur für die Unfallforschung verwenden dürfen; so auch: *Roßnagel/Hornung*, in: Roßnagel/Hornung (Hrsg.), Grundrechtsschutz im Smart Car, S. 469 (476 f.).

1152 So zum Beispiel Art. 6 eCall VO, der Hersteller als Verantwortliche für bestimmte Pflichten bestimmt.

1153 Siehe zu der Bestimmung des Verantwortlichen per Gesetz auch: EDSA, Guidelines 07/2020 in the concept of controller and processor in the GDPR, Rn. 22 f.

konkretisiert werden.[1154] So wird zum Beispiel in Art. 6 Abs. 9 eCall VO näher ausgeführt, welche Informationen bereitzustellen sind.

Besondere Probleme stellen sich bei der Erfüllung der Informationspflicht nach Art. 13 DSGVO gegenüber Personen, die sich außerhalb des Kfz befinden und durch Kameras erfasst werden.[1155] Die Informationspflicht sollte sich nicht auf solche Kategorien von Betroffenen erstrecken. Sie kann durch eine reine Kennzeichnungspflicht sinnvoller ersetzt werden (hierzu zugleich mehr unter Punkt 2.e.bb.). Gleiches gilt für Dritte, deren (Kontakt)daten im Kfz gespeichert werden. Auch hier wäre eine Informationserteilung nach Art. 14 DSGVO nicht sozialadäquat. Für Fälle, in denen eine Informationserteilung praktisch oder technisch nicht möglich ist, sollte daher eine Ausnahme von der Informationspflicht bei Direkterhebung nach Art. 13 DSGVO aufgenommen werden, die Art. 14 Abs. 5 lit. b) DSGVO entspricht.

Es bietet sich darüber hinaus an, hier festzulegen, welche Arten von Informationen situationsbezogen bei Aktivierung von Funktionen bzw. vor der ersten Fahrt (1. Stufe) und welche Arten von Informationen als ausführlicher Abruf bei Bedarf (2. Stufe) zur Verfügung zu stellen sind.[1156]

e. Technische und organisatorische Maßnahmen zur Umsetzung von Informationspflichten und Betroffenenrechten

Schließlich sollte die neu zu erlassende EU-Verordnung technische und organisatorische Pflichtmaßnahmen und Funktionen benennen, mit denen vernetzte und automatisierte Kfz zur Gewährleistung einer datenschutzfreundlichen Systemgestaltung auszustatten sind.

aa. Datenschutz Dashboard als zentrales Steuerelement

Kernelement sollte ein Datenschutz Dashboard sein, welches erlaubt, Datenverarbeitungen individuell anzupassen, Informationen zu erhalten sowie bei Bedarf die Betroffenenrechte auszuüben.[1157] Das Datenschutz Dashboard ist die

1154 So auch: *Husemann*, in: Roßnagel/Hornung (Hrsg.), Grundrechtsschutz im Smart Car, S. 367 (379).

1155 Siehe hierzu unter Kap. 3 D.IV.1.

1156 So auch: *Lüdemann*, ZD 2015, 247 (254).

1157 Section 3 des SPY Car Acts sieht den verpflichtenden Einbau eines „Cyber Dashboards" vor, abrufbar unter: *www.congress.gov/bill/116th-congress/senate-bill/2182/text?q=%7B%22search%22%3A%5B%22SPY+Car+Act%22%5D%7D&r=1&s=1*

Kommandozentrale für die Gewährleistung der Privatsphäre im Kfz. Die verpflichtenden Kernfunktionen sollten die folgenden sein:

Aktivierung bzw. Deaktivierung von Funktionen: Hierdurch können Einwilligungen bzw. deren Widerruf als auch der Widerspruch, sofern die Verarbeitung auf Art. 6 Abs. 1 lit. f) DSGVO beruht, realisiert werden. Die Aktivierung erfüllt die Voraussetzungen eines opt-in Verfahrens, die Deaktivierung die eines opt-out Verfahrens. So können Anforderungen für verschiedene Jurisdiktionen je nachdem, ob die Voreinstellung „aktiv" oder „inaktiv" ist, berücksichtigt werden.[1158] Für alle Funktionen, für die eine datenschutzrechtliche Einwilligung nach der DSGVO erforderliche wäre, sollte die Voreinstellung „inaktiv" angeordnet werden.

Situationsgerechtes Informationsangebot: Über den Bildschirm können situationsgerecht Informationen zu den Verarbeitungsvorgängen vor Aktivierung von Funktionen und vor dem ersten Fahrtantritt ausgespielt werden. Unterstützt werden kann dies durch standardisierte Bildsymbole im Sinne von Art. 12 Abs. 7 DSGVO. Umfangreichere Informationen sind im System zum Abruf bei Bedarf zu hinterlegen.

Berichtfunktion bzgl. der eigenen Daten: Mit dieser Funktion lässt sich das Auskunftsrecht nach Art. 15 DSGVO erfüllen. In dem Bericht sind alle nach Art. 15 DSGVO erforderlichen Informationen aufzunehmen. Dies sollte für alle im Kfz verarbeiteten und gespeicherten Daten also auch für solche Daten gelten, die an das Backend des Herstellers bzw. an Dritte übermittelt werden.

Berichtigungs- und Löschfunktionen: Zur Umsetzung des Rechts auf Berichtigung nach Art. 16 DSGVO als auch auf Löschung nach Art. 17 DSGVO sollte es entsprechende Funktionen geben. Diese Funktionen sind insoweit eingeschränkt, als die Integrität der Daten für den Betrieb der Systeme und Funktionen notwendig ist. Verpflichtend sollte aber die Option sein, alle eigenen Daten und Konfigurationen im Falle des Verkaufs des Kfz löschen zu können. Nützlich könnte es für diesen Fall auch sein, einem Nutzer das Recht zuzuweisen, dass gesamte Kfz auf „Werkzustand" zurückzustellen, damit nicht alle im System hinterlegten Nutzer einzeln ihre Profile löschen müssen.

Zudem müsste das Datenschutz Dashboard so gestaltet sein, dass es den Fahrer vor Fahrtantritt zur Anmeldung im System auffordert. Nur so kann gewährleistet werden, dass bereits getroffenen Konfigurationen geladen, Daten der richtigen Person zugeordnet und Betroffenenrechte nur von der tatsächlich betroffenen Person geltend gemacht werden.

bb. Kennzeichnungspflichten

Datenverarbeitende Funktionen und Systeme, die mit einem hohen Risiko verbunden sind, sollten einer entsprechenden Kennzeichnungspflicht unterliegen.

1158 Auch Section 4d) des SPY Car Acts sieht eine solche Funktion vor, abrufbar unter: siehe Fn. zuvor.

Für die Kennzeichnung bieten sich wiederum standardisierte Bildsymbole nach Art. 12 Abs. 7 DSGVO an.

Diese Kennzeichnungspflichten erstrecken sich auf zwei Ebenen. Zum einen sollten Hersteller ihre Kfz beim Verkauf im Handel entsprechend kennzeichnen, indem sie ersichtlich machen, welche wesentlichen Systeme enthalten sind (zum Beispiel eCall, Unfalldatenspeicher, biometrische Erkennungsfunktionen, Bildaufnahmen der Außenwelt, etc.). Schon heute müssen Kfz in vielerlei Hinsicht gekennzeichnet werden, zum Beispiel zum Kraftstoffverbrauch. Parallel sollte dies auch für datenverarbeitende Systeme gelten. So sieht Section 3a) des in den USA bislang nicht erlassenen Black Box Privacy Protection Acts von 2017 vor, dass das Vorhandensein einer Black Box entsprechend durch ein Etikett zu kennzeichnen ist.[1159]

Zum anderen müssen auch Betroffene, die außerhalb des Kfz durch Kameras im Fahrtbetrieb erfasst werden, zumindest auf den grundsätzlichen Einsatz von Kameratechnik hingewiesen werden. Hierzu sollte eine Kennzeichnung in Form eines standardisierten Symbols außen am Kfz angebracht werden. Speziell hier würde es sich auch anbieten, einen QR-Code außen am Kfz anzubringen, über den bei Bedarf detaillierte Informationen abgerufen werden können. Realistischerweise dürfte dies betroffenen Personen nur bei stehenden Kfz möglich sein. Daher würde für dieses Szenario in vielen Fällen die unter Punkt 2.d. vorgeschlagene Ausnahme der Informationspflicht greifen.

cc. Datenübermittlung nach außen

Zudem sollte die Übermittlung von personenbezogenen Daten an das Backend des Herstellers Einschränkungen unterliegen, um möglichst viele Daten im Kfz selbst zu verarbeiten und zu speichern und ihnen dadurch der Kontrolle des Herstellers zu entziehen. So bestimmen zum Beispiel Art. 6 Abs. 4, 6 und 11 eCall VO, wann und unter welchen Umständen Daten aus dem Kfz übertragen werden dürfen.

Eine Datenübermittlung ohne vorherige Einwilligung bzw. Aktivierung des Nutzers darf daher nur erfolgen, soweit dies technisch zwingend erforderlich ist und eine Verarbeitung im Kfz selbst einen unverhältnismäßigen Aufwand oder Kosten verursachen würde. Um dennoch Komfort, technischen Fortschritt und Monetarisierungsmöglichkeiten der Hersteller nicht gänzlich zu beschränken,

1159 Abrufbar unter: *www.congress.gov/bill/115th-congress/house-bill/3568?q=%7B%22search%22%3A%5B%22text%22%5D%7D*; siehe zu einer geplanten Kennzeichnungspflicht in Kalifornien, *Reibach*, DSRITB 2016, 13 (18).

kann eine Übermittlung immer dann und so lange stattfinden, soweit die betroffene Person eingewilligt hat.

dd. Speicherung von Daten

Schließlich sollten auch Regelungen zur Speicherung von Daten aufgenommen werden. So könnten für besonders sensible Daten Speicherhöchstfristen definiert werden.[1160] Für einige Funktionen bietet es sich auch an, diese nach dem Ende der Fahrt automatisiert zu löschen (zum Beispiel Daten zur Müdigkeitserkennung). Auch Bilddaten der Außenwelt sollten möglichst schnell wieder gelöscht werden, um die Rechte von erfassten Personen zu schützen.

ee. Datensicherheit

Auch wenn dies im Rahmen dieser Untersuchung nicht relevant ist, da dieser Bereich bewusst ausgegrenzt wurde, ließen sich natürlich auch spezifische Anforderungen an Datensicherheit und IT- Sicherheit der Systeme regeln.[1161]

II. Zulassungsrecht

Zur Durchsetzung der datenschutzrechtlichen Regelungen ist auf die bereits im Zulassungsrecht bezüglich der Verkehrssicherheit sowie des Umweltschutzes bekannten und bewährten Mechanismen zurückzugreifen indem Anforderungen an den Datenschutz sowohl in die nationalen als auch mitgliedstaatlichen bzw. multinationalen Normierungen aufgenommen werden. Damit wird die Prüfung der datenschutzrechtlichen Anforderungen ebenso Teil des Zulassungsverfahrens von Kfz wie es heute schon selbstverständlich die Anforderungen an Verkehrssicherheit und Umweltschutz sind.

Neben dem Erlass einer neuen EU-Verordnung zum Datenschutz im Kfz sollten daher auch folgende Normen angepasst werden:[1162]

- nationales Zulassungsrecht, in Deutschland zum Beispiel die Straßenverkehrs-Zulassungs-Ordnung (StVZO)[1163]

1160 Art. 6 Abs. 3 und 5 eCall VO und Art. 6 Abs. 4c) EU VO 2019/2144 machen Bestimmungen zu den Speichermodalitäten als auch der Speicherdauer.

1161 So zum Beispiel Section 2 des SPY Car Act (2019), abrufbar unter: *www.congress.gov/bill/116th-congress/senate-bill/2182/text?q=%7B%22search%22%3A%5B%22SPY+Car+Act%22%5D%7D&r=1&s=1*

1162 *Bönninger/Eichelmann/Methner*, in: Roßnagel/ Hornung (Hrsg.), Grundrechtsschutz im Smart Car, S. 355 (363); *Reiter/Methner*, DSRITB 2015, 367 (375).

1163 Konkreter Vorschlag hierzu: *Bönninger*, DuD 2015, 388 (390).

- EU-Verordnung über die Betriebserlaubnis von Straßenfahrzeugen (EU VO 2018/858)
- Horizontale Richtlinie für die UN/ECE-Regelungen für Straßenfahrzeuge[1164]
- Wiener Übereinkommen über den Straßenverkehr[1165].

So kann gewährleistet werden, dass sich nicht nur verkehrssichere und umweltschonende, sondern auch datenschutzfreundliche Kfz auf unseren Straßen bewegen.

1164 Siehe hierzu: *Klink-Straub/Keber*, NZV 2020, 113 (114); generell zur Rolle der UN/ECE: *Geber*, NZV 2021, 14 (15).

1165 Siehe hierzu: *Klink-Straub/Keber*, NZV 2020, 113 (113); ausführlich zu den derzeitigen Regelungen: *Arzt/Ruth-Schumacher*, NZV 2017, 57 (61 ff).

Kapitel 5 Zusammenfassende Stellungnahme

Motiviert wurde die vorliegende Untersuchung des Regelungsregimes der Europäischen Datenschutzgrundverordnung in Hinblick auf vernetzte und automatisierte Kfz durch die in vielen Bereichen zu beobachtende „Smartivierung" von Alltagsgegenständen (Internet of Things). Nach Schätzungen gibt es im Jahr 2021 rund 46 Milliarden smart devices, was einem Anstieg von 200% seit 2016 entspricht.[1166] Bis zum Jahr 2024 sollen es sogar 83 Milliarden werden. Bislang eher unintelligente Gegenstände werden massiv aufgerüstet und in „Datenkraken" verwandelt. Häufig ist dies weder auf den ersten Blick zu erkennen noch scheinen sich die meisten Menschen hierüber sowie über die Folgen von datenverarbeitenden Alltagshelfern große Gedanken zu machen. Dies gilt insbesondere dann, wenn smarte Gegenstände höheren Komfort versprechen, wie zum Beispiel bei Sprachassistenten wie Alexa von Amazon oder Siri von Apple. Wenn auf Seiten der Nutzer die Sensibilisierung für dieses Thema fehlt und auf Seiten der Anbieter der Hunger nach Daten aufgrund immer größerer Monetarisierungsmöglichkeiten steigt, kann sich hieraus eine gefährliche Dynamik entwickeln, die in einem Kontrollverlust über die eigenen Daten und deren Verwertung enden kann.

Dies zu verhindern, ist originäre Aufgabe des Datenschutzrechts. Doch hierzu müssen die Regelungen in der Lage sein, die besonderen Risiken und Gefahren für die Privatsphäre im Internet of Things in adäquater, verhältnismäßiger und geeigneter Weise zu regulieren. Ein weiteres Merkmal smarter Alltagsgegenstände ist zudem, dass diese von vielen verschiedenen Personen genutzt werden und auch unbeteiligte Personen im Umfeld solcher Gegenstände erfasst werden können, ohne dass diese hiervon notwendigerweise etwas wissen. Auch hier kann auf die Sprachassistenten verwiesen werden, die Daten von undefiniert vielen und möglicherweise auch nicht identifizierbaren Personen erfassen.

Vor diesem Hintergrund sollte insbesondere die seit dem 25.05.2018 anwendbare Datenschutzgrundverordnung mit ihrem technologieneutralen Ansatz daraufhin überprüft werden, ob sie diesen Risiken adäquat begegnen kann.

1166 Abrufbar unter: *https://theinternetofthings.report/whitepapers/how-is-the-iot-world-shaping-up-in-2021-and-what-trends-will-influence-the-future-of-iot* (zuletzt abgerufen am 03.08.2021).

Die Forschungsthese lautete: Die EU-Datenschutzgrundverordnung regelt den Umgang mit Drittbetroffenendaten unzureichend bzw. die allgemeinen Regelungen stellen nicht zu erfüllende Anforderungen an die Verarbeitung von Drittbetroffenendaten im Zusammenhang mit vernetzten und automatisierten Fahrzeugen.

Das Ergebnis der Untersuchung bestätigt diese These in dem gezeigt wurde, dass die DSGVO in ihrer derzeitigen Fassung zum einen für die spezifischen Probleme, die sich aus dem Umgang mit Drittbetroffenendaten ergeben, keine hinreichenden Antworten bietet und zum anderen Anforderungen an die Verarbeitung von Drittbetroffenendaten stellt, die in der Praxis nicht erfüllbar sind. Insofern wird das Ziel der DSGVO, den Schutz personenbezogener Daten mit anderen Grundrechten, dem technologischen Fortschritt und Innovationen in einem verhältnismäßigen Ausgleich zu bringen, nicht erreicht. Die wesentlichen Problempunkte lassen sich wie folgt zusammenfassen:

1) Ob es sich bei Drittbetroffenendaten um Informationen handelt, die einer identifizierten oder identifizierbaren Person zugeordnet werden können und somit dem Anwendungsbereich der DSGVO unterfallen, ist häufig nicht eindeutig zu beantworten. Auch die Abgrenzung zwischen personenbezogenen Daten und Sachdaten ist schwierig. Verantwortliche werden daher nicht umhinkommen, alle Daten als personenbezogene Daten zu behandeln, soweit durch den Gesetzgeber oder die Gerichte keine Präzisierung erfolgt. Im Rahmen der Arbeit wurde versucht, den Anwendungsbereich der DSGVO für Drittbetroffenendaten im Kontext vernetzter und automatisierter Kfz zu konkretisieren und Datenkategorien zu bilden.
2) Aufgrund des breiten Spektrums an möglichen Akteuren, der Vielzahl an vorstellbar betroffenen Personen sowie aller denkbaren aktuellen sowie zukünftigen Verarbeitungsvorgänge und der vielen verschiedenen Kombinationen aus allen drei Aspekten, entsteht ein besonders komplexes Ökosystem mit mehrpolaren Beteiligungsverhältnissen. Dies erschwert zum einen die Identifizierung der Rolle der verschiedenen Akteure und damit einhergehend der eigenen datenschutzrechtlichen Pflichten. Zum anderen wirkt diese unübersichtliche Gemengelage auch in alle anderen Bereiche, wie der Bestimmung der Rechtsgrundlage, der Einhaltung der Datenschutzgrundsätze sowie der Erfüllung der Betroffenenrechte. Allgemeine und abstrakte Regelungen stellen Verantwortliche bei komplexen Verarbeitungsverpflechtungen, wie sie in vernetzten und automatisierten Kfz zu finden sind, vor erhebliche Anwendungsprobleme. Dies kann zu Rechtsunsicherheiten und Grauzonen führen, deren Ausnutzung durch intransparente und schwer

nachvollziehbare Verarbeitungsprozesse wiederum zu Vertrauensverlust auf Seiten der betroffenen Personen führen kann.

3) Die in der DSGVO derzeit vorhandenen Rechtsgrundlagen sind in ihrer Ausgestaltung zur Legitimierung von Verarbeitungen von Drittbetroffenendaten teilweise nicht geeignet. Da drittbetroffene Personen in den meisten Fällen nicht Partei eines Vertrages sind, der die konkrete Datenverarbeitung abdeckt, ist eine wesentliche Rechtsgrundlage nicht anwendbar. Es verbleiben, soweit es sich nicht um verpflichtend einzubauende Funktionen und Systeme handelt, nur die Interessenabwägung oder die Einwilligung. Die DSGVO bietet in Bezug auf die Interessenabwägung derzeit keine Konkretisierung, sodass die Prüfung, ob die von ihnen beabsichtigte Verarbeitung die Rechte und Freiheiten der betroffenen Personen nicht verletzen, gänzlich den Verantwortlichen überlassen bleibt. Graubereiche können zu Lasten der Betroffenen ausgenutzt werden. Auch die Einwilligung stellt Verantwortliche in ihrer derzeitigen Konzeption vor erhebliche Umsetzungsprobleme. Dies schränkt Verarbeitungsmöglichkeiten erheblich ein oder führt zu dem Versuch, Verarbeitungen durch nichtwirksame Einwilligungen zu legitimieren.
4) Die Transparenzpflichten der DSGVO schießen im Kontext vernetzter und automatisierter Kfz übers Ziel hinaus, sind ungeeignet und teilweise praktisch nicht umsetzbar. Die DSGVO erschafft durch die Forderung nach umfassender und gleichzeitig verständlicher Informationserteilung einen für komplexe datenverarbeitende Ökosystem nicht zu lösenden Konflikt, der bei Anwendung zu einem information overload und einer Ermüdung auf Betroffenenseite führt.
5) Die Umsetzung von Betroffenenrechten bedarf eines ganzheitlichen Umsetzungskonzepts im Kfz mit entsprechender technischer Architektur nicht nur im Frontend, also dort, wo Funktionen für den Nutzer bedienbar sind, sondern auch bei der generellen technischen Konzeption der Systeme. Daten müssen nach Nutzer getrennt und eindeutig zuordenbar verarbeitet werden. Es müssen Lösungen für das zeitlich begrenzte Speichern und Löschen gefunden werden. Umsetzungslösungen bietet die DSGVO nicht, sodass auf anderer Ebene brancheneinheitliche Standards entwickelt werden müssen.
6) Schließlich hält die DSGVO keine eigenen Lösungsmechanismen für die Probleme bereit. Der häufig als Lösung dargestellte Grundsatz Datenschutz-durch-Technikgestaltung enthält nur die allgemeine Forderung, Systeme datenschutzfreundlich zu konzipieren, ohne hierbei konkrete Vorgaben zu machen. Auch die in der DSGVO vorgesehenen Verhaltensregeln helfen häufig nicht weiter, da deren Aufstellung ebenfalls gänzlich den Verantwortlichen überlassen bleibt und zunächst einmal überhaupt die Bereitschaft

innerhalb der Branche bestehen muss, sich selbst einschränkenden Regelungen zu Gunsten des Datenschutzes zu unterwerfen.

Als Ergebnis lässt sich festhalten, dass die derzeitigen Regelungen der DSGVO auf der einen Seite nicht ausreichend sind, um die spezifischen Herausforderungen von Datenverarbeitungen in Zusammenhang mit vernetzten und automatisierten Kfz zu begegnen und gleichzeitig auf der anderen Seite teilweise nicht umsetzbare Anforderungen aufstellt. Der Versuch der DSGVO, ein umfassendes datenschutzrechtliches Regime unabhängig von der verwendeten Technologie aufzustellen, ist zumindest für den hier untersuchten Bereich des vernetzen und automatisierten Fahrens nicht gelungen.[1167] Eine „one-size-fits-all-Lösung" kann nur dann funktionieren, wenn bei ihrer Erstellung zunächst alle denkbaren und konsequenterweise auch alle noch nicht denkbaren Technologien untersucht und bewertet wurden, um dann aus diesen Ergebnissen allgemeine Regelungen abzuleiten. Da dies aber denklogisch nicht möglich ist, handelt es sich nicht um einen technologieneutralen, sondern um einen technologieblinden Ansatz, der in den beschriebenen Problemen mündet. Es bedarf daher bereichspezifischer datenschutzrechtlicher Regelungen für vernetzte und automatisierte Kfz. Es ist zu erwarten, dass dies auch für andere Anwendungsgebiete festgestellt werden wird. So fordert die Datenethikkommission zum Beispiel für das Profiling verschärfte datenschutzrechtliche Regelungen, da die der DSGVO als nicht risikoadäquat angesehen werden.[1168]

Der hier vorgeschlagene Gesamtlösungsansatz bestehend aus bereichspezifischen datenschutzrechtlichen Regelungen in Form einer neu zu erlassenden EU-Verordnung und der Einbeziehung dieser Anforderungen in das Zulassungsrecht für Kfz ist interessengerecht und effektiv.

Die vorgeschlagenen bereichsspezifischen Regelungen bestehen vor allen Dingen in einer Konkretisierung der Anforderungen der DSGVO bzw. in ihrer teilweisen Beschränkung. Der Konkretisierung kann entgegengehalten werden, dass diese zu einer gewissen Inflexibilität führen, da zu starre Vorgaben den technologischen Fortschritt behindern können. Hier muss eine risikoadäquate Balance gefunden werden. Risikoreichen Verarbeitungen sollten möglichst konkrete Grenzen gesetzt werden, wohingegen bei risikoarmen Verarbeitungen ein größerer Spielraum belassen werden kann. Schlussendlich profitieren

---

1167 Grundsätzliche Kritik am technologieneutralen Ansatz der DSGVO *Sydow/Kring*, ZD 2014, 271.

1168 Gutachten der Datenethikkommission der Bundesregierung, S. 99 f.

auch Verantwortliche hiervon, da die Rechtsanwendung einfacher wird, Rechtsunsicherheiten vermieden werden und damit das Vertrauen der Konsumenten gestärkt wird.

Gegen die Beschränkung der durch die DSGVO aufgestellten Rechte und Pflichten könnten man einwenden, dass sich das Datenschutzrecht nicht der Technik, sondern die Technik dem Datenschutz anzupassen hat.[1169] Im Ergebnis führt dies aber dazu, dass das, was datenschutzrechtlich gefordert, aber technisch nicht umsetzbar ist, nicht möglich ist und bleibt. Mit Blick auf Erwägungsgrund 2 Satz 2 DSGVO ist aber auch dieses Ergebnis vom Gesetzgeber nicht gewollt. Dort heißt es, dass die DSGVO zur Vollendung eines Raums der Freiheit, der Sicherheit und des Rechts und einer Wirtschaftsunion, zum wirtschaftlichen und sozialen Fortschritt, zur Stärkung und zum Zusammenwachsen der Volkswirtschaften innerhalb des Binnenmarkts sowie zum Wohlergehen natürlicher Personen beitragen soll. Der Gesetzgeber sieht sehr wohl, dass es ein Spannungsverhältnis zwischen dem Schutz der Privatsphäre und dem technologischen Fortschritt gibt und zwischen beiden ein möglichst schonender Ausgleich gefunden werden muss.[1170] Der Gesetzgeber hat diesen Ausgleich darin gesehen, die datenschutzrechtlichen Regelungen möglichst allgemein, eben technologieneutral zu halten. Dort wo dieser Ansatz konzeptionell versagt, muss dann aber – eben um den gewollten Ausgleich zu erreichen - nachgebessert werden. Diese Nachbesserung kann auch darin liegen, für spezifische Situationen die allgemeinen Regelungen einzuschränken, soweit hierdurch Art. 8 GrRCh gewahrt bleibt.

Ein solcher sachgerechter Ausgleich zwischen Datenschutz und technologischem Fortschritt kann durch die im Rahmen dieser Untersuchung dargestellte Gesamtlösung erreicht werden. Insbesondere ist in Zeiten der datenverarbeitenden Aufrüstung von Kfz nicht verständlich, wieso datenschutzrechtliche Anforderungen nicht von Zulassungsbehörden geprüft und deren Einhaltung nicht zur Voraussetzung der Zulassung gemacht werden sollte. Die ersten Kfz besaßen keine Sicherheitsgurte bis erkannt wurde, dass die verpflichtende Ausstattung für mehr Sicherheit sorgt. Heute ist ein Kfz ohne Sicherheitsgurt undenkbar. Vielleicht befinden wir uns gerade wieder genau an einem solchen Punkt, an dem es Zeit wird, einen neuen Sicherheitsaspekt in das Zulassungsrecht aufzunehmen. Auch wenn dieser Aspekt Datenschutz heißt und bislang leider (zu) wenig Beachtung gefunden hat. Eine Prüfung von Kfz in Hinblick auf Datenschutz

1169 *Kumpf*, Smart Cars, S. 171.
1170 So auch: *Krings/Mammen*, RDV 2015, 231 (232).

und -sicherheit liegt zudem im Erwartungshorizont der betroffenen Personen. Bei einer durch den TÜV-Verband und Bitkom im Jahr 2018 durchgeführten Befragung gaben 95 % der befragten Personen an, dass sie sich eine regelmäßige Prüfung wünschen.[1171] Die Verankerung des Datenschutzes im Zulassungsrecht kann daher das Vertrauen der Nutzer in das Produkt stärken, wovon wiederum Hersteller und andere Anbieter im Ökosystem vernetzter und automatisierter Kfz profitieren.

Als Ausblick sollte auch auf die Nutzung vernetzter und automatisierter Kfz außerhalb Europas geschaut werden. Defizite im Datenschutzrecht wurden nämlich auch schon in anderen Ländern wie den USA oder Kanada festgestellt.[1172] China ist mit der Verordnung für das Sicherheitsmanagement von Automobildaten bereits einen Schritt weiter und hat konkrete Pflichten an Verarbeiter von Automobildaten erlassen, die unter anderem auch die Gewährleistung der Privatheit und den Schutz personenbezogener Daten zum Ziel haben.[1173] Europa könnte sich mit einem bereichsspezifischen Datenschutzrecht für vernetzte und automatisierte Kfz zum Vorreiter für globale Standards machen. Gerade beim Kfz bieten einheitliche Standards den Vorteil, dass jedes Kfz, egal von welchem Hersteller, dem Grunde nach „gleich" funktioniert. Dadurch könnte zum einen ein globales Schutzniveau sichergestellt werden. Zum anderen steigt durch eine gewisse Uniformität auch gleichzeitig die Nutzerfreundlichkeit und damit die Akzeptanz datenschutzrechtlicher Regelungen. Dies ist der Weg, alle Beteiligten von der Bedeutung und den Nutzen des Datenschutzes als Persönlichkeitsrechtschutz und Wirtschaftsfaktor zu überzeugen – auch und insbesondere beim Autofahren.

1171 Studie des VdTÜV und Bitkom, Autonomes Fahren und vernetzte Mobilität, (18.04.2018) abrufbar unter: *www.bitkom.org/sites/default/files/file/import/Bitkom-Charts-Autonomes-Fahren-und-vernetzte-Mobilitat-18-04-2018-final.pdf* (zuletzt abgerufen am 04.12.2022).

1172 Siehe hierzu die Gesetzesinitiativen in den USA: „SPY Car Act 2019", abrufbar unter *www.congress.gov/bill/116th-congress/senate-bill/2182/text?q=%7B%22search%22%3A%5B%22SPY+Car+Act%22%5D%7D&r=1&s=1* sowie „Black Box Privacy Protection Act 2017", abrufbar unter: *www.congress.gov/bill/115th-congress/house-bill/3568?q=%7B%22search%22%3A%5B%22text%22%5D%7D;* für Kanada: British Columbia Freedom of Information and Privacy Association, The connected car: Who is in the driver's seat?, S. 114 – 116.

1173 Die Pressemitteilung der chinesischen Cyberspace Behörde ist abrufbar unter: *www.cac.gov.cn/2021-08/20/c_1631049984834616.htm* (zuletzt abgerufen am 04.12.2022).

Literaturverzeichnis

Alich, Stefan: Datenschutz im Connected Car, RAW 2016, S. 90 – 97.

Art. 29-Datenschutzgruppe: Working document on data protection and privacy implications in eCall initiative (26.09.2006), WP 125.

dies.: Stellungnahme 4/2007 zum Begriff personenbezogene Daten (26.06.2007), WP 136.

dies.: Stellungnahme 6/2014 zum Begriff des berechtigten Interesses des für die Verarbeitung Verantwortlichen gemäß Artikel 7 der Richtlinie 95/46/EG (09.04.2014), WP 217.

dies.: Opinion 8/2014 on the recent developments on the Internet of Things (16.09.2014), WP 223.

dies.: Leitlinien für Transparenz unter Verordnung 2016/679 (11.04.2018), WP 260.

Arzt, Clemens/Ruth-Schumacher, Simone: Zulassungsrechtliche Rahmenbedingungen der Fahrzeugautomatisierung, NZV 2017, S. 57 – 62.

Asaj, Naim: Datenschutz im Fahrzeug. Übersicht, Aspekte und erste Lösungsansätze, DuD 2011, S. 558 – 564.

Bayrischen Landesamtes für Datenschutzaufsicht: Tätigkeitsbericht 2009/2010, abrufbar unter: www.lda.bayern.de/media/baylda_report_04.pdf.

Bergt, Matthias: Die Bestimmbarkeit als Grundproblem des Datenschutzrechts - Überblick über den Theorienstreit und Lösungsvorschlag, ZD 2015, S. 365 – 371.

Blum, Lucas: Die Übermittlung von personenbezogenen Daten aus vernetzten Fahrzeugen vor neuen Herausforderungen, DSRITB 2021, S. 585 – 597.

Bockslaff, Frederik/Kadler, Oliver: Umfangreiche Datenspeicherung bei Carsharing-Anbietern. Möglichkeit zur Erstellung von Bewegungsprofilen und rechtliche Probleme, ZD 2017, S. 166 – 170.

Böck, Nicole/Theurer, Jakob: Herstellerpflichten und Haftungsrisiken bei IT-Sicherheitslücken vernetzter Produkte, BB 2021, S. 520 – 525.

Bönninger, Jürgen: Wem gehören die Fahrzeugdaten? Das moderne Fahrzeug - Messgerät, Steuergerät, Datenspeicher, in: Beiträge zum 52. Verkehrsgerichtstag 2014, S. 229 – 239.

ders.: Mobilität im 21. Jahrhundert: sicher, sauber, datengeschützt, DuD 2015, S. 388 – 390.

Bönninger, Jürgen/Eichelmann, Anja/Methner, Olaf: Technische Vorschläge zu einer situationsbedingten Information und Entscheidung im vernetzten Auto, in: Alexander Roßnagel/Gerrit Hornung (Hrsg.), Grundrechtsschutz im Smart Car, Wiesbaden 2019, S. 355 – 366.

Brink, Stefan: Mein Auto ist ein mieser Verräter!? Das vernetzte Auto als Herausforderung für den Datenschutz, DANA 01/2015, S. 4 – 7.

Brink, Stefan/Eckhardt, Jens: Wann ist ein Datum ein personenbezogenes Datum. Anwendungsbereich des Datenschutzrechts, ZD 2015, S. 205 – 212.

Brink, Stefan/Wolff, Heinrich Amadeus (Hrsg.): Beck Online Kommentar Datenschutzrecht, 41. Edition, München 2022.

Brisch, Klaus/Pieper, Fritz: Das Kriterium der "Bestimmbarkeit" bei Big Data-Analyseverfahren. Anonymisierung, Vernunft und rechtliche Absicherung bei Datenübermittlungen, CR 2015, S. 724 – 729.

British Columbia Freedom of Information and Privacy Association (Hrsg.): The connected car: Who is in the driver's seat? A study on privacy and onboard vehicle telematics technology (März 2015), abrufbar unter: fipa.bc.ca/wordpress/wp-content/uploads/2018/01/CC_report_lite.pdf.

Brockmeyer, Henning: Teil 15.5 Big Data im vernetzten Verkehr, in: Hoeren, Thomas/Sieber, Ulrich/Holznagel, Bernd (Hrsg.), Handbuch Multimedia Recht, 56. EL Mai 2021.

ders.: Treuhänder für Mobilitätsdaten - Zukunftsmodell für hoch- und vollautomatisierte Fahrzeuge? Erwägungen zur ausstehenden Regulierung des Speicherorts für die Daten nach § 63a Abs. 1 StVG, ZD 2018, S. 258 – 263.

Buchner, Benedikt: Datenschutz im vernetzten Automobil, DuD 2015, S. 372 – 377.

Cebulla, Manuel: Umgang mit Kollateraldaten - Datenschutzrechtliche Grauzone für verantwortliche Stellen, ZD 2015, S. 507 – 512.

C-ITS Platform: Final Report (Januar 2016), abrufbar unter: www.ec.europa.eu/transport/sites/transport/files/themes/its/doc/c-its-platform-final-report-january-2016.pdf.

CNIL: Compliance Package. Connected Vehicles and personal data (Oktober 2017), abrufbar unter: www.cnil.fr/sites/default/files/atoms/files/cnil_pack_vehicules_connectes_gb.pdf.

Conrad, Isabell: § 34 Recht des Datenschutzes, in: Auer-Reinsdorff, Astrid/Conrad, Isabell (Hrsg.): Handbuch IT- und Datenschutzrecht, 3. Auflage, München 2019.

Däubler, Wolfgang/Wedde, Peter/Weichert, Thilo/Sommer, Imke: EU-DSGVO und BDSG. Kompaktkommentar, 2. Auflage Frankfurt a.M. 2020.

Datenethikkommission der Bundesregierung, Gutachten Oktober 2019, abrufbar unter: www.bmjv.de/SharedDocs/Downloads/DE/Themen/Fokusthemen/Gutachten_DEK_DE.pdf?__blob=publicationFile&v=3.

Datenschutzkonferenz: Orientierungshilfe Videoüberwachung durch nicht-öffentliche Stellen (Juli 2020), abrufbar unter: www.datenschutzkonferenz-online.de/media/oh/20200903_oh_v%C3%BC_dsk.pdf.

dies.: Orientierungshilfe der Aufsichtsbehörden für Anbieter von Telemedien (März 2019), abrufbar unter: www.datenschutzkonferenz-online.de/media/oh/20190405_oh_tmg.pdf.

Ehmann, Eugen: Personenaufnahmen nach der DS-GVO. Mehr Klarheit, als viele befürchtet haben!, ZD 2020, S. 65 – 68.

Ehmann, Eugen/Selmayr, Martin (Hrsg.): DS-GVO. Kommentar, 2. Auflage, München 2018.

Ernstahler, Jürgen/Gollrad, Markus: Rechtsgrundlagen des automatisierten Fahrens. Standardessenzielle Patente und Fahrzeugvernetzung, Zulässigkeit und Zulassung, Haftungsrecht, Datenschutz, Datensicherheit und Datenhoheit, Frankfurt am Main 2020.

Eßer, Martin/Kramer, Philipp/v. Lewinski, Kai (Hrsg.): DSGVO/BDSG. Kommentar, 7. Auflage, Köln 2020, zit.: *Autor*, in: Auernhammer, §, Rn.

Eul, Anika: 10.2 Connected Cars, in: Leupold, Andreas/Wieb, Andreas/Glosser, Silke (Hrsg.), IT-Recht, Recht Wirtschaft und Technik der digitalen Transformation, 4. Auflage, München 2021

Europäischer Datenschutzausschuss: Guidelines 02/2021 on virtual voice assistants (Version 2.0 vom 07.07.2021).

ders.: Guidelines 07/2020 on the concept of controller and processor in the GDPR (Version 2.0 vom 07.07.2021).

ders.: Guidelines 05/2020 on consent under Regulation 2016/679 (Mai 2020).

ders.: Guidelines 01/2020 on processing personal data in the context of connected vehicles and mobility related applications (Version 2.0 vom 09.03.2021).

ders.: Guidelines 04/2019 on Article 25 Data Protection by Design and by Default, (13.11.2019).

ders: Guidelines 03/2019 on processing of personal data through video devices, Version 2.0 (29.01.2020).

ders.: Guidelines 02/2019 on the processing of personal data under Article 6 (1) (b) GDPR in the context of the provision of online services to data subjects (Version for consultation).

Europäische Kommission: Report on Ethics of Connected and Automated Vehicles (2020), abrufbar unter: op.europa.eu/en/publication-detail/-/publication/5014975b-fcb8-11ea-b44f-01aa75ed71a1/.

Facius, Franziska: Die Verordnung der Regeln über die Einführung von bordeigenen eCall-Systemen in Fahrzeugen - ein Datenschutz-Papiertiger?, DANA 1/2015, S. 20 – 23.

Fetzer, Maria/Hense, Peter: "Ein Auto, ein Computer, ein Mann" - Connected Cars zwischen infantiler Vision und Consumer Privacy, DSB 2020, S. 144 – 147.

Forgó, Nikolaus, Kap. 3.5 Datenschutzrechtliche Fragestellungen des autonomen Fahrens, in: Oppermann/Stender-Vorwachs (Hrsg.): Autonomes Fahren. Technische Grundlagen, Rechtsprobleme, Rechtsfolgen, 2. Auflage, München 2020.

Fothen, Christoph/Böhm, Klaus/Paula, Daniel: Kann die Verwendung digitaler Fahrzeugdaten zur Rekonstruktion von Verkehrsunfällen unterhalb der Schwelle schwerster Unfallereignisse verhältnismäßig sein?, NZV 2020, S. 284 – 289.

Franke, Ulrich: Rechtsprobleme beim automatisierten Fahren - ein Überblick, DAR 2016, S. 61 – 66.

Frinken, Jacqueline: Die Verwendung von Daten aus vernetzten Fahrzeugen unter besonderer Berücksichtigung des Umgangs mit solchen Daten durch den Arbeitgeber, Göttingen 2017 (zgl. Diss. Mainz, 2017)

Fuchs, Daniel: Verwendung privater Kameras im öffentlichen Raum - Datenschutz bei Dash-Cams, Helm-, Wildkameras & Co., ZD 2015, S. 212 – 217.

Gao, Xianyi/Firner, Bernhard/ Sugrim, Shridatt/Kaiser-Pendergrast, Viktor/Yang, Yulong/Lindqvist, Janne: Elastic Pathing. Your speed is enough to track you, abrufbar unter: jannelindqvist.com/publications/UbiComp14-elasticpathing.pdf.

Geber, Frederic: Rechtliche Anforderungen an Software-Updates von vernetzten und automatisierten Pkw, NZV 2021, S. 14 – 19.

Gennen, Klaus: Vertragsgestaltung bei ConnectedCar–Lösungen, RDV 2015, S. 74 – 81.

Geminn, Christian/Laubach, Anne/Fujiwara, Shizuo: Schutz anonymisierter Daten im japanischen Datenschutzrecht. Kommentierung der neu eingeführten Kategorie der „Anonymously Processed Information", ZD 2018, S. 413 – 420.

Gola, Peter/Heckmann Dirk (Hrsg.): Datenschutz-Grundverordnung, Bundesdatenschutzgesetz. Kommentar, 3. Auflage, München 2022.

Grigorian, Nazik/Tribess, Alexander: Robots on the Road, InTer 2020, S. 214 – 220.

Grünwald, Andreas/Nüßing, Christoph: Machine To Machine (M2M) -Kommunikation - Regulatorische Fragen bei der Kommunikation im Internet der Dinge, MMR 2015, S. 378 – 383.

Hanloser, Stefan: Schutz der Geräteintegrität durch § 25 TTDSG. Neue Cookie-Regeln ab dem 1.12.2021, ZD 2021, S. 399 - 403.

ders.: Anmerkungen zu den Schlussanträgen des GA Bobek vom 19.12.2018 in der Rechtssache Fashion ID – EuGH C-40/17, ZD 2019, S. 122 – 124.

ders.: Anmerkungen zum Urteil des EuGHs vom 29.07.2019 – C-40/7 in der Rechtssache Fashion ID, ZD 2019, S. 455 – 461.

Hansen, Marit: Gestaltungsoptionen im Internet vernetzter Autos, in: Alexander Roßnagel/Gerrit Hornung (Hrsg.), Grundrechtsschutz im Smart Car, Wiesbaden 2019, S. 273 – 291.

dies.: Die Zukunft von Datenschutz und Privatsphäre in der mobilen Welt, DuD 2015, S. 435 – 439.

dies.: Das Netz im Auto & das Auto im Netz. Herausforderungen für eine datenschutzgerechte Gestaltung vernetzter Fahrzeuge, DuD 2015, S. 367 – 371.

Härting, Niko: Datenschutz im Internet - Wo bleibt der Personenbezug, CR 2008, S. 743 – 748.

Herrmann, Danielle: Telekommunikationsrechtliche Herausforderungen für vernetzte Fahrzeuge, RAW 2017, S. 19 – 25.

Hinrichs, Ole/Becker, Moritz: Connected Car vs. Privacy - Teil 1. Datenschutzrechtliche Grundlagen und Anforderungen in vernetzen Automobilen, ITRB 2015, S. 164 – 168.

dies.: Connected Car vs. Privacy - Teil 2. Anforderungen und Lösungsansätze, ITRB 2015, S. 191 - 196

Hinzpeter, Britta: Datenschutzrechtliche Auskunftspflichten der verantwortlichen Stelle am Beispiel der Kfz-Datenverarbeitung, DSRITB 2014, S. 471 – 485.

Hoeren, Thomas: Ein Treuhandmodell für Autodaten? - § 63a StVG und die Datenverarbeitung bei Kraftfahrzeugen mit hoch- und vollautomatisierten Fahrfunktionen, NZV 2018, S. 153 – 155.

Hofmann, Johanna/Johannes, Paul: DS-GVO: Anleitung zur autonomen Auslegung des Personenbezugs. Begriffserklärung der entscheidenden Fragen des sachlichen Anwendungsbereichs, ZD 2017, S. 221 – 226.

Hornung, Gerrit: Ökonomische Verwertung und informationelle Selbstbestimmung, in: Alexander Roßnagel/Gerrit Hornung (Hrsg.), Grundrechtsschutz im Smart Car, Wiesbaden 2019, S. 109 – 126.

ders.: Verfügungsrechte an fahrzeugbezogenen Daten. Das vernetzte Automobil zwischen innovativer Wertschöpfung und Persönlichkeitsschutz, DuD 2015, S. 359 – 366.

Hornung, Gerrit/Goeble, Thilo: "Data Ownership" im vernetzten Automobil. Die rechtliche Analyse des wirtschaftlichen Wertes von Automobildaten und ihr Beitrag zum besseren Verständnis der Informationsordnung, CR 2015, S. 265 – 273.

Husemann, Charlotte: Notwendige Transparenz für betroffene Personen, in: Alexander Roßnagel/Gerrit Hornung (Hrsg.), Grundrechtsschutz im Smart Car, Wiesbaden 2019, Seiten 367 – 380.

International Working Group on Data Protection in Telecommunications: Connected Vehicles, 63. Sitzung, Budapest, 9.-10.4.2018, abrufbar unter: www.datenschutz-berlin.de/fileadmin/user_upload/pdf/publikationen/working-paper/2018/2018-IWGDPT-Working_Paper_Connected_Vehicles.pdf.

Jandt, Silke: Spezifischer Datenschutz für Telemedien und die DS-GVO, ZD 2018, S. 405 – 408

Jandt, Silke/Karg, Moritz, Kap. A. II., in: Jandt, Silke/Steidle, Roland (Hrsg.): Datenschutz im Internet. Rechtshandbuch zu DSVO und BDSG, Baden-Baden 2018.

Jäschke, Thomas/Rochow, Sina/Tewes, Hanjo/Vogel, Alexander/Mertens, Hennig/Reiter, Julius/Mether, Olaf: Für immer anonym: Wie kann die De-Anonymisierung verhindert werden? Gutachten im Rahmen des Forschungsprojekts ABIDA (Oktober 2018).

Joachim, Katharina: Zukunft automatisiertes Fahren - Rechtsrahmen und Haftungsfragen, ZD-Aktuell 2016, 04171.

Johannes, C. Paul/Roßnagel, Alexander: Der Rechtsrahmen für einen Selbstschutz der Grundrechte in der digitalen Welt, in: ITeG-Wissenschaftliches Zentrum für Informationstechnik-Gestaltung an der Universität Kassel (Hrsg.), Interdisciplinary Research on Information System Design, Band 3 (2016).

Kahl, Thomas: Datenschutz im Connected Vehicle Umfeld – Neue Guidelines des EDPB, RAW 2021, S. 80 – 85.

ders.: Datenschutz im Automotive-Aftersales. Ergebnisse der Prüfaktionen der Aufsichtsbehörden - Herausforderungen und Lösungsansätze für die Praxis, RAW 2019, S. 70 – 75.

Karg, Moritz: Die Rechtsfigur des personenbezogenen Datums. Ein Anachronismus des Datenschutzes?, ZD 2012, S. 255 – 260.

Karikari, Bernard A.: Big Data in der Automobilindustrie. Die Erhebung von Fahrzeugfunktionsdaten als Rechtsproblem. Frankfurt am Main, 2018. (zugl. Diss. Münster, 2017 Jahr).

Kartheuser, Ingemar/Nabulsi, Selma: Abgrenzungsfragen bei gemeinsam Verantwortlichen, MMR 2018, S. 717 – 721.

Keppeler, Lutz M.: Objektive Theorie" des Personenbezugs und "berechtigtes Interesse" als Untergang der Rechtssicherheit?, CR 2016, S. 360 – 367.

Kinast, Karsten/Kühnl, Christina: Telematik und Bordelektronik - Erhebung und Nutzung von Daten zum Fahrverhalten, NJW 2014, S. 3057 – 3061.

Kleinschmidt, Sebastian/Wagner, Bernardo, Kap 1.1, in: Oppermann/Stender-Vorwachs (Hrsg.): Autonomes Fahren. Technische Grundlagen, Rechtsprobleme, Rechtsfolgen, 2. Auflage, München 2020.

Klink-Straub, Judith/Keber, Tobias: Aktuelle Gesetzeslage zum automatisierten Fahren - eine Rechtsvergleichung, NZV 2020, S. 113 – 119.

Klink-Straub, Judith/Straub, Tobias: Vernetzte Fahrzeuge - portable Daten, ZD 2018, S. 459 – 463.

dies.: Nächste Ausfahrt DS-GVO – Datenschutzrechtliche Herausforderungen beim automatisierten Fahren, NJW 2018, S. 3201 – 3206

Kollmar, Frederike: Umfang und Reichweite gemeinsamer Verantwortlichkeit im Datenschutz NVwZ 2019, S. 1740 – 1743.

Krauß, Christoph: Selbstdatenschutz im vernetzten Fahrzeug und dessen technische Umsetzung, in: Alexander Roßnagel/Gerrit Hornung (Hrsg.), Grundrechtsschutz im Smart Car. Wiesbaden 2019, S. 227 – 244.

Krauß, Christoph/Waidner, Michael: IT-Sicherheit und Datenschutz im vernetzten Fahrzeug, DuD 2015, S. 383 – 387.

Krausen, Jean-Marcel: Unfallaufklärung 2.0 - "Vision Zero Datenschutz", ZD-Aktuell 2019, 06679.

Kremer, Sascha: Connected Car - intelligentes Kfz, intelligente Verkehrssysteme, intelligenter Datenschutz, RDV 2014, S. 240 – 252.

Krings, Günter/Mammen, Lars: Zertifizierungen und Verhaltensregeln - Bausteine eines modernen Datenschutzes für die Industrie 4.0, RDV 2015, S. 231 – 236.

Kristl, Stephan: Datengetriebene Geschäftsmodelle der Automobilindustrie. Rechtssicherheit bei der Datenerhebung, MMR 2021, S. 386 - 390

Krügel, Tina: Das personenbezogene Datum nach der DS-GVO. Mehr Klarheit und Rechtssicherheit?, ZD 2017, S. 455 – 460.

Kühling, Jürgen/Buchner, Benedikt (Hrsg.): DS-GVO - BDSG. Kommentar, 3. Auflage, München 2020.

Kühling, Jürgen/Klar, Manuel: Anmerkungen zum Urteil des EuGHs vom 19.10.2016 - C-582/14 in der Rechtssache Breyer, ZD 2017, S. 24 – 29.

Kumpf, Benjamin: Smart Cars - eine datenschutzrechtliche Analyse, Hamburg 2017.

Kunnert, Gerhard: Die datenschutzkonforme Vernetzung des Automobils. Konkrete datenschutzrechtliche Vorgaben für die Gestaltung von Kfz-IT und sonstiger Komponenten intelligenter Verkehrssysteme, CR 2016, S. 509 – 516.

Langer, Claudia: M2M Kommunikation - Ein Fall für das TKG?, DSRITB 2015, S. 973 – 985.

Lenz, Barbara/Fraedrich, Eva: Neue Mobilitätskonzepte und autonomes Fahren: Potenziale der Veränderung, in: Maurer, Markus/Gerdes, Christian J./ Lenz, Barbara/Winner, Hermann (Hrsg.): Autonomes Fahren: Technische, rechtliche und gesellschaftliche Aspekte, Berlin, Heidelberg 2015, S. 176 – 195.

Lutz, Lennart: Fahrzeugdaten und staatlicher Datenzugriff, DAR 2019, S. 125 – 129.

Lüdemann, Volker: Connected Cars - Das vernetzte Auto nimmt Fahrt auf, der Datenschutz bleibt zurück, ZD 2015, S. 247 – 254.

Lüdemann, Volker/Knollmann, David: Überwachung von Fahrzeug und Fahrer. Die neuen EU-Vorgaben für Unfalldatenspeicher und Fahrerüberwachungssysteme, ZD 2020, S. 403 – 409.

Lüdemann, Volker/Sengstacken, Christin: Lebensretter eCall: Türöffner für neue Telematikdienstleistungen, RDV 2014, S. 177 – 182.

Lüdemann, Volker/Sengstacken, Christin/Vogelpohl, Kerstin: Schlaue Schilder – Kommt das intelligente Autokennzeichen? - Umfangreiche Einsatzfelder auch im privaten Bereich, ZD 2015, S. 55 – 61.

dies.: Pay-as-you-drive: Datenschutz in der Telematikversicherung, RDV 2014, S. 302 – 306

Mantz, Reto: Verwertung von Standortdaten und Bewegungsprofilen durch Telekommunikationsanbieter. Der Fall Telefónica/O2, K&R 2013, S. 7 – 11.

Mantz, Reto/Spittka, Jan: § 6 Datenschutz und IT-Sicherheit, in: Sassenberg, Thomas/Faber, Tobias (Hrsg.): Rechtshandbuch Industrie 4.0 und Internet of Things, 2. Auflage, München 2020.

Mantz, Reto/Spittka, Jan: Anmerkungen zum Urteil des EuGHs vom 10.10.2016 - C-528/14 in der Rechtssache Breyer, NJW 2016, S. 3579 – 3583.

Metzger, Axel: Digitale Mobilität - Verträge über Nutzerdaten, GRUR 2019, S. 129 – 136.

Mielchen, Daniela: Verrat durch den eigenen PKW - wie kann man sich schützen?, in: Beiträge zum 52. Verkehrsgerichtstag 2014, S. 241 – 255.

Nink, Judith/Pohle, Jan: Die Bestimmbarkeit des Personenbezugs - Von der IP-Adresse zum Anwendungsbereich der Datenschutzgesetze, MMR 2015, S. 563 – 567.

Nugel, Michael: Auslesen von Fahrzeugdaten auf Grundlage der DS-GVO. Auskunftsanspruch als Chance zur Aufklärung von Versicherungsfällen, ZD 2019, S. 341 – 346.

Paal, Boris P./Pauly, Daniel A. (Hrsg.): Datenschutzgrundverordnung. Bundesdatenschutzgesetz, 3. Auflage, München 2021.

Paulsen, Thomas: Datenautobahn zum Hersteller, ADACmotorwelt 6/2016, S. 40 – 42.

Petri, Thomas: Anmerkungen zum Urteil des EuGHs v. 10.07.2018 – C-25/17 Rechtssache Zeugen Jehovas, EuZW 2018, S. 897 – 903.

Pieper, Stefan Ulrich, B.I. Rechtsquellen, in: Dauses, Manfred/Ludwigs, Markus (Hrsg.): Handbuch des EU-Wirtschaftsrechts, 52. Ergänzungslieferung Februar 2021, München.

Plath, Kai-Uwe (Hrsg.), Kommentar zu DSGVO, BDSG und den Datenschutzbestimmungen des TMG und TKG, 3. Auflage, Köln 2018.

Pohle, Jan/Zoch, Benjamin: eCall = Der gläserne Fahrer? Datenschutz in Kraftfahrzeugen im Rahmen von eCall und anderen kommunizierenden Bordsystemen, CR 2014, S. 409 – 416.

Purtova, Nadezhda: The law of everything. Broad concept of personal data and future of EU data protection law, Law, Innovation and Technology 10/2018, S. 40 – 80, abrufbar unter: www.tandfonline.com/doi/full/10.1080/17579961.2018.1452176.

Putzki, Anna/Sesing, Andreas: Datenaufzeichnung im automatisierten Fahrzeug, MMR-Aktuell 2017, 388288.

Raith, Nina: Das vernetzte Automobil. Im Konflikt zwischen Datenschutz und Beweisführung, Wiesbaden 2019 (zugl. Diss. Kassel, 2018).

Rannenberg, Kai: Erhebung und Nutzbarmachung zusätzlicher Daten - Möglichkeiten und Risiken, in: Maurer, Markus/Gerdes, Christian J./Lenz, Barbara/Winner, Hermann (Hrsg.): Autonomes Fahren: Technische, rechtliche und gesellschaftliche Aspekte, Berlin, Heidelberg 2015, S. 515 – 538.

Reibach, Boris: Datenschutzregulierung im Internet of Cars in der EU, RAW 2018, S. 10 – 14.

ders.: Black Box und Datenschutz beim automatisierten Fahren, DSRITB 2017, S. 161 – 171.

ders.: Smart Cars - Smart Privacy Law? Regionale Datenschutzregulierung des vernetzten Kfz in EU und USA, DSRITB 2016, S. 13 – 29.

Reif, Konrad (Hrsg.). Sensoren im Fahrzeug, 3. Auflage, Wiesbaden 2017.

Reifert, Natascha: Codes of Conduct nach der DS-GVO. Ein Mittel für mehr Rechtssicherheit auf europäischer Ebene?, ZD 2019, S. 305 – 309.

Reiter, Julius: Verbraucher sitzen vorne: Für einen fairen Zugang zu Fahrzeugdaten, DAR 2022, S. 123 – 127.

Reiter, Julius/Methner, Olaf: Datenschutz im Fahrzeug, DSRITB 2014, S. 367 – 376.

Reuter, Wiebke: Umgang mit sensiblen Daten bei allgemeiner Videoüberwachung, in: ZD 2018, S. 564 – 569.

Riesenhuber, Karl (Hrsg.): Europäische Methodenlehre. Handbuch für Ausbildung und Praxis, 3. Auflage, Berlin 2015.

Rieß, Joachim/Greß, Sebastian: Privacy by Design für Automobile auf der Datenautobahn, DuD 2015, S. 391 – 396.

Roßnagel, Alexander: Pseudonymisierung personenbezogener Daten. Ein zentrales Instrument nach der DS-GVO, ZD 2018, S. 243 – 247.

ders.: Grundrechtsausgleich beim vernetzten Automobil. Herausforderungen, Leistungsfähigkeit und Gestaltungsbedarf des Rechts, DuD 2015, S. 353 – 358.

ders.: Fahrzeugdaten - wer darf über sie entscheiden? Zuordnung - Ansprüche - Haftung, SVR 2014, S. 281 – 287.

ders: Grundlegende Rechtsverhältnisse und Ansprüche, in: Beiträge zum 52. VGT 2014, S. 257 – 283.

ders.: Big Data - Small Privacy? - Konzeptionelle Herausforderungen für das Datenschutzrecht, ZD 2013, S. 562 – 567.

Roßnagel, Alexander/Hornung, Gerrit (Hrsg.): Grundrechtsschutz im Smart Car. Kommunikation, Sicherheit und Datenschutz im vernetzten Fahrzeug, Wiesbaden 2019.

Rothkegel, Tobias/Strassemeyer, Laurenz: Joint Control in European Data Protection Law - How to make Sense of the CJEU's Holy Trinity. A case study on the recent CJEU rulings (Facebook Fanpages; Jehova's Witnesses; Fashion ID), CRi 2019, S. 161 – 171.

Sattler, Andreas: Gemeinsame Verantwortlichkeit – getrennte Pflichten GRUR 2019, S. 1023 – 1026.

Schlanstein, Peter: Nutzung von Fahrzeugdaten zur Optimierung der Verkehrsunfallaufnahme, NZV 2016, S. 201 – 209.

Schmid, Alexander: Pflicht zur "integrierten Produktbeobachtung" für automatisierte und vernetzte Systeme. Die Verkehrssicherungspflichten des Herstellers als dogmatische Grundlage einer zukunftsfähigeren Produktbeobachtung, CR 2019, S. 141 – 147.

Schmid, Alexander/Wessels, Ferdinand: Event Data Recording für das hoch- und vollautomatisierte Kfz- eine kritische Betrachtung der neuen Regelungen im StVG, NZV 2017, S. 357- 364.

Schneider, Jana/Schindler, Stephan: Videoüberwachung als Verarbeitung besonderer Kategorien personenbezogener Daten. Datenschutzrechtliche Anforderungen beim Erheben von Videodaten, ZD 2018, S. 463 – 469.

Schröder, Meinhard: Datenschutz beim Kameraeinsatz im Automobil. Personenbezug von Daten bei Dashcams & Co., ZD 2021, S. 302 – 307.

Schulz, Thomas/Roßnagel, Alexander/David, Klaus: Datenschutz bei kommunizierenden Assistenzsystemen - Wird die informationelle Selbstbestimmung von der Technik überrollt?, ZD 2012, S. 510 – 515.

Schulze, Hans-Georg: Juristische Herausforderungen beim Car Sharing, BB 2013, S. 195 – 202.

Schwartmann, Rolf/Jacquemain, Tobias: Datenschutzrechtliche Herausforderungen im Auto - neue Risiken durch "Connected Cars", RDV 2018, S. 247 – 251.

Schwartmann, Rolf/Jaspers, Andreas/Thüsing, Gregor/Kugelmann, Dieter (Hrsg.): Kommentar DS-GVO/BDSG, 2. Auflage, Heidelberg 2020.

Schwartmann, Rolf/Ohr, Sarah: Datenschutzrechtliche Perspektiven des Einsatzes intelligenter Fahrzeuge, RDV 2015, S. 59 – 68.

Schwartmann, Rolf/Weiß, Steffen: Ko-Regulierung vor einer neuen Blüte - Verhaltensregeln und Zertifizierungsverfahren nach der Datenschutzgrundverordnung, RDV 2016, S. 68- 73 und 240 – 245.

Schwenke, Thomas: Zulässigkeit der Nutzung von Smartcams und biometrischen Daten nach der DS-GVO, NJW 2018, S. 823 – 827.

Seewald, Olga: Regulation of data privacy and cybersecurity in conntected and automated vehicles in the U.S. and the EU - Part 1, RAW 2020, S. 124 – 132.

Simitis, Spiros/Hornung, Gerrit/ Spiecker, gen. Döhmann, Indra (Hrsg.): Datenschutzrecht. DSGVO und BDSG, Baden-Baden 2019.

Simo, Hervais/Waidern, Michael/Geminn, Christian: Intrusion Detection - Systeme für vernetzte Fahrzeuge - Konzepte und Herausforderungen für Privatheit und Cybersicherheit, in: Alexander Roßnagel/Gerrit Hornung (Hrsg.), Grundrechtsschutz im Smart Car. Wiesbaden 2019, S. 311 – 334.

Sörup, Thorsten/Marquardt, Sabrina: Datenschutz bei Connected Cars - Plädoyer für eine Branchenlösung der Automobilindustrie, ZD 2015, S. 310 – 314.

Specht, Louisa: Das Verhältnis möglicher Datenrechten zum Datenschutz, GRUR Int. 2017, S. 1040 – 1047.

dies.: Daten als Gegenleistung - Verlangt die Digitalisierung nach einem neuen Vertragstypus?, JZ 2017, S. 763 – 770.

dies.: Datenverwertungsverträge zwischen Datenschutz und Vertragsfreiheit - Eckpfeiler eines neuen Datenschuldrechts, in: Briner, Robert/Funk, Axel: DGRI Jahrbuch 2017.

Specht, Louisa/Wolfgang, Kerber: Data Property diesseits und jenseits des Atlantiks - Gutachten im Auftrag des Bundesministeriums für Bildung und Forschung (2018).

Specht-Riemenschneider, Louisa/Schneider, Ruben: Die gemeinsame Verantwortlichkeit im Datenschutzrecht, MMR 2019, S. 503 – 509.

Spiegel, Johanna: Automatisiert, automatisierter, hochautomatisiert - Fahren bald ab Level 5, DSRITB 2017, S. 691 – 703.

Spindler, Gerald: Fortentwicklung der Haftung für Internetanschlüsse. Auswirkung der TMG-Reform und neue Rechtsprechung, GRUR 2018, S. 16 – 20.

ders.: Selbstregulierung und Zertifizierungsverfahren nach der DS-GVO - Reichweite und Rechtsfolgen der genehmigten Verhaltensregeln, ZD 2016, S. 407 – 414.

Steinrötter, Björn: Datenschutz als Gretchenfrage für autonome Mobilität. Rechtsfindungs- und Anwendungsprobleme bei der datenschutzrechtlichen Bewertung vernetzter Fahrzeuge, ZD 2021, S. 513 – 516.

Stoklas, Jonathan: Videokameras in autonomen Fahrzeugen aus datenschutzrechtlicher Sicht, ZD-Aktuell 2018, 06268.

Sweeney, Latanya: Simple Demographics Often Identify People Uniquely. Carnegie Mellon University, Data Privacy Working Paper 3. Pittsburgh 2000, abrufbar unter: https://dataprivacylab.org/projects/identifiability/paper1.pdf?fbclid=IwAR2qeD2uXtZmaUUPQzAStNoO1n2pAQpfzzhnDYg4WPN-yhjZ8oTBHmpmhow#:~:text=It%20was%20found%20that%2087,gender%2C%20date%20of%20birth%7D.

Sydow, Gernot/Marsch, Nikolaus (Hrsg.): Datenschutz-Grundverordnung, Bundesdatenschutzgesetz, 3. Auflage, Baden-Baden 2022.

Sydow, Gernot/Kring, Markus: Die Datenschutzgrundverordnung zwischen Technikneutralität und Technikbezug - Konkurrierende Leitbilder für den europäischen Rechtsrahmen, ZD 2014, S. 271 – 276.

von Bodungen, Benjamin: §16 Datenschutz und IT-Sicherheit, in: Sassenberg/Faber (Hrsg.): Rechtshandbuch Industrie 4.0 und Internet of Things, 2. Auflage, München 2020

von Bodungen, Benjamin: § 16 Automatisiertes Fahren (Automotive), in: Specht, Louisa/Mantz, Reto (Hrsg.): Handbuch Europäisches und deutsches Datenschutzrecht, München 2019.

von Schönfeld, Max: Ein fahrbarer Datensatz - Datenschutzrechtliche Probleme im modernen Auto, DAR 2015, S. 617 – 622.

Wachenfeld, Walther/Winner, Hermann/Gerdes, Chris/Lenz, Barbara/Maurer, Markus/Beiker, Sven A./Fraedrich, Eva/Winkle, Thomas: Use-Cases des autonomen Fahrens, in: Maurer, Markus/Gerdes, Christian J./Lenz, Barbara/ Winner, Hermann (Hrsg.): Autonomes Fahren: Technische, rechtliche und gesellschaftliche Aspekte, Berlin, Heidelberg 2015, S. 10 - 37.

Wagner, Bernd: Disruption der Verantwortlichkeit. Private Nutzer als datenschutzrechtliche Verantwortliche im Internet of Things, ZD 2018, S. 307 - 312.

ders: Verträge als Rechtsgrundlage für Datenverarbeitungen: Werden Einwilligungen bald obsolet?, ZD-Aktuell 2018, 06103.

Wagner, Bernd/Goeble, Thilo: Freie Fahrt für das Auto der Zukunft? Kritische Analyse des Gesetzentwurfes zum hoch- und vollautomatisierten Fahren, ZD 2017, S. 263 - 269.

Weichert, Thilo: Der Personenbezug von Kfz-Daten, NZV 2017, S. 507 - 513.

ders.: Das Kfz, die Telematik und der Datenschutz, DANA 1/2015, S. 10 - 16.

ders.: Datenschutz im Auto - Das Kfz als großes Smartphone mit Rädern, Teil 1, SVR 2014, S. 201 - 207 und S. 241 - 247.

ders.: Datenschutz im Auto - Das Kfz als großes Smartphone mit Rädern, Teil 2, SVR 2014, S. 241 - 247.

ders: Big Data und Datenschutz - Chancen und Risiken einer neuen Form der Datenanalyse, ZD 2013, S. 251 - 259.

Wendt, Kai: Autonomes Fahren und Datenschutz - eine Bestandsaufnahme, ZD-Aktuell 2018, 06034.

Werkmeister, Christoph/Brandt, Elena: Bremst der Datenschutz das automatisierte Fahren aus?, RAW 2017, S. 99 - 102.

Wolff, Heinrich Amadeus: Verhaltensregeln nach Art. 40 DS-GVO auf dem Prüfstand. Neuauflage eines europäischen Instituts mit schlechter Entwicklungsprognose, ZD 2017, S. 151 - 154.

Zurlutter, Henning: Datenschutzrechtliche Aspekte der Auskunfts- und Aufklärungsobliegenheit über Kfz-Daten in der Kfz-Haftpflichtversicherung. Am Beispiel von Unfalldatenspeicher und Telematikdaten, Karlsruhe 2016 (zgl. Diss. Münster, 2015).

Printed by
CPI books GmbH, Leck

FSC
www.fsc.org
MIX
Papier | Fördert gute Waldnutzung
FSC® C083411

Kolibri 360 GmbH
Ferdinand-Jühlke-Straße 7
99095 Erfurt, Deutschland
produktsicherheit@kolibri360.de